THE BARBOUR COLLECTION OF CONNECTICUT TOWN VITAL RECORDS

THE BARBOUR COLLECTION OF CONNECTICUT TOWN VITAL RECORDS

LYME 1667–1852

Compiled by
Lillian Bentley Karlstrand

General Editor
Lorraine Cook White

Copyright © 2000
Genealogical Publishing Co., Inc.
Baltimore, Maryland
All Rights Reserved
Library of Congress Catalogue Card Number 94-76197
International Standard Book Number 0-8063-1601-2
Made in the United States of America

INTRODUCTION

As early as 1640 the Connecticut Court of Election ordered all magistrates to keep a record of the marriages they performed. In 1644 the registration of births and marriages became the official responsibility of town clerks and registrars, with deaths added to their duties in 1650. From 1660 until the close of the Revolutionary War these vital records of birth, marriage, and death were generally well kept, but then for a period of about two generations until the mid-nineteenth century, the faithful recording of vital records declined in some towns.

General Lucius Barnes Barbour was the Connecticut Examiner of Public Records from 1911 to 1934 and in that capacity directed a project in which the vital records kept by the towns up to about 1850 were copied and abstracted. Barbour previously had directed the publication of the Bolton and Vernon vital records for the Connecticut Historical Society. For this new project he hired several individuals who were experienced in copying old records and familiar with the old script.

Barbour presented the completed transcriptions of town vital records to the Connecticut State Library where the information was typed onto printed forms. The form sheets were then cut, producing twelve small slips from each sheet. The slips for most towns were then alphabetized and the information was then typed a second time on large sheets of rag paper, which were subsequently bound into separate volumes for each town. The slips for all towns were then interfiled, forming a statewide alphabetized slip index for most surviving town vital records.

The dates of coverage vary from town to town, and of course the records of some towns are more complete than others. There are many cases in which an entry may appear two or three times, apparently because that entry was entered by one or more persons. Altogether the entire Barbour Collection--one of the great genealogical manuscript collections and one of the last to be published--covers 137 towns and comprises 14,333 typed pages.

ABBREVIATIONS

ae.---------age
b.-----------born, both
bd.--------buried
B. G.------Burying Ground
d.----------died, day, or daughter
decd.------deceased
f.----------father
h.----------hour
J. P.-------Justice of Peace
m.---------married or month
res.--------resident
s.-----------son
st.---------stillborn
st.b.-------stillborn
w.---------wife
wid.-------widow
wk.--------week
y.----------year

THE BARBOUR COLLECTION OF CONNECTICUT TOWN VITAL RECORDS

LYME VITAL RECORDS
1667 - 1852

	Vol.	Page
ACKLEY, Lucy, of Chatham, m. Gideon **ROGERS**, Nov. 27, 1788, by Rev. Lemuel Parsons	1	105
ADAMS, Solomon J., of Rodman, N. Y., m. Nancy **BUSH**, of Lyme, Oct. 6, 1833, by Rev. Herman L. Vaill	3	10
ADGIT, [see under **AGECT**]		
ADSET, Deborah, d. Stephen & Luce, b. Apr. 9, 1760	1	99
Joseph, s. Stephen & Luce, b. Dec. 23, 1757	1	99
Mary, m. Sam[ue]ll **CHADWICK**, May 12, 1744	1	28
Sarah, d. Stephen & Luce, b. Feb. 3, 1762	1	99
Stephen m. Luce **CHADWICK**, b. of Lyme, Mar. 10, 1757, by John Lay, 3d, J.P.	1	99
AGECT, AGET, AGGET, AGEET, Benjamin, alias **ADGIT**, [s. John], b. Oct. 26, 1728	L-2	180
Ebenezer, s. John & Abigail, b. Apr. 18, 1742; d. May 12, 1744	1	26
Ebenezer, s. John & Abigail, b. June 7, 1747	1	26
John, m. Abigail **GRAVES**, Jan. 18, 1738/9	1	26
Mary, alias **ADGIT**, [d. John], b. Aug. 28, 1723	L-2	180
Molly, d. John & Abigail, b. Jan. 22, 1744/5	1	26
Samuell, alias **ADGIT**, [s. John], b. Oct. 30, 1719	L-2	180
Sarah, alias **ADGIT**, [d. John], b. Aug. 10, 1717	L-2	180
Sarah, d. John & Abigail, b. Dec. 20, 1739	1	26
Stephen, alias **ADGIT**, [s. John], b. Aug. 20, 1730	L-2	180
ALBEE, Benjamin, m. Lydia **OTIS**, July 17, 1808	2	103
Benjamin, s. [Benjamin & Lydia], b. Jan. 29, 1810	2	103
Calvin, s. [Benjamin & Lydia], b. June 1, 1815	2	103
John Danford, s. [Benjamin & Lydia], b. Aug 8, 1818	2	103
Mary E., of East Haddam, m. Erastus **LAY**, of Lyme, Sept. 3, 1849, in Lyme, by Rev. Walter Wilkie, of Westbrook	3	259
William, s. [Benjamin & Lydia], b. Oct. 18, 1812	2	103
ALGER, Ashbell, s. Simeon & Mary, b. May 18, 1747	1	39
Benjamin, s. [John & his 2d w. Mary], b. Mar. 19, 1733	L-2	140
Benjamin, s. John & Mary, d. Apr. 23, 1752	L-2	140
Dan, s. Jonathan & Lydia, b. Mar. 11, 1758	1	17
David, [s. Roger, Jr. & Sarah], b. Aug. 1, 1716; d. May 22, 1732	L-2	231
Elijah, s. [Roger, Jr. & Elizabeth], b. Nov. 28, 1744	1	2
Elijah, s. Greenfield & Lucy, b. Feb. 19, 1784	1	20
Elijah Greenfield, s. Elijah & Agnice, b. Mar. 27, 1766	1	64
Elisha, [s. Jonathan & Jane], b. Apr. 5, 1742; d. Apr. 12, 1742	L-6	282
Elisha, [s. Jonathan & Irene], b. Apr. 5, 1742; d. Apr. 12, 1742	1	17
Elisha, twin with Nathaniel, s. Jonathan & Lydia, b. Aug. 2, 1746	1	17

	Vol.	Page
ALGER, (cont.)		
Elizabeth, wid. Roger, late of Lyme, formerly w. of William HAR[R]IS, d. July [ ], 1729. Attested by Benjamin DeWolf	L-2	364
Elizabeth, [d.Jonathan & Jane], b. Jan. 1, 1740/1; d. Mar. 7, 1740/1	L-6	282
Elizabeth, [d. Jonathan & Irene], b. Jan. 1, 1740/41; d. Mar. 7, 1740/1	1	17
Elizabeth, d. Roger, Jr. & Elizabeth, b. Nov. 30, 1752	1	2
Elizabeth, d. Greenfield & Lucy, b. Sept. 19, 1779	1	20
Eunice, d. Simeon & Mary, b. Feb. 16, 1752	1	39
George, [s. Jonathan & Jane], b. Feb. 24, 1742/3	L-6	282
George, [s. Jonathan & Irene], b. Feb. 24, 1742/3	1	17
Greenfield, s. Roger, Jr. & Elizabeth, b. May 18, 1755	1	2
Greenfield, m. Lucy **WADE**, b. of Lyme, Mar. 26, 1778, by Rev. Stephen Johnson	1	20
Greenfield, m. Mehetable **HAYES**, Oct. 9, 1785, by Ezra Allen, J.P.	1	20
Hannah, [d. Roger, Jr. & Elizabeth], b. Jan. 5, 1742/3	1	2
Irene, w. [Jonathan], d. Feb. 26, 1744/5	1	17
Irene, d. Jonathan & Lydia, b. Oct. 16, 1752	1	17
James, [d. Roger, Jr. & Sarah], b. Dec. 30, 1728	L-2	231
Joanna, d. [John & Temperance], b. Aug. 3, 1725	L-2	140
John, b. Aug. 1, 1694, m. Temperance **TILLITSON**, Dec. 13, 1722	L-2	140
John, s. John & his 2d w. [Mary], b. Dec. 14, 1730; d. July 23, 1735	L-2	140
John, [s. John & His 2d w. Mary], b. Mar. 19, 1739	L-2	140
John, twin with Mary, [s. John & his 2d w. Mary], b. Sept. 20, 1748; d. the same day	L-2	140
John, m. Luce **DeWOLF**, b. of Lyme, Jan. 15, 1761, by Rev. Stephen Johnson	1	94
John, d. Jan. 21, 1769	1	94
Jonathan, [s. Roger, Jr. & Sarah], b. Apr. 14, 1714	L-2	231
Jonathan, m. Irene **WAY,** Apr. 9, 1740	1	17
Jonathan, m. Jane* **WAY**, Apr. 9, 1740 (*Probably "Irene")	L-6	282
Jonathan, m. Lydia **HUDSON**, Dec. 12, 1745	1	17
Jonathan, s. Jonathan & Lydia, b. Oct. 6, 1750	1	17
Joseph, s. [Roger, Jr. & Sarah], b. Dec. 1, 1709	L-2	231
Joseph, m. Mary **HUNTLEY**, Apr. 27, 1733	L-2	104
Joseph, s. [Joseph & Mary], b. Apr. 22, 1733 (sic)	L-2	104
Joseph, s. Jonathan & Lydia, b. Mar. 22, 1755	1	17
Lucy, w. Greenfield, d. Sept. 13, 1784	1	20
Lydia, twin with Sarah, [d. Jonathan & Irene], b. Jan. 13,1744/5	1	17
Lydia, m. Stephen **SMITH**, Jr., b. of Lyme, Nov. 22, 1764, by John Lay, 2d, J.P.	1	107
Mary, d. [John & his 2d w. Mary], b. Nov. 13, 1735; d. Mar. 11, 1736	L-2	140
Mary, 2d d. [John & his 2d w. Mary], b. Jan. 20, 1737	L-2	140
Mary, twin with John, [d. John & his 2d w. Mary], b. Sept. 20, 1748; d. the same day	L-2	140
Mat[t]hew, s. [John & Temperance], b. Mar. 20, 1726/7	L-2	140

LYME VITAL RECORDS 3

	Vol.	Page
ALGER, (cont.)		
Mehetable, w. Roger (sic), d. Nov. 16, 1811 (Should be "w. Greenfield".)	1	20
Nathan, s. [John & Temperance], b. Oct. 2, 1723	L-2	140
Nathan, s. John, d. Dec. 7, 1745	L-2	140
Nathaniel, s. Johnathan & Lydia, b. Aug. 2, 1746 (twin with Elisha)	1	17
Patience, d. Greenfield & Mehetable, b. Jan. 25, 1795	1	20
Richard Hayes, s. Greenfield & Mehitabel, b. Mar. 28, 1793	1	20
Roger, Jr., b. July 25, 1687; m. Sarah **STATEN**, Feb. 8, 1708	L-2	231
Roger, [s. Roger, Jr., & Sarah], b. Feb. 17, 1719	L-2	231
Roger, Jr., m. Elizabeth **GREENFIELD**, Dec. 28, 1741	1	2
Roger, d. Aug. 2, 1759	L-2	231
Roger, s. Greenfield & Lucy, b. Feb. 6, 1782	1	20
Ruth, [d. Roger, Jr. & Sarah], b. Jan. 18, 1712	L-2	231
Ruth, m. John **ROB[B]INS**, Nov. 3, 1732	L-2	466
Ruth, d. Jona[than] & Lydia, b. Sept. 4, 1763; d. Apr. 20, 1764	1	17
Sarah, d. [Roger, Jr. & Sarah], b. Sept. 27, 1726	L-2	231
Sarah, m. John **SCOFFELL**, Nov. 3, 1742	L-7	308
Sarah, twin with Lydia, [d. Jonathan & Irene], b. Jan. 13, 1744/5	1	17
Sarah, [d. Jonathan & Lydia], d. Mar. 16, 1765	1	17
Sarah, d. Jona[than] & Lydia, b. Apr. 9, 1765	1	17
Seth, s. John & [2d w.] Mary, b. Feb. 2, 1745/6	L-2	140
Silas, [s. John & his 2d w. Mary], b. Aug. 13, 1742	L-2	140
Simeon, [s. Roger, Jr. & Sarah], b. Aug. 17, 1722	L-2	231
Simeon, of Lyme, m. Mary **HODGE**, of Glastonbury, June 26, 1746	1	39
Stoten, s. Simeon & Mary, b. Mar. 8, 1749/50	1	39
Susannah, d. Jona[than] & Lydia, b. Mar. 12, 1761	1	17
Susannah, [d. Jonathan & Lydia], d. Mar. 13, 1764	1	17
Temperance, w. John, d. Sept. 8, 1727	L-2	140
William, s. Jonathan & Lydia, b. Sept. 4, 1748	1	17
William Greenfield, s. Greenfield & Mehetable, b. Dec. 19, 1796	1	20
ALLEN, ALIN, Alexander, m. [Mary] **CHADWICK**, Oct. 7, 1800	2	68
Betsey, d. Alex[ande]r & Mary, b. July 16, 1801	2	68
John W., m. Harriet C. **MATHER**, July 5, 1830, by Rev. Chester Colton	2	243
Lydiah, m. John **LEE**, Mar. 14, 1723	L-4	48
Lydia, b. July 7, 1763; m. Stephen **MINOR**, Aug. 28, 1783	2	60
Lydia, m. John **LEE**, [ ]	L-2	209
Mary, m. Joseph **LEE**, Aug. 21, 1727	L-2	406
AL[L]ISON, Samuel S., m. Frances A. **PILGRIM**, b. of Middletown, Oct. 27, 1833, by Rev. Chester Colton	3	13
AMES, Alice, d. Benajah & Luce, b. Aug. 23, 1770	1	146
Benajah, m. Luce **SCOVEL**, b. of East Haddam, Nov. 15, 1762, by Grindall Rawson, Clerk, East Haddam	1	146
Bradish, s. John & Dorothy, b. Nov. 19, 1783	1	90
Dorothy, w. John, d. Sept. 10, 1785	1	90
Eunice, d. John & Dorothy, b. May 10, 1778	1	90
Eunice, m. Richard **ROYCE**, Feb. 12, 1797	2	42
John, m. Dorothy **WOOD**, Feb. 21, 1783	1	90

	Vol.	Page
AMES, (cont.)		
John, m. Keturah **HUNTLEY**, Jan. 8, 1786	1	90
John Noyes, s. John & Keturah, b. May 15, 1787	1	90
Luce, d. Benajah & Luce, b. Oct. 13, 1767	1	146
Mary, d. Benajah & Luce, b. July 28, 1772	1	146
Rachal, d. Benajah & Luce, b. June 11, 1765	1	146
Samuel, m. [ ], Dec. 16, 1746, by Jared Harrison. Certificate made in Chester, Saybrook, Aug. 20, 1747	1	38
ANDERSON, Daniel, s. John & Elizabeth, b. Aug. 14, 1743	1	36
Daniel, s. John & Elizabeth, d. Aug. 2, 1750	1	36
Daniel, m. Ethelinda **INGRAHAM**, b. of Lyme, May 28, 1829, by Rev. Chester Colton	2	234
Elizabeth, d. John & Elizabeth, b. Jan. 15, 1741/2	1	36
Elizabeth, of Lyme, d. John, of Lyme, m. Ezra **RO[B]INS**, of Lyme, July 17, 1760, by John Griswold, J.P.	1	98
Eunice, d. John & Elizabeth, b. Jan. 3, 1756	1	36
Eunice, m. Sylvanus **CLARK**, b. of Lyme, May 28, 1775, by Rev. Stephen Johnson	1	153
Eunice, m. George **CHAMPLAIN**, Jan. 26, 1800	2	33
Han[n]ah, [d. Thomas & Hanah], b. May 31, 1697; d. June 13, 1697	L-2	129
Han[n]ah, 2d. [d. Thomas & Hanah], b. Apr. 7, 1698	L-2	129
Han[n]ah, d. Apr. 18, 1698	L-2	129
Hannah, 3rd, [d. Thomas & Hana], b. July 25, 1705	L-2	366
Hannah, m. John **ROULIN**, Mar. 27, 1726	L-5	340
Hannah, w. Thomas, d. Feb. 25, 1734/5 ae 60y. 5m. 11d	L-6	5
Hannah, d. John & Elizabeth, b. Feb. 12, 1746	1	36
Hannah, m. Ensign Daniel **CHADWICK**, b. of Lyme, Jan. 19, 1763, by Rev. Stephen Johnson	1	118
Harriet m. John J. **MANWARING**, b. of Lyme, Nov. 27, 1828, by Rev. Nathan Wildman	2	229
Hepsibah C., of Lyme, m. Winthrop **DeWOLF**, June 20, 1831, by Rev. Chester Colton	2	255
James, s. Capt. Thomas & Margaret, b. May 23, 1757	1	66
John, [s. Thomas & Hana], b. Aug. 26, 1712	L-2	366
John, m. Elizabeth **MINOR**, d. Joseph, Feb. 12, 1740/41	1	36
John, s. John & Elizabeth, b. Dec. 3, 1751	1	36
John, Jr., m. Lydia **CLERK**, b. of Lyme, May 25, 1775, by Rev. Stephen Johnson	1	66
Lydia, d. John & Elizabeth, b. Sept. 13, 1748	1	36
Lydia, m. John **COOLEY**, b. of Lyme, Feb. 8, 1768, by Matthew Griswold, then Asst., now Dep. Gov. Recorded July 18, 1778, John **COOLEY** being then decd.	1	84
Margaret, d. Capt. Thomas & Margaret, b. Sept. 6, 1750	1	66
Mary, d. Capt. Thomas & Margaret, b. Aug. 31, 1752	1	66
Mary E., m. Aaron S. **BROCKWAY**, b. of Lyme, Oct. 26, 1845, by Rev. Amos D. Watrous	3	163
Robert, s. Capt. Thomas & Margaret, b. Jan. 12, 1755	1	66
Sally, m. Dr. Samuel **MATHER**, Jan. 9, 1806	1	160
Sarah, b. Apr. 22, 1703	L-2	129
Sarah, [d. Thomas & Hana], b. Apr. 22, 1703	L-2	366

	Vol.	Page
ANDERSON, (cont.)		
Sarah, m. John **BECKWITH**, ship-rite, July 7, 1724	1	36
Theody, d. John & Elizabeth, b. Mar. 23, 1759	1	36
Theody, m. Stephen **DeWOLF**, b. of Lyme, Dec. 1, 1782, by Rev. Stephen Johnson	1	129
Thomas, [s. Thomas & Hana], b. Feb. 26, 1714/15; d. Mar. 29, 1715	L-2	366
Thomas, d. May 1, 1746	L-2	366
Thomas, Capt., of Lyme, m. Margaret **REED**, of [Lyme], June 5, 1748, by Rev. George Beckwith	1	66
Thomas, s. Capt. Thomas & Margaret, b. Feb. 18, 1749	1	66
ANDRAS, ANDROUS, Abegall, [d. John & Rachall], b. Mar. 13, 1697 (sic)	L-2	234
[E]unice, m. Joseph **GIDDINGS**, Oct. 24, 1737	1	62
Han[n]a[h], [d. John & Rachall], b. Jan. 23, 1701/2	L-2	234
Hannah, m. Benjamin **GRAHAM**, Aug. 14, 1729	L-2	187
John, m. Rachall [ ], Dec. 2, 1696	L-2	234
John, [s. John & Rachall], b. Apr. 6, 1700	L-2	234
Thomas, [s. John & Rachall], b. July 25, 1697	L-2	234
ANDREWS, David, of Saybrook, m. Rebecca **ROGERS**, of Lyme, July 2, 1826, by Rev. Oliver Willson	2	198
Dorcase, m. James **ELY**, Apr. 6, 1742	1	13
Susan B., of Saybrook, m. William H. **FOX**, of East Lyme, Dec. 16, 1844, by Rev. Thomas Dowling, of N. Lyme	3	148
ANDROUS, [see under **ANDRAS**]		
ANDRUESON, Thomas, m. Han[n]ah **PECK**, June 25, 1696	L-2	129
APPLEBY, Augusta, m. Anson **MAYNARD**, [Apr.] 11, [1852], by Rev. D.S. Brainard	3	239
Eliza, of Lyme, m. Otis P. **BAILEY**, of Boston, Oct. 9, 1836, by Rev. Chester Colton	3	59
George, m. Clarice B. **TUCKER**, Jan. 26, 1815, by Nath[anie]ll Matson, J.P.	2	38
George, m. Maria, **WAID**, Mar 12, 1837, by Rev. Alvin Ackley	3	64
George, m. Maria **WAID**, b. of Lyme, Oct. 19, 1851, by Rev. Thomas Barber	3	233
Isabella B., of Lyme, m. James **FERLONG**, [Apr.] 19, [1850], by Rev. D.S. Brainard	3	218
John, m. Emily S. **ROBBINS**, b. of Lyme, Aug. 1, 1841, by Rev. D.S. Brainard	3	114
Mary Ann, m. Cornelius **CHAPMAN**, b. of Lyme, Jan. 30, 1842, by Amos D. Watrous	3	121
Mary Ann, m. Elihu **SMITH**, Dec. 2, 1849, by Rev. D.S. Brainard	3	210
APPLETON, Nancy Judson, d. George W. & M., b. Feb. 21, 1820	2	129
ARMSBY, Lucinda, of Norwich, m. Nathaniel **SMITH**, of Lyme, Nov. 1, 1784, by John Nott, Clerk	1	79
ARMSTEAD, [see also **OLMSTED**], Betsey, d. Joseph & Miriam, b. Mar. 9, 1783	1	95
George Washington, s. Jos[eph] & Miriam, b. May 1, 1795	1	95
Henry Yeedon, twin with Thomas Benson, s. Joseph & Miriam, b. Sept. 10, 1785	1	95
James Benson, s. Joseph & Miriam, b. Jan. 16, 1781	1	95

	Vol.	Page
ARMSTEAD, (cont.)		
Joseph, m. Meriam **WRIGHT**, May 6, 1778, by Ezra Selden, J.P.	1	95
Joseph, s. Joseph & Miriam, b. May 29, 1793	1	95
Nic[h]olas, s. Joseph & Miriam, b. Nov, 18, 1787	1	95
Thomas Benson, twin with Henry Yeedon, s. Joseph & Miriam, b. Sept. 10, 1785	1	95
Will[ia]m, s. Joseph & Miriam, b. Jan. 31, 1779	1	95
ARMSTRONG, George H., of Norwich, m. Lydia **MILLER**, of Lyme, July 18, 1824, by Christopher Comstock, J.P.	2	167
Sarah, d. Sarah, b. Feb. 12, 1769	1	16
William, of New London, m. Sarah **MANWARING**, of Lyme, Jan. 21, 1836, by Rev. Chester Colton	3	49
AUSTIN, Ann Jenette, of Lyme, m. Richard N. **WATROUS**, of Chester, Oct. 16, 1836, by Rev. Chester Colton	3	60
Malinda, m. Daniel **JOHNSON**, b. of Lyme, Aug. 10, 1828, by Nathan Wildman, Pastor	2	227
Orrina, m. Dan **TINKER**, b. of Lyme, Jan. 30, 1833, by Joshua R. Warren, J.P.	3	4
AVERY, Abraham, s. Jonathan & Preserved, b. Sept. 18, 1763	1	157
Abraham, m. Elizabeth **NOYES**, Feb. 6, 1785, by Rev. Daniel Minor	1	76
Abraham, s. Abraham & Elizabeth, b. Mar. 1, 1792	1	76
Ama, of Lyme, m. Thomas **MERRETT**, of Lyme, Jan. [ ], 1759, by Benjamin Lee, J.P.	1	101
Benjamin, s. Silvanus & Mary, b. Mar. 15, 1788	1	174
Bettey, d. Silvanus & Mary, b. Apr. 12, 1793	1	174
Elisha, s. Nathaniel & Rachel, b. Nov, 16, 1726	1	37
Elizabeth, d. Abr[aha]m & Elizabeth, b. Feb. 19, 1788	1	76
Enoch, s. Abraham & Elizabeth, b. Oct. 13, 1802	1	76
Eunice, d. Gurdon & Eunice, b. Feb. 4, 1793	2	32
Eunice, of Lyme, m. William **GROVER**, of Chatham, Apr. 4, 1847, by Rev. Chester Tilden, of N. Lyme	3	173
George Miller, of Waterford, m. Abby Eliza **WAIT**, of Lyme, May 18, 1830, by Rev. Chester Colton	2	243
George W., of New London, m. Sarah M. **GREENFIELD**, of Lyme, July 18, 1838, by Rev. Chester Colton	3	83
Gurdon, m. Eunice **POWERS**, Jan. 1, 1792	2	32
Gurdon, s. [Gurdon & Eunice], b. June 19, 1795	2	32
Hannah, d. Abraham & Elizabeth, b. Dec. 25. 1795	1	76
John, s. Abraham & Elizabeth, b. Mar. 25, 1794	1	76
John, of Exeter Lebanon, m. Susan **CHAMPION**, of Lyme, [Nov.] 6, [1851], by Rev. D.S. Brainard	3	235
Jonathan, of Lyme, m. Preserved **SMITH**, of New London, Nov. 9, 1760, by Rev. George Griswold	1	157
Lucy, d. Silvanus & Mary, b. May 8, 1805	1	174
Margary, b. Jan. 11, 1757	1	96
Margary, m. Abner **SHIPMAN**, Oct. 20, 1779	1	96
Mary, d. Abr[aha]m & Elizabeth, b. Feb. 19, 1791	1	76
Moses, s. Abraham & Elizabeth, b. Feb. 12, 1786; d. Aug. 8, 1788	1	76
Nancy, d. Silvanus & Mary, b. Aug. 31, 1801	1	174
Nathan, m. Alice **PEARSON**, b. of Lyme, Apr. 9, 1776, by John		

	Vol.	Page
AVERY, (cont.)		
Lay, 2d, J.P	1	155
Nathan, m. Aliss **PEARSON**, b. of Lyme, Apr. 9, 1776, by John Lay, 2d, J.P.	1	72
Olive, d. Silvanus & Mary, b. June 2, 1796	1	174
Oscar, of Groton, m. Phebe A. **ELY**, of Lyme, Nov. 21, 1842, by C.E. Murdock	3	133
Pearson Peck, s. Nathan & Aliss, b. Apr. 23, 1779	1	72
Preserve, m. Noah **BEEBE**, May 22, 1806	1	151
Rebecca, m. William **WAIT**, Jan. 24, 1805	2	77
Samuel, s. Abraham & Elizabeth, b. Jan. 4, 1805	1	76
Silvanus, m. Mary **LUTHER**, June 6, 1782	1	174
Silvanus, s. Silvanus & Mary, b. Oct. 2, 1799	1	174
Temperance, m. John **MOOR[E]**, Jr., Apr. 2, 1772	1	30
Thomas, s. Abraham & Elizabeth, b. Jan. 2, [*] (*illegible)	1	76
Timothy D., of Lyme, m. Jane **BURNHAM**, of Salem, Nov. 15, 1846, by Rev. Oliver Brown	3	215
AYER, AYERS, Bettey, d. Elisha & Abigail, b. June 21, 1779	1	70
Daniel, m. Est[h]er **CHAMPION**, Apr. 17, 1740	L-7	75
Daniel, s. Dan[ie]ll & Esther, b. Nov. 1, 1747; d. Dec. 1, 1747	L-7	75
Daniel, [s. Daniel & Esther], b. July 15, 1757	L-7	75
Daniel, m. Betsey **SMITH**, Jan. 6, 1780	1	54
Elisha, of Lyme, m. Abigail **LEE**, of Lyme, June 23, 1776	1	70
Esther, [d. Daniel & Ester], b. Apr. 3, 1745	L-7	75
Fanny, d. Elisha & Abigail, b. Aug. 14, 1789	1	70
Hannah, d. John & Clerinea, b. Feb. 10, 1782	1	154
Hester, m. John **PERKINS**, Dec. 11, 1766, by Rev. George Beckwith	1	131
John, s. Dan[ie]ll, & Esther, b. Jan. 16, 1750/51	L-7	75
John, m. Clerinea **LAY**, b. of Lyme, Nov. 4, 1773, by Rev. Stephen Johnson	1	154
John, d. Jan. 8, 1784	1	154
John, s. John & Clerinea, b. July 2, 1785	1	154
Lay, s. John & Clerinea, b. Mar. 8, 1778	1	154
Lay, of Lyme, m. Mary **SMITH**, of Waterford, May 31, 1835, by John Dwyer, J.P.	3	36
Lebbeus, s. Dan[ie]ll, & Esther, b. Dec. 11, 1748	L-7	75
Lucy, d. Elisha & Abigail, b. Feb. 26, 1787	1	70
Lydia, d. John & Clerinea, b. Nov. 26, 1779	1	154
Mary, [d. Daniel & Ester], b. Nov. 30, 1742	L-7	75
Mary, of Lyme, m. Vinton **BECKWITH**, of Lyme, Oct. 9, 1766, by Benj[ami]n Lord, J.P.	1	118
Siris, [child of Daniel & Ester], b. Mar. 22, 1741; d. Oct. 5, 1745	L-7	75
BABCOCK, Alvin, b. June 2, 1803, "By his own evidence"	2	130
Alvin, m. Mary, **CLOSSON**, b. of Lyme, June 15, 1828, by Joshua R. Warren, J.P.	2	219
Deborah Maria, m. Israel **OTIS**, b. of Lyme, Mar. 4, 1821, by Samuel B. Mather, J.P.	2	126
Delia, of Lyme, m. Nathaniel **BAKER**, of East Haddam, Jan. 4, 1829, by Josiah Hawes	2	226
John, of Lyme, m. Julia Ann **HUBBARD**, of East Haddam, Feb.		

	Vol.	Page
BABCOCK, (cont.)		
25, 1831, by John S. Rogers, J.P.	2	250
Russell, W., m. Wealthy **EMMONS**, b. of Lyme, Nov. 8, 1835, by Richard E. Selden, Jr., J.P.	3	67
BACON, Almon, m. Margaret S. **CLARK**, b. of Lyme, Feb 29, 1836, by Rev. Chester Colton	3	52
Clara R., m. Ebenezer L. **ROBERTS**, Oct. 13, 1847, by Amos D. Watrous	3	181
Dorothy, m. Caleb **WOOD**, b. of Lyme, June 17, 1773, by Eleazer Watrous, J.P.	1	143
Ebenezer R., of Lyme, m. Eliza W. **WARREN**, of Waterford, May 7, 1837, by Rev. Chester Colton	3	71
BAILEY, BAYLEY, Edith, m. Samuel **HILL**, b. of Lyme, Jan. 2, 1769, by Rev. Stephen Johnson	1	137
Eliza, of Lyme, m. Niles **TAYLOR**, of Norwich, July 8, 1838, by Rev. Chester Colton	3	84
Fanny, m. William **HIGGINS**, Feb. 24, 1780	1	73
Harriet Maria, of Chatham, Middlesex County, m. John W. **RAND**, of Lyme, July 28, 1844, by Richard E. Selden, Jr. J.P.	3	146
Mary, m. Asa S. **LEE**, b. of [Lyme], June 10, 1838, by Rev. Harvey Bushnell	3	85
Otis P., of Boston, m. Eliza **APPLEBY**, of Lyme, Oct. 9, 1836, by Rev. Chester Colton	3	59
Simon, of Haddam, m. Huldah **PHELPS**, of Lyme, Jan. 14, 1823, by Charles Smith, J.P.	2	152
BAKER, Adonijah Marvin, b. June 14, 1776	1	164
Catharine, d. Matthias & Neomi, b. Feb. 21, 1801	2	67
David, of East Haddam, m. Elizabeth **MINOR**, of Lyme, Dec. 17, 1841, by Rev. Oliver Brown	3	155
Elizabeth, d. Matthias & Neomi, b. Apr. 11, 1795	2	67
George Herron, s. Matthias & Neomi, b. Apr. 10, 1799	2	67
Jewett D., of East Haddam, m. Abby Ann Hayden **MINOR**, of Lyme, Aug. 21, 1854, by Edmund D. Sill, J.P.	3	160
John, m. Laura Ann **MILLER**, July 9, 1854, in S. Lyme, by Rev. A.L. Chittenden	3	255
John Herman, s. Matthias & Neomi, b. July 9, 1796	2	67
Loas, of New London, m. Jonathan **GILBERT**, of Lyme, Mar. 26, 1767, by Rev. David Jewit[t]	1	116
Lucy, d. Matthias & Neomi, b. Feb. 15, 1798	2	67
Mary, m. Daniel **CLARK**, Mar. 31, 1768	2	60
Mary, d. Matthias & Neomi, b. Dec. 2, 1791	2	67
Matthias, s. Matthias & Neomi, b. Apr. 7, 1790	2	67
Mat[t]hias Warner, m. Neomi **BATES**, Apr. 16, 1789	2	67
Mehitable, m. Uzal **JOHNSON**, [ ]	2	81
Nathaniel, of East Haddam, m. Delia **BABCOCK**, of Lyme, Jan. 4, 1829, by Josiah Hawes	2	226
Sophia, d. Matthias & Neomi, b. May 6, 1793	2	67
BALDING, [see also **BORDEN**], John, d. Mar. 11, 1708/9 (Perhaps Borden?)	L-2	45
BALDWIN, Gad B., of Brooklyn, m. Sarah A. **MINOR**, of Lyme, Nov.		

	Vol.	Page
BALDWIN, (cont.)		
30, 1846, by Rev. D.S. Brainard	3	171
BANKS, Sarah, of Newark, N.J., m. William **NOYES,** Jr., of Lyme,		
Oct. 2, 1785, by Rev. Stephen Johnson	1	108
BANNING, Amasa, [s. William], b. Oct. 4, 1779	1	176
Azubah, [d. William], b. Nov. 28, 1771	1	176
Benjamin, s. John, Jr., & Marg[a]ret, b. Jan.1, 1740	1	42
Benj[amin], [s. William], b. Feb. 26, 1775	1	176
Calvin, [s. William], b. June 2, 1785	1	176
Caroline, L., m. Horace **CHAP[P]ELL,** b. of [Lyme], Mar. 23,		
1835, by Harvey Bushnell	3	33
Catharine, m. Or[r]in **LUTHER,** [Oct.] 11, [1846], by Rev. D.S.		
Brainard	3	169
Charlotte B., certified on Jan. 18, 1868, to the birth of Mattie G.		
LUTHER, d. Orin M. & Catharine C., on Feb. 21, 1858	3	262
Clarissa, [d. William], b. June 2, 1781	1	176
Ebenezer, s. John, Jr. & Jemima, b. Feb. 6, 1745	1	42
Elisha, [s. William], b. Jan 29, 1778	1	176
Eliza, see under Eliza Banning **JOHNSON**		
Elizabeth, m. John **BROCKWAY,** s. Will[ia]m, Mar. 1, 1727	L-2	318
Emily A., of Lyme, m. Alanson **WRIGHT,** of East Haddam, July		
23, 1828, by Rev. Joseph Vaill, of Hadlyme	2	221
Eunice, B., of Lyme, m. Martin **DOTY,** of Ypsilanti, Mich.,		
Dec.9, 1845, by Rev. D.S. Brainard	3	163
John, Jr., m. Margaret **DeWOLF,** July 15, 1734	1	42
John, s. John, Jr. & Marg[a]ret, b. Apr. 8, 1735	1	42
John, Jr., m. Wid. Jemima **PECK,** May 22, 1744	1	42
Joseph, s. John, Jr. & Jemima, b. Aug. 6, 1748	1	42
Linda, see under Lynda		
Lucy, [d. William], b. May 8, 1770	1	176
Lucy Ann, of Lyme, m. Amasa H. **GILLETT,** of Hebron, Sept.		
28, 1831, by Josiah Hawes	2	263
Lynda M., of Lyme, m. Prentice **COMSTOCK,** of Lyme, Dec. 13,		
1825, by Lathrop Rockwell, Clerk	2	189
Marg[a]ret, w. John, Jr., d. Mar. 31, 1744	1	42
Margaret, d. John, Jr. & Jemimah, b. Aug. 6, 1750	1	42
Matilda L., of Lyme, m. George **THOMAS,** of Norwich, Nov. 3,		
1839, at the house of Prentice Comstock, by W[illia]m		
Palmer, V.D.M.	3	99
Phreaney, d. John, Jr. & Marg[a]ret, b. May 20, 1742	1	42
Sarah, d. John, Jr. & Jemima, b. Apr. 20, 1753	1	42
Sarah, m. Southmayd **MINOR,** Dec. 9, 1834, by Rev. Benjamin		
G. Goff	3	29
Temperance, [d. William], b. June 14, 1776	1	176
William, s. John, Jr. & Jemima, b. Nov. 5, 1747	1	42
William, [s. William], b. Aug. 26, 1773	1	176
William J., m. Lucy **LAY,** of Lyme, June 4, 1835, by Rev. Chester		
Colton	3	35
William T., m. Mary Ann **RANSOM,** b. of Lyme, Apr 30, 1839,		
by Rev. Chester Colton	3	96
BANTA, Cornelius, m. Henrietta **GULLIVER,** b. of Lyme, June 11,		

	Vol.	Page

BANTA, (cont.)

1843, by Rev. P. Brockett	3	138
Frederick B., of New York, m. Hannah B. **TUCKER**, of Lyme, Jan. 8, 1843, by Rev. P. Brockett	3	135
Mary Ann, m. William **TUCKER**, July 23, 1843, by Rev. P. Brockett	3	141
William A., m. Catharine **TUCKER**, b. of Lyme, Dec. 6, 1846, by Rev. D.S. Brainard	3	171

BARBER, Martha, widow, of Killingworth, m. Samuel **PECK**, Jan. 25, 1731/2 — L-2, 129

BARRELL, Elias, m. Lydia **LATHAM**, b. of Lyme, June 20, 1826, by Lothrop Rockwell, Clerk — 2, 196

BARTHERICK, Selden, m. Lydia **RANDALL**, b. of Lyme, May 10, 1824, by Joel Loomis, J.P. (See also **BARTHWICK**) — 2, 186

BARTHOLOMEW, Levi, of Saybrook, m. Hannah **MACK**, of Lyme, Oct. 11, 1757, by Rev. Stephen Johnson — 1, 88

BARTHWICK, [see also **BARTHERICK**], Levi Selden, s. Phebe [**CHADWICK**], b. Sept. 7, 1804 — 1, 28

BARTLETT, BARTLET, Herediah, m. James **SAWER**, Apr. 4, 1739 — L-7, 131

John, of New Orleans, m. Mary A. **HILL**, of Lyme, Nov. 7, 1831, by Rev. Chester Colton	2	265
Sarah, of Haddam, m. William **WATEROUSE**, of Lyme, Nov. 9, 1744	1	23
Shubael F., M.D., m. Fanny R. **GRISWOLD**, b. of Lyme, Sept. 1, 1842, by Rev. Shubael Bartlett, of E. Windsor	3	136

BARTMAN, William, m. Mary **M[c]COY**, b. of Lyme, June 10, 1822, by Joseph Vail, Minister — 2, 148

BARTON, Benjamin, of New London, m. Mary **MILLER**, of Lyme, July 29, 1831, by Rev. Nathan Wildman — 2, 260

BATES, BATE, Deborah, of Saybrook, m. Thomas **TOZER**, of Lyme, May 23, 1740 — L-7, 34

Edward N., of Haddam, m. Rebeckah A. **CHAMPION**, of Lyme, Nov. 28, 1833, by Rev. Chester Colton	3	15
John, m. Betsey **WOOD**, b. of Lyme, Aug. 29, 1842, by C.E. Murdock	3	131
Neomi, m. Mat[t]hias Warner **BAKER**, Apr. 16, 1789	2	67
Patience, m. Nicodemus **MILLER**, Feb. 21, 1736/7	1	27
Rebeckah, m. John **COMSTOCK**, s. W[illia]m, Feb. 17, 1725	L-2	171

BAYLEY, [see under **BAILEY**]

BEACH, Anne, of Hebron, m. Elihu **MARVIN**, of Lyme, Dec. 16, 1762, by Benjamin Pomeroy, Clerk, Hebron — 1, 99

BECK, Eunice, m. Guy **CHADWICK**, b. of Lyme, Aug. 1, 1754, by Benjamin Lee, J.P. — 1, 77

BECKETT, [see under **BECKWITH**]

BECKWITH, BECKETT, Abel, m. Lucy **DeWOLF**, wid. of Simon, b. of Lyme, Mar. 23, 1759, by John Lay, 3d, J.P. — 1, 108

Abel, m. Mary Anne **LESTER**, b. of Lyme, Sept. 1, 1840, by Phillips Payson	3	111
Abigail, d. Sam[ue]l & Polly, b. Feb. 12, 1782	1	159
Abigah, s. [Mathew, 3d, & Eleshaba], b. Apr. 25, 1722	L-3	319
Abijah, of Lyme, m. Susannah **LEET**, of G[u]ilford, Aug. 14,		

	Vol.	Page

BECKWITH, BECKETT, (cont.)

1742	1	8
Abner, [s. Thomas & Sarah], b. Sept. 16, 1728	L-6	116
Abner, of Lyme, m. Hannah **COMSTOCK**, of Montville, Feb. 29, 1782	2	32
Abner, s. Abner & Hannah, b. Dec. 24, 1784	2	32
Abner, m. Parnall **INGRAHAM**, Jan. 16, 1787	2	32
Abner, m. Joanna **CLARK**, b. of Lyme, Sept. 23, 1806	2	82
Absolam, of Lyme, m. Lydia **HAYNES**, of New London, Aug. 27, 1767, by Benjamin Lee, J.P.	1	54
Alfred P., m. Sarah C. **BROCKWAY**, b. of Lyme, Feb. 19, 1850, by Rev. Oliver Brown	3	216
Allen, s. Benjamin & Patience, b. Mar. 3, 1736; m. Esther **MARVIN**, of Lyme, Nov. 26, 1755, by John Lay, 2d, J.P.	1	107
Allen, s. Geo[rge] & Penelope, b. Aug. 12, 1786	2	58
Anderson, s. John & Sarah, b. Sept. 28, 1732	1	36
Anderson, s. Samuel & Sarah, b. Feb. 7, 1758	1	94
Andrew, s. [Josiah & Mehetable], b. July 24, 1771	2	4
Andrew, m. Lucinda **HUDSON**, May [ ], 1816	2	161
Ann, of New London, m. Joseph **BROWN**, of Lyme, July 23, 1755, by Stephen Gorton, Elder	1	86
Anna, d. [Josiah & Mehetable], b. June 15, 1773	2	4
Anne, m. John Murdock **LEE**, Feb. 3, 1788, by Jason Lee, Elder	1	25
Anne, m. John M. **LEE**, Feb. 3, 1788	2	55
Asa, s. Abijah & Susannah, b. Feb. 20, 1744/5	1	8
Azubah, d. Jesse & Jerusha, b. Nov. 9, 1754	1	69
Barach, s. Roswell & Lydia, b. Nov. 3, 1780	1	130
Benjamin, m. Lucy **WATROUS**, Feb. 12, 1805	2	79
Betsa, d. Jesse, Jr. & Esther, b. Apr. 2, 1778	1	124
Bettey, d. Roswell & Lydia, b. Nov. 5, 1782	1	130
Calvin, of New London, m. Lucretia **CHAP[P]EL[L]**, of Lyme, June 11, 1838, by Jared Turner, J.P.	3	82
Caroline E., m. William B. **FOSDICK**, Jan. 2, 1853, by Rev. W.W. Meech	3	224
Charles, m. Betsey **SHIPMAN**, Sept. 25, 1828, by John S. Rogers, J.P.	2	222
Charles, m. Ann **BURROWS**, b. of Lyme, July 21, 1850, by Rev. D.S. Brainard	3	222
Christiana, m. Elihu **STRONG**, Apr. 4, 1830, by John S. Rogers, J.P.	2	242
Christopher, s. Zenas & Anna, b. Mar. 29, 1769	1	153
Cyrus, s. Stephen & Jerusha, b. Oct. 18, 1743	1	40
Daniell, [s. Jeames & Sarah], b. Oct. 13, 1699; d. Feb. [ ], 1700	L-2	133
Daniell, 2d, [s. Jeames & Sarah], b. Oct. 26, 1704	L-2	133
Daniell, m. Ruth **RICE**, Nov. 4, 1728	L-2	324
Daniell, [s. Daniell & Ruth], b. Oct. 21, 1731	L-2	324
Daniel, 3d, m. Jerusha **GRANT**, Dec. 20, 1753, by Stephen Gorton, Elder	1	70
Daniel, 3d, of Lyme, m. Sarah [ ], Dec. 30, 1757, by Samuel Ely, J.P.	1	70
David, s. Jonathan & Sarah, b. Feb. 16, 1754	1	58

	Vol.	Page

BECKWITH, BECKETT (cont.)

	Vol.	Page
Deborah, d. Thomas & Sarah, b. Aug. 29, 1742	L-6	116
Deborah, m. Reynold **PECK**, Mar. 8, 1764	1	86
Deborah, m. Titus **HAYES**, b. of Lyme, June 17, 1770, by Rev. George Beckwith	1	138
Deborah, d. Zenas & Anna, b. Dec.14, 1778	1	153
Diadame, d. [Mathew, 3d, & Eleshaba], b. Nov. 8, 1728	L-3	319
Deadomy, m. Joseph **ROGERS**, Mar. 15, 1743/4	1	31
Dorithy, [d. Joseph, Jr. & Marah], b. Sept. 19, 1720	L-2	200
Edgecomb J., m. Maria A. **CULVER**, b. of Lyme, Feb. 3, 1850, by Rev. Oliver Brown	3	214
Elijah, [s. Joseph, Jr. & Marah], b. Dec. 15, 1715	L-2	200
Elijah, s. Jesse & Esther, b. Feb. 27, 1781	1	124
Elijah, m. Sarah **MILLER**, Aug. 22, 1784	1	89
Elishaba, d. [Mathew, 3d. & Eleshaba], b. Feb. 4, 1723/4	L-3	319
Eliza, d. Watrous & Ruth, b. Sept. 15, 1789	1	67
Eliza, d. Geo[rge] & Penelope, b. Apr. 4, 1800	2	58
Elizabeth, d. [Mathew], b. Feb. 4, 1678	L-1	61
Elizabeth, [d. Jeames & Sarah], b. July 23, 1712	L-2	133
Elizabeth, m. Elijah **SMITH**, Nov. 28, 1738	L-6	267
Elizabeth, m. Joshua **CHAMPION**, Jr., Oct. 17, 1742	1	45
Elizabeth, m. Darius **PECK**, of Lyme, Apr. 19, 1757, by Samuel Ely, J.P.	1	167
Elizabeth, d. Zenas & Anna, b. Mar. 21, 1776	1	153
Elizabeth, m. Silas **BROOKS**, Oct. 22, 1780	2	13
Elizabeth, m. John **BUMP**, b. of Lyme, Sept. 4, 1842, by Rev. D.S. Brainard	3	130
Elizabeth S., of Lyme, m. John L. **KIRTLAND**, of Saybrook, July 24, 1842, by Rev. F.W. Chapman, of Deep River	3	127
Elizabeth Smith, d. [John & Nancy S], b. Apr. 8, 1816	2	142
Emeline E., of Lyme, m. Charles Erastus **KIRTLAND**, of Westbrook, Nov. 4, 1850, by Rev. W[illia]m A. Hyde	3	224
Emmilee, d. Geo[rge] & Penelope, b. Sept. 29, 1798	2	58
Enis, d. [Mathew, 3d, & Eleshaba], b. May 14, 1733	L-3	319
Erastus, s. Geo[rge] & Penelope, b. May 11, 1793	2	58
Esther, m. John **ROB[B]INS**, b. of Lyme, Feb. 15, 1753	1	81
Esther, d. Allen & Esther, b. Sept. 28, 1758	1	107
Esther, d. Zenas & Anna, b. June 6, 1770	1	153
Esther had d. Sophia **TINKER**, b. Feb. 20, 1787	1	107
Esther, m. Zopher **GEE**, Nov. 13, 1788	2	48
Eunice, m. Nehemiah **MACK**, b. of Lyme, Feb. 5, 1749	1	163
Eunice, m. John **DANIELS**, Mar. 13, 1782, by Rev. Stephen Johnson	1	173
Eunice, d. [Josiah & Mehetable], b. Feb. 26, 1786	2	4
Eunice, d. Roswell & Lydia, b. Dec. 14, 1787	1	130
Ezra, s. Jesse & Esther, b. May 5, 1779	1	124
Ezra, of Waterford, m. Julia Ann **GATES**, of East Haddam, Sept. 16, 1838, by Rev. Erastus Denison	3	88
Fabius, s. Geo[rge] & Penelope, b. Feb. 5, 1788	2	58
Frances, of Norwich, m. Joseph **BEEBE**, of Waterford, Oct. 30, 1836, by Rev. Herman L. Vaill	3	59

	Vol.	Page
BECKWITH, BECKETT, (cont.)		
Freelove, m. Benjamin **MANWARING**, b. of Lyme, Jan 10, 1836, by Rev. Frederick Wightman	3	50
Gamwell, [s. Daniell & Ruth], b. Mar. 12, 1733/4	L-2	324
G[e]org[e], [s. Jona & Rebecka], b. Apr. 28, 1703	L-2	321
George, Jr., m. Penelope **BECKWITH**, b. of Lyme, May [ ], 1785	2	58
George, s. Roswell & Lydia, b. Feb. 20, 1792	1	130
George, s. Geo[rge] & Penelope, b. Dec. 24, 1794	2	58
Hannah, d. John & Sarah, b. May 1, 1738; d. Last day of Aug. 1742	1	36
Hannah, d. Abel & Luce, b. Dec. 4, 1760	1	108
Hannah, d. [Josiah & Mehetable], b. Mar. 13, 1781	2	4
Hannah, w. Abner, d. Dec. 25, 1784	2	32
Hannah, d. Samuel & Polly, b. Dec. 19, 1790	1	159
Hannah, m. Elijah **ROGERS**, Oct. 22, 1807	2	87
Harriet, of Lyme, m. Thomas **TWIST**, Jr., of Windham, Ct., Nov. 27, 1835, by Rev, Frederick Wightman	3	47
Harriet, m. James **HAYNES**, b. of Lyme, Apr. 9, 1839, by Rev.Chester Colton	3	95
Harriet Miller, d. Andrew & Lucinda, b. Sept. 26, 1819	2	161
Harris, s. Zenas & Anna, b. Dec. 30, 1780	1	153
Hester, m. Andrew **SMITH**, of Lyme, Dec. 17, 1775, by Sam[ue]l Ely, J.P.	1	139
[H]ezekiah, [s. Joseph, Jr. & Marah], b. Sept. 5, 1704	L-2	200
Huldah, d. Roswell & Lydia, b. Nov. 14, 1785	1	130
Israel, s. Jesse & Esther, b. May 11, 1794	1	124
J.P., of East Lyme, m. Lucy C. **BECKWITH**, of Lyme, Oct. 30, 1843, by Rev. P. Brockett	3	142
Jeames, [s. Jeames & Sarah], b. May 2, 1695	L-2	133
James, m. Rebeckah **LAMB**, Oct. 15, 1717	L-2	133
James, [s. James & Rebeckah], b. Apr. 1, 1725	L-2	133
Jeames m. Sarah [ ]	L-2	133
Jerusha, w. Stephen, d. May 16, 1746	1	40
Jerusha, w. Dan[ie]ll, 3d, d. Aug. 29, 1757	1	70
Jesse, m. Jerusha **ROB[B]INS**, b. of Lyme, May 10, 1750, by Rev.George Griswold	1	69
Jesse, s. Joseph & Jerusha, b. Apr. 14, 1753	1	69
Jesse, Jr., of Chesterfield, m. Esther **SMITH**, of New London, North Parish, Mar. 24, 1777, by David Jewitt, Pastor	1	124
Jesse, s. Jesse & Esther, b. Apr. 9, 1790	1	124
Jesse, d. Apr. 19, 1796 [or 1790?]	1	69
Joanna, d. Elijah & Sarah, b. Feb. 20, 1790	1	89
Joel, of Lyme, m. Sybel **STARKEY**, of Saybrook, Mar. 3, 1831, by Rev. Chester Colton	2	250
John, [s. Jona & Rebecka], b. Feb. 11, 1697	L-2	321
John, [s. Jeames & Sarah], b. Oct. 10, 1713	L-2	133
John, ship-rite, m. Sarah **ANDERSON**, July 7, 1724	1	36
John, s. Watrous & Ruth, b. Dec. 2, 1785; d. Feb. 27, 1786	1	67
John, s. Watrous & Ruth, b. July 27, 1788	1	67
John, m. Nancy S. **BURNHAM**, Jan. 25, 1814	2	142

	Vol.	Page
BECKWITH, BECKETT, (cont.)		
John, m. Phebe **PARSONS**, Apr. 24, 1820	2	142
Jona m. Rebecka [ ], Apr. 26, 1696	L-2	321
Jona, [s. Jona & Rebecka], b. Feb. 11, 1701	L-2	321
Jonathan, s. [Daniell & Ruth], b. Sept. 3, 1729	L-2	324
Jonathan, s. Jona[than] & Sarah, b. July 5, 1757	1	58
Joseph, [s. Joseph & Susana], b. Apr. 15, 1679	L-1	50
Joseph, Jr., m. Marah, May 18, 1699	L-2	200
Joseph, s. [Joseph, Jr. & Marah], b. June 1, 1700	L-2	200
Joseph , s. Zenas & Anna, b. Sept. 4, 1774	1	153
Joseph, s. Elijah & Sarah, b. Jan. 10, 1785	1	89
Josiah, m. Mehetable **PEARSON**, Sept. 13, 1770	2	4
Josiah, s. [Josiah & Mehetable], b. Aug. 12, 1779; d. May 13, 1780	2	4
Josiah, s. [Josiah & Mehetable], b. Aug. 26, 1789	2	4
Justin L., m. Mary A. **CROCKER**, b. of Lyme, Nov. 22, 1832, by Rev. Frederick Wightman	3	2
Lois, d. [Mathew, 3d, & Eleshaba], b. July 1, 1725	L-3	319
Loas, d. Matthew, Jr., of Lyme, m. John **HUNTLEY**, s. Joseph, of Lyme, Dec. 13, 1747	1	68
Loraine, d. John & Sarah, b. July 12, 1735	1	36
Lucy C., of Lyme, m. J.P. **BECKWITH**, of East Lyme, Oct. 30, 1843, by Rev. P. Brockett	3	142
Luranah, d. Allen & Esther, b. Apr. 15, 1756	1	107
Lydia, d. [Joseph, Jr. & Marah], b. Feb. 16, 1712/3	L-2	200
Lydia, m. Benjamin **HUNTLEY**, Apr. 27, 1732	L-5	307
Lydia, [d. Daniell & Ruth], b. Jan. 15, 1739/40	L-2	324
Lydia, d. Jona[than] & Sarah, b. Feb. 27, 1759	1	58
Lydia, Jr., m. Elisha **MILLER**, Jr., b. of Lyme, May 24, 1773, by George Dorr, J.P.	1	32
Lydia, d. Elijah & Sarah, b. Dec. 7, 1787	1	89
Mahala, m. Charles **TINKER**, b. of Lyme, Oct. 28, 1821, by Rev. Geo[rge] W. Appleton	2	138
Margaret, d. John & Sarah, b. Mar. 5, 1726	1	36
Margaret Lucinda, d. Andrew & Lucinda, b. Mar. 6, 1817	2	161
Maria, d. Geo[rge] & Penelope, b. Dec. 26, 1796	2	58
Martha, [d. Jeames & Sarah], b. Aug. 8, 1697	L-2	133
Martha, m. Gideon **WATROUS**, b. of Lyme, Sept. 23, 1737, by Rev. George Griswold	1	128
Martin, s. Abel & Lucy, b. May 4, 1759	1	108
Martin, m. Anna **HORTON**, b. of Lyme, Feb. last day, 1774, by George Dorr, J.P.	1	148
Mary, [d. Joseph, Jr. & Marah], b. Aug. 20, 1706	L-2	200
Mary, 2d, [d. Joseph, Jr. & Marah], b. Apr. 3, 1710	L-2	200
Mary, [d. Jeames & Sarah], b. Jan. 3, 1716/17	L-2	133
Mary, d. Thomas [& Sarah], b. Jan. 23, 1726/7	L-6	116
Mary, m. Mat[t]hew **MARVIN**, Apr. 20, 1732, by Rev. Jonathan Parsons	L-2	299
Mary, wid., m. Capt. Daniel **STARLING**, May 16, 1745	1	10
Mary, d. Vinton & Mary, b. Mar. 21, 1773	1	118
Mary, w. Watrous, d. Apr. 3, 1783	1	67

	Vol.	Page
BECKWITH, BECKETT, (cont.)		
Mary, m. Ezekiel **ROGERS**, Nov. 7, 1819	2	160
Mary Ann, d. [Benjamin & Lucy], b. Nov. 15, 1805	2	79
Mary Ann, m. Nathan E. **GREEN**, b. of Lyme, July 31, 1836, by Rev. Frederick Wightman	3	57
Mary Brainard, d. Watrous & Mary, b. Mar. 3, 1783	1	67
Mary L., m. Judah **LORD**, b. of Lyme, Mar. 18, 1846, by Rev. Samuel Griswold	3	165
Ma[t]thew, s. Mat[t]hew & Elizabeth, b. Apr. 13, 1667. Copied from Guilford records Oct. 15, 1719	L-2	355
Mat[t]hew, 3d, m. Eleshaba [ ], Feb. 17, 1721	L-3	319
Mat[t]hew, Sr., d. June 14, 1727	L-2	47
Matthew, [s. Daniell & Ruth], b. June 28, 1736	L-2	324
Mehetable, d. Allen & Esther, b. Mar. 29, 1761	1	107
Mehetable, m. Nathan **TINKER**, b. of Lyme, Feb. 17, 1780, by Rev. Stephen Johnson	1	163
Mehetable, d. [Josiah & Mehetable], b. Aug. 30, 1783	2	4
Mercy Wilcox, m. Isaac Worth **SILL**, Feb. 2, 1811	2	92
Miranda, d. Watrous [& Ruth], b. Oct. 17, 1791	1	67
Nabby, m. Stephen **DeWOLF**, Jan. 3, 1799	2	51
Nancy, m. Jeremiah **BUSH**, b. of Lyme, Dec. 21, 1834, by Rev. Frederick Wightman	3	29
Nancy B., d. [John & Phebe], b. Apr. 16, 1821	2	142
Nancy S., w. John, d. Oct. 29, 1818	2	142
Nathan, [s. Joseph, Jr., & Marsh], b. Feb. 22, 1717/8	L-2	200
Nathan, s. Jesse & Esther, b. Nov. 6, 1787	1	124
Nathaniel, s. Jesse & Esther, b. May 8, 1785	1	124
Parnal, m. George **MITCHELL**, b. of Lyme, Dec. 1, 1827, by Samuel B. Mather, J.P.	2	213
Patience, d. Allen & Esther, b. Feb. 17, 1764	1	107
Patience, d. Geo[rge] & Penelope, b. July 20, 1791	2	58
Penelope, m. George **BECKWITH**, Jr., b. of Lyme, May [ ], 1785	2	58
Penelope, d. Geo[rge] & Penelope, b. July 20, 1785	2	58
Phebe, m. Nathan **ROB[B]INS**, b. of Lyme, June 19, 1755, by Rev. George Griswold	1	80
Phebe, d. Vinton & Mary, b. Feb. 28, 1780	1	118
Phebe, w. Jesse, d. Jan. 7, 1796	1	69
Phebe, m. Leonord **BEEBE**, Aug. 24, 1828, by Henry Wightman	2	222
Polly, d. Geo[rge] & Penelope, b. Nov. 3, 1789	2	58
Rebecka, [d. Jona & Rebecka], b. Dec. 10, 1704	L-2	321
Rebeckah, [d. James & Rebeckah], b. June 30, 1728	L-2	133
Renald, [s. Jeames & Sarah], b. Feb. 15, 1707/6	L-2	133
Rhoda, d. [Abijah & Susannah], b. June 2, 1743	1	8
Rhoda, m. Sam[ue]ll **BROOKS**, b. of Lyme, Mar. 17, 1763, by Benj[amin] Lee, J.P.	1	120
Rice, s. Dan[ie]ll, 3d, & Sarah, b. Nov. 20, 1758	1	70
Richard Greenfield, s. Sam[ue]ll & Polly, b. Mar. 1, 1788	1	159
Richard Pearson, s. [Josiah & Mehetable], b. Aug. 30, 1775	2	4
Roswell, m. Lydia **DORR**, b. of Lyme, Jan. 13, 1780, by Rev. Stephen Johnson	1	130

	Vol.	Page

BECKWITH, BECKETT, (cont.)

	Vol.	Page
Roswell, s. Roswell & Lydia, b. Oct. 8, 1789	1	130
Roxana, m. Nehemiah D. **TINKER**, b. of Lyme, Dec. 25, 1842, by Rev. P. Brockett	3	134
Ruel, 2d, m. Julia Ann **CHAPPELL**, b. of Lyme, Oct. 3, 1822, by Rev. Geo[rge] W. Appleton	2	149
Ruth, [d. Mathew], b. Mar. 14, 1680/81	L-1	61
Ruth, [d. Daniell & Ruth], b. Oct. 5, 1737	L-2	324
Ruth, w. Daniell, d. June 30, 1757	L-2	324
Sally, d. Samuel & Polly, b. Sept. 26, 1793	1	159
Sally Mehaley, d. Sam[ue]l & Polly, b. Sept. 26, 1793	1	159
Samuell, [s. Jona & Rebecka], b. Apr. 7, 1699	L-2	321
Samuel, [s. Jeames & Sarah], b. May 24, 1709	L-2	133
Samuel, s. John & Sarah, b. Aug. 18, 1730	1	36
Samuel, of Lyme, m. Sarah **DICKENS**, of New Shoreham, Mar. 13, 1755, by John Littlefield, Dep. Warden. Recorded in New Shoreham	1	94
Samuel, m. Polly **GREENFIELD**, b. of Lyme, June 21, 1781, by Rev. Stephen Johnson	1	159
Samuel Ingraham, s. [Abner & Parnall], b. Aug. 3, 1788	2	32
Sarah, [d. Mathew], b. Dec. 25, 1684	L-1	61
Sarah, [d. Mathew], b. Dec. 25, 1684	L-1	61
Sarah, [d. Joseph & Susana], b. Apr. 14, 16[ ]	L-1	50
Sarah, [d. Jeames & Sarah], b. Dec. 23, 1701	L-2	133
Sarah, [d. James & Rebeckah], b. Mar. 20, 1722	L-2	133
Sarah, d. John & Sarah, b. July 12, 1728	1	36
Sarah, [d. Mathew, 3d, & Eleshaba], b. Apr. 22, 1737	L-3	319
Sarah, [d. Thomas & Sarah], b. May 8, 1737	L-6	116
Sarah, d. Jona[than] & Sarah, b. Oct. 25, 1762	1	58
Sarah, d. Vinton & Mary, b. Sept. 9, 1768	1	118
Sarah Ann, of Waterford, m. Jonathan **GREEN**, of Lyme, Oct. 17, 1841, by Richard L. Lord, J.P.	3	117
Silas, s. Jona[than] & Sarah, b. Dec. 28, 1751	1	58
Silvanus, s. Jesse & Esther, b. Feb. 13, 1783	1	124
Stephen, [s. Joseph, Jr. & Marah], b. Mar. 6, 1722	L-2	200
Stephen, m. Jerusha **WATROUSE**, Dec. 16, 1742	1	40
Stephen, m. Hannah **NUTON**, May 27, 1747	1	40
Stephen, s. Zenas & Anna, b. Dec. 13, 1771	1	153
Susannah, [d. Joseph, Jr. & Marah], b. May 14, 1708	L-2	200
Susannah, of New London, m. Daniel **HUNTLEY**, of Lyme, May 16, 1745, by Rev. George Griswold	1	23
Temme, d. William & Luce, b. May 22, 1754	1	82
Theody, m. Gurdon **WATROUS**, Nov. 16, 1762	2	56
Thomas, [s. Joseph, Jr. & Marah], b. July 1, 1702	L-2	200
Thomas, of Lyme, m. Sarah **LEWIS**, of Haddam, Nov. 16, 1725	L-6	116
Thomas, s. Zenas & Anna, b. Feb. 10, 1783	1	153
Ventel, [child of Thomas & Sarah], b. Mar. 14, 1735	L-6	116
Vinton, of Lyme, m. Mary **AYERS**, of Lyme, Oct. 9, 1766, by Benj[ami]n Lord, J.P.	1	118
Vinton, d. Aug. 17, 1785	1	118
Wata, d. Samuel & Sarah, b. Jan. 27, 1756	1	94

BECKWITH, BECKETT, (cont.)

	Vol.	Page
Watrous, m. Mary **BRAYNARD**, Mar. 12, 1782, by Rev. Elijah Parsons, of East Haddam	1	67
Watrous, m. Ruth **ROB[B]INS**, Feb. 25, 1784, by Jason Lee, Elder	1	67
Watrous, s. Watrous & Ruth, b. Jan. 10, 1797; drowned in the mill floom Apr. 27, 1801	1	67
William, m. Martha **GRAHAM**, b. of Lyme, Feb. 20, 1822, by Cha[rle]s Smith, J.P.	2	142
William, m. Caroline **CHAMPION**, b. of Lyme, May 24, 1831, by Nathan Wildman	2	255
William, of Waterford, m. Mary **BLAKE**, of Lyme, Feb. 11, 1837, by Richard E. Selden, Jr., J.P.	3	68
Zadock D., m. Jedidah **SPENCER**, b. of Lyme, Sept. 5, 1824, by Rev. Nathan Wildman	2	170
Zenas, of Lyme, m. Anna **HARRISS**, of New London, June 23, 1768, by W[illia]m Whiting, J.P., Norwich	1	153

BEEBE

	Vol.	Page
Adonijah Marvin, s. Azuriah & Diodamy, b. Oct. 12, 1777	1	169
Amasa, s. Noah & Sarah*, b. July 25, 1794 (*Should be Sybel)	2	43
Anna C., m. Erastus **ROGERS**, b. of Lyme, Jan. 15, 1836, by Rev. Andrew M. Smith	3	53
Anne, of Lyme, m. Shubael **BOGUE**, Sept. 9, 1821, by Samuel B. Mather, J.P.	2	137
Azuriah, s. Noah & Edey, b. Jan. 20, 1755	1	55
Azuriah, m. Diadamy **MARVIN**, b. of Lyme, Dec. 5, 1776, by Eleazer Mather, J.P.	1	169
Azuriah, s. Azuriah & Diodamy, b. Mar. 28, 1783	1	169
Barden, s. Jonathan & Hannah, b. Aug. 3, 1742	1	22
Betsey, d. Azuriah & Diodamy, b. Oct. 11, 1780	1	169
Caty, d. Noah & Sybel, b. June 19, 1792	2	43
Edey, d. Noah & Edey, b. Jan. 8, 1758	1	55
Elisha, s. Simeon & Anna, b. Feb. 3, 1750/1	1	58
Elizabeth, m. Nathaniel **HAVENS**, July 7, 1732	L-2	144
Eunice, d. Noah & Edey, b. Feb. 7, 1753	1	55
Eunice B., m. David G. **ROYCE**, b. of Lyme, Sept. 11, 1825, by Rev. Seth Lee	2	193
Danny, d. Noah & Sybel, b. Aug. 13, 1790	2	43
Gay M., m. Datia **OTIS**, Aug. 31, 1834, by Rev. Andrew M. Smith	3	24
Ira, s. Jonathan & Hannah, b. July 20, 1735	1	22
James M., m. Sarah M. **HALL**, Apr. 20, 1837, by Chauncey G. Lee	3	69
Jere, s. Jonathan & Hannah, b. July 2, 1740	1	22
Jonathan, m. Hannah **LEWIS**, Mar. 12, 1731/2	1	22
Joseph, of Waterford, m. Frances **BECKWITH**, of Norwich, Oct. 30, 1836, by Rev. Herman L. Vaill	3	59
Joseph, m. Nancy B. **HUGHES**, b. of Lyme, Apr. 12, 1840, by Rev. Chester Colton	3	103
Leonord, m. Phebe **BECKWITH**, Aug. 24, 1828, by Henry Wightman	2	222
Lydia, d. Noah & Edey, b. May 17, 1751	1	55

	Vol.	Page

BEEBE, (cont.)

	Vol.	Page
Mary, of Waterford, m. Daniel **MANWARING**, of Lyme, Mar. 1, 1835, by Rev. Frederick Wightman	3	31
Mary C., m. Ansel **BOGUE**, Dec. 24, 1820, by Samuel B. Mather, J.P.	2	117
Molley, d. Noah & Edey, b. Sept. 24, 1764	1	55
Noah, m. Edey **WALLER**, May 2, 1750	1	55
Noah, s. Noah & Edey, b. Mar. 4, 1761	1	55
Noah, Jr., m. Sybal **RATHBUN**, Aug. 26, 1784	2	43
Noah, m. Hannah **LUTHER**, June 9, 1805	1	151
Noah, m. Preserve **AVERY**, May 22, 1806	1	151
Olive, d. Noah & Sybal, b. Sept. 14, 1787	2	43
Patience, m. Edward **HAVENS**, Dec. 7, 1768	1	5
Richard, s. Azuriah & Diodamy, b. Apr. 23, 1785	1	169
Richard, m. Hannah **CONGDON,** Oct. 21, 1833, by Rev. Nathan Shailer, of Chesterfield	3	12
Silas C., m. Marcy A. **WAIT**, b. of Lyme, Nov. 28, 1830, by Rev. Nathan Wildman	2	246
Simeon, m. Anna **TERRIL**, Aug. 1, 1750	1	58
Thomas, of Waterford, m. Sarah **CAULKINS**, of Lyme, Nov. 25, 1841, by Rev. Amos D. Watrous	3	119
W[illia]m H., of Waterford, m. Frances **CAULKINS**, of Lyme, Apr. 19, 1840, at her father's in Lyme, by W[illia]m Palmer, V.D.M., of E. Lyme	3	102
W[illia]m H. of Waterford, m. Frances **CAULKINS**, of Lyme, Apr. 19, 1840, at her father's in Lyme, by W[illia]m Palmer, V.D.M., of E. Lyme	3	103
William Lord, s. Noah & Sybel, b. Aug. 8, 1796	2	43
Zeruiah, d. Jonathan & Hannah, b. Feb. 4, 1737/8	1	22
BELOTE, Abigail Peck, d. John & Dorcas, b. Aug. 29, 1796	1	175
Betsey, d. John & Dorcas, b. Mar. 16, 1794	1	175
Harris, s. John & Dorcas, b. June 2, 1787	1	175
Isaac, s. John & Dorcas, b. Aug. 22, 1791	1	175
John, m. Dorcas **MACK**, Feb. 12, 1787	1	175
John, s. John & Dorcas, b. May 21, 1789	1	175
Ruth, d. John & Dorcas, b. July 29, 1798	1	175
William Maxon, s. John & Dorcas, b. Aug. 10, 1800	1	175
BENHAM, Charlotte, m. Joel **RANSOM**, Nov. 18, 1798	2	74
BENJAMIN, Deborah, of Preston, m. Calvin **REED**, of Lyme, Nov. 8, 1844, by Rev. D.S. Brainard	3	149
BENNET, BENIT, BEIT, BENETT, BENNITT, Abegall, d. ye last of June, 1717	L-2	51
Abegall, w. Henry, d. Dec. 24, 1717	L-2	51
Abegall, [d. Henry, Jr. & Abegall], b. Nov. ye last day, 1718 (?)	L-2	51
Abigail, d. John, m. Robert **MENTER**, Sept. 11, 1729	1	12
Abigail, [d. Hennery, Jr. & Abigail], b. Sept. 20, 1736	L-6	100
Bettey, d. [Samuel & Hannah], b. May 11, 1744	1	18
Caleb, s. Caleb, is 18 y. old Mar. 26, 1721	L-2	456
Caleb, s. [Caleb, Jr. & Rebeckah], b. Jan. 12, 1729/30	L-2	15
Caleb, Jr., m. Rebeckah **MACK** (?), [ ]	L-2	15
Dorete, d. [Henery], b. May 19, 1688	L-1	50

	Vol.	Page
BENNET, BENIT, BEIT, BENETT, BENNITT, (cont.)		
Dorithy, [d. Hennery, Jr. & Abigail], b. Aug. 17, 1742	L-6	100
Elijah, s. Sam[ue]l & Hannah, b. Nov. 3, 1753	1	18
Eunice, d. [Samuel & Hannah], b. Feb. 14, 1743	1	18
Hannah, d. [Samuel & Hannah], b. Oct. 13, 1738	1	18
Henry, m. Sarah **CHAMPION**, Dec. 25, 1673. Recorded by Lt. Grant, Jan. 27, 1673	L-1	6
Henery, [s. Henery], b. July 29, 1691	L-1	50
Henry, Jr., m. Abegall **PIKE**, Apr. 15, 1713	L-2	51
Henry, s. [Henry, Jr, & Abegall], b. Jan. 12, 1714	L-2	51
Henry, m. Mary **MOOS***, Nov. 13, 1718 (*Moss. See N.E. Register)	L-2	51
Henry, Sr., d. Jan. 17, 1726/7	L-2	347
Hennery, Jr., m. Abigail **MORSE**, Feb. 22, 1732/3	L-6	100
Henry, s. Henry, Jr. & Abigail, b. Apr. 18, 1747	L-6	100
Jean, d. [Samuel & Hannah], b. Oct. 10, 1740; d. Nov. 5, 1746	1	18
Jean, d. Sam[ue]l & Hannah, b. Mar. 17, 1749	1	18
Jean, 2d, d. Sam[ue]l & Hannah, d. Aug. 16, 1759	1	18
John, [s. Henery], b. Dec. 26, 1680	L-1	50
John, m. Marah, Jan. [2*], 1706/7* (*Handwritten addition in original; also note in margin, "for children of John Bennet & Marah Huntley see Huntley entries")	L-2	51
John, d. Dec. 15, 1730	L-2	51
John, s. Caleb, m. Mary **MOSE**, Sept. [ ]; d. Dec. 6, [ ]	L-2	7
Joseph, m. Sarah **CALKINS**, July [ ],1754, by Daniel Ely	1	58
Joseph, s. [John & Mary], b. Apr. 20, [ ]	L-2	7
Love, [d. Henery], b. Mar. 19, 1685	L-1	50
Love, d. Henry, m. John **MACK**, Jr., Jan. 13, 1703/4	L-2	166
Lucy, [d. Hennery, Jr. & Abigail], b. Dec. 6, 1740	L-6	100
Lydia, d. Henry, Jr. & [Abigail], b. Oct. 6, 1744	L-6	100
Lydia, d. Sam[ue]l & Hannah, b. Nov. 6, 1746	1	18
Mary, d. John, d. Apr. 21, 1731	L-2	51
Mary, [d. Hennery, Jr. & Abigail], b. Oct. 3, 1734	L-6	100
Mary, d. [Samuel & Hannah], b. Sept. 6, 1736	1	18
Mary, d. Joseph & Sarah, b. Nov. 25, 1755	1	58
Mary, w. John, d. Dec. 30, [ ]	L-2	7
Mehetabel, m. James **BURNHAM**, Nov. 23, 1750, by Rev. George Beckwith	1	159
Nathan, s. [Samuel & Hannah], b. Dec. 23, 1734	1	18
Nathan, s. Sam[ue]l & Hannah, d. Oct. 13, 1757	1	18
Phebe, d. [Henry, Jr. & Abegall], b. Aug. 4, 1716; d. Jan 1, 1717	L-2	51
Phebe, d. [Henry & Mary], b. July 5, 1726	L-2	51
Phebe, d. Henry, Jr. & Abigail, b. Mar. 28, 1752	L-6	100
Rose, m. Isaac **WILLEY**, Dec. 14, 1697	L-2	23
Rose, d. [Henry & Mary], b. Jan. 19, 1720/21	L-2	51
Rose, m. Jacob **SAWYER**, b. of Lyme, Jan. 12, 1742/3, by Rev. George Beckwith	1	148
Ruth, [d. Hennery, Jr. & Abigail], b. Jan. 20, 1738/9	L-6	100
Samuel, m. Hannah **WADE**, Aug. 3, 1732	1	18
Samuel, m. Hannah **WADE**, Aug. 3, 1733	L-2	442
Sam[ue]ll, s. [Samuel & Hannah], b. Aug. 13, 1734	L-2	442

	Vol.	Page
BENNET, BENIT, BEIT, BENETT, BENNITT, (cont.)		
Sarah, [d. Henery], b. Aug. 7, 1683	L-1	50
Sarah, w. Henry, d. Mar. 31, 1727	L-2	347
Sarah, m. Jonathan **MACK**, Aug. 24, 1727	L-2	7
Sarah, d. Henry, Jr. & Abigail, b. July 8, 1749	L-6	100
Thankfull, d. [Caleb, Jr. & Rebeckah], b. Mar. 2, 1727/8	L-2	15
William, of Stonington, m. Phebe **CHURCH**, of Stonington, Nov. 3, 1833, by Rich[ar]d E. Selden, Jr., J.P.	3	65
Zadock, s. [Samuel & Hannah], b. Aug. 13, 1733	1	18
[Caleb*], child of Henry [& Sarah], b. Oct. 11, 1675 (*, **, Handwritten additions in original)	L-1	6
[Rose**], child of Henry [& Sarah], b. Nov. 15, 1677	L-1	6
----------, w. Caleb, d. Nov. 12, 1732	L-2	458
BERDAN, Peter F., of Toledo, Ohio, m. Maria **WAITE**, [Nov.] 21, [1852], by Rev. D.S. Brainard	3	243
BICKNELL, Frances, Fidelia, of Lyme, m. Albert **ROYCE**, of East Lyme, Jan. 20, 1841, by Phillips Payson	3	113
BIGGS, Esther, m. Richard **LAY**, Nov. 20, 1797	1	142
William, s. William & Mary, b. Sept. 17, 1747	1	57
BILL, Benajah P., m. Louisa M. **PECK**, b. of Lyme, Sept. 17, 1850, by Rev. Oliver Brown	3	223
Eleonor Jane, of Lyme, m. William **TINKER**, of Westfield, Mass., July 6, 1837, by Rev. Harvey Bushnell	3	72
James, m. Anne **LORD**, b. of Lyme, Sept. [ ], 1839, by Phillips Payson	3	108
Julia Ann, m. John Gordon **HUGHES**, b. of Lyme, June 20, 1824, by Josiah Hawes	2	166
Lucy S., m. Capt. Ebenezer E. **BROCKWAY**, b. of Lyme, Jan. 14, 1845, by Rev. Thomas J. Greenwood	3	149
Mary, of Lyme, m. Asa Park **EDGECOMB**, of Groton, June 27, 1827, by Josiah Hawes	2	208
BINGHAM, Claratha, d. Elijah & Mary, b. Nov. 4, 1777; d. Aug. 25, 1783	1	168
Elijah, of Lyme, m. Mary Banning **BROCKWAY**, of Lyme, Apr. 4, 1761, by Sam[ue]l Ely, J.P.	1	168
Martha, m. Solomon **GEE**, Jr., of Lyme, Dec. 24, 1758, by Benjamin Lee	1	96
Martha, m. Solomon **GEE**, Jr., of Lyme, Dec. 24, 1758, by Benjamin Lee	1	121
Melinda, d. Elijah & Mary, b. May 12, 1767	1	168
Nathan, s. Elijah & Mary, b. May 5, 1780	1	168
Phebe, d. Elijah & Mary, b. Sept. 1, 1782; d. Oct. 6, 1783	1	168
Polly, d. Elijah & Mary, b. Aug. 16, 1775	1	168
Roswell, s. Elijah & Mary, b. Jan. 28, 1763	1	168
Silas, s. Elijah & Mary, b. Mar. 24, 1769	1	168
Sluman, s. Elijah & Mary, b. May 31, 1772	1	168
Theody, d. Elijah & Mary, b. Sept. 21, 1761	1	168
Theody, d. Elijah & Mary, d. Apr. 20, 1771	1	168
Walter, s. Elijah & Mary, b. Feb. 15, 1765	1	168
----------, s. Elijah & Mary, b. June 24, 1771; d. June 28, 1771	1	168
BINNIE, William, of Springfield, Mass., m. Martha N. **PERKINS**, of		

	Vol.	Page
BINNIE, (cont.)		
Lyme, [Feb.] 11, [1852], by Rev. D.S. Brainard	3	238
BIRDSEY, BIRDSEYE, Frederick, of Middletown, m. Laura A.		
MILLER, of Lyme, Jan. 16, 1849, by Rev. Samuel Griswold	3	196
Samuel M., of Middletown, m. Elizabeth M. **MILLER**, of		
[Lyme], June 1, 1835, by Rev. Harvey Bushnell	3	35
BISHOP, Abijah, s. Abraham & Patience, b. June 25, 1780	1	22
Abraham, m. Hannah **CHAMPION**, Oct. 26, 1743	1	24
Abraham, s. Abraham & Hannah, b. June 30, 1747	1	24
Abraham, m. Sarah **GLADDING**, Dec. 23, 1747, by Rev		
Abraham Knott, of Saybrook	1	24
Abraham, s. Abraham & Hannah, d. Feb. 15, 1754	1	24
Anna, m. Elkanah **HUNTLEY**, Nov. 14, 1799	2	86
Elisha, s. Abraham, b. Oct. 2, 1783	1	22
Enos, s. Abraham & Sarah, b. Aug. 7, 1755	1	24
Hannah, w. Abraham, d. July 13, 1747	1	24
Hannah, d. Abraham & Sarah, b. July 26, 1749	1	24
Isaac, s. Abraham & Sarah, b. May 26, 1751	1	24
John, s. Abraham & Hannah, b. Oct. 5, 1745	1	24
Mary, d. Abraham & Sarah, b. July 26, 1753	1	24
Mary, d. Abra[ha]m, b. Dec. 21, 1777	1	22
Patience, m. Stephen **HUDSON**, July 26, 1795	1	148
BISSELL, George, m. Parnall **MINOR**, Aug. 22, 1801, by Elder Jason		
Lee	2	64
BLAGUE, David, s. Jeremiah & Annah, b. June 4, 1769	1	20
James, m. Abigail **RE[Y]NOLDS**, Nov. 4, 1743	1	13
James, twin with Jonathan, s. James & Abigail, b. Sept. 6, 1746	1	13
Jeremiah, s. James & Abigail, b. July 30, 1744	1	13
John, s. James & Abigail, b. Mar. 16, 1753	1	13
Jonathan, twin with James, s. James & Abigail, b. Sept. 6, 1746	1	13
Joshua, s. James & Abigail, b. Sept. 16, 1750	1	13
Mary, of Saybrook, m. Rev. Stephen **JOHNSON**, of Lyme, Dec. 1,		
1762, by Rev. George Beckwith	1	49
Mary Darrow, [d. Jeremiah], b. Apr. 23, 1737	L-2	46
Sarah, d. Jeremiah, b. June 1, 1735	L-2	46
BLAKE, Mary, of Lyme, m. William **BECKWITH**, of Waterford, Feb.		
11, 1837, by Richard E. Selden, Jr., J.P.	3	68
BLATCHLEY, Abraham, Dr., of Guilford, m. Jemima **MARVIN**, of		
Lyme, Dec. 14, 1821, by Josiah Hawes	2	140
BLISS, Chauncey, of Marlborough, m. Esther **SLATE**, of Lyme, Mar.		
2, 1834, by Rev. Chester Colton	3	18
James, m. Ann **HUDSON**, b. of Lyme, Feb. 14, 1847, by Daniel		
Anderson, J.P.	3	174
Levi, of Boston, Mass., m. Elizabeth P. **JOHNSON**, of Lyme,		
Nov. 21, [1847], by Rev. Samuel Griswold	3	186
BODGE, Eliza, m. Reu **HUNTLEY**, Feb. [ ], 1793	2	9
BOGUE, Abby, m. W[illia]m **DAWES**, Jr., b. of Lyme, May 2, 1847,		
by Daniel Anderson, J.P.	3	174
Alden, s. Eliza, wid. Samuel M., b. May 7, 1856. Certified to		
Dec. 24, 1867, by Nancy A. Tucker, before Wanton A.		
Shippel, Reuben A. Taft, witnesses	3	262

	Vol.	Page

BOGUE, (cont.)

Charles D., s. Samuel M. & Eliza, b. Feb. 1, 1858. Certified to Nov. 29, 1867, by Catharine C. Waterman, of Saybrook, Ct., formerly wife of Orin M. Luther — 3 — 261

Eleanor, m. Jared **DANIELS**, b. of Lyme, June 10, 1836, by Richard E. Selden, Jr. J.P. — 3 — 67

Elizabeth, m. Joseph **CHURCH**, b. of Lyme, June 16, 1850, by Rev. John F. Blanchard — 3 — 220

Elizabeth S., m. Henry J. **BOGUE**, b. of Lyme, June 15, 1845, by Richard E. Selden, Jr., J.P. — 3 — 159

Emeline J., m. William **JOHNSON**, b. of Lyme, July 16, 1848, by Rev. Chester Tilden — 3 — 189

Hannah made oath on Sept. 14, 1867, to the birth of Mary E. **BOGUE** on Dec. 28, 1849, and Minerva L. **BOGUE** on Aug. 1, 1860, children of Samuel M. & Eliza **BOGUE** — 3 — 261

Henry J. m. Elizabeth S. **BOGUE**, b. of Lyme, June 15, 1845, by Richard E. Selden, Jr., J.P. — 3 — 159

Jabez H. m. Joanna **DENISON**, July 23, 1831, by Zebulon Brockway, Jr., J.P. — 2 — 259

James, m. Laura **SAWYER**, July 23, 1831, by Zebulon Brockway, Jr., J.P. — 2 — 259

James W., m. Hannah C. **SAWYER**, b. of Lyme, Dec. 24, 1854, by Rev. Alpha Miller — 3 — 259

John, of Lyme, m. Lydia **MITCHELL**, of Saybrook, July 9, 1837, by Rev. George Carrington, of Haddam — 3 — 73

John C., m. Lucy E. **LITTLEFIELD**, b. of Lyme, Nov. 3, 1839, by Sam[ue]l S. Warner, J.P. — 3 — 100

Laura A., of Lyme, m. Amos **WHIPPLE,** of E. Lyme, Nov. 30, 1854, by Rev. Alpha Miller — 3 — 257

Mary E., d. Samuel M. & Eliza, b. Dec. 28, 1849. Sworn to Sept. 14, 1867, by Hannah Bogue, of Lyme — 3 — 261

Mary J. m. George E. **MATHER**, b. of Lyme, Oct. 10, 1847, by Samuel S. Warner, J.P. — 3 — 181

Minerva L., d. Samuel M. & Eliza, b. Aug. 1, 1860. Sworn to Sept. 14, 1867, by Hannah Bogue, of Lyme — 3 — 261

Ozias H., m. Phebe **JOHNSON**, b. of [Lyme], Aug. 2, 1835, by Rev. Mark Mead — 3 — 37

Permelia L. d. Eliza & Samuel M., b. Feb. 13, 1853. Sworn to on Sept. 14, 1867, by Lucy Damon before N. B. Damon, a witness — 3 — 261

Russell, m. Sila **TILLITSON**, Apr. 2, 1822, by Samuel B. Mather, Esq. — 2 — 272

Shubael, m. Anne **BEEBE**, of Lyme, Sept. 9, 1821, by Samuel B. Mather, J.P. — 2 — 137

Sophia E., m. Joseph C. **CHAPMAN**, b. of Lyme, [Sept.] 7, [1851], by Rev. Oliver Brown — 3 — 233

Willis S., s. Eliza, wid. Samuel M. b., Sept. 27, 1860. Certified to Dec. 24, 1867, by Nancy A. Tucker before Wanton A. Shippel, Reuben A. Taft, Witnesses — 3 — 262

BOLTON, Jeremiah, of Lyme, m. Elizabeth **ROGERS**, of Lyme, May 7, 1853, by Rev. E. F. Burr, of N. Lyme — 3 — 246

	Vol.	Page
BOO, Mary, of Amsterdam, Holland, m. William **BROCKWAY**, of Saybrook, Mar. 29, 1846, by Richard E. Selden, Jr.	3	165
BOOLES, Ebenezer, m. Molly **GILBERT**, Feb. 9, 1786, by Richard Wait, Jr., J.P.	1	172
Fanny, d. Ebenezer & Molly, b. Nov. 3, 1788	1	172
Polly, d. Ebenezer & Molley, b. July 1, 1786	1	172
BOON, Betsey, d. Henry & Rebecca, b. Mar. 13, 1776	1	81
Charlotte, d. Henry & Rebecca, b. Oct. 7, 1786	1	81
Henry, m. Rebecca **SMITH**, Nov. 1, 1775	1	81
Henry, s. Henry & Rebecca, b. Aug. 19, 1782	1	81
Hezekiah Smith, s. Henry & Rebecka, b. Mar. 4, 1796	1	81
Ichabod, s. Henry & Rebecca, b. Jan. 2, 1791	1	81
Jerusha, d. Henry & Rebecca, b. June 15, 1780	1	81
Jerusha, m. Thomas **NELEGAN**, May 15, 1803	2	105
Keturah, d. Henry & Rebecca, b. May 3, 1778	1	81
Nathan, m. Sally **PECK**, June 10, 1795	2	34
Sally, d. Henry & Rebecca, b. Oct. 11, 1793	1	81
William, s. Henry & Rebecca, b. Aug. 1, 1784	1	81
Zerviah, d. Henry & Rebecca, b. Nov. 14, 1788	1	81
BOOTHE, Anne, of Kensington, Ct., m. Joseph **MATHER**, of Lyme, Oct. 26, 1737, by Rev. William Burnham, of Kensington	L-6	144
BORDEN, Elisha, [s. John & Rebeckah], b. Apr. 8, 1718	L-2	208
Elizabeth, m. William **LEWIS**, Feb. 23, 1715	L-2	222
Ezekiel, [s. John & Rebeckah], b. June 20, 1720	L-2	208
Han[n]ah, [d. John & Marah], b. Apr. 28, 1695	L-2	45
Hannah, [d. John & Rebeckah], b. Mar. 31, 1723	L-2	208
Jeane, [child of John & Hanah], b. Jan. 11, 1680	L-1	86
John, Jr., m. Marah [ ], Mar. 13, 1689	L-2	45
John, [s. John & Marah], b. Mar. 4, 1692/3	L-2	45
John, m. Rebeckah **ROULEN**, July 14, 1715	L-2	208
John, [s. John & Rebeckah], b. Oct. 2, 1730	L-2	208
John, d. Dec. 13, 1730	L-2	208
Joseph, s. [John & Rebeckah], b. July 27, 1716	L-2	208
Marah, [d. John & Marah], b. Dec. 30, 1690	L-2	45
Martha, [d. John & Marah], b. Sept. 11, 1700	L-2	45
Mary, d. [Samuel & Mary], b. Jan. 13, 1729/30	L-4	52
Rebeckah, w. [John], d. Dec. 19, 1730	L-2	208
Samuel, [s. John & Marah], b. Apr. 15, 1704	L-2	45
Samuel, m. Mary **FOX**, Feb. 11, 1728/9	L-4	52
Sarah, [d. John & Marah], b. Apr. 17, 1698	L-2	45
William, [s. John & Rebeckah], b. Oct. 26, 1725	L-2	208
BOUGE, Ansel, m. Mary C. **BEEBE**, Dec. 24, 1820, by Samuel B. Mather, J.P.	2	117
Lucretia Ann, d. Ansel & Mary [C.], b. June 8, 1821	2	117
Rachel A., m. Ezra **CHAPPELL**, b. of Lyme, Dec. 28, 1820, by Rev. George Appleton	2	118
BOURNS, Fanny, m. Thomas **LONERGAN**, Oct. 4, 1790	2	25
BOWMAN, ----------, of Lyme, m. Walter **FLYNN**, of New York, Oct. 31, 1823, by Charles Smith, J.P.	2	161
BRACY, Gerrish, m. Eliza **MILLER**, b. of Lyme, Nov. 30, 1830, by Joseph Chadwick, J.P.	2	247

	Vol.	Page
BRADBURY, Roxana J., m. David. O. **MARTIN**, b. of Lyme, June 24, 1840, by Phillips Payson	3	110
BRADDICK, William, of Essex, m. Lucy **TINKER**, of Lyme, Dec. 30, 1850, by Rev. E.F. Burr	3	226
BRADFORD, Hannah, living in Lyme, m. Benjamin **ROB[B]INS**, of Lyme, Feb. 20, 1745/6, by Rev. George Griswold	1	106
Katharine, widow, d. Nov. 6, 1733	L-2	40
BRAINARD, BRAYNARD, Davis S., Rev., m. Ann Maria **CHADWICK**, [May] 24, [1842], at her father's Capt. Daniel Chadwick, in Lyme, by Rev. David D. Field, of Had[d]am	3	124
Mary, m. Watrous **BECKWITH**, Mar. 12, 1782, by Rev. Elijah Parsons, of East Haddam	1	67
Mehetable, m. Calvin **SPENCER**, Nov. 1, 1789	2	18
Ursula, of Haddam, m. Elisha M. **SAWYER**, of Lyme, Mar. 27, 1842, by Rev. Amos D. Watrous	3	122
BRAMBLE, Alanson, of Lyme, m. Wid. **HUNTLEY**, of East Haddam, June 21, 1842, by Richard E. Selden, Jr., J.P.	3	127
Betsey, of Lyme, m. Nathaniel **MAT[T]HEWS**, of New London, Nov. 2, 1829, by Josiah Hawes	2	238
Daniel, s. William & Nabby, b. Feb. 4, 1792	2	31
Dotice, of Lyme, m. Benjamin **BUNNING**, of East Haddam, Mar. 23, 1821, by Joseph E. Ely, J.P. (Banning?)	2	126
Erastus, Jr., m. Hellen **MINOR**, b. of Lyme, Jan. 26, 1849, by John S. Walles, J.P., with the consent of the parents of Helen, she being a minor	3	195
Frankling, s. W[illia]m & Nabby, b. July 16, 1800	2	31
Henry, m. Mary A. **SLATE**, Apr. 25, 1847, by Rev. Stephen A. Loper, of Hadlyme	3	175
Hester, d. W[illia]m & Nabby, b. July 17, 1804	2	31
Jehiel, s. W[illia]m & Nabby, b. Aug. 2, 1802	2	31
Mary A., m. Richard B. **DANIELS**, b. of Lyme, Sept. 16, 1842, by C. E. Murdock	3	131
Nabby, d. W[illia]m & Nabby, b. Dec. 12, 1795	2	31
Orrin Shipman, s. [William & Nabby], b. Sept. 15, 1807	2	31
Phebe, m. Ezekiel **ROGERS**, of Lyme, Aug. 15, 1753, by Rev. George Beckwith	1	71
Polly, d. W[illia]m & Nabby, b. Jan. 9, 1798	2	31
Silas, m. Amy **SAWYER**, b. of Lyme, Apr. 27, 1823, by Josiah Hawes	2	157
Silas, m. Betsey **LAY**, Aug. 1, 1847, by Roger Albiston	3	183
William, s. W[illia]m & Nabby, b. Dec. 23, 1793	2	31
William, m. Abigail **SHIPMAN**, [ ]	2	31
Zilpha, m. Persia **JOHNSON**, Mar. 29, 1813	2	102
BRAYMAN, Daniel S., of Groton, m. Mary W. **HAVENS**, of Lyme, Mar. 2, 1823, by Lothrop Rockwell, Clerk	2	154
BREWER, Henry, of Cortland, N.Y., m. Mary A. **LEE**, of Lyme, June 4, 1839, by Rev. Chester Colton	3	97
[BRIGGS], BRIGS, Peter, [s. John & Mary], b. Feb. 5, 1680	L-1	50
William, s. John & Mary, b. July 30, 1676	L-1	50
BROADRICK, John H., m. Elizabeth B. **HAVENS**, b. of Sag Harbor,		

	Vol.	Page
BROADRICK, (cont.)		
L.I., [Feb.] 20, 1850, by Rev. D. S. Brainard	3	215
BROADWAY*, Caroline E., of Lyme, m. Henry G. **PRATT**, of Saybrook, Oct. 30, 1838, by Rev. Erastus Denison (*Brockway?)	3	89
BROCKWAY, [see also **BROADWAY**], Aaron S. m. Mary E. **ANDERSON**, b. of Lyme, Oct. 26, 1845, by Rev. Amos D. Watrous	3	163
Abigail, twin with Consider, d. [Richard & Elizabeth], b. Feb. 1, 1723	L-2	294
Abigail, m. Frances W. **GLOVER**, b. of Lyme, July 2, 1843, by Rev. P. Brockett	3	140
Abner, s. William & Hannah, b. Dec. 28, 1754	1	96
Abner, m. Catherine **MARVIN**, Sept. 7, 1775	1	155
Abner, s. Abner & Catharine, b. Aug. 19, 1785	1	155
Alice, see under Ellice		
Amanda E., of Montville, m. Henry **WHALEY**, of Montville, May 12, 1853, by Rev. L. Williams Wheeler	3	252
Anna, d. [Walston & Anna], b. Mar. 14, 1743/4	1	6
Anna, d. Anna, b. Apr. 17, 1767	1	48
Anne, m. John **BROWN**, b. of Lyme, Sept. 18, 1794, by William Noyes, Esq.	2	30
Asa, [s. Ephraim & Susanna], b. July 11, 1730	L-2	352
Asa, s. Jonathan & Phebe, b. Apr. 23, 1758	1	118
Benjamin, m. Deborah **HOWARD**, b. of Lyme, Jan. 16, 1845, by Rev. D. S. Brainard	3	150
Betsey, d. Elias & Lovica, b. Sept. 20, 1795	1	175
Bri[d]get, [d. Wolston & Hana], b. Jan. 9, 1671	L-1	26
Breget, [d. John], b. Aug. 8, 1708	L-2	109
Brigget, d. [Walston & Anna], b. Dec. 25, 1737	1	6
Bridget, d. Ezra & Dorcas, b. Sept. 26, 1755	1	84
Bridget, m. Benjamin **HUDSON**, Jr., b. of Lyme, Dec. 29, 1761, by Rev. Stephen Johnson	1	55
Carlos Marcena, s. [Jasper & Hannah], b. Feb. 15, 1822	2	92
Caroline, d. William & Hannah, b. May 18, 1748	1	96
Caroline, m. Abel **HALL**, b. of Lyme, Oct. 19, 1769, by Rev. Stephen Johnson	1	132
Caroline, testified on Nov. 21, 1867, in Hadlyme, to the births of Marian J. & Niles A. **BROOKS**, children of Augustus O. & Lucy D. **BROOKS**, on Aug. 26, 1850 & Dec. 1, 1853, respectively	3	260
Caroline S., m. Henry J. **COMSTOCK**, Nov. 15, 1843, by Rev. Stephen Alonzo Loper, of Hadlyme	3	143
Cate, d. Abner & Catharine, b. July 6, 1776	1	155
Catharine S., of Lyme, m. Abraham W. **WILLEY**, of East Haddam, Oct. 27, 1841, by Rev. George Carrington, of Hadlyme	3	118
Charles, s. Elias & Lovica, b. June 13, 1807	1	175
Charles E. S*., of Saybrook, m. Caroline M. **ROGERS**, of East Lyme, May 16, 1847, by Rev. Chester Tilden, of N. Lyme (*Probably "L")	3	176

BROCKWAY, (cont.)

	Vol.	Page
Charles Elias Levingston, s. Chr[istopher] & Christian, b. Nov. 15, 1811	2	110
Charles H. m. Frances A. **LUTHER**, b. of Hadlyme, Ct., May 28, 1837, at her father's house in H[ad]l[yme], by William Palmer, V.D.M., of Chester	3	71
Christopher, s. Elias & Lovica, b. Apr. 9, 1787	1	175
Christopher, m. Christian **CHAP[P]ELL**, June 22, 1806	2	110
Christopher, Jr., s. [Christopher & Christian], b. May 25, 1818	2	110
Consider, twin with Abigail, s. [Richard & Elizabeth], b. Feb. 1, 1723	L-2	294
Consider, s. Rich[ar]d & Elizabeth, d. Feb. 17, 1747/8	L-2	294
Deb[o]rah, [d. Wolston & Hana], b. May 1, 1682	L-1	26
Deborah, [d. Walston, Jr., & Margaret], b. Nov. 11, 1696	L-2	9
Deborah, [d. Richard & Rachall], b. Dec. 7, 1716	L-2	294
Dorothy, d. John, 2d. & Sarah, b. June 3, 1742	L-2	318
Ebenezer, [s. John & Elizabeth], b. Oct. 15, 1731	L-2	318
Ebenezer, s. W[illia]m & Hannah, b. Oct. 17, 1838	2	248
Ebenezer E., Capt., m. Lucy S. **BILL**, b. of Lyme, Jan. 14, 1845, by Rev. Thomas J. Greenwood	3	149
Edgar, m. Lovica B. **LUTHER**, b. of Lyme, Oct. 24, 1847, by Rev. Chester Tilden, of N. Lyme	3	179
Edward, [s. Walston, Jr. & Margaret], b. Mar. 8, 1698/9	L-2	9
Edward C. G., m. Adeline **DAMON**, b. of [Lyme], Feb. 12, 1837, by Rev. H. Bushnell	3	68
Elias, s. Elias & Lovica, b. Nov. 25, 1797	1	175
Elias, m. Lovica **CHAMPION**, [ ]	1	175
Elihu, s. John, 2d., & Sarah, b. Mar. 23, 1740	L-2	318
Eliza D., m. Nathaniel M. **BROWN**, b. of Lyme, May 1, 1828, by Josiah Hawes	2	218
Elizabeth, [d. Wolston & Hana], b. May 24, 1676	L-1	26
Elizabeth, [d. Richard & Elizabeth], b. Jan*. 22, 1721; d, Mar. 30, 1742 (*Perhaps June)	L-2	294
Elizabeth, d. [John & Elizabeth], b. Apr. 2, 1728	L-2	318
Elizabeth, w. John, 2d, d. Apr. 26, 1738	L-2	318
Elizabeth, d. Rich[ar]d & Hannah, b. Mar. 13, 1744/5	1	17
Elizabeth Hannah, d. [Christopher & Christian], b. June 11, 1822	2	110
Ellice, d. Elias & Lovica, b. June 18, 1793	1	175
Enos, s. Richard & Hannah, b. Apr. 25, 1759	1	17
Ephra[i]m, [s. Walston , Jr. & Margaret], b. Apr. 4, 1703	L-2	9
Ephraim, m. Susanna **CURRIER**, Feb. 7, 1727/6	L-2	352
Ephraim, s. [Ephraim & Susanna], b. Mar. 31, 1728	L-2	352
[E]unice, d. [Richard & Elizabeth], b. Aug. 24, 1732	L-2	294
Eunice, d. Chr[istopher] & Christian, b. Jan. 6, 1810	2	110
Eunice C., m. George W. **HARDING**, Mar. 27, 1831, by Rev. Nathan Wildman	2	252
Ezekiel, s. John 2d, & Sarah, b. May 8, 1745	L-2	318
Ezra, b. May 24, 1732; m. Dorcas **GIDDINGS**, of Lyme, Nov. 14, 1754	1	84
Ezra, m. Leonora **BROCKWAY**, Feb. 9, 1821, by Josiah Hawes, Minister	2	124

	Vol.	Page
BROCKWAY, (cont.)		
Ezra, of Lebanon, m. Lucy Ann **STEWARD**, of Lyme, Sept. 14, 1826, by Nathan Wildman	2	200
Ezra C., s. Chr[istopher], & Christian, b. Mar. 6, 1814	2	110
Frederick L. C., m. Marvin A. **PECK**, b. of Lyme, Apr. 9, 1848, by Rev. Oliver Brown	3	212
George, s. Elias & Lovica, b. Dec. 18, 1804	1	175
Gideon, s. Jedediah & Sarah, b. Sept. 14, 1746; d. Dec. 12, 1749	1	85
Gideon, s. Jedediah & Sarah, b. Apr. 6, 1759	1	85
Han[n]ah, [d. Wolston & Hana], b. Sept. 14, 1664	L-1	26
Han[n]ah, m. Thomas **CHAMPEON**, Aug. 23, 1682	L-1	115
[Hana] good wife, [Wolston], d. Feb. 6, 1687	L-1	26
Han[n]ah, [d. Richard & Rachall], b. Aug. 14, 1700	L-2	294
Hannah, d. William & Hannah, b. Dec. 28, 1752	1	96
Henry Brayman, s. [Jasper & Hannah], b. Apr. 20, 1820	2	92
Hettey, d. Richard & Hannah, b. Dec. 3, 1746	1	17
Horace A., m. Rhoda **GRIFFIN**, b. of Lyme, June 9, 1834, by Josiah Hawes	3	22
Horace Gardiner, s. [Jasper & Hannah], b. Jan. 7, 1817	2	92
Huldah, m. Sylvanus **LORD**, b. of Lyme, May 11, 1758, by Richard Lord, J.P.	1	97
Irena, m. William **MILLER**, b. of Lyme, Aug. 26, 1766, by Rev. Stephen Johnson	1	120
James Madison, s. [Elias & Lovica], b. May 27, 1809	1	175
Jean (Jane), [d. John], b. Feb. 6, 1717	L-2	109
Jane A., m. Linus A. **LUTHER**, b. of Lyme, Oct. 25, 1852, by Rev. E. F. Burr, of N. Lyme	3	242
Jane Amelia, m. Marshfield Sterling **PARKER**, Jr., b. of Lyme, Sept. 28, 1848, by Samuel Griswold	3	191
Jane Sheldon, b. Oct. 29, 1787; m. John Frederick **HARRISON**, May 29, 1811	2	94
Jasper, s. Elias & Lovica, b. Apr. 20, 1790	1	175
Jasper, m. Hannah **CRANDALL**, July 4, 1812, by Jesse Babcock, Elder	2	92
Jedediah, [s. Richard & Rachall], b. Oct. 23, 1713	L-2	294
Jedediah, of Lyme, m. Sarah **FOX**, of New London, Oct. 3, 1743	1	85
Jedediah F., m. Elizabeth E. **HAYDEN**, b. of Lyme, July 1, 1849, by Rev. Daniel Griswold	3	200
Jemmy, s. Abner & Catharine, b. May 23, 1782	1	155
Jesse, s. Jonathan & Phebe, b. Apr. 24, 1768	1	118
John, [s. John], b. July 4, 1721	L-2	109
John, s. Will[ia]m, m. Elizabeth **BANNING**, Mar. 1, 1727	L-2	318
John, s. [John & Elizabeth], b. July 28, 1729	L-2	318
John, 2d, m. Sarah **SCOVILL**, Mar. 22, 1739	L-2	318
John Reed, m. Harriet N. **GILLETT**, b. of Lyme, Mar. 13, 1838, by Rev. E. Loomis	3	79
Jonah, s. Jedediah & Sarah, b. Jan. 16, 1744	1	85
Jonathan, [s. Walston, Jr. & Margaret], b. May 20, 1694	L-2	9
Jonathan, m. Phebe **SMITH**, b. of Lyme, Oct. 20, 1757, by Rev. Stephen Johnson	1	118
Jonathan, s. Jonathan & Phebe, b. Feb. 25, 1766	1	118

BROCKWAY, (cont.)

	Vol.	Page
Joseph S., s. [Christopher & Christian], b. June 3, 1820	2	110
Julia Emeline, d. [Jasper & Hannah], b. Apr. 2, 1815	2	92
Julian, d. Chr[istopher] & Christian, b. Dec. 16, 1807	2	110
Juliann, m. Ashel **MILLER**, b. of Lyme, July 6, 1826, by Nathan Wildman	2	196
Julian, m. Ashel **MILLER**, b. of Lyme, July 6, 1826, by Nathan Wildman	2	201
Leonora, m. Ezra **BROCKWAY**, Feb. 9, 1821, by Rev. Josiah Hawes	2	124
Loas, d. [Richard & Hannah], b. Mar. 15, 1741; d. July 15, 1756	1	17
Lovisa, d. Elias & Lovisa, b. May 10, 1811	1	175
Lovica Ann, d. [Jasper & Hannah], b. Aug. 23, 1813	2	92
Lucina, d. [Abner & Catharine], b. Sept. 17, 1778; d. Mar. 26, 1779	1	155
Lucey, d. Jedediah & Sarah, b. Mar. 5, 1757	1	85
Lydia, [d. Richard & Rachall], b. Apr. 17, 1709	L-2	294
Lydia, d. Jedediah & Sarah, b. Apr. 20, 1755	1	85
Lydia, m. Stephen **HUNTLEY**, b. of Lyme, Nov. 27, 1777, by Ezra Selden, J.P.	1	127
Marah, [d. Wolston & Hana], b. Jan. 16, 1669	L-1	26
Marg[ar]et, [d. Walston, Jr. & Margaret], b. Apr. 17, 1701	L-2	9
Margaret A., m. Jabez **COMSTOCK**, b. of Lyme, Sept. 25, 1825, by Rev. Simon Shailer, of Haddam	2	193
Maria, m. Elisha H. **SMITH**, b. of Lyme, June 26, 1836, by Rev. Frederick Wightman	3	55
Mariette, [see under Maryett]		
Martin, s. Jonathan & Phebe, b. Apr. 26, 1760; d. Nov. 30, 1760	1	118
Martin, s. Jonathan & Phebe, b. Dec. 3, 1761	1	118
Marvin, s. Abner & Catharine, b. July 8, 1780	1	155
Mary, [d. John], b. July 3, 1713	L-2	109
Mary, d. John, 2d, & Elizabeth, b. Apr. 26, 1738	L-2	318
Mary, d. William & Hannah, b. Oct. 8, 1750	1	96
Mary Banning, of Lyme, m. Elijah **BINGHAM**, of Lyme, Apr. 4, 1761, by Sam[ue]l Ely, J.P.	1	168
Mary E., of [Lyme], m. Charles E. **SMITH**, of New York, Oct. 11, 1835, by Rev. Harvey Bushnell	3	43
Maryett, d. Chr[istopher] & Christian, b. Mar. 19, 1816	2	110
Nancy Jane Sheldon Harrison, d. W[illia]m & Nancy, b. Aug. 1, 1836	2	248
Naomi, [d. John], b. May 3, 1727	L-2	109
Naomy, d. Jedediah & Sarah, b. May 5, 1753	1	85
Naomia, m. Elihu **HUNTLEY**, [ ]	2	20
Nathan, [s. Richard & Elizabeth], b. May 7, 1736	L-2	294
Patience, m. Gasper **DOWZICK**, July 31, 1760	1	72
Phebe, [d. John], b. Feb. 1, 1724/5	L-2	109
Phebe, d. Jonathan & Phebe, b. Apr. 29, 1770	1	118
Picket, s. Abner & Catharine, b. Apr. 10, 1788	1	155
Rachall, [d. Richard & Rachall], b. Aug. 17, 1698	L-2	294
Rachall, w. Richard, d. Apr. 9, 1718	L-2	294
Rachal, d. Jedediah & Sarah, b. Aug. 17, 1748; d. Dec. 13, 1749	1	85

LYME VITAL RECORDS

	Vol.	Page
BROCKWAY, (cont.)		
Rachal, d. Jedediah & Sarah, b. Mar. 5, 1750	1	85
Richard, [s. Wolston & Hana], b. Sept. 31, 1673	L-1	26
Richard, m. Rachall, Oct. 25, 1697	L-2	294
Richard, [s. Richard & Rachall], b. Apr. 4, 1711	L-2	294
Richard, m. Elizabeth **TIFFANY**, his 2d w., May 5, 1720	L-2	294
Richard, 3d, of Lyme, m. Hannah **RANDALL**, of Colchester, May 14, 1740	1	17
Richard William, s. W[illia]m & Nancy, b. Feb. 25, 1835	2	248
Robert Smith, s. [Jasper & Hannah], b. Aug. 20, 1818	2	92
Rufus, s. Jonathan & Phebe, b. Aug. 14, 1772	1	118
Ruth, [d. Richard & Rachall], b. June 20, 1706	L-2	294
Samuel, [s. Walston, Jr. & Margaret], b. Feb. 10, 1691/2	L-2	9
Sarah, [d. Wolston & Hana], b. Sept. 23, 1679	L-1	26
Sarah, [d. Richard & Rachall], b. June 25, 1703	L-2	294
Sarah, m. Peter **TUB[B]S**, Mar. 10, 1723	L-2	398
Sarah, d. John 2d, & Elizabeth, b. Mar. 15, 1734	L-2	318
Sarah, d. [Waltson & Anna], b. Aug. 29, 1739	1	6
Sarah C., m. Alfred P. **BECKWITH**, b. of Lyme, Feb. 19, 1850, by Rev. Oliver Brown	3	216
Sarah Caroline, d. [Christopher & Christian], b. Oct. 19, 1824	2	110
Seth Monroe, m. Lucy Ann **ELY**, b. of Lyme, May 20, 1849, by Rev. Samuel Griswold	3	197
Silence, d. [Richard & Elizabeth], b. Apr. 13, 1726	L-2	294
Susannah, d. Jona[tha]n & Phebe, b. Mar. 18, 1764	1	118
Temme, d. William & Hannah, b. Nov. 17, 1757	1	96
Thomas, s. William & Hannah, b. Jan. 20, 1745	1	96
Thomas Clark, s. W[illia]m & Nancy, b. Sept. 18, 1831	2	248
Tiffany, [s. Richard & Elizabeth], b. Aug. 9, 1740	L-2	294
Wolston, [s. Wolston & Hana], b. Feb. 7, 1667	L-1	26
Walston, Jr., m. Margaret [ ], Oct. 4, 1688	L-2	9
Walston, [s. Walston Jr. & Margaret], b. Oct. 26, 1689	L-2	9
Walston, [s. John], b. Dec. 5, 1711	L-2	109
Walston, of Lyme, m. Anna **BROOK**, of New London, Sept. 30, 1736	1	6
Walston, twin with William, s. [Walston & Anna], b. Mar. 9, 1741/2	1	6
Welthy*, m. Noah **MILLER**, Jr., b. of Lyme, Mar. 3, 1767, by Rev. Stephen Johnson (*handwritten note "dau. of Susanna Brockwy, [ ] probate file")	1	120
William, [s. Wolston & Hana], b. July 25, 1666	L-1	26
William, m. Elizabeth [ ], Mar. 8, 1692	L-2	2
William, Jr., m. Prudence **PRAT[T]**, Oct. 3, 1716	L-2	2
William, [s. William, Jr. & Prudence], b. Feb. 22, 1723	L-2	2
William, twin with Walston, s. [Walston & Anna], b. Mar. 9, 1741/2	1	6
William, 2d, m. Hannah **CLARK**, Apr. 19, 1744	1	96
William, m. Nancy F. **POST**, Dec. 15, 1830, by Josiah Hawes	2	248
William, m. Hannah **MARTIN**, b. of [Lyme], Oct. 22, 1837, by Rev. Harvey Bushnell	3	76
William, m. Hannah **MARIN**, b. of [Lyme], Oct. 22, 1837, by		

BROCKWAY, (cont.)

	Vol.	Page
Rev. Harry Bushnell	2	248
William, of Saybrook, m. Mary **BOO**, of Amsterdam, Holland, Mar. 29, 1846, by Richard	3	165
William Champion, s. [Elias & Lovica], b. Aug. 15, 1799	1	175
William P., m. Elizabeth B. **TINKER**, b. of Lyme, Aug. 23, 1840, by Rev. E. Loomis	3	105
----------, [child of William & Elizabeth], b. Dec. 26, 1693	L-2	2
----------, [child of William & Elizabeth], b. May 10, 1697	L-2	2
----------, [child of William & Elizabeth], b. Sept. 11, 1699	L-2	2
----------, [child of William & Elizabeth], b. Mar. 2, 1701/2	L-2	2
----------, [child of William & Elizabeth], b. Oct. 29, 1704	L-2	2
----------, child [of William, Jr. & Prudence], b. Nov. 30, 1718	L-2	2

BROOKER, Sarah, of Saybrook, m. John **MARVIN**, Feb. 10, 1746/7 — 1, 37

BROOKS, BROOK

	Vol.	Page
Anna, of New London, m. Walston **BROCKWAY**, of Lyme, Sept. 30, 1736	1	6
Anna, m. John **JOHNSON**, Jr., Dec. 26, 1759	1	115
Clarissa C., m. Heman **YOUNG**, b. of Lyme, Oct. 20, 1823, by Christopher Comstock, J.P.	2	167
Fanny, d. Samuel & Rhoda, b. Sept. 28, 1771	1	120
Hannah, m. Allen **CHADWICK**, Dec. 5, 1766	1	174
Hannah, 3d, d. [Silas & Elizabeth], b. Sept. 18, 1792	2	13
John, s. Silas & Elizabeth, b. Apr. 12, 1791	2	13
Joseph, s. Silas & Elizabeth, b. Aug. 17, 1789	2	13
Joseph, b. Apr. 1, 1796	2	65
Joseph, m. Mary **RYON**, b. of Lyme, Oct. 24, 1824, by Rev. Nathan Wildman	2	173
Mahala, m. Lester H. **MAYNARD**, b. of Waterford, Ct., May 28, 1838, by Rev. Chester Colton	3	81
Marian J., [d. Augustus O. & Lucy D.], b. Aug. 26, 1850. Testified to by Caroline Brockway in Hadlyme on Nov. 21, 1867	3	260
Molly, d. Sam[ue]ll & Rhoda, b. Jan. 12, 1766	1	120
Niles A., [s. Augustus O. & Lucy D.], b. Dec. 1, 1853. Testified to by Caroline Brockway in Hadlyme on Nov. 21, 1867	3	260
Phebe, d. Samuel & Rhoda, b. Jan. 8, 1768	1	120
Rhoda, d. Sam[eu]ll & Rhoda, b. Apr. 13, 1764	1	120
Sam[ue]ll, m. Rhoda **BECKWITH**, b. of Lyme, Mar. 17, 1763, by Benj[amin] Lee, J.P.	1	120
Samuel, s. Samuel & Rhoda, b. Feb. 24, 1774	1	120
Silas, m. Elizabeth **BECKWITH**, Oct. 22, 1780	2	13
Silas, s. Silas & Elizabeth, b. Jan. 22, 1788	2	13

BROWN

	Vol.	Page
Aaron, s. Joseph & Anna, b. Feb. 7, 1761	1	86
Abiah, m. Jason **LEE**, of Lyme, Jan. 21, 1762, by Rev. Lord, of Norwich. Witnesses: Samuel Griswold, Mary Griswold	1	166
Abigail, d. Jeremiah & Lydia, b. July 2, 1751	1	51
Anson Sanford, s. [Silas & Sarah], b. Oct. 9, 1814	2	66
Bridgham, s. Jeremiah & Lydia, b. Jan. 20, 1757	1	51
Carolina Canady, d. [Silas & Sarah], b. Oct. 19, 1811	2	66
Charles Nathan, [s. Silas & Sarah], b. Oct. 4, 1819	2	66
Ede, of Lyme, m. Charles H. **DEAN**, of Stonington, Mar. 30,		

	Vol.	Page
BROWN, (cont.)		
1835. by Harvey Bushnell	3	32
Elizabeth, d. Jeremiah & Lydia, b. Apr. 27, 1754	1	51
Ellen Loura, d. [Nathaniel M. & Eliza D.], b. Apr. 8, 1837	2	218
Franklin M., m. Ide A. **MILLER**, b. of Lyme, July 15, 1827, by Josiah Hawes	2	209
George Beckwith, s. [Silas & Sarah], b. June 8, 1807; d. Oct. 24, 1808	2	66
George Beckwith, s. Silas [& Sarah], b. July 24, 1809	2	66
Hannah, m. Daniell **HUNTLEY**, July 27, 1720	L-2	291
Harry, s. John & Anne, b. Nov. 3, 1797	2	30
James L., of Mansfield, m. Eliza J. **EMERSON**, of [Lyme], Nov. 4, 1835, by Rev. Harvey Bushnell	3	44
James Sheffield, s. Jeremiah & Lydia, b. Mar. 18, 1766	1	51
Jane Miles, d. [Nathaniel M. & Eliza D.], b. Nov. 13, 1832	2	218
Janett Eliza, d. [Nathaniel M. & Eliza D.], b. Oct. 5, 1833	2	218
Jeremiah, m. Lydia **SMITH**, b. of Lyme, Apr. 3, 1749, by Rev. Stephen Johnson	1	51
John, m. Anne **BROCKWAY**, b. of Lyme, Sept. 18, 1794, by William Noyes, Esq.	2	30
John, s. John & Anne, b. Oct. 24, 1803	2	30
Jonathan C., m. Hannah **CONGDON**, b. of Lyme, Dec. 10, 1820, by Samuel B. Mather, J.P.	2	118
Joseph, of Lyme, m. Ann **BECKWITH**, of New London, July 23, 1755, by Stephen Gorton, Elder	1	86
Joseph, s. Joseph & Anna, b. May 22, 1756	1	86
Katharine, twin with Peter Wilbour, d. [Nathaniel M. & Eliza D.], b. Jan. 29, 1843	2	218
Lydia, d. Jeremiah & Lydia, b. Oct. 23, 1760	1	51
Nabby, d. John & Anne, b. Aug. 4, 1794	2	30
Nathaniel M., m. Eliza D. **BROCKWAY**, b. of Lyme, May 1, 1828, by Josiah Hawes	2	218
Peter Wilbour, twin with Katharine, s. [Nathaniel M. & Eliza D.], b. Jan. 29, 1843	2	218
Polly, m. Stephen **STARLING**, Sept. 24, 1798	2	57
Ruth, d. Joseph & Anna, b. July 28, 1758	1	86
Samuel, m. Salome **NILES**, b. of Lyme, July 21, 1828, by Josiah Hawes	2	221
Samuel Prentice Brown, s. [Silas & Sarah], b. Feb. 24, 1805	2	66
Silas, m. Sarah **TINKER**, Jan. 2, 1803	2	66
Thomas, s. [Silas & Sarah], b. Oct. 19, 1803	2	66
Wealthy, m. Ensign George **CHADWICK**, Jr., Dec. 7, 1780	1	159
William, s. Jeremiah & Lydia, b. June 7, 1763	1	51
William, s. John & Anne, b. Aug. 22, 1801	2	30
Worthington Dunham, s. [Nathaniel M. & Eliza D.], b. Feb. 8, 1829	2	218
BROWNING, Welcome A., of Scio, Allegany C'ty, N.Y., m. Betsey **MOORE**, of Lyme, Sept. 3, 1837, by Rev. Frederick Wightman	3	73
BRUNSON, BROUNSON, Abraham, m. Anna **BRUNSON**, Sept. 2, 1674, by Ma[t]thew Griswold, Asst.	L-1	37

	Vol.	Page

BRUNSON, BROUNSON, (cont.)

Abram, s. Abraham [& Anna], b. Jan. 21, 1678	L-1	37
Anna, m. Abraham **BRUNSON**, Sept. 2, 1674, by Ma[t]thew Griswold, Asst.	L-1	37
Anna, d. Abraham [& Anna], b. Oct. 5, 1675	L-1	37
Darrity, d. Jan. 9, 1704/5	L-2	15
Elizabeth, [d. Abraham & Anna], b. Aug. 12, 1682	L-1	37
Frances, m. Samuell **WATERUS**, Oct. 4, 1716	L-2	181
Mary, [d. Abraham & Anna], b. Mar. 21, 1680	L-1	37

BUCK, Jonathan, m. Adaline **RICE**, b. of Lyme, June 10, 1844, by Rev. Pierpont Brockett — 3, 145

BUCKINGHAM, Amasa S., m. Mary L. **TRIBBLE**, [Sept.] 2, [1850], by Rev. D. S. Brainard — 3, 222

Amasa S., m. Mary L. **TRIBBLE**, Sept. 17, 1850, by Rev. D. S. Brainard	3	222
Arnold, of East Haddam, m. Cornelia **LUTHER**, of Lyme, Nov. 26, 1835, by Rev. George Carrington, of Hadlyme	3	47
Cornelia, wid., formerly Cornelia **LUTHER**, of Lyme, m. Samuel **HOLMES**, of East Haddam, May 10, 1845, by R. E. Selden, Jr., J.P.	3	153
Samuel, 3d, of Saybrook, m. Johannah **MATSON**, of Lyme, Mar. 8, 1798	2	70

BUCKNER, S. B., Lieut., of U.S.A., m. Mary J. **KINGSBURY**, [May] 2, [1850], by Rev. D. S. Brainard — 3, 218

BULKLEY, Caroline, m. Thomas D. **LORD**, b. of Lyme, July 16, 1826, by Rev. Josiah Hawes — 2, 197

Susannah, of Colchester, m. John **COULT**, of Lyme, Oct. 14, 1785, by John Watrous, J. P., Colchester. Witnesses: John Breed, Isaac Bulkley — 1, 77

BUMP, Abby A., of Lyme, m. Ruel B. **HUNTLEY**, of East Lyme, Feb. 19, 1845, by Rev. D. S. Brainard — 3, 150

Abigail A., d. Isaac & Susan, b. Sept. 12, 1812	2	105
Adalaide, twin with Ellen, d. [Isaac & Susan], b. Aug. 20, 1835	2	105
Caroline, d. Isaac & Susan, b. May 1, 1830	2	105
Ebenezer R., s. Isaac & Susan, b. June 24, 1814	2	105
Edey, m. Dudley **CLARK**, Jan 9, 1791	2	61
Elizabeth M., d. Isaac & Susan, b. May 22, 1823	2	105
Ellen, twin with Adalaide, d. [Isaac & Susan], b. Aug. 20, 1835	2	105
Freelove, b. Sept. 30, 1772	1	43
George W., m. Sally C. **HAYNES**, b. of Lyme, Aug. 5, 1822, by Charles Smith, J.P.	2	147
John, s. Isaac & Susan, b. Sept. 21, 1820	2	105
John, m. Elizabeth **BECKWITH**, b. of Lyme, Sept. 4, 1842, by Rev. D. S. Brainard	3	130
Maria, m. Christopher **HAYNES**, b. of Lyme, Feb. 11, 1827, by Josiah Hawes	2	205
Mary A., m. Thomas J. **WAY**, b. of Lyme, Feb. 22, 1835, by Rev. Frederick Wightman	3	31
Mary Ann A., d. Isaac & Susan, b. June 24, 1817	2	105
Mary H., d. Isaac & Susan, b. Aug. 18, 1828	2	105

Nancy H., of Lyme, m. Charles **HUNTLEY**, of E. Lyme, [Nov.] 3,

LYME VITAL RECORDS 33

	Vol.	Page
BUMP, (cont)		
[1852], by Rev. D.S. Brainard	3	243
Penelope, of Lyme, m. Jarvis **ROGERS**, of Michigan, [Apr.] 21, [1852], by Rev. D. S. Brainard	3	238
Penelope B., d. Isaac & Susan, b. Jan. 8, 1826	2	105
William, b. Nov. 28, 1787	2	65
BUMPAS, Mary, m. Ezra **CHAMPION**, b. of Lyme, Oct. 24, 1752, by Rev. Stephen Johnson	1	125
BUNNING, Benjamin, of East Haddam, m. Dotice **BRAMBLE**, of Lyme, Mar. 23, 1821, by Joseph E. Ely, J. P.	2	126
BURDICK, Ambrose, of East Haddam, m. Mary Ann **LUTHER**, of Lyme, [ ], by Rev. Alvan Ackley	2	236
Nathan, m. Maryette **TINKER**, June 3, 1838, by Rev. Francis Darrow	3	81
BURNHAM, Betsey, d. Josiah & Thankfull, b. Mar. 14, 1767	1	74
Betsey, d. Joseph & Meriam, b. July 31, 1787	1	32
Betsey, w. [Capt.] John, d. Aug. 25, 1803	2	18
Eunice, formerly w. of Joseph **SMITH**, 4th, d. Aug. 17, 1809	2	33
Eunice, [w. Capt. Joseph], d. Aug. 17, 1809	2	73
James, m. Mehetabel **BENNET**, Nov. 23, 1750, by Rev. George Beckwith	1	159
James, s. Josiah & Thankfull, b. Feb. 8, 1757; d. Oct. 3, 1758	1	74
James, s. Josiah & Thankfull, b. Jan. 30, 1762	1	74
James, s. [Capt.] Joseph & Eunice, b. Sept. 2, 1800	2	73
Jane, of Salem, m. Timothy D. **AVERY**, of Lyme, Nov. 15, 1846, by Rev. Oliver Brown	3	215
Jemima, d. Josiah & Thankfull, b. Mar. 11, 1764	1	74
Jamima, m. Capt. John **HUGHES**, Jan. 7, 1788	2	28
John, s. Josiah & Thankfull, b. Oct. 29, 1765	1	74
John, Capt., m. Betsey **SMITH**, b. of Lyme, , Jan. 18, 1792	2	18
Joseph, s. Josiah & Thankfull, b. Mar. 3, 1755	1	74
Joseph, m. Meriam **COULT**, June 5, 1777, by Rev. George Beckwith	1	32
Joseph, s. Joseph & Meriam, b. Feb. 27, 1779; d. Apr. 27, 1780	1	32
Joseph, s. Joseph & Meriam, b. Nov. 15, 1780	1	32
Joseph, Capt., m. Eunice **SMITH**, May 10, 1798	2	73
Josiah, m. Thankfull **HIGGINS**, b. of Lyme, Nov. 1, 1753, by Rev. Stephen Johnson	1	74
Josiah, s. Josiah & Thankfull, b. July 28, 1773	1	74
Lucy Ann, of Lyme, m. Joseph **DURFEY**, of Groton, Nov. 24, 1834, by Rev. Chester Colton	3	28
Marcy, d. Josiah & Thankfull, b. July 18, 1769	1	74
Mary, m. Alexander **HYDE**, Jan. 1, 1800, by Lathrop Rockwell	2	70
Meriam, w. Joseph, d. Aug. 12, 1797	1	32
Meriam Coult, d. Joseph & Meriam, b. Jan. 28, 1790	1	32
Nancy S., m. John **BECKWITH**, Jan. 25, 1814	2	142
Nancy Smith, d. [Capt. John & Betsey], b. Feb. 4, 1794	2	18
Polly, d. Joseph & Meriam, b. Feb. 12, 1785	1	32
Polly, d. John & Betsey, b. Aug. 4, 1797; d. May 10, 1799	2	18
Rebeckah, d. Josiah & Thankfull, b. June 18, 1771	1	74
Rebecca, d. Joseph & Meriam, b. [ ]	1	32

	Vol.	Page
BURNHAM, (cont.)		
Samuel, s. Josiah & Thankfull, b. Aug. 14, 1758; d. Feb. 10, 1759	1	74
Sam[ue]ll, s. Josiah & Thankfull, b. May 11, 1762	1	74
Samuel Gardiner, s. Joseph & Meriam, b. Jan. 1, 1783; d. Nov. 23, 1783	1	32
Samuel Guardner, s. [Capt. Joseph & Eunice], b. June 17, 1799; d. June 18, 1799	2	73
William Joseph, s. [Capt. Joseph & Eunice], b. May 1, 1809	2	73
BURR, Enoch F., m. Harriet A. **LORD**, Aug. 12, 1851, by L. B. Bull, of Weston, Ct.	3	232
BURROWS, Ann, m. Charles **BECKWITH**, b. of Lyme, July 21, 1850, by Rev. D. S. Brainard	3	222
BURT, BURTT, Benjamin, s. Joseph & Elizabeth, b. Apr. 16, 1771	1	135
Elizabeth, d. Joseph & Elizabeth, b. Feb. 6, 1755	1	135
Israel, s. Joseph & Elizabeth, b. Jan. 15, 1783	1	135
Jemima, d. Joseph & Elizabeth, b. Aug. 5, 1756	1	135
Joseph, m. Elizabeth **PECK**, d. William, late of Lyme, decd., Nov. 4, 1753, by Rev. George Beckwith	1	135
Joseph, s. Joseph & Elizabeth, b. Jan. 28, 1766; d. Nov. 11, 1767	1	135
Joseph, s. Joseph & Elizabeth, b. Oct. 1, 1769	1	135
Margaret, d. Joseph & Elizabeth, b. Dec. 28, 1767	1	135
Ruhamah, d. Joseph & Elizabeth, b. Jan. 31, 1762	1	135
Sarah, d. Joseph & Elizabeth, b. Apr. 27, 1775	1	135
W[illia]m Peck, s. Joseph & Elizabeth, b. Dec. 10, 1758	1	135
Zebulon, s. Joseph & Elizabeth, b. Mar. 8, 1773	1	135
BUSH, Abby J., m. Merack **HUNTLEY**, b. of Lyme, Jan. 2, 1833, by Joseph Strictland, J.P.	3	5
Elizabeth, m. John **TUBBS**, June 13, 1785	2	79
Ira A., m. Matilda P. **MANWARING**, Sept. 20, 1832, by Rev. Frederick Wightman	2	272
Jeremiah, m. Nancy **BECKWITH**, b. of Lyme, Dec. 21, 1834, by Rev. Frederick Wightman	3	29
Nancy, of Lyme, m. Solomon J. **ADAMS**, of Rodman, N.Y., Oct. 6, 1833, by Rev. Herman L. Vaill	3	10
BUSHNELL, Alexander, m. C[h]loe **WAIT**, b. of Lyme, Feb. 12, 1761, by John Lay, 2d, J.P.	1	107
Anna, d. Ephraim, of Saybrook, b. Oct. 24, 1720; m. Moses **DUDLEY**, Dec. 22, 1743	·1	72
Clerinia, d. Eusebious & Barredelle, b. Oct. 9, 1775	1	153
Daniel, s. Alexander & C[h]loe, b. Dec. 18, 1763	1	107
Eusebious, m. Barredelle **LATIMER**, Sept. 13, 1772, by Benj[ami]n Lee, J.P.	1	153
Hannah, d. Eusebious & Barredelle, b. Dec. 14, 1773	1	153
John F., of Old Saybrook, m. Emma P. **CAULKINS**, of Lyme, Sept. 12, 1854, by Rev. Jacob Gardner	3	258
Thomas, s. Alexander & C[h]loe, b. Jan. 12, 1762	1	107
William, of Saybrook, m. Nancy M. **CLARK**, of Lyme, Jan. 15, 1843, by Rev. P. Brockett	3	135
BUTLER, BUTTLER, Hannah, d. Zeb[ulon] & Anna, b. Feb. 28, 1770	1	108
Lord, s. Zebulon & Anna, b. Dec. 11, 1761	1	108

	Vol.	Page
BUTLER, BUTTLER, (cont.)		
William, m. Sarah **LORD**, b. of Lyme, Nov. [ ], 1770, by Rev. George Beckwith	1	68
William, m. Sarah **LORD**, b. of Lyme, Nov. [ ], 1770, by Rev. George Beckwith	1	111
Zebulon, Capt., m. Anna **LORD**, Dec. 23, 1760, by Samuel Ely, J.P.	1	108
Zebulon, s. Zebulon & Anna, b. Nov. 12, 1767	1	108
CABLES, Joanna, m. Enoch **HOWARD**, b. of Lyme, Oct. 24, 1824, by Rev. Nathan Wildman	2	173
CALKINS, Absalom, s. Tamor & Mary, b. Mar. 18, 1759	1	141
Amos, s. Daniel & Elizabeth, b. Mar. 18, 1782	2	9
Asa, s. Tamor & Marcy, b. Sept. 2, 1757	1	141
Daniel, m. Elizabeth **MOOR[E]**, Jan. 1, 1778	2	9
Daniel, s. Dan[ie]ll & Elizabeth, b. Apr. 1, 1780	2	9
Daniel, Dr., d. June 19, 1791; kicked by a horse	2	9
Elisha, s. Daniel & Elizabeth, b. Mar. 6, 1789	2	9
Elizabeth, m. Silas **PECK**, Nov. 3, 1746	1	35
Elizabeth, d. Dan[ie]ll & Elizabeth, b. July 15, 1785	2	9
Ethelinda, d. Dan[ie]ll & Elizabeth, b. Oct. 4, 1778	2	9
Eunice, m. Jabez **DeWOLF**, b. of Lyme, Nov. 15, 1753, by Rev. Stephen Johnson	1	78
Eunice, d. Tamer & Marcy, b. Sept. 3, 1761	1	141
Hannah, m. Capt. Thomas G. **WAIT**, July 4, 1790	2	14
Hester, m. Capt. Enoch **LEE**, Jan. 20, 1793	2	13
Jemima, d. Tamor & Marcy, b. Mar. 16, 1766	1	141
Lucia, of Lyme, m. Simon **DeWOLF**, of Lyme, Jan. 31, 1745	1	84
Marcy, w. Tamor, d. Oct. 6, 1771	1	141
Mary, w. Dr. Daniel, d. May 23, 1777	2	9
Matthew, s. Tamor & Marcy, b. Feb. 9, 1764	1	141
Sarah, [d. Stephen], b. July 14, 1734	L-2	181
Sarah, m. Joseph **BENNET**, July [ ], 1754, by Daniel Ely	1	58
Sarah, d. Tamer & Marcy, b. Sept. 29, 1769	1	141
Sarah, d. Dan[ie]ll & Elizabeth, b. Oct. 27, 1787	2	9
Stephen, s. [Stephen], b. Mar. 13, 1731/2	L-2	181
Stephen, s. Tamor & Marcy, b. Apr. 8, 1768; d. Nov. 12, 1768	1	141
Tamer, m. Marcy **COOLEY**, b. of Lyme, May 27, 1757, by John Lay, 3d, J.P.	1	141
Turner, [s. Stephen], b. Nov. 5, 1736	L-2	181
William Smibert, s. Dan[ie]ll & Elizabeth, b. May 15, 1781	2	9
Zeruiah, m. Lowen **WAIT**, b. of Lyme, Nov. 3, 1761, by John Lay, 2d, J.P.	1	110
CAMPBELL, Martha, of N.Y. City, m. Erastus S. **ELY**, of Lyme, Oct. 17, 1833	3	99
CANFIELD, Esther, of Saybrook, m. Curtiss **COMSTOCK**, of Lyme, Feb. 20, 1755. Witnesses: Jabez Comstock, Dan[ie]ll Lord	1	130
CAPLES, Henry, of East Haddam, Ct., m. Martha **MASON**, of Lyme, Dec. 28, 1853, by Rev. L. Williams Wheeler	3	254
CARROLL, Christopher C., of Springfield, Mass., m. Caroline **TOWNER**, of Middletown, Ct., Dec. 17, 1854, by Rev. Jacob Gardner	3	258

	Vol.	Page
CARTER, Rachal L., of Morris Cty., N.J., m. George C. **EMERSON**, of Lyme, Sept. 20, 1840, by Sam[ue]l S. Warner, J.P.	3	106
Silas, of Killingworth, m. Betsey **HUNTLEY**, of Lyme, Nov. 1, 1834, by Rev. Frederick Wightman	3	28
CATLIN, Benjamin H., of Haddam, m. Amelia D. **SPENCER**, of Lyme, Sept. 14, 1834, by Rev. George Carrington, Jr., of Hadlyme	3	42
CATON, Mary, m. William P. **RICH**, b. of Lyme, Mar. 24, 1839, by Rev. Chester Colton	3	94
CAULKINS, CAULKINGS, [see also **CALKINS**], Ann Catharine Tinker, d. [David & Polly], b. Sept. 10, 1813	2	88
Catharine, m. George R. **COULT**, b. of Lyme, Nov. 17, 1831, by Rev. Chester Colton	2	265
David, m. Polly **PECK**, Jan. 1, 1806	2	88
Delia, m. John M. **HUNTLEY**, b. of Lyme, Sept. 25, 1849, by Rev. Joseph B. Damon	3	208
Elisha C., m. Abby **CHAPMAN**, Mar. 16, 1816	2	182
Elizabeth A., d. [Elisha C. & Abby], b. Sept. 19, 1817	2	182
Emeline, d. [David & Polly], b. Apr. 21, 1811	2	88
Emma P., of Lyme, m. John F. **BUSHNELL**, of Old Saybrook, Sept. 12, 1854, by Rev. Jacob Gardner	3	258
Epaphrus C., s. [Elisha C. & Abby], b. Mar. 16, 1824	2	182
Ethelinda, m. Thomas **GRISWOLD**, Apr. 19, 1801, by Moses Warren, Jr.	2	62
Frances, of Lyme, m. W[illia]m H. **BEEBE**, of Waterford, Apr. 19, 1840, at her father's in Lyme, by W[illia]m Palmer, V.D.M., of E. Lyme	3	102
Frances, of Lyme, m. W[illia]m H, **BEEBE**, of Waterford, Apr. 19, 1840, at her father's in Lyme, by W[illia]m Palmer, V.D.M., of E. Lyme	3	103
Juliet G., d. [Elisha C. & Abby], b. Feb. 23, 1820	2	182
Juliet Griswold, d. Elisha C. & Abby, b. Nov. 9, 1825	2	182
Loura E., of E. Lyme, m. George Franklin **TILLOTSON**, of Lyme, Dec. 7, 1849, by Rev. Oliver Brown	3	213
Lucretia, of Lyme, m. James B. **COOK**, of Oswell, Vt., Oct. 6, 1841, by Rev. Frederick Wightman, of Haddam	3	117
Lydia Lee, d. [David & Polly], b. Feb. 2, 1809	2	88
Lydia S., m. Sylvanus H. **HUNTLEY**, Dec. 15, 1831, by Rev. Chester Colton	2	266
Mary Ann, d. [David & Polly], b. Feb. 19, 1807	2	88
Sarah, of Lyme, m Thomas **BEEBE**, of Waterford, Nov. 25, 1841, by Rev. Amos D. Watrous	3	119
Sarah Ann, of N. Lyme, m. Ralph B. **CLARK**, of Colchester, Dec. 26, 1848, by Rev. Chester Tilden	3	194
Sarah W., of [Lyme], m. Lee **COMSTOCK**, of Lee Roy, July 1, 1824, by J.R. St. John	2	181
Stephen Lee, s. [David & Polly], b. June 8, 1816	2	88
CENTER, Martha, m. Edward **LAY**, Jr., Feb. 24, 1742/3	1	41
CHADLOCK, Julia Ann, m. Whitman **TIBBETTS**, Apr. 8, 1827, by Jonathan Comstock, J.P. (Perhaps Chadwick?)	2	207
CHADWICK, [see also **CHADLOCK**], Abigail, d. Dan & Hannah, b.		

CHADWICK, (cont.)

	Vol.	Page
Apr. 17. 1790	1	157
Allen, s. James & Martha, b. Apr. 5, 1748 (Perhaps Apr. 1)	1	29
Allen, m. Hannah **BROOK**, Dec. 5, 1766	1	174
Allen, s. Allen & Hannah, b. Mar. 1, 1771	1	174
Ama, d. Allen & Hannah, b. Apr. 5, 1780	1	174
Ambrose Niles, s. [Richard & Mary], b. Nov. 6, 1819	2	140
Amy, d. Stephen & Leomy, b. May 20, 1793	1	177
Ann Maria, m. Rev. Davis S.**BRAINARD**, [May] 24, [1842], at her father's Capt. Daniel Chadwick, in Lyme, by Rev. David D. Field, of Had[d]am	3	124
Anna, d. Daniel & Hannah, b. June 9, 1771	1	118
Anna, d. Dan. & Hannah, b. Feb. 4, 1792	1	157
Anna, d. [James & Anna], b. Nov. 28, 1795	1	26
Azubah, d. Guy & Eunice, b. July 26, 1755	1	77
Benjamin, s. [John & Mary], b. Apr. 13, 1808	2	104
Betsey, m. Jasper **CHAMPION**, b. of Lyme, Jan. 1, 1761, by John Lay, 2d, J.P.	1	158
Betsey, d. [Reuben & Martha], b. Apr. 1, 1784	1	126
Betsey, m. David **ROGERS**, Mar. 22, 1797	2	54
Bettey, d. Sam[ue]l & Mary, b. Mar. 10, 1744/5	1	28
Bette, d. Allen & Hannah, b. Feb. 8, 1782	1	174
Brooks, s. James & Anna, b. Jan. 28, 1792	1	26
Caroline, d. Guy & Eunice, b. Oct. 13, 1765	1	77
Caroline, m. Sylvanus **MATHER**, May 12, 1785	1	33
Caroline E., of E. Lyme, m. William J. **PERKINS**, of Lyme, Nov. 9, 1851, by Rev. Thomas Barber	3	234
Cate, d. [Reuben & Martha], b. Mar. 28, 1774	1	126
Catharine, relict of Daniel, d. July 8, 1771	1	117
Charles, m. Mary A. **ROWLAND**, b. of Lyme, Aug. 24, 1830, by Herman L. Vaill	2	244
Charles Chauncey, s. [Ezra & Sally], b. Oct. 1, 1793	2	27
Clarissa, d. [James & Anna], b. Oct. 20, 1793	1	26
Dan, s. James & Martha, b. Oct. 21, 1753	1	29
Dan, m. Hannah **HUNTLEY**, of Lyme, May 28, 1775, by Rev. Stephen Johnson	1	157
Dan, s. Dan & Hannah, b. Dec. 22, 1777	1	157
Dan, the elder, d. Aug. 27, 1798	1	157
Daniel, Ensign, m. Hannah **ANDERSON**, b. of Lyme, Jan. 19, 1763, by Rev. Stephen Johnson	1	118
Dan[ie]ll, s. Dan[ie]ll & Hannah, b. Oct. 7, 1768	1	118
Daniel, d. Feb. 22, 1771	1	117
Daniel, m. Nancy **WAITE**, b. of Lyme, Aug. 22, 1820, by Lothrop Rockwell, Clerk	2	121
Daniel, Jr., m. Ellen **NOYES**, b. of Lyme, Mar. 21, 1848, by Rev. D. S. Brainard	3	188
Daniel Russell, s. Elihu & Elizabeth, b. Feb. 10, 1817	2	115
Elias, s. Dan & Hannah, b. May 15, 1780; d. July 3, 1780	1	157
Elias, s. Dan & Hannah, b. Jan. 7, 1784	1	157
Elihu, m. Elizabeth **RUSSELL**, Feb. 19, 1815, by Asa Wilcox, Elder	2	115

CHADWICK, (cont.)

	Vol.	Page
Elisha, s. Nathaniel & Bettey, b. July 10, 1781	1	119
Elisha, s. [Stephen & Leoraamey], b. June 2, 1788	1	175
Elisha, s. Stephen & Leomy, b. June 2, 1788	1	177
Elisha Ambrose, s. Stephen & Fanny, b. Dec. 20, 1834	3	228
Eliza Jane, d. [John & Mary], b. May 15, 1821	2	104
Elizabeth, d. James & Martha, b. Sept. 10, 1757	1	29
Elizabeth, d. Guy & Eunice, b. Apr. 1, 1759	1	77
Elizabeth, d. Dan & Hannah, b. June 14, 1786	1	157
Elizabeth M., of Lyme, m. William **WILSON**, of Marlboro[ugh], Oct. 8, 1826, by Josiah Hawes	2	200
Emeline Sill, d. Richard & Mary, b. Feb. 5, 1818	2	140
Emma Maria, d. Stephen & Fanny, b. Nov. 15, 1831	3	228
Esther, m. Joseph **WADE**, June 2, 1748	1	56
Esther, d. Guy & Eunice, b. Dec. 14, 1756	1	77
Esther, m. Reuben **CHAMPION**, Dec. 27, 1780	2	75
Eunice, m. Matthew **GEE**, b. of Lyme, Sept. 1, 1829, by Rev. Chester Colton	2	119
Ezra, s. Dan[ie]ll & Hannah, b. June 2, 1763	1	118
Ezra, m. Sally **LAY**, Jan. 30, 1784	2	27
Ezra, s. Stephen & Leomy, b. May 3, 1796	1	177
Fanny, d. George & We[a]lthy, b. May 5, 1783	1	159
Fanny, d. James & Anna, b. Dec. 19, 1788	1	26
Fanny Elizabeth, d. [Samuel & Fanny], b. Jan. 19, 1814; d. Feb. 4, 1815	3	19
Frances Amy, d. Stephen & Fanny, b. July 3, 1851	3	228
Francis Jemima, d. [Samuel & Fanny], b. Mar. 3, 1818; d, Feb. 25, 1831	3	19
Frederick William, s. [John & Mary], b. Sept. 4, 1811	2	104
George, Ensign, Jr., m. Wealthy **BROWN**, Dec. 7, 1780	1	159
George Hazard, m. Mary H. **SPARROW**, Dec. 19, 1830, by Rev. Chester Colton	2	249
Gurdon, s. Allen & Hannah, b. Mar. 26, 1778	1	174
Gurdon, s. [James & Anna], b. Jan. 30, 1802	1	26
Guy, m. Eunice **BECK**, b. of Lyme, Aug. 1, 1754, by Benjamin Lee, J.P.	1	77
Guy, s. Guy & Eunice, b. Mar. 19, 1772	1	77
Hannah, w. Allen, d. July 23, 1790	1	174
Hannah, d. [James & Anna], b. Feb. 28, 1799	1	26
Hannah, alias **GULLIVER**, m. Atwell **TUCKER**, Jr., Apr. 20, 1829, by Joshua R. Warren, J.P.	2	231
Hepzibah, d. Dan[ie]ll & Hannah, b. May 18, 1766	1	118
Hepzibah, m. Lynde **CHAMPEN**, Jan. 18, 1785	2	16
Hepzibah, d. [Ezra & Sally], b. Mar. 18, 1787	2	27
Hephzibah, d. Allen & Mary, b. Mar. 28, 1797	2	55
Hezekiah Ervin, s. Stephen & Fanny, b. Dec. 26, 1840	3	228
Isaac, s. Allen & Hannah, b. May 24, 1784	1	174
Israel, s. [Elihu & Elizabeth], b. Apr. 12, 1820	2	115
James, m. Martha **CHADWICK**, June 22, 1743	1	29
James, s. Allen & Hannah, b. Sept. 4, 1767	1	174
James, m. Anne **KENT**, Jan. 27, 1788, by Rev. Ezra Selden, Jr.	1	26

LYME VITAL RECORDS

	Vol.	Page
CHADWICK, (cont.)		
Jerusha, d. Thomas, Jr., b. May 13, 1713	L-2	304
Jerusha, d. Guy & Eunice, b. July 4, 1763	1	77
Jerush[a], m. Richard **ROLAND**, b. of Lyme, Mar. 27, 1764, by Benjamin Lee, J.P.	1	141
John, s. [Stephen & Leoraamey], b. Oct. 19, 1784	1	175
John, s. Stephen & Leomy, b. Oct. 19, 1784	1	177
John, m. Mary **LAY**, Nov. 9, 1806	2	104
Joseph, s. Jonathan & Lucy, b. Dec. 29, 1730	1	20
Joseph, s. Reuben & Martha, b. Jan. 26, 1772	1	126
Joseph, s. [John & Mary], b. Nov. 28, 1823	2	104
Joseph B. m. Parthena **LORD**, b. of Lyme, June 25, 1832, by Rev. Chester Colton	2	269
Julia Ann, of Lyme, m. George F. **LONGWORTH**, of Stonington, Sept. 9, 1834, by J.S. Anderson	3	30
Juliaette, d. [Samuel & Fanny], b. Nov. 29, 1820	3	19
Juliaette, m. Asahel **CLARK**, July 25, 1842, by Thomas W. Swan, J.P.	3	128
Juliaette E., m. Edward **TOMPKINS**, May 29, 1838, by Rev. Frances Darrow	3	87
Lois, d. Dan & Hannah, b. Sept. 18, 1781	1	157
Louisa Ann, d. [Richard & Mary], b. Feb. 5, 1823	2	140
Luce, d. Jonathan & Lucy, b. Apr. 24, 1738	1	20
Luce, m. Stephen **ADSET**, b. of Lyme, Mar. 10, 1757, by John Lay, 3d, J.P.	1	99
Luranah, m. Joseph **WAIT**, b. of Lyme, June 3, 1766, by Matthew Griswold, Asst.	1	8
Lurana, d. Dan[ie]ll & Hannah, b. Aug. 17, 1774; d. Sept. 24, 1776	1	118
Lurany, d. Ezra* & Sally, b. Jan. 30, 1785 (*Name is "Dan'l" in original)	2	27
Lydia, m. Samuell **TILLETSON**, Sept. 5, 1718	L-2	338
Marcy A., m. Samuel A. **WAIT**, b. of Lyme, Nov. 24, 1831, by Rev. Chester Colton	2	266
Martha, m. James **CHADWICK**, June 22, 1743	1	29
Martha, d. [Allen & Hannah], b. Jan. 30, 1773; d. Feb. 7, 1773	1	174
Martha, d. [Allen & Hannah], b. July 8, 1774	1	174
Mary, [w. Samuel], d. June 13, 1790	1	28
[Mary], m. Alexander **ALLEN**, Oct. 7, 1800	2	68
Mary Ann, d. [Samuel & Fanny], b. Aug. 25, 1811	3	19
Mary Ann, of Lyme, m. John **ELDREDGE**, of Chatham, Mass., Jan. 28, 1838, by Joshua R. Warren, J.P.	3	76
Mary Elizabeth, d. [Elihu & Elizabeth], b. Feb. 10, 1822	2	115
Mary Lay, d. [Robert B. & Fanny Marvin], b. May 1, 1814	2	105
Mehetable, m. Nathaniel M. **WAIT**, b. of Lyme, Oct. 14, 1828, by Rev. Chester Colton	2	223
Molley, d. Dan & Hannah, b. Apr. 18, 1776	1	157
Nab[b]y, d. [Reuben & Martha], b. Feb. 9, 1781	1	126
Nancy Minor, d. Elihu & Elizabeth, b. Dec. 20, 1815	2	115
Nathaniel, s. Allen & Hannah, b. Apr. 2, 1776	1	174
Phebe, d. [Ezra & Sally], b. Oct. 17, 1790	2	27

	Vol.	Page
CHADWICK, (cont.)		
Phebe had following children: Ezra **SMITH**, b. May 18, 1787; Sally **CLARK**, b. June 13, 1791; Susannah **CLARK**, b. Mar. 6, 1793; Fanny **CLARK**, b. May 24, 1795; George **DOOR**, b. Nov. 26, 1799; Levi Selden **BARTHWICK**, b. Sept. 7, 1804	1	28
Polly, d. [Stephen & Leoraamey], b. Feb. 26, 1782	1	175
Polly, d. [Stephen & Leomy], b. Feb. 26, 1782	1	177
Polly, m. Daniel **JACOBS**, June 14, 1798	2	77
Polly, d. [John & Mary], b. Jan. 10, 1816	2	104
Reuben, m. Martha **MILLER**, b. of Lyme, Dec. 11, 1767, by Rev. Stephen Johnson	1	126
Reuben, s. [Reuben & Martha], b. Mar. 27, 1779	1	126
Richard, s. Stephen & Leomy, b. Dec. 25, 1790	1	177
Richard, 2d, m. Mary **SILL**, July 20, 1817, by Asa Wilcox, Elder	2	140
Richard, m. Hannah **LAY**, b. of Lyme, Apr. 14, 1823, by Elder George W. Appleton	2	157
Robert, s. George & We[a]lthy, b. July 28, 1781	1	159
Robert B., m. Fanny Marvin **WOOD**, June 20, 1808	2	105
Russell, s. Reuben & Martha, b. Dec. 20, 1769	1	126
Sam[ue]ll, m. Mary **ADSET**, May 12, 1744	1	28
Samuel, s. [Stephen & Leoraamey], b. June 20, 1786	1	175
Samuel, s. Stephen & Leomy, b. June 20, 1786	1	177
Samuel, d. Sept. 20, 1789	1	28
Samuel, m. Fanny **ROGERS**, b. of Lyme, Nov. 25, 1810, by Andrew Griswold, J.P.	3	19
Samuel, s. [Samuel & Fanny], b. Feb. 4, 1816	3	19
Samuel, d. July 8, 1833, ae 47 y.	3	19
Sarah, of Lyme, m. Hezekiah **SMITH**, of Lyme, Sept. [ ], 1732	1	82
Sarah Harvey, d. [Richard & Mary], b. Apr. 15, 1821	2	140
Selden, m. Cordelia **OTIS**, of Lyme, Nov. 26, 1848, in Hadlyme, by Rev. Stephen A. Loper	3	194
Seth, s. Stephen & Leomy, b. Aug. 7, 1798	1	177
Seth, m. Caroline **ROWLAND**, b. of Lyme, July 5, 1831, by Nathan Wil[d]man	2	256
Silas, s. James & Martha, b. Jan. 31, 1743/4	1	29
Stephen, m. Leoraamey **ROGERS**, Dec. 8, 1781	1	175
Stephen, m. Leomy **ROGERS**, Dec. 8, 1781	1	177
Stephen, s. Stephen & Leomy, b. June 18, 1801	1	177
Stephen, m. Fanny **DAVENPORT**, b. of Lyme, Nov. 7, 1830, by Oliver Coats, J.P.	3	228
Susannah, d. Nathaniel & Bettey, b. Jan. 24, 1783	1	119
Thomas, Sr., d. Apr. 3, 1731	L-2	289
Thomas, s. [Reuben & Martha], b. Sept. 16, 1780	1	126
Walter, m. Adaline W. **LAY**, Oct. 25, 1853, by Rev. D. S. Brainard	3	250
Wealthy Ann, d. [Robert B. & Fanny Marvin], b. Nov. 7, 1809	2	105
William, s. Allen & Hannah, b. Feb. 9, 1769	1	174
William Augustus, s. [Samuel & Fanny], b. Mar. 24, 1823	3	19
----------, m. Alexander **ALLEN**, Oct. 7, 1800	2	68
CHAMBERLAIN, CHAMBERLIN, Marah, m. Aaron **HUNTLEY**,		

	Vol.	Page
CHAMBERLAIN, CHAMBERLIN, (cont.)		
Feb. 22, 1676	L-2	78
Rebeka, m. Jonathan **TILLETSON**, [Jr.], Aug. 19, 1707	L-2	351
Thomas M., of Williamstown, Mass., m. Harriet D. **ROYCE**, of Lyme, Ct., Oct. 1, 1846, by Rev. Oliver Brown	3	210
CHAMPION, CHAMPEON, CHAMPEAN, CHAMPENY, CHAMPEN, Abigail, b. June 25, 1699	L-2	5
Alse, b. Mar. 15, 1694	L-2	5
Ales, m. Jonathan **ROGERS**, Dec. [ ], 1718	L-2	331
Amon, s. Reuben & Esther, b. Feb. 1, 1790	2	75
Anna, d. Reuben & Esther, b. Oct. 16, 1785	2	75
Betsey, d. Reuben & Esther, b. Sept. 27, 1781	2	75
Bridget, [d. Thomas & Elizabeth], b. May 16, 1728	L-2	231
Calvin B., m. Ann R. **SLATE**, June 30, 1846, by A.D. Watrous	3	167
Carolina, d. [Reuben & Esther], b. Apr. 20, 1801	2	75
Caroline, m. William **BECKWITH**, b. of Lyme, May 24, 1831, by Nathan Wildman	2	255
Carolina Matilda, d. [William & Esther], b. Feb. 19, 1809	2	62
Charles, s. Lynde & Anne, b. Apr. 9, 1789	2	16
Charles Frederick, s. [William & Esther], b. Feb. 21, 1813	2	62
Charlotte, d. [Stephen & Phebe], b. June 10, 1782	2	76
Chauncey, s. [Stephen & Phebe], b. Apr. 4, 1802	2	76
Chauncey, m. Mary Ann **LAY**, of Lyme, Oct. 18, 1824, by Peter Comstock, J.P.	2	172
Cynth[i]a Maria, d. [William & Esther], b. Oct. 27, 1806	2	62
Dan, s. Ezra & Mary, b. Aug. 29, 1761	1	125
Daniel, s. Lynde & Hepzibah, b. Mar. 5, 1786	2	16
Daniel, s. Roswell & Jemimah, b. Dec. 26, 1798	2	69
Deborah, [d. Thomas & Hanah], b. Apr. 26, [16]97	L-1	115
Deborah, d. Stephen & Deborah, b. June 19, 1732	1	16
Edward, m. Mary **DART**, b. of Lyme, Oct. 24, 1842, by Rev. D.S. Brainard	3	132
Elisha, s. Henry & Sarah, b. Mar. 7, 1758	1	76
Elisha, Capt., m. Phebe **MILLER**, b. of Lyme, Nov. 27, 1783, by Rev. Stephen Johnson	1	172
Elisha, s. Elisha & Phebe, b. June 2, 1791	1	172
Elisha, m. Emily **HAVENS**, b. of Lyme, May 25, 1851, by Rev. Thomas Barber	3	230
Elizabeth, [d. Thomas & Hanah], b. July 1, [16]99	L-1	115
Elizabeth, [d. Thomas & Elizabeth], b. Mar. 15, 1710	L-2	231
Elizabeth, d. Jasper & Bettey, b. Nov. 6, 1763	1	158
Elizabeth, m. Rowland **ROGERS**, Apr. 8, 1783, by Janson Lee, Elder	1	38
Emily, of Lyme, m. Theodore **LaMOTT**, of Chester, Mar. 19, 1848, by Rev. D. S. Brainard	3	187
Esther, [d. Henry & Sarah], b. Oct. 28, 1717	L-2	440
Est[h]er, m. Daniel **AYER**, Apr. 17, 1740	L-7	75
Esther, d. [Reuben & Esther], b. Dec. 5, 1794	2	75
Eunice, d. Jasper & Bettey, b. July 16, 1772	1	158
Eunice, of Lyme, m. Isaac **JONES**, of Saybrook, Dec. 1, 1806	2	87
Ezra, s. [Joshua & Mary], b. Feb. 21, 1730/1	L-2	266

	Vol.	Page
CHAMPION, CHAMPEON, CHAMPEAN, CHAMPENY, CHAMPEN, (cont.)		
Ezra, m. Mary **BUMPAS**, b. of Lyme, Oct. 24, 1752, by Rev. Stephen Johnson	1	125
Ezra, s. Ezra & Mary, b. Aug. 28, 1763	1	125
Ezra M. m. Elizabeth Jane **RICHARDSON**, Jan. 20, 1836, by Rev. Frederick Wightman	3	50
Fanny, d. [Stephen & Phebe], b. May 9, 1789; d. Mar. 9, 1791	2	76
Fanny, d. [Stephen & Phebe], b. Apr. 3, 1791	2	76
Fanny, d. [Seabury & Lucy], b. Feb. 26, 1817	2	99
Frederick, m. Mahala **TINKER**, b. of Lyme, Mar. 29, 1839, by Rev. Chester Colton	3	94
Han[n]ah, [d. Thomas & Hanah], b. Feb. 13, 1683	L-1	115
Hannah, [d. Thomas & Elizabeth], b. July 16, 1715	L-2	231
Hannah, d. [Joshua & Mary], b. Aug. 1, 1715	L-2	266
Hannah, d. [Joshuah & Mary], b. Aug. 31, 1715	L-2	378
Hannah, m. Samuel **CLARK**, May 1, 1733	1	28
Hannah, m. Abraham **BISHOP**, Oct. 26, 1743	1	24
Hannah, d. Ezra & Mary, b. Aug. 23, 1753	1	125
Hannah, m. Elisha **MILLER**, 3d., b. of Lyme, July 23, 1772, by John Lay, 2d, J.P.	1	92
Hannah, m. Elisha **MILLER**, 3d., b. of Lyme, July 23, 1772, by John Lay, 2d, J.P.	1	137
Hannah, d. [Stephen & Phebe], b. Jan. 1, 1779	2	76
Hannah, m. Moses **MATHER**, Oct. 12, 1802, by George Atwell, Elder	2	75
Harriet, d. [Elisha & Phebe], b. Nov. 19, 1804	1	172
Harriet, m. George **HAVENS**, b. of Lyme, Oct. 6, 1821, by Lothrop Rockwell, Clerk	2	139
Henery, [s. Thomas & Hanah], b. May 2, [16]95	L-1	115
Henery, Sr., m. Deborah **JONES**, Mar. 21, 1697/8; d. Feb. 17, 1708/9	L-2	108
Henery, b. Jan. 5, 16[ ]	L-2	5
Henery, d. about middle of July, 1704	L-2	5
Henry, m. Sarah, July 11, 1708	L-2	378
Henry, m. Sarah **PETERSON**, July11, 1708	L-2	440
Henry, [s. Henry & Sarah], b. Mar. 20, 1729	L-2	440
Henry, Jr., m. Sarah **PECK**, b. of Lyme, Dec. 19, 1751, by Rev. Stephen Johnson	1	76
Henry, s. Henry & Sarah, b. Aug. 19, 1752	1	76
Henry, s. Roswell & Jemimah, b. July 13, 1790	2	69
Henry, Capt., d. May 16, 1792, ae 63	1	76
Henry Lorenzo, s. [William & Esther], b. Feb. 6, 1811	2	62
Hepzibah, w. Lynde, d. Apr. 20, 1786	2	16
Hephzibah, d. Elisha & Phebe, b. June 30, 1786	1	172
Horace, m. Jane M. **MAYNARD**, b. of Lyme, July 6, 1843, by Rev. P. Brockett	3	140
Israel, s. Reuben & Esther, b. July 16, 1792	2	75
James Ross, s. [William & Esther], b. Feb. 22, 1802	2	62
Jasper, s. Joshua & Sarah, b. July 30, 1737	L-2	266
Jasper, m. Betsey **CHADWICK** b. of Lyme, Jan. 1, 1761, by John		

CHAMPION, CHAMPEON, CHAMPEAN, CHAMPENY, CHAMPEN, (cont.)

	Vol.	Page
Lay, 2d, J.P.	1	158
John, [s. Thomas & Elizabeth], b. Jan. 23, 1717/18	L-2	231
John, s. Ezra & Mary, b. Dec. 21, 1768	1	125
John, s. Roswell & Jemimah, b. Apr. 12, 1801	2	69
John, of Lyme, m. Lucy M. **CLARK**, of Middletown, Nov. 3, 1839, by Rev. Chester Colton	3	100
John M., m. Sophia M. **LAY**, b. of Lyme, Apr. 8, 1824, by Lothrop Rockwell, Clerk	2	165
Jos[h]uah, b. Sept. 28, 16[ ]	L-2	5
Joshua, m. Mary **MOTT**, "sometime in May", 1712	L-2	266
Joshuah, m. Mary **MOTT**, May [ ], 1712	L-2	378
Joshua, s. [Joshua & Mary], b. Feb. 6, 1718/17	L-2	266
Joshua, m. his 2d w. Sarah **GRIFFING**, Mar. 15, 1732/3	L-2	266
Joshua, Jr., m. Elizabeth **BECKWITH**, Oct. 17, 1742	1	45
Joshua, s. Joshua, Jr. & Elizabeth, b. Feb. 3, 1746/7	1	45
Joshua, s. Ezra & Mary, b. Aug. 22, 1773	1	125
Judah, d. Elisha & Phebe, b. Nov. 11, 1784	1	172
Jude, d. Henry & Sarah, b. Apr. 24, 1755	1	76
Juliette, of Lyme, m. Ebenezer W. **COMSTOCK**, of Norwich, N.Y., Oct. 10, 1831, by Rev. Chester Colton	2	261
Lovica, m. Elias **BROCKWAY**, [ ]	1	175
Lovice, d. Jasper & Bettey, b. Feb. 18, 1767	1	158
Lucinda, d. Jasper & Bettey, b. Sept. 22, 1764	1	158
Lucretia, m. Samuel **STARLIN**, Mar. 12, 1795	1	91
Lucy, [d. Thomas & Elizabeth], b. Sept. 30, 1720	L-2	231
Lucy, d. Jasper & Bettey, b. Apr. 6, 1769	1	158
Lucy, m. Ezra **ROLAND**, Mar. 25, 1788	1	108
Lucy A., m. Elisha **HAVENS**, b. of Lyme, [ ] 25, 1835, by Rev. Chester Colton	3	46
Lurana, d. Elisha & Phebe, b. May 9, 1789	1	172
Lydia, d. Joshua, Jr, & Elizabeth, b. Aug. 3, 1745	1	45
Lydia, d. Ezra & Mary, b. Feb. 11, 1765	1	125
Lydia, d. [Stephen & Phebe], b. Mar. 6, 1797	2	76
Lynde, m. Hepzibah **CHADWICK**, Jan. 18, 1785	2	16
Lynde, m. Anne **ROWLAND**, June 23, 1788	2	16
Lynde, s. Lynde & Anne, b. Dec. 7, 1790	2	16
Marah, [d. Thomas & Hanah], b. last of July, [16]93	L-1	115
Mary, wid., m. Asael **ROLAND**, Feb. 16, [ ], by Rich[ar]d Wait, J.P.	1	125
Mary, b. Oct. 14, 1704	L-2	5
Mary, d. [Joshua & Mary], b. Apr. 9, 1713	L-2	266
Mary, d. [Joshuah & Mary], b. Apr. 9, 1713	L-2	378
Mary, w. Joshua, d. Mar. 29, 1730/31	L-2	266
Mary, wid., m. Asa[h]el **ROLAND**, Feb. 16, 1778, by Rich[ar]d Wait, J.P.	1	100
Mary A., of Lyme, m. Enoch S. **LAY**, Nov. 24, 1833, by Rev. Chester Colton	3	14
Mary L., m. Lath[r]op E. **SLATE**, Jr., b. of Lyme, Oct. 31, 1843, by Rev. P. Brockett	3	143

CHAMPION, CHAMPEON, CHAMPEAN, CHAMPENY, CHAMPEN, (cont.)

	Vol.	Page
Mehetable, [d. Henry & Sarah], b. Sept. 4, 1709	L-2	440
Mehetable, m. John **MARVIN**, Feb. 24, 1725/6	L-2	300
Mehetabil, m. David **DEMING**, Dec. 18, 1740	1	12
Mercy A., m. Samuel Dorr **CLARK**, b. of Lyme, Nov. [ ], 1847, by Roger Albiston	3	182
Miranda, d. [Stephen & Phebe], b. July 30, 1799	2	76
Nathan, [s. Thomas & Elizabeth], b. June 23, 1723	L-2	231
Orion, s. [Seabury & Lucy], b. June 9, 1812	2	99
Orlando, m. Nancy S. **RICHARDSON**, b. of Lyme, May 2, 1824, by Rev. Amos D. Watrous	3	123
Parnal, d. [Thomas & Elizabeth], b. Apr. 28, 1731	L-2	231
Phebe, [d. Thomas & Elizabeth], b. June 25, 1726	L-2	231
Phebe, [d. Thomas & Elizabeth], d. Sept. 14, 1726	L-2	231
Phebe, d. [Joshua & Mary], b. Oct. 12, 1728	L-2	266
Phebe, twin with Polly, d. [Stephen & Phebe], b. Apr. 5, 1794	2	76
Phebe, d. Elisha & Phebe, b. Apr. 19, 1795	1	172
Polly, d. Ezra & Mary, b. Jan. 26, 1770	1	125
Polly, twin with Phebe, d. [Stephen & Phebe], b. Apr. 5, 1794	2	76
Rachall, b. Dec. 2, 1697	L-2	5
Rebeckah A., of Lyme, m. Edward N. **BATES**, of Haddam, Nov. 28, 1833, by Rev. Chester Colton	3	15
Reuben, s. Stephen & Deborah, b. Sept. 4, 1727	1	16
Reuben, s. Ezra & Mary, b. Feb. 16, 1757	1	125
Reuben, m. Esther **CHADWICK**, Dec. 27, 1780	2	75
Reuben, s. Reuben & Esther, b. Dec. 12, 1787	2	75
Robert, m. Susan A. **DART**, b. of Lyme, Oct. 15, 1848, by Rev. Joseph B. Damon	3	206
Roswell, m. Jemimah **MATHER**, Feb. 21, 1788	2	69
Roswell, s. Roswell & Jemimah, b. Mar. 9, 1793	2	69
Ruth, d. Joshua & Sarah, b. June 22, 1744	L-2	266
Sabra, s. Stephen & Phebe, b. Aug. 25, 1785	2	76
Sally, d. Stephen & Phebe, b. Nov. 11, 1777	2	76
Sally, m. Joseph **LEE**, b. of Lyme, Mar. 30, 1795	2	33
Sally, m. Moses **MATHER**, June 24, 1801, by Elder Jason Lee	2	75
Samuel, b. June 18, 16[ ]	L-2	5
Samuel, s. [Joshua & Mary], b. Dec. 17, 1722	L-2	266
Samuell, s. Joshua & Sarah, b. Jan. 15, 1746/7	L-2	266
Sands, s. Jasper & Bettey, b. July [ ], 1789	1	158
Sarah, m. Henry **BEN[N]ET**, Dec. 25, 1673. Recorded by Lieut. Grant, Jan. 27, 1673	L-1	6
Sarah, [d. Thomas & Hanah], b. Mar. 3, 1687/8	L-1	115
Sarah, [d. Henry & Sarah], b. Aug. 15, 1713	L-2	440
Sarah, m. Benjamin **PECK**, Feb. 8, 1733/4	L-2	245
Sarah, d. Joshua & Sarah, b. Mar. 18, 1734	L-2	266
Seabury, m. Lucy **TINKER**, Sept. 1, 1811	2	99
Stephen, m. Deborah **LEECH**, of New London, Sept. 28, 1726	1	16
Stephen, s. Ezra & Mary, b. Mar. 16, 1755	1	125
Stephen, m. Phebe **MOSHIER**, Jan. 28, 1776	2	76
Steven, b. July 15, 1702	L-2	5

	Vol.	Page
CHAMPION, CHAMPEON, CHAMPEAN, CHAMPENY, CHAMPEN, (cont.)		
Susan, b. Feb. 25, 16[ ]	L-2	5
Susan, of Lyme, m. John **AVERY**, of Exeter Lebanon, [Nov.] 6, [1851], by Rev. D. S. Brainard	3	235
Susanna, d. [Joshua & Mary], b. May, 8, 1725	L-2	266
Susannah, d. Reuben & Esther, b. Nov. 12, 1783	2	75
Sylvester, s. Roswell & Jemimah, b. Nov. 11, 1788	2	69
Thankfull, d. Ezra & Mary, b. June 23, 1759	1	125
Thomas, m. Han[n]ah **BROCKWAYE**, Aug. 23, 1682	L-1	115
Thomas, s. [Thomas & Hanah], b. Jan. 21, 1690	L-1	115
Thomas, Sr., d. Apr. 5, 1705	L-2	231
Thomas, m. Elizabeth [ ], June 21, 1709	L-2	231
Thomas, [s. Thomas & Elizabeth], b. Mar. 3, 1712	L-2	231
Thomas Spencer, b. Sept. 12, 1825	3	9
Waitey, d. Jasper & Bettey, b. Sept. 27, 1761	1	158
William, s. Jasper & Bettey, b. Mar. 20, 1777	1	158
William, of Lyme, m. Esther **ROSS**, of Westerly, R.I., Feb. 15, 1801, by Paul Maxson, J.P., of Westerly	2	62
William Sands, 2d s. [William & Esther], b. Jan. 13, 1804	2	62
----------, w. Joshua, d. Mar. 29, 1731	L-2	375
CHAMPLAIN, CHAMPLIN, Abby, m. Samuel S. **WARNER**, Feb. 23, 1819	2	111
Abigail, d. Silas & Bettey, b. Apr. 11, 1793	1	62
Abigail, d. [George & Eunice], b. Aug. 22, 1810	2	33
Betsey, m. Tory **MAXON**, Aug. 3, 1782	2	40
Bettey, d. Edward & Elizabeth, b. Sept. 28, 1743	1	50
Caleb, s. Edward & Elizabeth, b. Feb. 20, 1759	1	50
Caleb, m. Anna **ELY**, Feb. 27, 1786	1	174
Christopher, s. [Caleb & Anna], b. Feb. 6, 1787	1	174
Daniel, s. [George & Eunice], b. Aug. 26, 1807	2	33
Edward, m. Elizabeth **LATHAM**, Dec. 9, 1742	1	50
Edward, s. Edward & Elizabeth, b. May 3, 1751	1	50
Eliza, of Lyme, m. James **DILL**, of New York, Sept. 22, 1822, by Rev. Geo[rge] W. Appleton	2	149
Eunice, d. [George & Eunice], b. July 27, 1820	2	33
Fanny, d. Edward & Elizabeth, b. July 17, 1763	1	50
George, m. Eunice **ANDERSON**, Jan. 26, 1800	2	33
George, s. [George & Eunice], b. Aug. 30, 1802	2	33
Harvey Lay, s. Silas & Bettey, b. July 16, 1786	1	62
Henry, s. [George & Eunice], b. Feb. 26, 1815; d. Dec. 12, 1816	2	33
James J., m. Lucinda **FOSDICK**, b. of Lyme, Nov. 3, 1847, by Rev. Chester Tilden, of N. Lyme	3	185
John, s. Edward & Elizabeth, b. Apr. 1, 1749; d. July 7, 1751	1	50
John, s. Edward & Elizabeth, b. Sept. 28, 1768	1	50
John, s. Nathan & Sarah, b. June 9, 1769	1	31
John, s. [Caleb & Anna], b. Nov. 18, 1788	1	174
John Gardiner, s. [George & Eunice], b. Feb. 19, 1813	2	33
Julia Ann, m. John **CLARK**, b. of Lyme, July 14, 1832, by Rev. Chester Colton	2	270
Lodowick Macketton, s. William & Polly, b. Jan. 6, 1787	1	61

	Vol.	Page
CHAMPLAIN, CHAMPLIN, (cont.)		
Lucinda, d. Nathan & Sarah, b. Apr. 13, 1767	1	31
Lucretia, d. Edward & Elizabeth, b. Apr. 11, 1766	1	50
Lucy, d. William & Polly, b. Feb. 1, 1783	1	61
Lura A., m. William C. **CHAMPLAIN**, b. of Lyme, Mar. 12, 1854, by Rev. Jacob Gardner	3	254
Luranie, m. Dan **LEE**, b. of Lyme, Nov. 25, 1779, by Rev. Stephen Johnson	1	60
Lurana, d. William & Polly, b. May 29, 1792	1	61
Mary Ann, d. [George & Eunice], b. Mar. 17, 1805	2	33
Mary Ann, m. Dan **GILBERT**, b. of Lyme, Sept. 30, 1826, by Charles Smith, J.P.	2	200
Molly, d. Edward & Elizabeth, b. Mar. 14, 1747	1	50
Nabby, d. Edward & Elizabeth, b. May 3, 1757	1	50
Nabby, m. Dan **LEE**, b. of Lyme, Feb. 29, 1784, by Andrew Griswold, J.P.	1	60
Nancy, m. Elisha **FITCH**, Apr. 23, 1787	2	17
Nathan, s. [George & Eunice], b. Nov. 11, 1817	2	33
Nathan, m. Phebe **DORR**, b. of Lyme, Apr. 30, 1849, by Rev. Joseph B. Damon	3	207
Phebe, m. Jared **WATROUS**, b. of Lyme, Nov. 26, 1816, by Seth Smith, J.P.	2	107
Rebeckah, d. Edward & Elizabeth, b. Mar. 2, 1761	1	50
Richard M., m. Helena **WEST**, b. of Lyme, Jan. 2, 1827, by Lothrop Rockwell, Clerk	2	204
Richard Mather, s. William & Polly, b. May 23, 1795	1	61
Sally, d. Edward & Elizabeth, b. July 12, 1745	1	50
Sally, m. Abner **GRIFFING**, July 4, 1765, by Benjamin Lee, J.P.	1	41
Sarah, d. Nathan & Sarah, b. Feb. 24, 1772	1	31
Sarah, m. James **DARROW**, Jr., Dec. 19, 1807	2	100
Seabuary, s. Edward & Elizabeth, b. Dec. 4, 1753	1	50
Silas, m. Bettey **LAY**, b. of Lyme, Oct. 18, 1781, by Rev. Stephen Johnson	1	62
William, m. Polly **MATHER**, b. of Lyme, Jan. 13, 1780, by Rev. Stephen Johnson	1	61
William, s. Silas & Bettey, b. Mar. 4, 1782	1	62
William C., m. Lura A. **CHAMPLAIN**, b. of Lyme, Mar. 12, 1854, by Rev. Jacob Gardner	3	254
CHAPMAN, Abby, m. Elisha C. **CAULKINS**, Mar. 16, 1816	2	182
Amy, m. John Cook **SMITH**, Feb. 25, 1796, by Elder Jason Lee	2	35
Asa[h]el, s. Ebenezer & Elizabeth, b. Feb. 26, 1776	1	170
Asahel, m. [ ]	2	82
Bershaba, d. Sam[ue]l & Esther, b. Nov. 1, 1763. Recorded Jan. 11, 1781, by Samuel Chapman	1	161
Bersheba, d. Ebenezer & Elizabeth, b. July 16, 1764	1	170
Bersheba, d. Samuel, of Lyme, was 18 y. old sometime in Nov. [1780], as testified Mary Tillitson, w. Jacob, & Mary Tillitson, w. Lee, on Dec. 20, 1780	1	161
Barsheba, m. Edward **CHAPMAN**, 2d, July 3, 1781, by Jason Lee	1	171
Betsey, m. Richard W. **LEE**, b. of Lyme, June 19, 1840, by Rev. Oliver Brown	3	153

LYME VITAL RECORDS 47

	Vol.	Page
CHAPMAN, (cont.)		
Caleb, s. Edward & Barsheba, b. Feb. 23, 1782	1	171
Christopher B., of New London, m. Emeline E. **MAYNARD**, of Waterford, Nov. 15, 1840, by Rich[ar]d L. Lord, J.P.	3	106
Cornelius, m. Mary Ann **APPLEBY**, b. of Lyme, Jan. 30, 1842, by Amos D. Watrous	3	121
Ebenezer, m. Elizabeth **HUNTLEY**, b. of Lyme, June 17, 1755	1	170
Ebenezer, d. Sept. 12, 1785	1	170
Ebenezer, s. Edward & Barsheba, b. Jan. 14, 1788	1	171
Edward, s. Ebenezer & Elizabeth, b. July 1, 1760	1	170
Edward, m. Molly **HUNTLEY**, May 26, 1765	1	171
Edward, 2d, m. Barsheba **CHAPMAN**, July 3, 1781, by Jason Lee	1	171
Eliza, d. [Asahel], b. Sept. 21, 1800	2	82
Elizabeth, d. Ebenezer & Elizabeth, b. Apr. 2, 1774	1	170
Eunice, d. Ebenezer & Elizabeth, b. Jan. 1, 1756	1	170
Ezekiel, s. Ebenezer & Elizabeth, b. Mar. 12, 1768	1	170
Hannah, m. John **ROGERS**, b. of Lyme, Mar. 11, 1838, by Daniel Stewart, J.P.	3	80
John, s. Ebenezer & Elizabeth, b. July 15, 1762	1	170
John, s. Ebenezer, d. Sept. 27, 1783	1	170
John, s. Edward & Barsheba, b. May 21, 1785	1	171
John, s. [Asahel], b. Feb. [ ], 1803	2	82
Joseph C., m. Sophia E. **BOGUE**, b. of Lyme, [Sept.] 7, [1851], by Rev. Oliver Brown	3	233
Lois, m. Caleb **WOOD**, Dec. 15, 1796, by Elder Jason Lee	2	36
Lydia, of Lyme, m. John A. **HENRY**, of E. Lyme, [Mar. 26, 1851], by Oliver Brown	3	227
Moses, s. Ebenezer & Elizabeth, b. Jan. 10, 1778	1	170
Peter, m. Eliza **HARDING**, Sept. 12, 1824, by Joshua R. Warren, J.P.	2	182
Phebe, d. Ebenezer & Elizabeth, b. Aug. 9, 1770; d.	1	170
Plyney, d. [Asahel], b. [ ], 1805	2	82
Robert, s. Ebenezer & Elizabeth, b. May 1, 1766	1	170
Ruth, d. Ebenezer & Elizabeth, b. Aug. 15, 1772	1	170
Sarah Ann, m. Morgan **LEWIS**, Mar. 27, 1836, by Lodowick Bill, J.P.	3	53
Susa, d. Ebenezer & Elizabeth, b. Feb. 28, 1782	1	170
Susanna, m. William **TILLITSON**, of Lyme, Mar. 7, 1754	1	70
CHAPPELL, CHAPEL, Albert L. m. Julia E.**TILLOTSON**, b. of Lyme, June 28, 1836, by Rev. Frederick Wightman	3	56
Benjamin Franklin, m. Nancy **WAID**, b. of Lyme, May 12, 1840, by Rev. Chester Colton	3	104
Betsey, m. Samuel **ROGERS**, July 17, 1824, by Rev. Alfred Burnham	2	168
Betsey, of Lyme, m. Joseph **TINKER**, of New Hampshire, Sept. 22, 1834, by Rev. Frederick Wightman	3	24
Christian, m. Christopher **BROCKWAY**, June 22, 1806	2	110
Daniel, s. W[illia]m & Abigail, b. July 10, 1793	2	106
Enoch, s. W[illia]m & Abigail, b. Mar. 28, 1796	2	106
Enoch L., of Lyme, m. Lucy Ann **TUCKER**, of Lyme, Sept. 23, 1821, by Lothrop Rockwell, Clerk	2	134

	Vol.	Page
CHAPPELL, CHAPEL, (cont.)		
Ezra, m. Rachel A. **BOUGE**, b. of Lyme, Dec. 28, 1820, by Rev. George Appleton	2	118
Griswold, of Lyme, m. Hannah C. **LESHURE**. of Pomfret, Nov. 9, 1835, by Rev. Chester Colton	3	46
Griswold, m. Mehetabel **LORD**, b. of Lyme, Nov. 5, 1848, by Chester Tilden	3	192
Henry B., of East Lyme, m. Mary A. **HERRICK**, of Waterford, Feb. 23, 1845, by Rev. Oliver Brown	3	158
Horace, m. Caroline L. **BANNING**, b. of [Lyme], Mar. 23, 1835, by Harvey Bushnell	3	33
James, of East Lyme, m. Hannah **MAYNARD**, of Lyme, Jan. 22, 1843, by Rev. Thomas Dowling, N. Lyme	3	136
Julia Ann, d. W[illia]m & Abigail, b. Mar. 5, 1801	2	106
Julia Ann, m. Ruel **BECKWITH**, 2d, b. of Lyme, Oct. 3, 1822, by Rev. Geo[rge] W. Appleton	2	149
Levi B., m. Sarah **LATHAM**, Sept. 11, 1832, by Rev. Frederick Wightman	2	271
Lois, of Lyme, m. Peter **MASON**, of New London, June 10, 1838, by Jared Turner, J.P.	3	82
Lucretia, of Lyme, m. Calvin **BECKWITH**, of New London, June 11, 1838, by Jared Turner, J.P.	3	82
Mary, m. Edward **MOORE**, b. of Lyme, Mar. 10, 1821, by Rev. George W. Appleton	2	127
Sarah M., of Lyme, m. John E. **ROGERS**, of Norwich, May 9, 1830, by Rev. Nathan Wildman	2	242
CHESEBRO[UGH], Dudley R., of Stonington, m. Jane R. **TINKER**, of Lyme, Sept. 24, 1843, by Rev. P. Brockett	3	142
CHURCH, Athena, d. Edward & Mary, b. May 21, 1752	1	78
Edward, m. Mary **CLEMENT**, Mar. 3, 1742/3	L-7	383
Edward, m. Mary **CLEMENTS**, Mar. 3, 1742/3	1	78
Ira, s. Edward & Mary, b. Feb. 11, 1748	1	78
Joseph, m. Elizabeth **BOGUE**, b. of Lyme, June 16, 1850, by Rev. John F. Blanchard	3	220
Josiah, s. Edward & Mary, b. June 1, 1750	1	78
Loas, d. Edward [& Mary], b. Mar. 15, 1743/4	L-7	383
Loas, d. Edward & Mary, b. Mar. 15, 1743/4	1	78
Mary, d. Edward & Mary, b. Apr. 10, 1754	1	78
Phebe, of Stonington, m. William **BENNET**, of Stonington, Nov. 3, 1833, by Rich[ar]d E. Selden, Jr., J.P.	3	65
Susannah, d. Edward & Mary, b. Mar. 18, 1745/6	L-7	383
Susannah, d. Edward & Mary, b. Mar. 18, 1745/6	1	78
CLARK, CLARKE, CLERK, Abigail, of Nantucket, m. Ele[a]zer **CLARK**, of Lyme, Oct. 15, 1741	L-7	161
Abigail, w. Eleazer, d. Sept. 10, 1750	L-7	161
Abigail, m. Samuel **INGRAHAM**, Jr., b. of Lyme, Nov. 26, 1772, by Rev. Stephen Johnson	1	35
Abigail, d. Sylvanus & Elizabeth, b. Mar. 2, 1792	1	153
Arnold, s. Daniel & Mary, b. Aug. 12, 1779	2	60
Arnold, s. Dudley & Edey, b. July 26, 1797	2	61
Asahel, s. Daniel & Mary, b. Apr. 10, 1788	2	60

CLARK, CLARKE, CLERK, (cont.)

	Vol.	Page
Asahel, m. Juliaette **CHADWICK**, July 25, 1842, by Thomas W. Swan, J.P.	3	128
Caroline, of Lyme, m. Andrew **McDONALDS** of Richmond, Va., Dec. 6, 1824, by Samuel B. Mather, J.P.	2	176
Champion, s. Samuel & Hannah, b. Mar. 7, 1739	1	28
Charles, s. Silva[nus] & Elizabeth, b. Apr. 2, 1794	1	153
Dan, s. Sam[ue]ll & Hannah, b. Oct. 13, 1736	1	28
Dan (?), of Lyme, m. Anna **JONES** of Colchester, Apr. 20, 1758, by Nath[anie]ll Foot, J.P., Colchester	1	88
Daniel, m. Mary **BAKER**, Mar. 31, 1768	2	60
Daniel, s. Dan[ie]l & Mary, b. Feb. 18, 1776	2	60
Daniel, Jr., m. Eliza **LEE**, b. of Lyme, Nov. 25, 1852, by Rev. Thomas Barber	3	245
Dudley, s. Dan[ie]l & Mary, b. Feb. 4, 1772	2	60
Dudley, m. Edey **BUMP**, Jan. 9, 1791	2	61
Dudley, s Dudley & Edey, b. July 20, 1799	2	61
Ele[a]zer, of Lyme, m. Abigail **CLARK**, of Nantucket, Oct. 15, 1741	L-7	161
Eleazer, s. Sylvanus & Elizabeth, b. May 30, 1780	1	153
Eleazer, [s. Nathaniell & Sarah], [ ] "In New London Probate Records"	L-2	170
Elijah, [s. Nathaniell & Phebe], b. Aug. 20, 1724	L-3	339
Elijah, s. Samuel & Hannah, b. Sept. 12, 1741	1	28
Elizabeth, [d. Nathaniel & Phebe], b. Jan. 19, 1727/8	L-3	339
Elizabeth, d. [William & Hannah], b. Sept. 24, 1732	L-2	281
Elizabeth, m. Sylvanus **HIGGINS**, b. of Lyme, July 15, 1773, by Rev. Stephen Johnson	1	147
Elizabeth, m. James **RANSOM**, Jr., Feb. 2, 1786	2	96
Elizabeth, m. Watrous **MAYNARD**, Oct. 31, 1816	2	108
Elizabeth, m. Dan W. **MATHER**, b. of Lyme, Aug. 30, 1829, by Rev. Herman L. Vaill	2	237
Elizabeth W. m. Solomon **SAMPSON**, Aug. [ ], 1821, by Samuel B. Mather, J.P.	2	136
Eunice, d. Eleazer & Abigail, b. May 8, 1747	L-7	161
Eunice, w. Sylvanus d. Aug. 25, 1776	1	153
Eunice, d. Sylvanus & Elizabeth, b. Nov. 11, 1784	1	153
Eunice, m. Ezra **PECK**, May [ ], 1808	2	110
Eusebius, m. Caroline **CONGDON**, b. of Lyme, Jan. 2, 1838, by John Dwyer, J.P.	3	77
Fanny, d. Phebe **[CHADWICK]**, b. May 24, 1795	1	28
Frances S., of Lyme, m. David H. **MANWARING**, of Waterford, Sept. 14, 1835, by Herman L. Vaill	3	42
George D., of Lyme, m. Phebe **HAVENS**, of Lyme, , Sept. 30, 1821, by Lothrop Rockwell, Clerk	2	136
George D., m. Adaline **HAGINS**, b. of Lyme, June 30, 1844, by Rev. Pierpont Brockett	3	145
Gurdon, m. Mary E. **MAYNARD**, b. of E. Lyme, Feb. 13, 1850, by Rev. Oliver Brown	3	216
Hannah, [d. William & Hannah], b. May 22, 1739	L-2	281
Hannah, m. William **BROCKWAY**, 2d, Apr. 19, 1744	1	96

CLARK, CLARKE, CLERK, (cont.)

	Vol.	Page
Hannah, m. Jacob **HALL**, Dec. 3, 1778, by Rev. George Beckwith	1	28
Henry, s. Sylvanus & Elizabeth, b. June 5, 1789	1	153
Henry K., m Almena **LO[O]MIS**, b. of Lyme, Nov. 19, 1828, by Rev. Nathan Wildman	2	229
Henry King Buck, s. Nathaniel & Mehitable, b. Nov. 13, 1802	2	112
Hope, [d. Nan & Anna], b. Sept. 28, 1760	1	88
Horace P., of Lyme, m. Eleanor A. **HASTINGS**, of New York City, [Dec.] 1, [1850], by Rev. D.S. Brainard	3	225
Isaac, s. Thomas & Rebeckah, b. Mar. 31, 1731	1	48
Isaac, s. [Thomas & Rebeka], b. Mar. 31, 1732	L-2	359
James, m. Sophia **TOOKER**, b. of Lyme, June 23, 1839, by Rev. Hiram Walden	3	98
Jemima, d. Eleazer & Abigail, b. Jan. 15, 1748/9	L-7	161
Jemimah, m. John **DANIELS**, b. of Lyme, Apr. 18, 1780, by John Lay, 2d, J.P.	1	173
Joanna, m. Abner **BECKWITH**, b. of Lyme, Sept. 23, 1806	2	82
Joel, of Salem, m. Olive **TOOKER**, of Lyme, Dec. 2, 1838, by Rev. Hiram Walden	3	91
John, [s. Nathaniell & Sarah], b. Dec. 21, 1697	L-2	170
John, m. Mindwell, Mar. 3, 1729/30	L-3	338
John, m. Julia Ann **CHAMPLAIN**, b. of Lyme, July 14, 1832, by Rev. Chester Colton	2	270
John D., of East Haddam, m. Jane E. **TUCKER**, of Lyme, Apr. 14, 1833, by Rev. Chester Colton	3	8
John D., m. Mary **TEFFT**, Aug. 21, 1842, by Rev. D.S. B[r]ainerd	3	129
Joseph, of East Haddam, m. Louis **MILLER**, of Lyme, July 7, 1826, by Ezra Pratt, J.P., "they having been previously published in Pleasant Valley Meeting House"	2	207
Lester, 2d, m. Mary Ann **LESTER**, b. of Lyme, Sept. 7, 1829, by Herman L. Vaill	2	237
Lot, s. Thomas & Rebeckah, b. Jan. 4, 1746	1	48
Louisa, m. William H. **HARRISON**, b. of Lyme, July 19, 1846, by Rev. Samuel Griswold	3	168
Lucindia, d Daniel & Mary, b. Jan. 24, 1769	2	60
Lucy, [d. William & Hannah], b. Dec. 13, 1736	L-2	281
Lucy Ann, d. [Nathaniel & Mehetable], b. Nov. 30, 1805	2	112
Lucy M., of Middletown, m. John **CHAMPION**, of Lyme, Nov. 3, 1839, by Rev. Chester Colton	3	100
Lusena, d. Roswell & Parnall, b. Jan. 17, 1782	1	155
Lydia, d. Eleazer & Joanna, b. Aug. 30, 1756	1	44
Lydia, m. John **ANDERSON**, Jr., b. of Lyme, May 25, 1775, by Rev. Stephen Johnson	1	66
Margaret S., m. Almon **BACON**, b. of Lyme, Feb. 29, 1836, by Rev. Chester Colton	3	52
Mary, [d. Nathaniel & Phebe], b. Jan. 31, 1725/6	L-3	339
Mary, d. Dan[ie]l & Mary, b. Mar. 5, 1778	2	60
Mary, d. Roswell & Parnall, b. Mar. 24, 1780	1	155
Mary, of Lyme, m. Stephen **PRENTICE**, of East Lyme, Sept. 25, 1842, by Rev. D.S. Brainard	3	130

	Vol.	Page

CLARK, CLARKE, CLERK, (cont.)

	Vol.	Page
Mary E., of Lyme, m. Timothy **WRIGHT**, of Glastonbury, Ct., Apr. 5, 1849, by Rev. Joseph B. Damon	3	207
Morley, s. John , b. June [ ], 1796	2	39
Nan, s. Thomas & Rebeckah, b. July 3, 1736	1	48
Nan, of Lyme, m. Anna **JONES**, of Colchester, Apr. 20, 1758, by Nath[anie]ll Foot, J.P.	1	88
Nancy M., of Lyme, m. William **BUSHNELL**, of Saybrook, Jan. 15, 1843, by Rev. P. Brockett	3	135
Nathaniell, m. Sarah **[LAY]**, Dec. 3, 1696	L-2	170
Nathaniel, [s. Nathaniell & Sarah], b. Sept. 11, 1699	L-2	170
Nathaniel, m. Phebe [ ], Nov. [ ], 1720	L-3	339
Nathaniel, [s. Nathaniel & Phebe], b. Apr. 5, 1730	L-3	339
Nath[anie]ll, m. Mehetable **PECK**, May 28, 1800	2	112
Patrick, m. Mary **COFFREY**, b. of Lyme, [Dec.] 23, [1851], by Rev. D.S. Brainard	3	236
Patty, d. Dudley & Edey, b. Apr. 22, 1793	2	61
Peter Peck, s. Roswell & Parnall, b. June 14, 1772	1	155
Peter Peck, m. Polly **SMITH**, b. of Lyme, Oct. 2, 1793, by David Higgins, V.D.M.	2	20
Pheby, d. Sam[ue]ll & Hannah, b. Nov. 13, 1744* (*Probably 1734)	1	28
Phebe, d. Dan[ie]l & Mary, b. Dec. 11, 1773	2	60
Phebe, m. Simeon **MORGAN**, b. of Lyme, June 25, 1822, by Joel Loomis, J.P.	2	185
Polly, d. Dudley & Edey, b. Mar. 6, 1801	2	61
Prudence M., m. Jared **HAVENS**, b. of Lyme, June 2, 1850, by Rev. John F. Blanchard	3	219
Ralph B., of Colchester, m. Sarah Ann **CAULKINS**, of N. Lyme, Dec. 26, 1848, by Rev. Chester Tilden	3	194
Rebeckah, d. Thomas & Rebeckah, b. Mar. 31, 1748	1	48
Reuben, s. Daniel & Mary, b. Feb. 14, 1785	2	60
Richard, s. Dudley & Edey, b. May 22, 1791	2	61
Richard, of Salem, m. Jane E. **TOOKER**, of Lyme, Nov. 18, 1838, by Rev. Hiram Walden	3	90
Roswell, m. Parnall **PECK**, b. of Lyme, May 9, 1771, by Rev. Stephen Johnson	1	155
Roswell, s. Roswell & Parnall, b. Apr. 22, 1774	1	155
Ruth Mary, d. [Nathaniel & Mehetable], b. July 26, 1812	2	112
Sally, d. Phebe **[CHADWICK]**, b. June 13, 1791	1	28
Sally, d. Dudley & Edey, b. Apr. 2, 1795	2	61
Sally, m. Amos **MAXON**, b. of Lyme, Dec. 29, 1825, by Lothrop Rockwell, Clerk	2	195
Samuel, m. Hannah **CHAMPION**, May 1, 1733	1	28
Samuel, s. Sam[ue]ll & Hannah, b. Sept. 22, 1744	1	28
Samuel, [s. Nathaniell & Sarah], [ ]	L-2	170
Samuel Dorr, m. Mercy A. **CHAMPION**, b. of Lyme, Nov. [ ], 1847, by Roger Albiston	3	182
Sarah, m. Jasper **PECK**, Nov. 24, 1731	L-2	219
Sarah, [d. William & Hannah], b. Jan. 22, 1741/2	L-2	281
Sarah, of Colchester, m. Thomas **HALL**, of Lyme, Nov. 30, 1743	1	22

	Vol.	Page
CLARK, CLARKE, CLERK, (cont.)		
Sarah L., of Lyme, Ct., m. Erastus C. **GOODRICH**, of Lyme, N.Y., Oct. 10, 1839, by Rev. Chester Colton	3	98
Sarah Lord, d. [Nathaniel & Mehetable], b. Oct. 24, 1817	2	112
Seth, s. Eleazer & Abigail, b. Aug. 25, 1745	L-7	161
Sheldon, [s. William & Hannah], b. Feb. 10, 1743/4	L-2	281
Silas, s. [Nathaniel & Phebe], b. Oct. 1, 1722	L-3	339
Silas, of Watertown, N.Y., m. Sarah Elizabeth **ELY**, of Lyme, Oct. 7, 1831, by Josiah Hawes	2	263
Silence, d. Dan[ie]l & Mary, b. May 11, 1770	2	60
Simon, [s. Elezer & Abigail], b. Sept. 26, 1742	L-7	161
Susannah, [d. William & Hannah], b. Aug. 18, 1734	L-2	281
Susannah, d. Daniel & Mary, b. Nov. 14, 1782	2	60
Susannah, d. Phebe **[CHADWICK]**, b. Mar. 6, 1793	1	28
Sylvanus, m. Eunice **ANDERSON**, b. of Lyme, May 28, 1775, by Rev. Stephen Johnson	1	153
Sylvanus, m. Elizabeth **KENT**, b. of Lyme, Aug. 1, 1779, by Rev. Stephen Johnson	1	153
Thomas, m. Rebeka **WATERUS**, of Lyme, Nov. 25, 1730	L-2	359
Thomas, m. Rebeckah **WATROUSE**, of Lyme, Nov. 25, 1730	1	48
Thomas, s. Thomas & Rebeckah, b. Apr. 9, 1740	1	48
Thomas, [s. Nathaniell & Sarah], [ ]	L-2	170
Watrouse, s. Thomas & Rebeckah, b. Feb. 16, 1733	1	48
Watrous, s. Nan & Anna, b. Mar. 8, 1760	1	88
Watson, m. Sarah Ann **ROWLEY**, b. of East Haddam, Apr. 27, 1827, by Charles Smith, J.P.	2	206
William, s. [John & Mindwell], b. Feb. 4, 1720/1	L-3	338
William, m. Hannah **PECK**, Nov. 30, 1731	L-2	281
William, s. Roswell & Parnall, b. Apr. 18, 1776	1	155
William, m. Jemimah **ROGERS**, Jan. 22, 1807	2	76
William, [s. Nathaniell & Sarah], [ ]	L-2	170
W[illia]m Kent, s. Sylvanus & Elizabeth, b. Dec. 14, 1781	1	153
W[illia]m Sheldon, s. [Nathaniel & Mehetable], b. Sept. 3, 1808	2	112
CLEMENT, CLEMMENT, CLEMMENTS, Mary, m. Edward **CHURCH**, Mar. 3, 1742/3	L-7	383
Mary, m. Edward **CHURCH**, Mar. 3, 1742/3	1	78
William, s. William, b. Sept. 20, 1728	L-2	54
----------, s. [William], b. [ ], 1731	L-2	54
CLOSSON, CLOSON, Mary, m. Alvin **BABCOCK**, b. of Lyme, June 15, 1828, by Joshua R. Warren, J.P.	2	219
Oliver, m. Juliaette **TINKER**, b. of Lyme, Nov. 28, 1833, by Rev. Fr[e]derick Wightman	3	14
COATS, Harriet, of Lyme, m. Edmund **SMITH**, of Windham, Jan. 4, 1824, by Rev. Ebenezer Loomis, New London	2	162
COBB, Ann, b. Aug. 1, 1739	L-7	157
Isaac, m. Fanny **GRUMLEY**, of Lyme, Aug. 12, 1838, by Rev. Chester Colton	3	86
Jerusha Ann, m. George **MILLER**, July 8, 1829, by Tubal Wakefield	2	234
John, b. Jan. 1, 1735/6	L-7	157
Maria, m. Abel **KEEN[E]Y**, b. of Lyme, Sept. 14, 1826, at Isaac		

	Vol.	Page
COBB, (cont.)		
Cobb's, by John S. Rogers, J.P.	2	202
Simon, b. Aug. 27, 1737	L-7	157
William H., of Lyme, m. Ruth **PHILLIPS**, of Waterford, Aug. 29, 1841, by Rev. D.S. Brainard	3	115
COFFREY, Mary, m. Patrick **CLARK**, b. of Lyme, [Dec.] 23, [1851], by Rev. D.S. Brainard	3	236
COGSWELL, Han[n]ah, [d. Westall & Martha], b. Sept. 23, 1700	L-2	228
Martha, w. Westall, d. Jan. 12, 1704/5	L-2	228
Martha, d. Jan. 27, 1705	L-2	228
Sarah, [d. Westall & Martha], b. June 4, 1698, d. Nov. 30, 1704	L-2	228
Steven, [s. Westall & Martha], b. Mar. 25, 1702	L-2	228
Westall, m. Martha [ ], May 24, 1697	L-2	228
COLEMAN, Ebenezer A., of Montville (Chesterfield Society), m. Maria **ROGERS**, of Lyme, Apr. 3, 1851, by Rev. Thomas Barber	3	229
COLLINS, Dan, s. [Stephen & Thedy], b. Aug. 3, 1805; d. Aug. 16, 1805	2	93
David Crocker, s. [Stephen & Thedy], b. July 30, 1807	2	93
Jane, m. Ephraim H. **DOUGLASS**, b. of New London, June 10, 1849, by Rev. D.S. Brainard	3	199
Jonathan Minor, s. [Stephen & Thedy], b. Aug. 1, 1803	2	93
Sally A., of Lyme, m. Almas **PRATT**, of Deep River, Oct. 11, 1829, by Rev. Chester Colton	2	238
Sally Anderson, d. [Stephen & Thedy], b. Feb. 4, 1810	2	93
Stephen, m. Thedy **CROCKER**, Dec. 12, 1800	2	93
Thedy, w. Stephen, d. Apr. 3, 1813	2	93
Thomas Mason, s. [Stephen & Thedy], b. Feb. 4, 1813	2	93
COLT, [see also **COULT**], Benjamin, m. Elizabeth **DENISON**, Dec. 24, 1788	2	7
Benjamin Gardner, s. Benj[amin] & Eliza[beth], b. Jan. 10, 1793	2	7
George Robert, s. [Benjamin & Elizabeth], b. Oct. 24, 1804	2	7
John Denison, s. [Benjamin & Elizabeth], b. Aug. 13, 1799	2	7
Joseph Harris, s. [Benjamin & Elizabeth], b. Aug. 10, 1801	2	7
Mary Sears, d. [Benjamin & Elizabeth], b. Feb. 19, 1797	2	7
Nancy, d. Benj[ami]n & Elizabeth, b. Oct. 28, 1790	2	7
Sam[ue]ll, [s. Samuell & Abigail], b. Feb. 14, 1740/41	L-2	462
Sam[ue]ll, Sr., d. Feb. 23, 1742/3	L-2	462
Sarah, m. Edward **CONGDON**, b. of Lyme, Apr. 17, 1849, by Rev. Oliver Brown	3	212
COLTON, COLTEN, Ann, m. John **NOYES**, b. of Lyme, Feb. 5, 1839, by Rev. Chester Colton	3	93
Sarah, d. Thomas, b. Sept. 25, 1678	L-1	31
COMSTOCK, COMSTOCKE, Abbegail, [d. John], b. Apr. 12, 1662	L-1	12
Abbigall, m. William **PIKE**, June 24, 1679	L-1	113
Abagall, wid. of John, m. Moses **HUNTLEY**, Jan. 18, 1680	L-1	49
Abigail, m. Joseph **LORD**, Mar. 11, 1724/25	L-2	6
Abigail, d. John & Rebeckah, b. July 18, 1735	L-2	171
Abigail, m. Jonathan **REED**, b. of Lyme, Apr. 15, 1756	1	90
Abigail, m. Capt. James **RANSOM**, Feb. 8, 1810	2	28
Ann, [d. Daniell & Alse], b. Mar. 13, 1686/87	L-1	129

	Vol.	Page
COMSTOCK, COMSTOCKE, (cont.)		
Ann L., of Lyme, m. John **HALE**, of Guilford, Aug. 10, 1841, by Rev. George Carrington, of Hadlyme	3	116
Anna, m. Benjamin **GRAHAM**, May 2, 1717	L-2	187
Christian, [s. John], b. Dec. 11, 1671	L-1	12
Christopher, s. Samuel & Esther, b. June 16, 1769	1	169
Christopher, s. Sam[ue]ll & Esther, b. Nov. 7, 1789	2	16
Curtise, [s. John & Rebeckah], b. Oct. 8, 1729	L-2	171
Curtiss, of Lyme, m. Esther **CANFIELD**, of Saybrook, Feb. 20, 1755. Witnesses: Jabez Comstock, Dan[ie]ll Lord	1	130
Curtiss, s. Curtiss & Esther, b. Oct. 25, 1764	1	130
Daniel, d. Dec. 15, 1725	L-4	128
Ebenezer W., of Norwich, N.Y., m. Juliette **CHAMPION**, of Lyme, Ct., Oct. 10, 1831, by Rev. Chester Colton	2	261
Eleanor, d. Sam[ue]l & Esther, b. Feb. 20, 1781	2	16
Elisha M., of Waterford, m. Hetty R. **HAMILTON**, of Lyme, Mar. 23, 1825, by Moses Warren, J.P.	2	175
Eliza H., m. James **LOOMIS**, b. of Lyme, Oct. 8, 1826, by Nathan Wildman	2	201
Elizabeth, [d. John], b. June 9, 1665	L-1	12
Elizabeth, d. James & Thankfull, b. Apr. 1, 1770	1	143
Elizabeth, d. Samuel & Esther, b. Oct. 14, 1770	1	169
Elizabeth S. of Lyme, m. Rev. T.S. **VAILL**, of Mercer County, Ill., Aug. 1, 1844, in Hadlyme, by Rev. Stephen Alonzo Loper, of Hadlyme	3	147
Esther, d. Curtiss & Esther, b. May 20, 1762	1	130
Esther, m. Allen **MC KNIGHT**, b. of Lyme, Nov. 5, 1772, by Rev. Stephen Johnson	1	7
Esther, d. Sam[ue]l & Esther, b. May 2, 1783	2	16
Esther, of Lyme, m. Benjamin **JOHNSON**, of Lyme, Mar. 21, 1815, by Lothrop Rockwell, Clerk	2	98
Eunice, of New London, m. Enock **SMITH**, of Lyme, Mar. 18, 1777, by Rev. Joshua Morse, of New London	1	87
Eunice, m. Elijah **SELDEN**, May 12, 1778, by Ezra Selden, J.P.	1	169
Frederic W., m. Dorcas H. **WATERHOUSE**, b. of Lyme, Apr. 30, 1843, by Rev. Stephen Alonzo Loper, of Hadlyme	3	137
Gamwell, [child of John], b. July 16, 1678	L-1	12
Giles, s. Curtiss & Esther, b. Jan. 3, 1767	1	130
Han[n]ah, [d. John, b. Feb. 22, 1673	L-1	12
Hannah, of Montville, m. Abner **BECKWITH**, of Lyme, Feb. 29, 1782	2	32
Hannah R., d. [Peter], b. Nov. 20, 1811	2	178
Hannah R., of Lyme, m. David P. **OTIS**, of Waterford, Mar. 21, 1832, by Nathan Wildman	2	269
Henry J., m. Caroline S. **BROCKWAY**, Nov. 15, 1843, by Rev. Stephen Alonzo Loper, of Hadlyme	3	143
Hetta Eliza, d. [Peter], b. Mar. 4, 1808	2	178
Hezekiah, s. Curtiss & Esther, b. Feb. 7, 1759	1	130
Indiana, m. Richard **PEARSON**, Dec. 20, 1813	2	99
Jabez, m. Margaret A. **BROCKWAY**, b. of Lyme, Sept. 25, 1825, by Rev. Simon Shailer, of Haddam	2	193

COMSTOCK, COMSTOCKE, (cont.)

	Vol	Page
James, of Lyme, m. Thankfull **CROSBY**, of East Haddam, May 9, 1763, by Grindall Rawson, Clerk, alias Pastor, East Haddam	1	143
James, d. July 23, 1773	1	143
Joab, s. James & Thankfull, b. Apr. 4, 1768	1	143
John, [d. John], b. Sept. 31, 1676	L-1	12
John, [s. John], b. July 5, 1714	L-2	427
John, s. W[illia]m, m. Rebeckah **BATES**, Feb. 17, 1725	L-2	171
John, s. Curtiss & Esther, b. Nov. 12, 1756	1	130
John, d. Mar. 28, 1769	L-2	171
John J., s. [Peter], b. June 24, 1822	2	178
John L., s. Sam[ue]ll & Esther, b. Sept. 25, 1787	2	16
Jonathan, [s. John], b. May 4, 1712	L-2	427
Josephus, s. Sam[ue]l & Esther, b. Apr. 10. 1777	2	16
Laura, m. Erastus **SELDEN**, b. of [Lyme], Sept. 21, 1835, by Harvey Bushnell	3	40
Lee, s. Samuel & Esther, b. Aug. 25, 1785	2	16
Lee, m. Phebe M. **MILLER**, Apr. 2, 1811	2	95
Lee, of Lee Roy, m. Sarah W. **CAULKINGS**, of [Lyme], July 1, 1824, by J.R. St. John	2	181
Lois W., d. [Peter], b. Aug. 24, 1820	2	178
Lucinda, d. Sam[ue]l & Esther, b. Apr. 10, 1779	2	16
Lydia, m. Lawrence **JOHNSON**, b. of Lyme, Mar. 3, 1777, by Benjamin Lee, J.P.	1	128
Lydia, m. Lawrence **JOHNSON**, [ ] 23, [ ]	1	123
Marah, [d. Daniell & Alse], b. Apr. 4, 1685	L-1	129
Mary Ann, d. [Peter], b. Dec. 24, 1809	2	178
Mary Ann, m. James L. **STRICTLAND**, b. of Lyme, Sept. 30, 1827, by Rev. Nathan Wildman	2	211
Mary E., of Lyme, m. William W. **PRINDLE**, of White Hall, N.Y., [June] 12, [1851], by Rev. D.S. Brainard	3	230
Moses W., s. [Peter], b. June 20, 1814	2	178
Neomey, m. Consider **TIFFANY**, Nov. 26, 1731	L-6	316
Peter, m. Maria **WARREN**, b. of Lyme, Oct. 27, 1831, by Nathan Wildman	2	262
Peter A., s. [Peter], b. Apr. 20, 1817	2	178
Phebe, [d. John & Rebeckah], b. Nov. 16, 1727	L-2	171
Prentice, of Lyme, m. Lynda M. **BANNING**, of Lyme, Dec. 13, 1825, by Lathrop Rockwell, Clerk	2	189
Prudence, of New London, m. Zachariah **SILL**, of Lyme, Feb. 15, 1781	1	38
Rebecka, [d. John & Rebeckah], b. Feb. 11, 1732/3	L-2	171
Ruth Crosbey, d. James & Thankfull, b. Apr. 4, 1766	1	143
Samuel, m. Esther **LEE**, Feb. 2, 1769, by Benjamin Lee	1	169
Samuel, m. Esther **LEE**, Feb. 2, 1769	2	16
Samuel, s. Sam[ue]l & Esther, b. Aug. 29, 1772	2	16
Samuel, s. Samuel & Esther, b. Aug. 29, 177[ ]	1	169
Samuel L., m. Harriet B. **MINOR**, b. of Lyme, Mar. 17, 1833, by R.S. Crampton, V.D.M.	3	6
Sary, m. John **OLIVER**, Jan. 11, 1714/15	L-2	187

	Vol.	Page
COMSTOCK, COMSTOCKE, (cont.)		
Sarah, d. Curtiss & Esther, b. Feb. 20, 1769	1	130
Sarah, m. Chapman **WARNER**, Dec. 27, 1787	1	56
Sarah R., d. Peter, b. Sept. 28, 1806	2	178
Sarah Raymond, d. [Peter], d. June 4, 1821	2	178
William, [s. John], b. Jan. 9, 1669	L-1	12
William, m. Neomy **NILES**, d. Benj[amin], Sept. 10, 1695	L-2	10
[William?], d. Mar. 15, 1728	L-2	10
William, b. Mar. 9, 1782	2	65
William H., s. [Peter], b. Mar. 20, 1819	2	178
----------, [child of William & Neomy], b. Aug. 9, 1696	L-2	10
----------, [child of William & Neomy], b. June 15, 1698	L-2	10
CONDALL, CONDOL, Huldah, m. Charles **MINOR**, b. of Lyme, Feb. 4, 1840, by Richard E. Selden, Jr., J.P.	3	102
Martha B., of Lyme, m. George J. **MASON**, Sept. 17, 1848, by W[illia]m Marvin, J.P.	3	247
CONE, Andrew Diodate Griswold, [s. Henry & Watestill], b. Feb. 8, 1794	1	175
Charles Smith, s. [Henry & Watestill], b. Nov. 5, 1798	1	175
Elisha Lyman, s. [Henry & Watestill], b. Nov. 1, 1803	1	175
Henry, s. Henry & Watestill, b. Feb. 7, 1789	1	175
Lydia, m. John **LAY**, b. of Lyme, June 17, 1842, by Rev. Amos D. Watrous	3	126
Lydia Ann, of East Haddam, m. Joseph **LUTHER**, of Lyme, Apr. 2, 1848, by Chester Tilden	3	189
Oliver Bray, s. [Henry & Watestill], b. May 3, 1801	1	175
Sarah M., m. Henry **ROBBINS**, [Apr.] 7, [1850], by Rev. D.S. Brainard	3	217
Silas, s. [Henry & Watestill], b. Aug. 7, 1791	1	175
William Prince, s. [Henry & Watestill], b. Aug. 23, 1796	1	175
CONGDON, Caroline, m. Eusebius **CLARK**, b. of Lyme, Jan. 2, 1838, by John Dwyer, J.P.	3	77
Edward, m. Sarah **COLT**, b. of Lyme, Apr. 17, 1849, by Rev. Oliver Brown	3	212
Eliza W., m. William C. **HOWARD**, b. of Lyme, Oct. 26, 1828, by Rev. Nathan Wildman	2	228
Frances M., of Lyme, m. Charles F. **STARKEY**, of Essex, Nov. 20, 1832, by Rev. Frederick Wightman	3	1
Hannah, m. Jonathan C. **BROWN**, b. of Lyme, Dec. 10, 1820, by Samuel B. Mather, J.P.	2	118
Hannah, m. Richard **BEEBE**, Oct. 21, 1833, by Rev. Nathan Shailer, of Chesterfield	3	12
Jonathan, m. Nancy **CULVER**, b. of Lyme, Dec. 14, 1851, by Rev. E.F. Burr, of N. Lyme	3	234
Lorenzo, m. Clarissa **MINOR**, b. of [Lyme], Apr. 2, 1837, by Rev. Harvey Bushnell	3	69
Wealthy Ann, m. Adrial **HUNTLEY**, b. of Lyme, Mar. 14, 1838, by Rev. Chester Colton	3	78
CONKLIN, CONKLING, Betsey, of Lyme, m. John H. **SUMNER**, of Middletown, Feb. 9, 1823, by Lothrop Rockwell, Clerk	2	152
Nathaniel, Capt., m. Mehetable **MINOR**, b. of Lyme, Apr. 15,		

	Vol.	Page
CONKLIN, CONKLING, (cont.)		
1828, by Josiah Hawes	2	217
COOK, Cyrus, m. Mehetable A. **SHIPMAN**, Mar. 22, 1827, by Thomas W. Strictland, J.P.	2	205
James B., of Oswell, Vt., m. Lucretia **CAULKINS**, of Lyme, Oct. 6, 1841, by Rev. Frederick Wightman, of Haddam	3	117
COOLEY, Abednego, triplet with Shadrach & Mesheck, s. Matthew & Jemima, b. Oct. 26, 1750; d. Jan. 8, 1750/51	1	62
Absalom, [s. Matthew & Gemiah], b. Feb. 5, 1737/8	L-6	53
Eunice, d. Matthew & Jemima, b. Jan. 2, 1752	1	62
Jemima, d. Matthew & Jemima, b. Nov. 25, 1757	1	62
Job, s. Matthew & Jemima, b. Nov. 1, 1748	L-6	53
Job Miller Walker, s. [Matthew & Prudence], b. May 15, 1806	2	82
John, s. Matthew & Jemima, b. May 24, 1744	L-6	53
John, m. Lydia **ANDERSON**, b. of Lyme, Feb. 8, 1768, by Matthew Griswold, then Asst., now Dep. Gov. Recorded July 18, 1778, John Cooley being then decd.	1	84
John, d. July 4, 1774	1	84
John, s. John & Lydia, b. Oct. 23, 1774	1	84
John How, s. [Matthew & Prudence], b. Dec. 12, 1801	2	82
Lydia, m. Elisha **ROB[B]INS**, Jan. 15, 1784	1	166
Marcy, m. Tamer **CALKINS**, b. of Lyme, May 27, 1757, by John Lay, 3d, J.P.	1	141
Matthew, of Lyme, m. Gemiah **ROGERS**, of New London, Aug. 22, 1734	L-6	53
Matthew, [s. Matthew & Gemiah], b. Feb. 24, 1739/40	L-6	53
Matthew, s. John & Lydia, b. June 8, 1771	1	84
Matthew, m. Prudence **RAY**, Oct. 21, 1798	2	82
Matthew Bull, s. [Matthew & Prudence], b. May 25, 1800	2	82
Mehetable, d. John & Lydia, b. Nov. 3, 1769	1	84
Mercey, d. Matthew [& Gemiah], b. May 31, 1735	L-6	53
Mesheck, triplet with Shadrach & Abednego, s. Matthew & Jemima, b. Oct. 26, 1750; d. Jan. 14, 1750/51	1	62
Molly Rogers, m. John **GILBERT**, Aug. 25, 1764	1	114
Molly Rogers, d. Matthew & Jemima, b. Aug. 29, 1746	L-6	53
Paul, [s. Matthew & Gemiah], b. Apr. 15, 1742	L-6	53
Paul, s. Matthew & Jemima, b. July 26, 1755	1	62
Samuel Ingraham Watrous, s. [Matthew & Prudence], b. Mar. 11, 1808	2	82
Sela, d. John & Lydia, b. June 25, 1768	1	84
Selah, m. Joseph **WALKER**, [ ]	1	167
Shadrach, triplet with Mesheck & Abednego, s. Matthew & Jemima, b. Oct. 26, 1750; d. Jan. 26, 1751	1	62
Theada, d. John & Lydia, b. Dec. 31, 1772	1	84
COOPER, Martha, of [Bridgehampton], m. John **LEWIS**, of Lyme, Nov. 1, 1748, by James Brown. Witness: John Cooper, Jr.	1	58
CORAH, Parnall, m. Peter **RANSOM**, Nov. 15, 1781	2	31
COSFORD, Hezekiah, of England, m. Harriet **SANDERS**, of Lyme, Aug. 18, 1844, by Rev. Pierpont Brockett	3	146
COULT, [see also **COLT**], Abigail Matson, d. W[illia]m & Anne, b. July 6, 1800	2	41

	Vol.	Page
COULT, (cont.)		
Ama, d. Harris & Elizabeth, b. Oct. 19, 1767; d. Oct. 5, 1768	1	114
Ama, d. Harris & Elizabeth, b. Dec. 1, 1771	1	114
Amhurst, s. John & Mary, b. July 27, 1759	1	59
Andrew Gardner, s. John & Mary, b. Nov. 6, 1760	1	59
Anna, w. W[illia]m, d. Oct. 11, 1802, ae 29 y. 6 m.	2	41
Anna Maria, d. W[illia]m & Anna, b. July 9, 1802; d. Oct. 5, 1802, ae 3 m.	2	41
Arnold, s. Harris & Elizabeth, b. Sept. 10, 1760	1	98
Arnold, s. Harris & Elizabeth, b. Sept. 10, 1760	1	114
Asenath, d. Joseph & Desire, b. Oct. 19, 1764	1	95
Asenath, m. Moses **SILL**, of East Windsor, Jan. 19, 1794	2	24
Benjamin, s. John & Mary, b. Oct. 26, 1762	1	59
Benjamin, m. Miriam **HARRIS**, d. Thomas, formerly of Lyme, lately living at Pecapese (?) County of Sapass(?), [May 26, 1724]* (*handwritten correction in original)	L-2	256
Charles Bulkley, s. John & Susannah, b. Aug. 11, 1786	1	77
Deborah, d. Joseph & Desire, b. Oct. 27, 1759	1	95
Desire, d. Joseph & Desire, b. Apr. 11, 1763	1	95
Desier, m. Richard Ely **SELDEN**, Oct. 2, 1782	1	14
Dijah, s. Samuel & Sally, b. May 8, 1782	1	28
Elisha, s. Harris & Elizabeth, b. Feb. 26, 1758	1	98
Elisha, s. Harris & Elizabeth, b. Feb. 26, 1758	1	114
Elizabeth, d. Harris & Elizabeth, b. Mar. 5, 1764	1	114
Est[h]er, m. Daniel **STARLIN**, Jr., May 14, 1730	L-2	199
Esther, d. John & Mary, b. July 22, 1751	1	59
Esther, m. Mather **PECK**, b. of Lyme, Apr. 25, 1771, by Rev. Stephen Johnson	1	149
George R., m. Catharine **CAULKINS**, b. of Lyme, Nov. 17, 1831, by Rev. Chester Colton	2	265
Harris, of Lyme, m. Elizabeth **TURNER**, of Lyme, Apr. 7, 1757	1	98
Harris, m. Elizabeth **TURNER**, b. of Lyme, Apr. 7, 1757	1	114
Harris, s. Harris & Elizabeth, b. Jan. 29, 1766	1	114
Isaiah, s. Joseph & Desire, b. Sept. 5, 1757	1	95
Jabez, s. Joseph & Desire, b. Jan. 19, 1773	1	95
John, s. [Benjamin & Miriam], b. May 19, 1725	L-2	256
John, s. Benjamin, m. Mary **LORD**, d. Thomas, July 16, 1747	1	59
John, s. John & Mary, b. Oct. 23, 1748; d. Feb. 16, 1754	1	59
John, Capt., d. Jan. 2, 1750/51	1	59
John, s. John & Mary, b. July 7, 1754	1	59
John, of Lyme, m. Mary **GARDNER**, of Lyme, Oct. 28, 1759, by Rich[ar]d Lord, J.P.	1	59
John, m. Abigail **MATSON**, b. of Lyme, May 11, 1773, by Stephen Johnson, Pastor	1	59
John, d. May 27, 1784	1	59
John, of Lyme, m. Susannah **BULKLEY**, of Colchester, Ct., Oct. 14, 1785, by John Watrous, J.P., Colchester. Witnesses: John Breed, Isaac Bulkley	1	77
Joseph, s. [Benjamin & Miriam], b. Feb. 13, 1727/26	L-2	256
Joseph, m. Desire **PRATT**, Mar. 11, 1756, by Samuel, Ely, J.P., of Saybrook	1	95

	Vol.	Page
COULT, (cont.)		
Joseph, s. Joseph & Desire, b. Apr. 18, 1766	1	95
Judah, s. Joseph & Desire, b. July 1, 1761	1	95
Lucretia, d. Harris & Elizabeth, b. Apr. 19, 1762	1	114
Martain, [s. Samuell & Abigail], b. July 27, 1738	L-2	462
Martin, s. Samuel & Sally, b. July 3, 1775	1	28
Mary, [d. Benjamin & Miriam], b. Dec. 4, 1728	L-2	256
Mary, of Lyme, m. Thomas **GIDDINGS**, Jr., of Lyme, May 1, 1746, by George Beckwith	1	44
Mary, w. John, d. Aug. 9, 1759	1	59
Mary, w. John, d. Oct. 15, 1767	1	59
Mary, d. Harris & Elizabeth, b. Aug. 13, 1776	1	114
Meriam, d. John & Mary, b. Nov. 1, 1756	1	59
Meriam, m. Joseph **BURNHAM**, June 5, 1777, by Rev. George Beckwith	1	32
Parthena, d. [Samuell & Abigail], b. June 9, 1736	L-2	462
Peter, s. Harris & Elizabeth, b. Oct. 31, 1769	1	114
Sally, d. Harris & Elizabeth, b. Oct. 29, 1778	1	114
Samuell, m. Abigail **MARVIN**, Nov. 7, 1734	L-2	462
Samuel, s. Joseph & Desire, b. June 23, 1771	1	95
Samuel, of Lyme, m. Sally **FOWLER**, of Lebanon, Oct. 15, 1778, Witnesses: Richard Lord, John Coult, Jr.	1	28
Samuel, s. Samuel & Sally, b. Sept. 22, 1780	1	28
Temperance, m. Abner **LORD**, b. of Lyme, Feb. 3, 1757, by Rev. Stephen Johnson	1	97
Temperance, d. Harris & Elizabeth, b. Dec. 31, 1773; d. Mar. [1*], 1791 (*Handwritten correction in original)	1	114
William, s. John & Abigail, b. July 10, 1776	1	59
William, m. Anne **DENISON**, Oct. 2, 1796	2	41
William, m. Mary **MARVIN**, Nov. 11, 1807	2	41
William Ely, s. Will[ia]m & Anne, b. June 24, 1797	2	41
COURTNEY, Alanson, s. Neal & Lydia, b. Nov. 28, [ ]	2	12
Neal, m. Lydia **MACK**, Sept. 6, [ ]	2	12
COVELL, Edward, of Elmira, N.Y., m. Georgeanna L. **PARSONS**, of Lyme, Aug. 23, 1849, by Rev. D.S. Brainard	3	201
COY, Silas E., of Mereden, m. Lorinda **WILLARD**, of Lyme, Sept. 15, 1833, by Elijah Willard, Elder	3	10
CRANDALL, Denison, m. Lucy **MOORE**, Nov. 13, 1832, by Peter Comstock, J.P.	2	95
Hannah, m. Jasper **BROCKWAY**, July 4, 1812, by Jesse Babcock, Elder	2	92
CRANE, Emily, m. John **MOORE**, 2d, Feb. 22, 1815, at Killingworth	2	109
CRARY, John W., of Lebanon, m. Sally **HUNTLEY**, of East Lyme, Jan. 13, 1839, at E. Huntley's in E. Lyme, by W[illia]m Palmer, V.D.M., of E. Lyme	3	92
CRAVELL, Marietta, of East Lyme, m. James F. **SAUNDERS**, of Lyme, Sept. 20, 1841, by Rev. Oliver Brown	3	154
CROCKER, Eunice, m. Lt. Elisha **WAY**, Jan. 10, 1782	2	2
Eveline, of Lyme, m. Norman **DANIELS**, of Hartford, Aug. 9, 1835, by Rev. Frederick Wightman	3	38
Frances C., of E. Lyme, m. Bartlett P. **SAMPSON**, of N. Lyme,		

	Vol.	Page
CROCKER, (cont.)		
Oct. 10, 1847, by Rev. Chester Tilden, of N. Lyme	3	179
Griswold A., m. Henrietta **HAYDEN**, b. of Lyme, July 4, 1852, by Rev. E.F. Burr, of N. Lyme	3	241
Hannah, B., m. Jonathan R. **MARTIN**, b. of Lyme, Aug. 16, 1832, by Rev. Frederick Wightman	2	271
Harris, of Waterford, m. Sabra **MANWARING**, of Lyme, Jan. 30, 1835, by Rev. Frederick Wightman	3	30
John, s. John, decd., & Rhoda, b. Sept. 22, 1747	1	23
Josiah W., of Waterford, m. Elizabeth A. **TIFFANY**, of Lyme, Apr. 14, 1845, by Rev. Stephen A. Loper, of Hadlyme	3	151
Mary A., m. Justin L. **BECKWITH**, b. of Lyme, Nov. 23, 1832, by Rev. Frederick Wightman	3	2
Sarah, of New London, m. Noah **MILLER**, of Lyme, Feb. [ ], by Matt[hew] Graves, Minister. Dated Jan. 5, 1777, New London	1	159
Thedy, m. Stephen **COLLINS**, Dec. 22, 1800	2	93
CROSBY, John M., of [Lyme], m. Mary Elizabeth **JOHNSON**, of Wethersfield, Ct., Sept. 26, 1848, by John S. Welles, J.P. Intention of marriage published in Wethersfield	3	190
Laura R., of Lyme, Ct., m. Stephen P. **HARLOW**, of Wethersfield, Ct., Sept. 26, 1848, by John S. Walles, J.P. Intention of marriage published in Wethersfield	3	191
Thankfull, of East Haddam,, m. James **COMSTOCK**, of Lyme, May 9, 1763, by Grindall Rawson, Clerk, alias Pastor, East Haddam	1	143
CULVER, Maria A., m. Edgecomb J. **BECKWITH**, b. of Lyme, Feb. 3, 1850, by Rev. Oliver Brown	3	214
Nancy, m. Jonathan **CONGDON**, b. of Lyme, Dec. 14, 1851, by Rev. E.F. Burr, of N. Lyme	3	234
CURRIER, Susanna, m. Ephraim **BROCKWAY**, Feb. 7, 1727/6	L-2	352
DAMON, Abby A., m. Augustus W. **MORGAN**, [June] 2, [1850], by Rev. D.S. Brainard	3	221
Adeline, m. Edward C.G. **BROCKWAY**, b. of [Lyme], Feb. 12, 1837, by Rev. H. Bushnell	3	68
Amelia, of Lyme, m. Charles **HAYDEN**, of Essex, Oct. 4, 1847, by Rev. Chester Tilden, of N. Lyme	3	180
Henry N., of Lyme, m. Nancy K. **HAYDEN**, of Essex, Oct. 4, 1847, by Rev. Chester Tilden, of N. Lyme	3	180
Lucy made oath on Sept. 16, 1867, to the fact that Permelia L. **BOGUE**, d. Eliza & Samuel M., was b. Feb. 13, 1853. Witness: N.B. Damon	3	261
DANIELS, DANIELL, Abigail, wid., m. John **MACK**, May 4, 1733	L-2	166
Bill, s. Daniel & Sarah, b. Oct. 6, 1783	1	45
Charles H., of Lyme, m. Mary **DARROW**, of New London, Jan. 16, 1825, at house of John S. Rogers, by John S. Rogers, J.P.	2	174
Daniel, Jr., m. Sarah **WAIT**, Nov. 28, 1782, by Richard Wait, Jr., J.P.	1	45
Eunice, w. John, d. Sept. 12, 1784	1	173
Jared, m. Eleanor **BOGUE**, b. of Lyme, June 10, 1836, by Richard		

	Vol.	Page
DANIELS, DANIELL, (cont.)		
E. Selden, Jr., J.P.	3	67
Jemima, w. John, d. Jan. 14, 1781	1	173
John, s. John & Huldah, b. July 9, 1748	1	64
John, m. Lucretia **WATROUS**, Apr. 21, 1776, by Rev. Stephen Johnson	1	173
John, m. Jemimah **CLARK**, b. of Lyme, Apr. 18, 1780, by John Lay, 2d, J.P.	1	173
John, twin with Watrous, s. John & Lucretia, b. May 19, 1779; d. Apr. 11, 1780	1	173
John, m. Eunice **BECKWITH**, Mar. 13, 1782, by Rev. Stephen Johnson	1	173
John, m. Esther **WAIT**, Sept. 19, 1786, by Rich[ar]d Wait, J.P.	1	173
John, m. Nancy **HALL**, b. of Lyme, Apr. 2, 1847, by Amos D. Watrous	3	173
John Watrous, s. John & Esther, b. Mar. 7, 1786	1	173
Joseph, s. Daniel & Sarah, b. May 27, 1786	1	45
Lucretia, w. John, d. June 1, 1779	1	173
Lucretia Watrous, d. John & Eunice, b. Apr. 19, 1783	1	173
Mary, of Lyme, m. John **MAYNARD**, Apr. 16, 1837, by Rev. Chester Colton	3	70
Molley, d. John & Huldah, b. May 31, 1746	1	64
Molley, d. John & Huldah, d. Oct. 30, 1749	1	64
Molly, d. John & Huldah, b. Nov. 4, 1752	1	64
Nabby, d. John & Huldah, b. June 30, 1755	1	64
Nabby, m. James **GREENFIELD**, b. of Lyme, May 30, 1776, by John Lay, 2d, J.P.	1	131
Norman, of Hartford, m. Eveline **CROCKER**, of Lyme, Aug. 9, 1835, by Rev. Frederick Wightman	3	38
Phebe, d. John & Huldah, b. July 27, 1750	1	64
Rebeckah, m. William **TUBBS**, Oct. 23, 1729	1	53
Richard B., m. Mary A. **BRAMBLE**, b. of Lyme, Sept. 16, 1842, by C.E. Murdock	3	131
Samuel, m. Jerusha **MILLER**, Aug. 11, 1821, by Josiah Hawes	2	133
Thomas C., of Waterford, m. Eliza **DART**, of Lyme, Jan. 31, 1841, by Richard L. Lord, J.P.	3	112
Watrous, s. John & Lucretia, b. May 19, 1779, twin with John	1	173
Watrous, [s. John & Lucretia], d. Sept. 15, 1779	1	173
William, of Waterford, m. Nancy **HAVENS**, of Lyme, June 21, 1840, by Phillips Payson	3	110
DARBY, Elizabeth, of Hebron, m. Joseph **SMITH**, of Lyme, Oct. 31, 1782, by Rev. David Huntington, of Marlborough	1	162
DARROW, Abi, d. [Ebenezer & Abi], b. Aug. 27, 1732	L-2	177
Ebenezer, m. Abi **ROGERS**, Apr. 17, 1727	L-2	177
Elizabeth, [d. Ebenezer & Abi], b. Oct. 20, 1734	L-2	177
Emma, d. Zadock & Lucy, b. Mar. 19, 1797	2	52
Francis Champlin, d. [James, Jr. & Sarah], b. Oct. 17, 1808; d. Jan. 10, 1810	2	100
Francis James, s. [James, Jr. & Sarah], b. Mar. 7, 1810	2	100
James, Jr., m. Sarah **CHAMPLAIN**, Dec. 19, 1807	2	100
Lucy, m. Niles H. **TOOKER**, Oct. [ ], 1826, by Ebenezer		

	Vol	Page
DARROW, (cont.)		
Brockway, J.P.	2	123
Lucy Way, d. Zadock & Lucy, b. Oct. 30, 1792	2	52
Mary, of New London, m. Charles H. **DANIELS**, of Lyme, Jan. 16, 1825, at house of John S. Rogers, by John S. Rogers, J.P.	2	174
Mary Lucinda, d. [James, Jr. & Sarah], b. Nov. 10, 1813	2	100
Osmund, m. Sarah **LOOMIS**, Oct. 26, 1825, by Rev. Francis Darrow	2	184
Sally Lord, d. Zadock & Lucy, b. Dec. 24, 1794	2	52
Sarah, [d. Ebenezer & Abi], b. Nov. 6, 1730	L-2	177
Sarah Maria, d. [James, Jr. & Sarah], b. Aug. 4, 1811	2	100
Zadoc, [s. Ebenezer & Abi], b. Dec. 25, 1728	L-2	177
Zadock, m. Lucy **LORD**, b. of Lyme, June 25, 1791	2	52
Emily S., d. James & Sarah, b. Apr. 17, 1819 [from family records]* (*handwritten entry at bottom of original)		
DART, Eben, of Waterford, m. Juliaette **HURLBURT**, of Lyme, Dec. 25, 1838, at Mr. Hurlburt's in Lyme, by W[illia]m Palmer, V.D.M.	3	91
Eliza, of Lyme, m. Thomas C. **DANIELS**, of Waterford, Jan. 31, 1841, by Richard L. Lord, J.P.	3	112
Lucretia, of Lyme, m. John H. **TAGGERS**, of Boston, Jan. 15, 1827, by Lothrop Rockwell, Clerk	2	204
Mary, m. Edward **CHAMPION**, b. of Lyme, Oct. 24, 1842, by Rev. D.S. Brainard	3	132
Mehetabel, of Lyme, m. King **MILLER**, of Saybrook, Nov. 29, 1827, by Charles Smith, J.P.	2	210
Samuel B., of Saybrook, m. Adaline **HAND**, of Lyme, Feb. 23, 1837, by Rev. Chester Colton	3	63
Susan A., m. Robert **CHAMPION**, b. of Lyme, Oct. 15, 1848, by Rev. Joseph B. Damon	3	206
DATE, David B., m. Mary **HUGHES**, 2d, Jan. 13, 1846, by Samuel Griswold	3	164
DAVENPORT, Fanny, m. Stephen **CHADWICK**, b. of Lyme, Nov. 7, 1830, by Oliver Coats, J.P.	3	228
DAVIS, Abigail, m. Ebenezer **MACK**, Jr., Dec. 23, 1736	L-6	78
(Small section apparently missing in original)		
Elizabeth, m. Martin **MINOR**, b. of Lyme, June 11, 1772, by Rev. Stephen Johnson	1	152
Freelove, m. George **ROLAND**, b. of Lyme, , Dec. 4, 1770, by John Lay, 2d, J.P.	1	151
Mary, m. Levi **TILLITSON**, b. of Lyme, Aug. 16, 1748	1	77
Mary, of New London, m. Consider **TIFFANY**, of Lyme, Jan. 23, 1753	1	67
DAVISON, Eunice M., m. William D. **SMITH**, b. of [Lyme], Oct. 28, 1838, at her father's in Lyme, by William Palmer, V.D.M., of E. Lyme	3	89
George W., m. Mary Ann **WOOD**, b. of Lyme, Sept. 10, 1850, by Rev. W.W. Meech	3	221
Lydia R., of Lyme, m. Samuel **HART**, of Durham, Oct. 28, 1838, at her father's in Lyme, by William Palmer, V.D.M., of E. Lyme	3	88

	Vol.	Page
DAVISON, (cont.)		
William D., m. Abby C. **MANWARING**, b. of Lyme, July 10, 1831, by Nathan Wildman	2	257
DAWES, Lovisa, m. Joseph **ROBBINS**, b. of Lyme, [Dec.] 21, [1851], by Rev. D.S. Brainard	3	236
Mary S., of Lyme, m. Stephen W. **FRISBIE**, of Brownhelm, Ohio, Feb. 26, 1854, by Rev. Peter S. Mather	3	251
W[illia]m, Jr., m. Abby **BOGUE**, b. of Lyme, May 2, 1847, by Daniel Anderson, J.P.	3	174
DAY, Amasa, of Auburn, N.Y., m. Ursula M. **GATES**, of Lyme, Sept. 30, 1838, at house of James Gates, by Rev. George Carrington, of Hadlyme. Witnesses: James Gates & wife & his 2 other children & 2 younger persons	3	87
Amasa, of East Haddam, m. Sarah S. **SPENCER**, of Lyme, , Nov. 27, 1845, by Rev. Stephen Alonzo Loper, of Hadlyme	3	164
Lydia M., m. John R. **MORGAN**, [May] 15, [1850], by Rev. D.S. Brainard	3	219
William H., of Salem, m. Sarah E. **HANCOX**, of Colchester, [Aug. 29, 1851], by Rev. W.W. Meech	3	232
DAYTON, John H., of Sag Harbor, N.Y., m. Frances J. **NICHOLS**, of [Lyme], Oct. 18, 1835, by Rev. Harvey Bushnell	3	43
DEAN, Caroline A., m. Charles W. **ROGERS**, b. of Lyme, July 12, 1846, by A.D. Watrous	3	167
Charles H., of Stonington, m. Ede **BROWN**, of Lyme, Mar. 30, 1835, by Harvey Bushnell	3	32
Grace, m. Shadrach **GILLETT**, b. of Lyme, Oct. 9, 1821, by Joel Loomis, J.P.	2	187
DEMING, DEMMING, Asa, s. David & Mehetabel, b. June 14, 1758	1	12
David, m. Mehetabil **CHAMPION**, Dec. 18, 1740	1	12
David, Rev., d. Feb. 10, 1745/6	1	12
Downing, s. David & Mehetabel, b. Sept. 30, 1749	1	12
Elizabeth, d. David & Mehetabel, b. Oct. 1, 174[ ]	1	12
Elizabeth, m. Matthew **MARVIN**, b. of Lyme, May 30, 1771	1	167
Henry, s. David & Mehetabel, b. Mar. 2, 1752	1	12
Jonathan, d. Mar. 6, 1738	1	12
Jonathan, [s. David & Mehetabil], b. Feb. 25, 1743/4	1	12
Julius, s. David & Mehetabel, b. Apr. 16, 1755	1	12
Marcy, d. David, m. Joseph **LAY**, Feb. 5, 1734/5	1	9
Prudence, [d. David & Mahetabil], b. May 18, 1741	1	12
DENISON, Andrew, s. [Robert & Esther], b. Jan. 15, 1785	1	160
Anna, d. John & Mary, b. Apr. 12, 1773	1	116
Anne, m. William **COULT**, Oct. 2, 1796	2	41
Candace, m. Reuben **HAVENS**, Jan. [ ], 1800	2	97
Charles, s. [Robert & Esther], b. Sept. 28, 1782	1	160
Elizabeth, d. John & Mary, b. Apr. 16, 1769	1	116
Elizabeth, m. Benjamin **COLT**, Dec. 24, 1788	2	7
George Washington, s. John & Mary, b. Aug. 4, 1778, in Groton, Ct.	1	116
James, s. John, b. Feb. 10, 1813	2	46
Joanna, m. Jabez H. **BOGUE**, July 23, 1831, by Zebulon Brockway, Jr., J.P.	2	259

	Vol.	Page
DENISON, (cont.)		
John, d. Dec. 13, 1736	L-6	190
John, [s. John & Peatience], b. Feb. 6, 1736/7	L-6	190
John, Jr., m. Mary **SEARS**, b. of Lyme, Aug. 9, 1764, by John Lay, Jr., J.P.	1	116
John, s. [John], b. Jan. 7, 1819	2	46
John Sears, s. John & Mary, b. July 28, 1765	1	116
Joseph, s. [Robert & Esther], b. Nov. 10, 1780	1	160
Mary, w. John, d. Apr. 6, 1782	1	116
Mary, m. Jared **WATROUS**, Nov. 23, 1825, by Nathan Wildman	2	190
Nabby, d. Robert & Esther, b. Mar. 16, 1779	1	160
Nancy, twin with Richard, [d. John], b. Mar. 30, 1823	2	46
Oliver, s. John & Mary, b. Mar. 12, 1782, in Middletown, Ct.; d. May 4, 1782	1	116
Peatience, [d. John & Peatience], b. June 7, 1735	L-6	190
Phebe, m. Josiah **ELY**, b. of Lyme, Aug. 1, 1765, by Matt[hew] Griswold, D. Gov.	1	96
Phebe, d. John & Mary, b. Nov. 29, 1775	1	116
Phebe, d. [John], b. Sept. 5, 1815	2	46
Richard, twin with Nancy, [s. John], b. Mar. 30, 1823	2	46
Richard N., m. Emeline **ROBBINS**, b. of Lyme, Sept. 30, 1849, at the dwelling house of W[illia]m Marvin, by W[illia]m Marvin, J.P.	3	202
Robert, s. John & Mary, b. Apr. 13, 1771	1	116
Robert, m. Esther **WADE**, b. of Lyme, Feb. 6, 1777, by Rev. Stephen Johnson	1	160
Robert, s. [Robert & Esther], b. Jan. 4, 1788	1	160
Sam[ue]ll, [s. John & Peatience], b. Aug. 21, 1733; d. Dec. 3, 1736	L-6	190
Sam[ue]ll, s. John & Mary, b. July 6, 1767	1	116
William, s. [John], b. Oct. 6, 1816	2	46
DEN[N]IS,* Abigail, m. Ebenezer **MACK**, Jr., Dec. 23, 1736 (*This entry is changed to **DAVIS** in the original and is listed under **DAVIS**)	L-6	78
DESHON, DISHON, Elizabeth, m. Harris **TINKER**, Nov. 15, 1792	2	61
Joanna, m. Silvanus **TINKER**, Oct. 22, 1789	2	50
DEWEY, [see under **DOWEY**]		
DeWOLF, DeWOLFE, Achsah, d. Jabez & Eunice, b. Aug. 21, 1754; bp. Sept. 29, 1754, by Rev. Stephen Johnson; d. Sept. 5, 1776	1	78
Anna, [d. Josiah & Martha], b. Apr. 11, 1742	1	18
Anne, d. Sam[ue]l & Susannah, b. Sept. 25, 1803	2	59
Azuba, d. Josiah & Martha, b. Apr. 11, 1745	1	18
Azubah, m. Joseph **SILL**, b. of Lyme, Apr. 23, 1765, by Rev. Stephen Johnson	1	83
Benjamin, [s. Edward], b. Dec. 3, 1675	L-1	38
Benjamin, [s. Steven & Hana], b. Oct. [ ], 1695	L-2	144
Benjamin, s. [Simeon & Parnall], b. Oct. 15, 1744	1	10
Benjamin, s. Edward & Hannah, b. Aug. 29, 1766	1	121
Bettey, d. [Simeon & Parnall], b. June 19, 1742	1	10
Billey, s. William & Elizabeth, b. Feb. 26, 1768	1	126

	Vol.	Page
DeWOLF, DeWOLFE, (cont.)		
Charles, [s. Edward], b. Sept. 18, 1673	L-1	38
Daniel, [s. Simon & Sarah], b. Sept. 29, 1693	L-1	107
Daniel, [s. Josiah & Anna], b. Nov. 20, 1726	L-2	90
Daniel, [s. Josiah & Martha], b. Nov. 7, 1743	1	18
Daniel, of Lyme, m. Azuba **LEE**, of Lyme, June 19, 1751, by George Beckwith	1	63
Daniel, d. Oct. 10, 1752	1	63
Daniel, s. Edward & Hannah, b. Oct. 14, 1763	1	121
Daniel, s. Sam[ue]l & Susannah, b. May 8, 1800	2	59
Debra, [d. Steven & Hana], b. July 25, 1690	L-2	144
Deb[o]rah, m. Aaron **HUNTLEY**, Jr., July 27, 1707	L-2	290
E[d]ward, [s. Steven & his 1st w.] was 16 y. old last Mar. [1701?]	L-2	144
Edward, m. Hannah **HUNTLEY**, b. of Lyme, Oct. 5, 1762, by Rev. Stephen Johnson	1	121
Edward, s. Edward & Hannah, b. Feb. 14, 1765	1	121
Elias, s. Daniel & Azuba, b. May 18, 1752	1	63
Elisha, s. Simon & Lucia, b. Feb. 16, 1748	1	84
Elizabeth, [d. Josiah & Anna], b. Aug. 18, 1730	L-2	90
Elizabeth, d. William & Elizabeth, b. Nov. 3, 1771; d. Sept. 2, 1776	1	126
Elizabeth, d. William & Elizabeth, b. June 8, 1781	1	126
Ephraim, twin with Manasseh, s. Edward & Hannah, b. Feb. 11, 1772	1	121
Esther, d. Josiah & Martha, b. Jan. 25, 1753	1	18
Eunice, d. Jabez & Eunice, b. Aug. 29, 1760	1	78
Eunice, w. Jabez, d. Jan. 14, 1761	1	78
Eunice, m. Nathaniel **MATHER**, Feb. 19, 1795	2	44
Han[n]a[h], [d. Steven & Hana], b. Aug. [ ], 1693	L-2	144
Hannah, d. Josiah & Martha, b. June 20, 1749; d. Sept. 23, 1753	1	18
Hannah, d. Sam[ue]l & Susannah, b. Mar. 1, 1790	2	59
Jabez, [s. Josiah & Anna], b. June 23, 1721	L-2	90
Jabez, m. Eunice **CALKINS**, b. of Lyme, Nov. 15, 1753, by Rev. Stephen Johnson	1	78
Jabez, s. Sam[ue]l & Susannah, b. Feb. 29, 1784	2	59
Jeremiah, s. Stephen & Theody, b. Feb. 1, 1784	1	129
Jeremiah E., m. Eunice **HAYNES**, b. of Lyme, Mar. 6, 1853, by Rev. Thomas Barber	3	245
John, [s. Simon & Sarah], b. Aug. 17, 1687	L-1	107
John, s. Jabez & Eunice, b. Sept. 3, 1757; d. Feb. 10, 1761	1	78
John A., m. Zylpha A. **JOHNSON**, b. of Lyme, Dec. 29, 1844, by Rev. P. Brockett	3	148
Joseph, s. Sam[ue]l & Susannah, b. Dec. 9, 1785	2	59
Josiah, [s. Simon & Sarah], b. Nov. 15, 1689	L-1	107
Josiah, m. Anna **WATERMAN**, Nov. 4, 1713	L-2	90
Josiah, s. [Josiah & Anna], b. Dec. 20, 1714	L-2	90
Josiah, 2d s. [Josiah & Anna], b. Sept. 1, 1716	L-2	90
Josiah, Jr., m. Martha **ELY**, Sept. 13, 1739	1	18
Josiah, Jr., m. Martha **ELY**, Sept. 13, 1739	L-7	79
Josiah, s. William & Elizabeth, b. Jan. 17, 1774	1	126
Josiah, s. William & Elizabeth, d. Sept. 6, 1776	1	126

DeWOLF, DeWOLFE, (cont.)

	Vol.	Page
Josiah, s. William & Elizabeth, b. Aug. 24, 1777	1	126
Josiah, s. Sam[ue]l & Susannah, b. Feb. 2, 1802	2	59
Judeth, [d. Josiah & Anna], b. Feb. 9, 1724	L-2	90
Lewis, [s. Steven & Hana], b. June 5, 1698	L-2	144
Lucy, wid. of Simon, m. Abel **BECKWITH**, b. of Lyme, Mar. 23, 1759, by John Lay, 3d, J.P.	1	108
Luce, m. John **ALGER**, b. of Lyme, Jan. 15, 1761, by Rev. Stephen Johnson	1	94
Lucy, d. Stephen & Theody, b. May 30, 1787	1	129
Lydia, m. James **SULLARD**, Apr. 13, 1780	1	176
Lydia, d. Stephen & Theody, b. June 13, 1798	1	129
Manasseh, twin with Ephraim, s. Edward & Hannah, b. Feb. 11, 1772	1	121
Marah, m. Thomas **LEES**, July 13, [1676?]	L-1	10
Margaret, m. John **BANNING**, Jr., July 15, 1734	1	42
Martha, d. Josiah & Martha, b. Jan. 24, 1746/7	1	18
Martha, d. William & Elizabeth, b. Dec. 15, 1769	1	126
Martha, d. Sam[ue]l & Susannah, b. Apr. 26, 1794	2	59
Phebe, [d. Simon & Sarah], b. Jan. 20, 1691/2	L-1	107
Phebe, [d. Steven & Hana], b. June 5, 1701	L-2	144
Phebe, d. Simon & Lucia, b. Nov. 5, 1750	1	84
Phebe, d. Sam[ue]l & Susannah, b. Sept. 15, 1787	2	59
Polly, d. Sam[ue]l & Susannah, b. Mar. 20, 1796	2	59
Sally, d. Sam[ue]l & Susannah, b. Mar. 12, 1792	2	59
Sally, m. Matthew **ROWLAND**, b. of Lyme, Apr. 23, 1797	2	42
Samuel, s. Josiah & Martha, b. Dec. 24, 1750	1	18
Samuel, m. Susannah **KEENEY**, b. of Lyme, Jan. 17, 1782	2	59
Samuel, s. Sam[ue]l & Susannah, b. July 1, 1798	2	59
Sarah, [d. Simon & Sarah], b. Dec. 2, 1685	L-1	107
Sarah, d. Simon & Lucia, b. Jan. 9, 1746	1	84
Sarah, d. Stephen & Sarah, b. Jan. 10, 1777	1	129
Sarah, w. Stephen, d. Jan. 12, 1777	1	129
Simeon, of Lyme, m. Parnall **KIRKLAND**, of Saybrook, July 23, 1741	1	10
Simon, [s. Edward], b. Nov. 28, 1671	L-1	38
Simon, m. Sarah **LAYE**, Nov. 12, 1682	L-1	107
Simon, [s. Simon & Sarah], b. Nov. 18, 1683	L-1	107
Simon, Sr., d. Sept. 5, 1695	L-2	61
Simon, d. Jan. 24, 1707/6	L-2	183
Simon, [s. Josiah & Anna], b. Jan. 22, 1718	L-2	90
Simon, of Lyme, m. Lucia **CALKINS**, of Lyme, Jan. 31, 1745	1	84
Simon, s. Simon & Lucia, b. Jan. 21, 1754	1	84
Simon, d. Feb. 10, 1756, ae 37 y.	1	84
Stephen, s. Charles, b. June 5, 1704	L-2	28
Stephen, m. Sarah **GREENFIELD**, b. of Lyme, May 16, 1776, by Rev. Stephen Johnson	1	129
Stephen, m. Theody **ANDERSON**, b. of Lyme, Dec. 1, 1782, by Rev. Stephen Johnson	1	129
Stephen, s Stephen & Theody, b. Oct. 14, 1789	1	129
Stephen, m. Nabby **BECKWITH**, Jan. 3, 1799	2	51

	Vol.	Page
DeWOLF, DeWOLFE, (cont.)		
Steven, [s. Steven & Hanna], b. Jan. [ ], 1694	L-2	144
Steven, d. Oct. 17, 1702	L-2	144
Susanna, d. William & Elizabeth, b. Dec. 22, 1782	1	126
Sylvanus, s. Edward & Hannah, b. Mar. 2, 1768; d. Mar. 14, 1768	1	121
Theody, d. Stephen & Theody, b. Nov. 9, 1793	1	129
Theody, w. Stephen, d. July 20, 1798	1	129
William, [s. Josiah & Martha], b. June 13, 1740	1	18
William, m. Elizabeth **ROLAND**, b. of Lyme, Dec. 6, 1764, by John Lay, 2d, J.P.	1	126
William, s. Sam[ue]l & Susannah, b. Oct. 6, 1782	2	59
Winthrop, m. Hepsibah C. **ANDERSON**, of Lyme, June 20, 1831, by Rev. Chester Colton	2	255
Winthrop Buck, s. Stephen & Theody, b. Sept. 4, 1795	1	129
Zeporah, d. William & Elizabeth, b. June 29, 1766	1	126
DICKENS, Sarah, of New Shoreham, m. Samuel **BECKWITH**, of Lyme, Mar. 13, 1755, by John Littlefield, Dep. Warden. Recorded in New Shoreham	1	94
DICKERSON, Anna, w. Nath[anie]ll, d. Jan. 17, 1775	1	95
Nathaniel, now of Lyme, m. Jane **MUNSELL**, of Lyme, Sept. 1, 1773, by Benjamin Lee, J.P.	1	95
Sam[ue]ll, s. Nath[anie]ll & Anne, b. Aug. 30, 1774	1	95
DICKINSON, Eliza A., m. Joseph **MARTIN**, b. of Lyme, May 24, 1840, by Philips Payson	3	109
Seth B., of Hebron, m. Mariaette **HOWARD**, of East Lyme, Nov. 25, 1840, by Rev. Oliver Brown	3	154
DILL, James, of New York, m. Eliza **CHAMPLAIN**, of Lyme, Sept. 22, 1822, by Rev. Geo[rge] W. Appleton	2	149
DIMMOCK, Joseph, of Sandwich, Mass., m. Sarah H. **WING**, of Lyme, Mar. 28, 1849, by Rev. D.S. Brainard	3	198
Marietta, of Lyme, m. Charles **WARNER**, of Ellington, Dec. 24, 1851, by Rev. Thomas Barber	3	237
DIODATE, Elizabeth, of New Haven, m. Stephen **JOHNSON**, of Newark, N.J., July 26, 1744, by Rev. Joseph Noyes, of New Haven	1	49
DISHON, [see under **DESHON**]		
DODGE, Anna, of Colchester, m. Nathan **LATIMER**, Jr., of Lyme, Dec. 10, 1778, by John Watrous, J.P.	1	159
Daniel, of Colchester, m. Lucy **LATIMER**, d. Nathan, Dec. 2, 1779	1	73
Daniel E., Jr., of Waterford, m. Amelia A. **SAUNDERS**, May 30, 1849, by Rev. D.S. Brainard	3	199
Eusebus, m. Anne **MERCHANT**, Feb. 2, 1794, by Matthew Griswold, Jr., J.P.	2	27
Eusebus, s. [Eusebus & Anne], b. May 22, 1806	2	27
Jeremiah, s. Eusebus & Anne, b. Mar. 25, 1798	2	27
John, s. Eusebus & Anne, b. Mar. 24, 1795	2	27
Marcy, of Colchester, m. Hallam **LATIMER**, of Lyme, Sept. 17, 1778, by John Watrous, J.P.	1	164
Mary, of Colchester, m. Sam[ue]ll **GILBERT**, of Lyme, June 12, 1769, by John Watrous, J.P.	1	97

	Vol.	Page
DODGE, (cont.)		
Nancy, d. [Eusebus & Anne], b. May 2, 1800	2	27
Polly, d. [Eusebus & Anne], b. June 29, 1803	2	27
DOLPH, Azubah, of Saybrook, m. James **WOOD**, Sept. 18, 1836, by Rev. Chester Colton	3	58
DORR, DOOR, Deborah, d. George, Jr. & Molly, b. Oct. 26, 1770	1	134
Edmund, m. Mary **GRISWOULD**. Sept. 4, 1719	L-2	183
Edward, [s. Edmund & Mary], b. Nov. 2, 1722	L-2	183
Edward, s. Matthew & Elizabeth, b. May 28, 1752	1	102
Ellenor, m. Andrew **SILL**, b. of Lyme, June 20, 1773, by Rev. Stephen Johnson	1	162
Eunice, m. Samuel **SILL**, Dec. 18, 1788, by Ezra Selden, J.P.	1	157
George, s. [Edmund & Mary], b. Aug. 4, 1720, at Hartford	L-2	183
George, Jr., of Lyme, m. Molley **LOVITT**, of New Shoreham, Dec. last day, 1769, by George Dorr, J.P.	1	134
George, s. George & Molley, b. Jan. 9, 1773; d. Oct. 1, 1774	1	134
George, s. George & Molley, b. May 6, 1775	1	134
George, s. Phebe [**CHADWICK**], b. Nov. 26, 1799	1	28
Helena, d. Matthew & Elizabeth, b. July 16, 1754	1	102
Jonathan, s. Matthew & Elizabeth, b. Dec. 25, 1759	1	102
Joseph, s. Matthew & Elizabeth, b. July 15, 1761	1	102
Joseph, s. George & Molly, b. Nov. 16, 1782	1	134
Lydia, m. Roswell **BECKWITH**, b. of Lyme, Jan. 13, 1780, by Rev. Stephen Johnson	1	130
Mary, [d. Edmund & Mary], b. June 10, 1727	L-2	183
Mary, 2d, m. Benjamin **LEE**, Jr., Aug. 23, 1761, by George Dorr, J.P.	1	130
Mat[t]hew, [s. Edmund & Mary], b. June 14, 1725	L-2	183
Matthew, of Lyme, m. Elizabeth **PALMER**, formerly of Stoningtown, Nov. 4, 1747, by Rev. George Griswold	1	102
Matthew, s. Matthew & Elizabeth, b. Mar. 28, 1756	1	102
Molly, d. George & Molley, b. May 5, 1778; d. Sept. 9, 1778	1	134
Molley, d. George & Molley, b. Nov. 18, 1779	1	134
Phebe, d. Matthew & Elizabeth, b. Aug. 1, 1748	1	102
Phebe, m. Jasper **PECK**, Jr., Feb. last day, 1765	1	113
Phebe, m. Nathan **CHAMPLAIN**, b. of Lyme, Apr. 30, 1849, by Rev. Joseph B. Damon	3	207
Samuel Griswold, s. Matthew & Elizabeth, b. Sept. 15, 1758	1	102
Susan, m. Calvin **KING**, b. of Lyme, Mar. 8, 1847, by Rev. Roger Albiston	3	181
DOSETT, [see under **DOWSETT**]		
DOTY, Martin, of Ypsilanti, Mich., m. Eunice B. **BANNING**, of Lyme, Dec. 9, 1845, by Rev. D.S. Brainard	3	163
DOUGLASS, Ephraim H., m. Jane **COLLINS**, b. of New London, June 10, 1849, by Rev. D.S. Brainard	3	199
Mary, m. Marvin **HUNTLEY**, Mar. 3, 1808	2	8
DOWEY, DOWEEY, Sarah, wid., m. George **WADE**, Aug. 31, 1727	L-2	138
William, s. Dr. & Martha, b. Mar. 12, 1725/4	L-2	408
DOWSETT, DOSETT, Amos, d. Oct. 12, 1819	2	114
Cordelia, m. Daniel **HOWARD**, Jr., b. of Lyme, Sept. 13, 1835, by Herman L. Vaill	3	41

	Vol.	Page

DOWSETT, DOSETT, (cont.)
   Joseph, m. Betsey **TILLOTSON**, Nov. 4, 1810, by Andrew
     Griswold, J.P.   3   260
DOWZICK, DOWSICK, Anne, d. Gasper & Patience, b. Sept. 10,
     1765   1   72
   David, s. Gasper & Patience, b. June 18, 1768   1   72
   Eleonor, d. Gasper & Patience, b. Nov. 15, 1762   1   72
   Gasper, m. Patience **BROCKWAY**, July 13, 1760   1   72
   Katharine, d. Gasper & Patience, b. Nov, 7, 1760   1   72
   Lucy Ann, m. John E. **WAITE**, b. of Lyme, Sept. 24, 1848, by
     Rev. D.S. Brainard   3   193
   Mark, s. Gasper & Patience, b. Sept. 13, 1761; d. Oct. 3, 1761   1   72
   Peter, s. Gasper & Patience, b. Apr. 21, 1771   1   72
DUDLEY, Anna, d. Moses & Anna, b. July 26, 1750   1   72
   Annah, of Saybrook, m. Sam[ue]ll **STARLIN**, of Lyme, Feb. 2,
     1779, by Rev. William Hart, of Saybrook   1   91
   Bushnell, s. Moses & Anna, b. July 19, 1755   1   72
   Jemima, m. Thomas **SILL**, of Lyme, May [ ], 1742   1   87
   John, s. Moses & Anna, b. Jan. 29, 1758   1   72
   Mehetable, of Saybrook, m. Sam[ue]ll **PEARSON**, of Lyme, June
     22, 1738   L-6   288
   Moses, b. July 29, 1714; m. Anna Bushnell, Dec. 22, 1743   1   72
   Moses, s. [Moses & Anna], b. May 30, 1745 (From Saybrook
     Records)   1   72
   Rebeckah, d. Moses & Anna, b. Feb. 18, 1753   1   72
   William, s. [Moses & Anna], b. Oct. 12, 1747 (From Saybrook
     Records)   1   72
DUREN, DURINS, Mary, m. John **WALLER**, Dec. 28, 1678, by Mr.
     Chapman   L-1   95
   Sarah, m. Amos **TINKER**, June 1, 1682   L-1   95
DURFEY, Esther, of New London, m. Enoch **LORD**, Jr., June 3, 1790   2   1
   Joseph, of Groton, m. Lucy Ann **BURNHAM**, of Lyme, Nov. 24,
     1834, by Rev. Chester Colton   3   28
DURINS, [see under **DUREN**]
DUTTEN, Benjamin, [s. Joseph & Marah], b. Oct. 20, 1691   L-2   9
DWYER, Eveline C., of E. Lyme, m. Albert **DAVIS**, of Harbor Island,
     Lincoln Co., Me., Oct. 17, 1847, by Daniel Anderson, J.P.   3   184
   Mariette, of East Lyme, m. Thomas F. **PRENTICE**, of Waterford,
     Dec. 31, 1848, by Rev. Marvin Leffingwell   3   195
EDGECOMB, Asa Park, of Groton, m. Mary **BILL**, of Lyme, June 27,
     1827, by Josiah Hawes   2   208
[EDGERTON], EDGORTON, EDGARTON, Daniel, [s. Jedediah &
     Esther], b. Nov. 29, 1791   1   87
   Jedediah, of Norwich, m. Esther **WALLIS**, of Lyme, Mar. 11,
     1788, by Rev. Daniel Minor   1   87
   Lucy, d. Jedediah & Esther, b. Aug. 11, 1788   1   87
   Polly, [d. Jedediah & Esther], b. Nov. 12, 1789   1   87
EDWARDS, A[n]drew J., m. Alice **WRIGHT**, b. of Lyme, Apr. 15,
     1849, by Rev. W[illia]m Harris   3   197
   Bulkeley, of Middletown, m. Abigail **TOPLIFF**, of Lyme, Apr.
     10, 1834, by Rev. Frederick Wightman   3   20

	Vol.	Page
ELDREDGE, John, of Chatham, Mass., m. Mary Ann **CHADWICK**, of Lyme, Jan. 28, 1838, by Joshua R. Warren, J.P.	3	76
Mary Ann, of Lyme, m. Amos **HUNTLEY**, of E. Lyme, Mar. 31, 1851, by Rev. D.S. Brainard	3	237
ELMORE, John, m. Phebe **STERLING**, Feb. 15, 1821, by Rev. Josiah Hawes	2	125
ELY, Aaron, s. James & Dorcas, b. Aug. 2, 175[ ]; killed at Kings Bridge in the Revolution Jan. or Feb. 1777	1	13
Aaron, s. James & Catharine, b. Oct. 16, 1778	2	52
Abby Lee, d. [Erastus S. & Martha], b. Aug. 19, 1836	3	99
Abigail, d. Seth & Lydia, b. Sept. 26, 1768	1	103
Abner S., of Lyme, m. Fanny **GRIFFIN**, of East Haddam, June 24, 1824, by Josiah Hawes	2	166
Abraham, s. William & Elizabeth, b. last day of Mar. 1743	1	32
Abraham P., m. Philena **GRIFFIN**, of N. Lyme, Sept. 22, 1833, by Rev. Chester Colton	3	11
Adriel, of Lyme, m. Sarah **STOW**, of Saybrook, Nov. 14, 1780, by Rev. William Hart, of Saybrook	1	29
Ama, d. Daniel & Anna, b. Jan. 29, 1740	1	136
Ame, of Lyme, m. Ezra **SELDEN**, of Lyme, Dec. 29, 1768, by Rev. George Beckwith	1	59
Ammi, m. Martha **PECK**, b. of Lyme, Mar. 28, 1754, by Rev. George Beckwith	1	119
Ammi, s. Gurdon & Parnal, b. Dec. 16, 1789	1	168
Ammi Ruhama, s. [William & Hannah], b. Aug. 24, 1732; bp. by Rev. George Beckwith	L-2	234
Andrew, s. James & Dorcas, b. Jan. 5, 1756	1	13
Ann, [d. William & Elizabeth], b. Mar. 12, 1681/82	L-1	52
Anna, d. Daniel, b. May 16, 1760	1	96
Anna, d. Ezra & Anna, b. Sept. 15, 1764	1	83
Anna, m. Ensign Elihu **ELY**, b. of Lyme, May 30, 1771, by George Beckwith, Clerk	1	138
Anna, m. Elisha **ELY**, Aug. 1, 1773, by Rev. George Beckwith	1	29
Anna, d. Elihu & Anna, b. Dec. 16, 1775	1	138
Anna, m. Philip **TOOCKER**, Dec. 2, 1779	1	96
Anna, m. Caleb **CHAMPLAIN**, Feb. 27, 1786	1	174
Anna, d. [Israel & Eunice], b. Oct. 22, 1802	2	15
Anna, m. Nathaniel **MATSON**, b. of Lyme, Sept. 25, 1806, by Rev. David Huntington	2	23
Azubah Lee, d. [Capt. Calleck & Azubah], b. Sept. 29, 1793	2	3
Benjamin, s. Ezra & Anna, b. July 18, 1767	1	83
Calleck, Jr., Capt., m. Azubah **SILL**, Feb. 2, 1790	2	3
Calvin, s. [James & Catharine], b. Mar. 24, 1788; d. Nov. 24, 1790	2	52
Calvin, s. Israel & Eunice, b. Nov. 4, 1799	2	15
Caroline, d. Elihu & Anna, b. Mar. 8, 1772	1	138
Caroline, of Lyme, m. Joel **STEEL**, of Bloomfield, N.Y., May 26, 1826, by Rev. Josiah Hawes	2	203
Cate, d. Elijah & Catharine, b. May 5, 1774	1	68
Cate, d. [James & Catharine], b. May 26, 1783	2	52
Charles, s. Cullick & Sarah, b. Sept. 14, 1772	1	98

	Vol.	Page

ELY, (cont.)

Entry	Vol.	Page
Charles, m. Betsey **PERKINS**, b. of Lyme, Dec. 22, 1796, by David Higgins, V.D.M.	2	40
Christopher, s. Daniel & Anna, b. Dec. 7, 1743	1	136
Christopher, Capt., d. Jan. 28, 1817, in 74th y. of his age (Perhaps John Christopher **ELY**)	2	104
Christopher, see also John Christopher **ELY**		
Clarrissa, d. Gurdon & Parnal, b. Aug. 17, 1786	1	168
Clarissa, of Lyme, m. Israel **FOOTE**, of Westchester, Feb. 12, 1854, by Rev. E.F. Burr	3	256
Cullick, m. Sarah **FOOT**, Jan. 5, 1758, by Ephraim Little, Clerk, Colchester	1	98
Cullick, s. Cullick & Sarah, b. May 19, 1763	1	98
Daniel Harlin, s. Ezra & Anna, b. Oct. 15, 1761; d. Mar. 22, 1786	1	83
David, s. Richard, Jr. & Phebe, b. July 7, 1749	1	43
David, s. Cullick & Sarah, b. Apr. 18, 1759	1	98
David, s. Josiah & Phebe, b. Jan. 13, 1774	1	96
Deborah, [d. William & Hannah], b. Mar. 8, 1723; bp. in 1727 by Rev. Noyes	L-2	234
Deborah, m. Richard **MATHER**, b. of Lyme, May 18, 1742	1	1
Deborah, d. Seth & Lydia, b. Sept. 23, 1770; d. Sept. 29, 1770	1	103
Deborah, d. Seth & Lydia, b. Dec. 19, 1781	1	103
Deby, twin with Marg[a]ret, d. [Elisha & Anna], b. Jan. 1, 1786	1	29
Diadamia P., of Lyme, m. Noyes W. **PALMER**, of Salem, [Sept. 23, 1850], by Rev. W.W. Meech	3	220
Dorcas, d. James & Dorcas, b. Jan. 15, 1749/50	1	13
Dorcas, d. [James & Catharine], b. Oct. 30, 1773; d. Mar. 8, 1795	2	52
Ebenezer, s. Seth & Lydia, b. July 30, 1776	1	103
Eleazer, s. Cullick & Sarah, b. Jan. 13, 1765	1	98
Eliab, s. Elisha & Anna, b. Aug. 23, 1779	1	29
Elias, s. Elihu & Anna, b. June 26, 1790	1	138
Elias, of New York, m. Eliza **NICHOLS**, of Lyme, Nov. 5, 1832, by Josiah Hawes	3	2
Elihu, [s. Richard, Jr.& Phebe], b. Nov. 18, 1736, d. Dec. 7, 1736	1	43
Elihu, 2d, [s Richard, Jr. & Phebe], b. Nov. 15, 1737	1	43
Elihu, Ensign, m. Anna **ELY**, b. of Lyme, May 30, 1771, by George Beckwith, Clerk	1	138
Elihu, s. Elihu & Anna, b. Nov. 30, 1780	1	138
Elihu, d. June 25, 1815, ae 78 y.	1	138
Elijah, s. [Samuell & Hannah], b. May 8, 1743	1	21
Elijah, m. Catharine **LEE**, b. of Lyme, Feb. 14, 1765, by Rev. Stephen Johnson	1	68
Elijah, s. Elijah & Catharine, b. Apr. 10, 1769	1	68
Elisha, [s. Richard Jr. & Phebe], b. Nov. 18, 1736; d. Dec. 7, 1736	L-2	223
Elisha, 2d, [s. Richard Jr. & Phebe], b. Nov. 15, 1739	L-2	223
Elisha, s. Daniel & Anna, b. July 21, 1748	1	136
Elisha, m. Anna **ELY**, Aug. 1, 1773, by Rev. George Beckwith	1	29
Elisha Eleot, s. Elisha & Anna, b. Sept. 15, 1775	1	29
Elisha O., m. Fanny **ELY**, May 6, 1798	2	54
Eliza Morgan, d. [Erastus S. & Martha], b. May 27, 1841	3	99
Elizabeth, [d. William & Elizabeth], b. May 26, 1683	L-1	52

ELY, (cont.)

	Vol.	Page
Elizabeth, [w. William], d. Nov. 12, 1683	L-1	53
Elizabeth, d. [Richard, Jr. & Elizabeth], b. Oct. 11, 1724	L-2	223
Elizabeth, w. Richard, d. Oct. 8, 1730	L-2	223
Elizabeth, d. Samuel, decd., m. Capt. Elisha **SHELDON**, Oct. 7, 1735	1	9
Elizabeth, m. Abraham **PERKINS**, Feb. 28. 1739, by Rev. George Beckwith	1	134
Elizabeth, d. William & Elizabeth, b. June 1, 1741; d.	1	32
Elizabeth, of Lyme, m. Samuel **SELDEN**, of Lyme, May 23, 1745	1	25
Elizabeth, 2d, d. William & Elizabeth, b. Dec. 20, 1745	1	32
Elizabeth, d. [James & Dorcase], b. Dec. 14, 174[ ]	1	13
Elizabeth, w. Thomas, d. Jan. 10, 1757	1	79
Elizabeth, d. Zelop[hea]d, & Elizabeth, b. July 27, 1798	2	25
Elizabeth, d. [Capt. Calleck & Azubah], b. Sept. 13, 1799	2	3
Elizabeth P., m. Similius B. **ELY**, b. of Lyme, Oct. 4, 1842, by C.E. Murdock	2	164
Enoch, s. Josiah & Phebe, b. Feb. 10, 1769	1	96
Erastus, s. Gabriel & Eunice, b. Dec. 25, 1792	1	168
Erastus S., of Lyme, m. Martha **CAMPBELL**, of N.Y. City, Oct. 17, 1833	3	99
Est[h]er, [d. Richard, Jr. & Elizabeth], b. May 22, 1726	L-2	223
Esther, d. Ezra & Sarah, b. Apr. 19, 1755	1	83
Esther Jane, d. [John Christopher & Eunice], b. Dec. 30, 1812	2	104
Eunice, d. Cullick & Sarah, b. Jan. 15, 1766	1	98
Eunice, d. Israel & Eunice, b. Feb. 12, 1793	2	15
Ezra, [d. Richard, Jr. & Elizabeth], b. Jan. 6, 1728	L-2	223
Ezra, of Lyme, m. Sarah **STARLIN**, of [Lyme], Aug. 8, 1751, by George Beckwith	1	83
Ezra, of Lyme, m. Anna **HARLIN**, of Lyme, Aug. 21, 1760	1	83
Fanny, d. Ammi & Martha, b. Mar. 1, 1755; d. same day	1	119
Fanny, d. Ammi & Martha, b. June 15, 1768; d. Oct. 30, 1768	1	119
Fanny, d. Ammi & Martha, b. May 29, 1773	1	119
Fanny, d. Gabriel & Eunice, b. Mar. 22, 1795	1	168
Fanny, m. Elisha O. **ELY**, May 6, 1798	2	54
Gabriel, s. Ammi & Martha, b. Apr. 5, 1756	1	119
Gabriel, of Lyme, m. Eunice **MARVIN**, of Harrington, Litchfield Cty., Aug. 11, 1779. Witnesses: Joseph Hayden, George Marvin, Reuben Barber	1	168
Gad, s. James & Dorcas, b. May 24, 1762	1	13
Gurdon, s. Ammi & Martha, b. Apr. 30, 1760	1	119
Gurdon, m. Parnal **PHELPS**, July 30, 1783, by Ezra Selden, J.P.	1	168
Gurdon, s. Gurdon & Parnal, b. Nov. 1, 1796	1	168
Hannah, w. W[illia]m, d. Apr. 3, 1733	L-2	234
Hannah, d. [Samuel] & Hannah], b. May 26, 1745	1	21
Hannah, d. Elijah & Catharine, b. May 12, 1776	1	68
Hannah, d. Israel & Eunice, b. Aug. 1, 1794	2	15
Hannah M., m. William **SMITH**, b. of Lyme, Dec. 28, 1828, by Josiah Hawes	2	227
Harriet, m. William **LORD**, May 20, 1802	2	83
Hepzibah, d. Rich[ar]d, Jr., & Phebe, b. June 6, 1745	1	43

	Vol.	Page
ELY, (cont.)		
Hepzibah, d. Elijah & Catharine, b. July 22, 1780	1	68
Hiram, s. [Zelophead & Elizabeth], b. July 28, 1805	2	25
Horace, s. Adrial & Sarah, b. Aug. 22, 1781	1	29
Horace, m. Rhoda **TOOKER**, b. of Lyme, Jan. 3, 1827, by Josiah Hawes	2	206
Horace, m. Calrissa **MARVIN**, b. of Lyme, May, 1, 1832, by Josiah Hawes	2	268
Horatio Gates, s. Ammi & Martha, b. Oct. 30, 1777	1	119
Irena, m. Manas[s]ah **LEACH**, b. of Lyme, Mar. 3, 1744, by George Beckwith	1	55
Israel, s. Ezra & Anna, b. June 12, 1770	1	83
Israel, m. Eunice **NOYES**, b. of Lyme, May 15, 1792	2	15
Israel Noyes, s. [Israel & Eunice], b. Feb. 15, 1798	2	15
Jacob, [s. William & Hannah], b. Aug. 19, 1716; bp. in 1727, by Rev. Noyes	L-2	234
Jacob, s. James & Dorcase, b. Jan. 19, 174[ ]	1	13
Jacob, s. Zelop[hea]d & Elizabeth, b. Aug. 30, 1794	2	25
James, [s. William & Hannah], b. Jan. 11, 1718/19; bp. in 1727, by Rev. Noyes	L-2	234
James, m. Dorcase **ANDREWS**, Apr. 6, 1742	1	13
James, s. [James & Dorcase], b. Feb. 9, 174[ ]	1	13
James, Sr., d. May 12, 1766	1	13
James, m. Catherine **HAYES**, b. of Lyme, June 30, 1768, by Rev. Stephen Johnson	1	122
James, m. Catharine **HAYES**, June 31, 1768	2	52
James, s. James & Catharine, b. Feb. 26, 1771	1	122
James, s. James & Cath[arine], b. Feb. 26, 1771	2	52
James Lawrence, s. [John Christopher & Eunice], b. Apr. 23, 1816	2	104
Jane Alice, of Pleasant Valley, N.Y., m. Abiel **STARK**, Jr., of Lyme, Apr. 3, 1831, by Josiah Hawes	2	253
Jerusha, of Saybrook, m. Maj. William **STERLING**, Sept. 11, 1794	2	80
John, s. Daniel & Anna, b. Sept. 24, 1737	1	136
John, s. James & Dorcas, b. Feb. 28, 1758	1	13
John, s. Seth & Lydia, b. June 14, 1763	1	103
John, s. James & Catharine, b. Mar. 7, 1781	2	52
John, m. Mary **LORD**, b. of Lyme, Jan. 25, 1791	2	8
John Christopher, m. Eunice **NOYES**, Jan. 5, 1811	2	104
John Christopher, s. Christopher		
John Noyes, s. [John Christopher & Eunice], b. Nov. 16, 1811	2	104
John Russell, s. [Zelophead & Elizabeth], b. Sept. 24, 1800	2	25
Joseph, s. Cullick & Sarah, b. June 9, 1775	1	98
Joseph Christopher, s. [John Christopher & Eunice], b. June 22, 1814	2	104
Joseph Elihu, s. Elihu & Anna, b. Oct. 15, 1773	1	138
Joseph Marriman, s. Gabriel & Eunice, b. June 18, 1788	1	168
Josiah, [s. Richard, Jr. & Phebe], b. July 20, 1739	1	43
Josiah, m. Phebe **DENISON**, b. of Lyme, Aug. 1, 1765, by Matt[hew] Griswold, D. Gov.	1	96
Josiah Griswold, s. Josiah & Phebe, b. Aug. 26, 1766	1	96

	Vol	Page
ELY, (cont.)		
Judah, s. Israel & Eunice, b. May 6, 1796	2	15
Julia, m. William B. **NILES**, b. of Lyme, July 27, 1823, by Josiah Hawes	2	159
Lucesenda Hannah, d. Ammi & Martha, b. June 19, 1765	1	119
Lucia S., [d. Capt. Calleck & Azubah], b. Nov. 6, 1805	2	3
Lucinda, d. [Capt.] Calleck & Azubah, b. Oct. 17, 1791	2	3
Lucretia, d. Daniel & Anna, b. Nov. 21, 1738; d. Nov. 22, 1738	1	136
Lucretia, d. Daniel & Anna, b. Nov. 6, 1742	1	136
Lucy, m. Joseph **HAYES**, July 29, 1773	1	95
Lucy Ann, m. Seth Monroe **BROCKWAY**, b. of Lyme, May 20, 1849, by Rev. Samuel Griswold	3	197
Lydia, d. Seth & Lydia, b. Sept. 12, 1766	1	103
Lydia, m. Matthew **GRISWOLD**, Jr., [Sept.] 4, [1788], by Rev. David Higgins	1	172
Lyman, s. Zelop[hea]d & Elizabeth, b. June 21, 1796	2	25
Malala, d. Gurdon & Parnal, b. Oct. 3, 1784; d. July 27, 1785	1	168
Marg[a]ret, twin with Deby, d. [Elisha & Anna], b. Jan. 1, 1786	1	29
Margaret, of Lyme, m. Ebenezer **NICHOLS**, of East Haddam, Feb. 10, 1828, by Rev. Tubal Wakefield	2	216
Marsylvia, d. Elisha & Anna, b. July 16, 1777	1	29
Marsilva, m. Samuel **HARVEY**, Mar. 16 [ ]	2	87
Martha, [d. William & Hannah], b. Jan. 27, 1720/1; bp. in 1727, by Rev. Noyes	L-2	234
Martha, m. Josiah **DeWOLF**, Jr., Sept. 13, 1739	L-7	79
Martha, m. Josiah **DeWOLF**, Jr., Sept. 13, 1739	1	18
Martha, d. Ammi & Martha, b. Oct. 1, 1763	1	119
Martha, d. Gurdon & Parnal, b. June 23, 1794	1	168
Mary, relict of Richard, decd., m. Capt. Daniel **STARLING**, June 6, 1699	1	10
Mary, m. Moses **NOYES**, Jan. 15, 1712/13	L-2	169
Mary, [d. Richard, Jr. & Elizabeth], b. Oct. 21, 1729	L-2	223
Mary, m. Benjamin **LEE**, Mar. 25, 1736	L-6	279
Mary Ann, [d. William & Hannah], b. May 18, 1725; bp. in 1727 by Rev. Noyes	L-2	234
Mary Ann, m. Richard **PERSON**, May 9, 1743	1	7
Mary Ann, d. Elisha & Anna, b. July 4, 1783	1	29
Mary Florence, d. [Erastus S. & Martha], b. Dec. 25, 1838	3	99
Mehetable, d. Elihu & Anna, b. Aug. 31, 1778	1	138
Obed B., of [Lyme], m. Emma **GIDDINGS**, of Richland, Va., Feb. 3, 1836, by Rev. Harvey Bushnell	3	51
Oliver, s. Elihu & Anna, b. Apr. 4, 1785	1	138
Parnal, d. [Zelophead & Elizabeth], b. Aug. 13, 1802	2	25
Phebe, d. Rich[ar]d, Jr. & Phebe, b. May 16, 1743	1	43
Phebe, d. Elijah & Catharine, b. May 10, 1766	1	68
Phebe, d. Josiah & Phebe, b. Jan. 5, 1771	1	96
Phebe, d. [James & Catharine], b. Nov. 30, 1775	2	52
Phebe, d. Seth & Lydia, b. Mar. 28, 1779	1	103
Phebe, d. Elihu & Anna, b. Aug. 1, 1787	1	138
Phebe, m. Lt. Calvin **SELDEN**, Sept. 20, 1790	2	5
Phebe, m. Israel **MATSON**, Feb. 12, 1821, by Rev. Josiah Hawes	2	124

	Vol.	Page

ELY, (cont.)

Phebe A., of Lyme, m. Oscar **AVERY**, of Groton, Nov. 21, 1842, by C.E. Murdock	3	133
Phebe H., m. Matthew **GRISWOLD**, Jr., b. of Lyme, July 5, 1827, by Josiah Hawes	2	208
Polly, d. Gabriel & Eunice, b. Mar. 23, 1782	1	168
Rachel, d. Gabriel & Eunice, b. Sept. 6, 1785	1	168
Richard, Sr., d. Nov. 24, 1684	L-1	53
Richard, Jr., m. Elizabeth **PECK**, Jan. 23, 1724	L-2	223
Richard, Jr., m. Phebe **HUBBARD**, his 2d w., Oct. 26, 1732	L-2	223
Richard, Jr., m. Phebe **HUBBARD**, his 2d w., Oct. 26, 1732	1	43
Rich[ar]d, s. Rich[ar]d, Jr., & [Phebe], b. Sept. 30, 1733	L-2	223
Richard, s. Richard, Jr. [& Phebe], b. Sept. 30, 1733	1	43
Richard, s. Seth & Lydia, b. Aug. 24, 1771; d. Sept. 10, 1771	1	103
Richard, s. Seth & Lydia, b. May 3, 1774; d Jan. 11, 1775	1	103
Richard, s. Elihu & Anna, b. Jan. 31, 1783	1	138
Rich[ar]d Hayes, s. James & Catharine, b. Mar. 28, 1769	1	122
Richard Hayes, s. [James & Catharine], b. Mar. 28, 1769	2	52
Robert, [s. Richard, Jr. & Phebe], b. June 26, 1741	L-2	223
Robert, [s. Richard, Jr. & Phebe], b. June 26, 1741	1	43
Ruhama, d. James & Dorcase, b. Feb. 5, 174[ ]	1	13
Russell, s. Cullick & Sarah, b. Feb. 8, 1771	1	98
Russel[l], s. [Capt.Calleck & Azubah], b. Jan.13, 1798; d. ae 12 d.	2	3
Ruth, d. Gurdon & Parnal, b. July 17, 1792	1	168
Samuel, [s. William & Hannah], b. June 4, 1727, bp. in 1727 by Rev. Noyes	L-2	234
Sam[ue]ll, m. Hannah **MASH**, May 20, 1739	1	21
Sam[ue]ll, s. [Samuell & Hannah], b. Nov. 6, 1740	1	21
Sam[ue]ll, s. Elijah & Catharine, b. Apr. 26, 1771	1	68
Sarah, d. Ezra & Sarah, b. Apr. 20, 1753	1	83
Sarah, w. [Ezra], d. June 14, 1759	1	83
Sarah, d. Cullick & Sarah, b. June 29, 1769	1	98
Sarah, of Haddam, m. Elias **MINOR**, of Lyme, Aug. 28, 1786, by Israel Spencer, J.P., East Haddam	1	85
Sarah Elizabeth, of Lyme, m. Silas **CLARK**, of Watertown, N.Y., Oct. 7, 1831, by Josiah Hawes	2	263
Seth, [s. Richard, Jr. & Phebe], b. Dec. 11, 1734	L-2	223
Seth, [s. Richard, Jr. & Phebe], b. Dec. 11, 1734	1	43
Seth, m. Lydia **RENOLD**, Mar. 31, 1762, by Hezekiah Huntington, Asst.	1	103
Seth, s. Seth & Lydia, b. Mar. 11, 1765	1	103
Seth, Jr., m. Phebe **MARVIN**, Apr. 14, 1799, by Mr. Higgins	2	53
Silanne, d. Gurdon & Parnal, b. Aug. 11, 1798	1	168
Silas Peck, s. Gabriel & Eunice, b. Nov. 7, 1783	1	168
Similius, of Lyme, m. Maria Anne **STANNARD**, of Guilford, Mar. 2, 1824, by Josiah Hawes	2	164
Similius B., m. Elizabeth P. **ELY**, b. of Lyme, Oct. 4, 1842, by C. E. Murdock	2	164
Sophia, d. [Capt.] Calleck & Azubah, b. July 25, 1795	2	3
Tabatha, d. James & Dorcas. b. Jan. 18, 175[ ]; d. Jan. 25, 1752	1	13
Tabitha, of [Lyme], m. Jedediah **PECK**, of Lyme, Nov. 5, 1772,		

	Vol.	Page
ELY, (cont.)		
by Rev. George Beckwith	1	115
T[h]eresa, d. Gabriel & Eunice, b. June 5, 1798	1	168
Timothy, of Middletown, Ct., m. Sarah Anne **STARK**, of Lyme, Apr. 27, 1841, by Phillips Payson, of N. Lyme	3	113
William, m. Elizabeth [**SMITH***] May 24, 1681 (*Handwritten in original)	L-1	52
William, Jr., m. Elizabeth **PERKINS**, Nov. 2, 1737	1	32
William, s. William & Elizabeth, b. Oct. 6, 1738; d.	1	32
William, 2d, s. William & Elizabeth, b. Oct. 12, 1739	1	32
William, m. Alice **MATHER**, b. of Lyme, Sept. 8, 1783, by Rev. George Beckwith	1	167
William, s. [James & Catharine], b. July 13, 1785	2	52
William, s. Gabriel & Eunice, b. Aug. 4, 1790	1	168
William, m. Hannah **THOM[P]SON**, d. Deac. William, [of] Chebacks(?) in Ipswich, [ ], by Rev. John Wise	L-2	234
William H., s. [Erastus S. & Martha], b. June 15, 1834	3	99
Zebulon, s. Ezra & Sarah, b. Feb. 6, 1759	1	83
Zelophehad, s. Ammi & Martha, b. Nov. 25, 1769	1	119
Zelophead, m. Elizabeth **STARLING**, Nov. 5, 1793	2	25
----------, 2d w. of Daniel & d. Samuel **WELLS**, of Hartford, d. Apr. 2, 1731	L-2	295
----------, s. [William & Hannah]st. b. Mar. 29, 1733	L-2	234
EMERSON, EMMERSON, Abigail, d. Abraham & Deborah, b. Sept. 13, 1769	1	158
Abraham, m. Deborah **LORD**, b. of Lyme, Nov. [ ], 1750, by George Beckwith	1	158
Abraham, s. Abr[aha]m & Deborah, b. Sept. 19, 1752	1	158
Abraham, m. Mary **RATHBONE**, Aug. 9, 1773, by Sam[ue]l Ely, J.P.	1	158
Broadstreet, of Lyme, m. Wid. Jemima **SILL**, of [Lyme], Jan. 4, 1758, by Rev. George Beckwith	1	93
Broadstreet, s. Broadstreet & Jemima, b. Mar. 14, 1759; bp. "Joseph"	1	93
Broadstreet, s. Broadstreet & Jemima, b. Oct. 21, 1761	1	93
Broadstreet, s. Abraham & Deborah, b. Apr. 22, 1765; d. Oct. 1765	1	158
Deborah, d. Abraham & Deborah, b. Feb. 29, 1756	1	158
Deborah, w. Abraham, d. Jan. 9, 1770	1	158
Dudley, s. Broadstreet & Jemima, b. Feb. 3, 1765	1	93
Eliza J., of [Lyme], m. James L. **BROWN**, of Mansfield, Nov. 4, 1835, by Rev. Harvey Bushnell	3	44
Elizabeth, d. Abraham & Mary, b. Mar. 23, 1778; d. Mar. 23, 1779	1	158
George C., of Lyme, m. Rachal L. **CARTER**, of Morris Cty, N.J., Sept. 20, 1840, by Sam[ue]l S. Warner, J.P.	3	106
Joseph, s. Broadstreet & Jemima, b. Mar. 14, 1759. Original name was Broadstreet; bp. "Joseph"	1	93
Joseph, s. Abraham & Deborah, b. Aug. 24, 1762	1	158
Judith, d. Abraham & Deborah, b. July 17, 1766	1	158
Lewis, m. Sophia **PILGRIM**, b. of Lyme, Aug. 16, 1835, by Rev.		

	Vol.	Page
EMERSON, EMMERSON, (cont.)		
George Carrington, of Hadlyme	3	38
Lucy, m. Joseph **TUCKER**, b. of Lyme, Jan. 26, 1789	1	2
Mary, d. Abraham & Deborah, b. May 9, 1755	1	158
Mary, d. Abraham & Deborah, d. Dec. 22, 1769	1	158
Theophilus, s. Abraham & Deborah, b. Aug. 26, 1758; d. Nov. 3, 1766 in captivity	1	158
EMMONS, Esther, formerly w. Thomas **LORD**, d. Feb. 3, 1792	1	150
Wealthy, m. Russell W. **BABCOCK**, b. of Lyme, Nov. 8, 1835, by Richard E. Selden, Jr., J.P.	3	67
ENISS, EMISS, Thomas, m. Marg[ar]et, Feb. 7, 1710	L-2	56
Thomas, [s. Thomas & Marg[ar]et], b. May 28, 1712	L-2	56
Thomas, m. Marg[ar]et [ ]	L-2	9
FANNING, Thaddeus P., of Bozrah, m. Sarah A. **GREENFIELD**, of Lyme, Mar. 4, 1838, by Rev. Chester Colton	3	79
FELLOWS, Martha, m. Harry **ROBERTSON**, [ ]	2	37
FERLONG, James, m. Isabella B. **APPLEBY**, of Lyme, [Apr.] 19, [1850], by Rev. D.S. Brainard	3	218
FIELD, Almira, of Killingworth, m. Albert **HUNTLEY**, of Lyme, July 9, 1826, by Richard Selden, 2d, J.P.	2	199
Lorain, of Killingworth, m. William **HUNTLEY**, of Lyme, Dec. 9, 1827, by Richard E. Selden, Jr., J.P.	2	223
FITCH, Elisha, m. Nancy **CHAMPLEN**, Apr. 23, 1787	2	17
Freelove, m. Thomas W. **STRICKLAND**, Sept. 8, 1813, by Asa Wilcox, Elder	2	94
James, m. Nancy **STRICKLAND**, Feb. 1, 1815, by Asa Wilcox, Elder	2	98
Lodowick, s. Elisha & Nancy, b. Feb. 9, 1788	2	17
Nancy, d. Elisha & Nancy, b. July 4, 1790	2	17
Sally, d. Elisha & Nancy, b. Mar. 16, 1793	2	17
[FITHIAN?], FITKIN, FITTON, Phebe, of Bridgehampton, m. John **SILL**, of Lyme, Dec. 22, 1731, by Ebenezer White, Minister of Bridgehampton	L-2	424
Phebe, of Bridgehampton, [L.I.], m. John **SILL**, of Lyme, Dec. 22, 1731, by Rev. Ebenezer White, of Bridgehampton	1	63
FLYNN, Walter, of New York, m. [ ] **BOWMAN**, of Lyme, Oct. 31, 1823, by Charles Smith, J.P.	2	161
FOOTE, FOOT, Israel, of Westchester, m. Clarissa **ELY**, of Lyme, Feb. 12, 1854, by Rev. E.F. Burr	3	256
Lydia, m. Thomas **SMITH**, Jr., June 15, 1746, by Ephraim Little, Clerk, Colchester	1	97
Sarah, m. Cullick **ELY**, Jan. 5, 1758, by Ephraim Little, Clerk, Colchester	1	98
FORSYTH, Charlotte, m. Romanta **IVES**, May 27, 1828, by Rev. Francis Darrow	2	219
Elizabeth, m. David **ROYCE**, Feb. 2, 1831, by Nathan Wildman	2	249
Mary A., m. Griswold **HOLMES**, of Montville, May 20, 1834, by Rev. Mark Mead	3	21
FOSDICK, Abby, of Lyme, Ct., m. Allen M. **SISSONS**, of Salem, Ct., Nov. 9, 1841, by Rev. Wilson Cogswell	3	119
Frederick, m. Lucy **STARK**, b. of Lyme, Nov. 25, 1847, by Rev.		

	Vol.	Page
FOSDICK, (cont.)		
Chester Tilden, of N. Lyme	3	185
Lucinda, m. James J. **CHAMPLAIN**, b. of Lyme, Nov. 3, 1847, by Rev. Chester Tilden	3	185
William B, m. Caroline E. **BECKWTIH**, Jan. 2, 1853, by Rev. W.W. Meech	3	244
FOSSET, Henry, of Norwich, colored, laborer, ae 21, m. Lucretia, d. Charles **MINOR**, ae 17, [Sept.], 10, [1853], by Alpha Miller	3	248
FOWLER, Sally, of Lebanon, m. Samuel **COULT**, of Lyme, Oct. 15, 1778, Witnesses: Richard Lord, John Coult, Jr.	1	28
Samuel S., of Albany, N.Y., m. Emma S. **MARVIN**, of Lyme, Mar. 18, 1823, by Lothrop Rockwell, Clerk	2	154
FOX, Amos, s. Amos & Deborah, b. June, 26, 1762	1	93
Arnold, s. John & Mary, b. Apr. 29, 1750; d. Apr. 26, 1751	1	31
Arnold, s. John & Mary, b. May 8, 1752	1	31
Benjamin, s. Amos & Deborah, b. Sept. 16, 1766	1	93
Content, of New London, m. Isaac **TILLITSON**, Aug. 29, 1789	2	30
Dan[ie]ll, s. John & Mary, b. June 13, 1754	1	31
Elisha, s. Amos & Deborah, b. Oct. 28, 1757	1	93
Ezra B., of East Haddam, m. Sally Maria **WAID**, of Lyme, May 25, 1823, by Elder Geo[rge] W. Appleton	2	158
George W., m. Emoniah C. **HARDIN**, Oct. 21, 1833, by Rev. Nathan Shailer, of Chesterfield	3	12
Hannah, d, Amos & Deborah, b. Jan. 12, 1755	1	93
Jane, of East Haddam, m. John **HUDSON**, of Lyme, Mar. 24, 1747	1	89
John, s. John & Mary, b. July 16, 1748	1	31
Marcy, d. Amos & Deborah, b. Sept. 6, 1760	1	93
Maria, m. Enoch **WAID**, [Oct.], 22, [1829], by William Noyes, Jr., J.P.	2	120
Maria A., of Lyme, m. Francis M. **MINOR**, of E. Lyme, Mar 28, 1847, by Rev. Oliver Brown	3	211
Mary, m. Samuel **BORDEN**, Feb. 11, 1728/9	L-4	52
Phebe, m. Joshua **ROGERS**, b. of Lyme, Nov. 18, 1765, by George Dorr, J.P.	1	132
Sarah, of New London, m. Jedediah **BROCKWAY**, of Lyme, Oct. 3, 1743	1	85
Sarah, of East Haddam, m. Daniel **ROGERS**, of Lyme, Dec. 17, 1789	1	51
Sibbel had s. Sam[ue]ll **SAUNDERS**, b. Dec. 16, 1767	1	48
Sylvester W., m. Mary **PATHAM**, b. of Lyme, Oct. 11, 1846, by Rev. Samuel Griswold	3	170
Timothy, s. Amos & Deborah, b. Aug. 28, 1764	1	93
William H., of East Lyme, m. Susan B. **ANDREWS**, of Saybrook, Dec. 16, 1844, by Rev. Thomas Dowling, of N. Lyme	3	148
FREEMAN, Hannah, m. Rufus **HUNTLEY**, Feb. 22, 1797, by Elder Jason Lee	2	38
Isaac, s. Jordan & Nancy, b. May 17, 1812	1	113
Sophia, of Lyme, m. Joseph **JESTON**, of Westbrook, former residence Eastford, Jan. 1, 1854, by Rev. Jacob Gardiner	3	249
FRISBIE, Stephen W., of Brownhelm, Ohio, m. Mary S. **DAWES**,		

	Vol.	Page
FRISBIE, (cont.)		
of Lyme, Feb. 26, 1854, by Rev. Peter S. Mather	3	251
GALLUP, Gardner, Capt., of Salem, m. Phebe **SILL**, of Lyme, Apr.		
19, 1821, by Josiah Hawes	2	131
GALUSIAH, Jacob, [s. Daniel], b. Mar. 9, 1720/1	L-2	203
Jonas, [s. Daniel], b. Mar. 12, 1723/4	L-2	203
Sarah, [d. Daniel], b. June 21, 1726	L-2	203
GARDINER, GARDNER, Benjamin, Jr., of New London, m.		
Ethelinda **GEE**, of Lyme, Dec. 25, 1825, by Elias Sharp,		
Elder	2	191
Emeline F., of East Haddam, m. Timothy A. **LAPLASS**, of Lyme,		
Dec. 2, 1838, by Rev. Hiram Walden	3	90
Gershom, m. Susannah **SMITH**, Dec. 17, 1741	1	24
Hannah, of Preston, m. Calvin **NEBO**, of Lyme, May 22, 1831, by		
Herman S. Vaill	2	254
Mary, of Lyme, m. John **COULT**, of Lyme, Oct. 28, 1759, by		
Rich[ar]d Lord, J.P.	1	59
GASTIN, Anne, d. Samuel, Jr. & Mary, b. June 15, 1760	1	6
Elisha, s. Samuel, Jr. & Mary, b. Apr. 19, 1747	1	6
Hannah, d. Samuel, Jr. & Mary, b. July 21, 1764	1	6
John, s. [Samuel, Jr. & Mary], b. Feb. 12, 1743/4	1	6
Joshua, s. Samuel, Jr. & Mary, b. Aug. 28, 1756	1	6
Josiah, s. Samuel, Jr. & Mary, b. Jan. 21, 1748/9	1	6
Mary, d. Samuel, Jr. & Mary, b. July 23, 1751	1	6
Samuel, Jr., m. Mary **TOMMAS**, Jan. 1, 1740/1	1	6
Samuel, s. [Samuel, Jr. & Mary], b. Sept. 12, 1741	1	6
Samuel, Jr., s. Samuel, Jr. & Mary, d. June 30, 1763	1	6
Thomas, s. Samuel, Jr. & Mary, b. May 3, 1754	1	6
GATES, GATE, Enos, m. Mary Ann **PAYNE**, Jan. 2, 1825, by		
Thomas W. Strickland, J.P.	2	175
Euenice, m. George **HALL**, Oct. 17, 1738	L-7	143
Eunice, m. George **HALL**, Oct. 17, 1738	1	2
Grace, m. Dan **GELLIT**, Mar. 5, 1788, by Rev. Abel Palmer, of		
Colchester	1	15
Julia Ann, of East Haddam, m. Ezra **BECKWITH**, of Waterford,		
Sept. 16, 1838, by Rev. Erastus Denison	3	88
Louisa M., of Lyme, m. Daniel A. **SHEPARD**, of Cleveland,		
Ohio, Sept. 12, 1836, by Rev. George Carrington, of		
Hadlyme	3	57
Lydia, of East Haddam, d. Dan[ie]ll, of East Haddam, m. Solomon		
MACK, of Lyme, Jan. 4, 1759	1	92
Sarah, m. Isaac **HALL**, June 3, 1742	1	19
Ursula M., of Lyme, m. Amasa **DAY**, of Auburn, N.Y., Sept. 30,		
1838, at house of James Gates, by Rev. George Carrington,		
of Hadlyme. Witnesses: James Gates, wife, his 2 other		
children and 2 younger persons	3	87
GEE, Abigail, d. William & Abigail, b. Jan. 26, 1762	1	154
Abner, s. Solomon & Martha, b. Feb. 15, 1765	1	121
Abner, s. Zopher & Lura, b. Mar. 15, 1797	2	48
Anson, s. Zopher & Lura, b. Jan. 3, 1799	2	48
Betsey, m. Capt. Nehemiah **SMITH**, June 22, 1788	2	47

	Vol.	Page

GEE, (cont.)
- Betsey, d. W[illia]m & Sally, b. June 20, 1808 — 2, 21
- Betsey, of Lyme, m. Jesse H. **JEROME**, of New London, Nov. 6, 1831, by Elias Sharpe, Elder — 2, 264
- Elinda, d. [William & Sally], b. Jan. 23, 1805 — 2, 21
- Elizabeth, d. William & Abigail, b. June 13, 1769 — 1, 154
- Esther, d. Zopher & Esther, b. July 16, 1794 — 2, 48
- Esther, w. Zopher, d. Aug. 31, 1794 — 2, 48
- Ethelinda, of Lyme, m. Benjamin **GARDINER**, Jr., of New London, Dec. 25, 1825, by Elias Sharp, Elder — 2, 191
- John, s. Zopher & Esther, b. Aug. 30, 1789 — 2, 48
- Leuman, s. Solomon & Martha, b. Nov. 14, 1759 — 1, 96
- Lewman, s. Solomon & Martha, b. Nov. 14, 1759 — 1, 121
- Lury, d. [Zopher & Lura], b. Mar. 26, 1805 — 2, 48
- Matthew, s. William & Sally, b. Jan. 14, 1798 — 2, 21
- Matthew, m. Polly **ROGERS**, b. of Lyme, Jan. 14, 1821, by Rev. Geo[rge] W. Appleton — 2, 119
- Matthew, m. Eunice **CHADWICK**, b. of Lyme, Sept. 1, 1829, by Rev. Chester Colton — 2, 119
- Molley, d. Solomon & Martha, b. Jan. 24, 1762 — 1, 121
- Polly, m. Abel **SMITH**, Aug. [ ], 1798, by M. Warren, Esq. — 2, 65
- Polly, d. W[illia]m & Sally, b. Mar. 7, 1802 — 2, 21
- Ruth, of Lyme, m. William **MACK**, of Lyme, June 12, 1759 — 1, 131
- Sally, d. W[illia]m & Sally, b. Feb. 15, 1790 — 2, 21
- Salmon, s. Zopher & Esther, b. Oct. 16, 1792 — 2, 48
- Samuel, s. Zopher & Lura, b. Feb. 9, 1801 — 2, 48
- Sarah, d. William & Abigail, b. Oct. 21, 1765 — 1, 154
- Sarah, m. Nathan **TINKER**, Dec. 2, 1784 — 2, 48
- Silas, s. William & Sally, b. Sept. 23, 1794 — 2, 21
- Solomon, Jr., of Lyme, m. Martha **BINGHAM**, Dec. 24, 1758, by Benjamin Lee — 1, 96
- Solomon, Jr., of Lyme, m. Martha **BINGHAM**, Dec. 24, 1758, by Benjamin Lee — 1, 121
- William, m. Abigail **MACK**, b. of Lyme, Jan. 1, 1761 — 1, 154
- William, s. William & Abigail, b. Oct. 13, 1767 — 1, 154
- William, Jr., m. Sally **TINKER**, Nov. 27, 1788 — 2, 21
- William, s. William & Sally, b. Jan. 9, 1793 — 2, 21
- Zopher, s. William & Abigail, b. Aug. 28, 1763 — 1, 154
- Zopher, m. Esther **BECKWITH**, Nov. 13, 1788 — 2, 48
- Zopher, m. Lura **JONES**, of Hebron, Sept. 10, 1795 — 2, 48

GEER, Elihu, of E. Hartford, m. Eliza P. **SELDEN**, of Lyme, May 16, 1849, in Hadlyme, by Rev. Stephen A. Loper, of Hadlyme — 3, 198

GIB[B]S*, Hannah, m. Dan **MATHER**, Sept. 28, 1788 (*Perhaps "Giles"?) — 1, 33
- Lydia, m. Ezra **MACK**, b. of Lyme, Aug. 21, 1770, by Rev. George Beckwith — 1, 136

GIDDINGS, Anna, d. Job & Sarah, b. July 25, 1746 — 1, 57
- Benjamin, s. Joseph & [E]unice, b. May 20, 1750 — 1, 62
- Dan, s. Thomas & Mary, b. Aug. 4, 1749 — 1, 44
- David, s. Thomas & Mary, b. June 18, 1747 — 1, 44
- Dorcas, d. Job & Sarah, b. Jan. 6, 1735 — 1, 57

	Vol.	Page

GIDDINGS, (cont.)

Dorcas of Lyme, m. Ezra **BROCKWAY**, Nov. 14, 1754	1	84
Emma, of Richland, Va., m. Obed B. **ELY**, of [Lyme], Feb. 3, 1836, by Rev. Harvey Bushnell	3	51
George, s. Job & Sarah, b. Dec. 27, 1739	1	57
Hannah, d. Joseph & [E]unice, b. Nov. 4, 1746	1	62
James, s. Joseph & [E]unice, b. July 24, 1738	1	62
Job, m. Sarah **RATHBONE**, Sept. 5, 1733	1	57
Job, s. Job & Sarah, b. Aug. 16, 1744	1	57
Job, d. May 25, 1748	1	57
John, m. Susannah **TOZER**, Sept. 27, 1739	1	55
John, s. John & Susannah, b. Sept. 9, 1740	1	55
Jonathan, s. Joseph & [E]unice, b. [ ], 18, 1740	1	62
Joseph, m. [E]unice **ANDROUS**, Oct. 24, 1737	1	62
Loas, d. John & Susannah, b. July 28, 1743	1	55
Lydia, d. Joseph & [E]unice, b. Aug. 2, 1747	1	62
Mary, d. Joseph & [E]unice, b. Jan. 27, 1745	1	62
Sarah, d. Job & Sarah, b. Sept. 30, 1742	1	57
Solomon, s. Joseph & [E]unice, b. May 31, 1743	1	62
Thomas, Jr., of Lyme, m. Mary **COULT**, of Lyme, May 1, 1746, by Rev. George Beckwith	1	44
William, s. Job & Sarah, b. Mar. 24, 1737	1	57
Zebulon, s. Job & Sarah, b. Mar. 13, 1748	1	57

GIFFORD, Ursula, of Lyme, m. Lynde **McCURDY**, of Lyme, merchant, Nov. 20, 1777, by Rev. Joseph Perry, East Windsor — 1 — 119

GILBERT, GILBART, Ann, m. Joseph **PECK**, 3d, b. of Lyme, June 14, 1824, by Lothrop Rockwell, Clerk — 2 — 165

Anna, d. Sam[ue]ll & Mary, b. Nov. 4, 1778	1	97
Dan, m. Mary Ann **CHAMPLAIN**, b. of Lyme, Sept. 30, 1826, by Charles Smith, J.P.	2	200
Desire, d. Jonathan & Sarah, b. Feb. 26, 1762	1	116
Elizabeth, d. Daniell, b. Aug. 20, 1735	L-2	23
Elizabeth, of Lyme, m. Thomas **LEE**, of Lyme, Apr. 6, 1756	1	79
Elizabeth, d. Jonathan & Sarah, b. Nov. 5, 1759	1	116
Eunice, d. Sam[ue]ll & Mary, b. Sept. 22, 1776	1	97
Eunice, m. Rev. David **HIGGINS**, Jan. 17, 1788	2	10
Fanny, d. Sam[ue]ll & Mary, b. Jan. 26, 1781	1	97
Frances E., of Lyme, m. Samuel M. **MOTT**, of Norwich, Mar. 14, 1847, by Amos D. Watrous	3	172
Hannah, d. Sam[ue]ll & Mary, b. Mar. 6, 1774	1	97
Irena, d. Sam[ue]ll & Mary, b. Apr. 14, 1772	1	97
John, m. Molly Rogers **COOLEY**, Aug. 25, 1764	1	114
John Cooley, s. John & Molley Rogers, b. Sept. 2, 1765	1	114
Jonathan, of Lyme, s. John, decd., m. Sarah **ROGERS**, d. John, decd, of New London, June 8, 1758, by Pygan Adams, J.P.	1	116
Jonathan, s. Jonathan & Sarah, b. June 18, 1766	1	116
Jonathan, of Lyme, m. Loas **BAKER**, of New London, Mar. 26, 1767, by Rev. David Jewit[t]	1	116
Loas, d. Jonathan & Loas, b. Jan. 8, 1768	1	116
Lydia, d. Sam[ue]ll & Mary, b. July 25, 1770	1	97

	Vol.	Page
GILBERT, GILBART, (cont.)		
Marcy, d. Jonathan & Loas, b. Oct. 29, 1778	1	116
Mary, d. Jonathan & Loas, b. Aug. 16, 1769	1	116
Mat[t]hew, m. Sarah **PEAK** (Peck?), May 2, 1684	L-1	17
Mat[t]hew, m. Sarah **PECK**, May 2, 1684	L-2	129
Molly, m. Ebenezer **BOOLES**, Feb. 9, 1786, by Richard Wait, Jr., J.P.	1	172
Molley Rogers, d. John & Molley Rogers, b. Aug. 15, 1767	1	114
Molley Rogers, w. John, d. Aug. 27, 1767	1	114
Sam[ue]ll, of Lyme, m. Mary **DODGE**, of Colchester, June 12, 1769, by John Watrous, J.P.	1	97
Samuel, m. Almira **MAYNARD**, b. of Lyme, Mar. 7, 1833, by Elijah Willard	3	7
Sarah, d. Jonathan & Sarah, b. Jan. 6, 1764	1	116
Sarah, w. Jonathan, d. June 18, 1768	1	116
Sarah E., of Lyme, m. Edmund **HUNTLEY**, of Norwich, July 27, 1846, by Roger Albiston	3	183
Susan, m. Alva **WEST**, Jan. 8, 1836, by Stephen L. Peck, J.P.	3	48
GILES, Abner, s. John & Ruth, b. Mar. 16, 1791	1	158
Hannah, m. Dan **MATHER**, Sept. 28, 1788 (Perhaps Hannah Gibs?)	1	33
Isaac, s. [John & Ruth], b. Mar. 29, 1783	1	158
John, m. Ruth **RANSOM**, Mar. 1, 1778	1	158
John, s. [John & Ruth], b. Mar. 27, 1780;d. Oct. 25, 1780	1	158
John, s. [John & Ruth], b. Aug. 21, 1781	1	158
Susannah, d. [John & Ruth], b. Aug. 23, 1778; d. June 12, 1789	1	158
GILLES, [see also **GILES & GILLETT**], Reynold, s. Shadrach & Elizabeth, b. Apr. 10, 1793	2	39
Shadrach, m. Elizabeth **PECK**, b. of Lyme, Nov. 27, 1792	2	39
Shadrach, s. Shadrach & Elizabeth, b. Jan. 13, 1795; d. Oct. 23, 1796	2	39
GILLETT, GELLIT, [see also **GILLES**], Amasa H., of Hebron, m. Lucy Ann **BANNING**, of Lyme, Sept. 28, 1831, by Josiah Hawes	2	263
Benjamin Franklin, s. [Joseph & Mary], b. Sept. 24, 1803	1	110
Dan, s. Jonathan & Phebe, b. Nov. 1, 1758	1	133
Dan, m. Grace **GATES**, Mar. 5, 1788, by Rev. Abel Palmer, of Colchester	1	15
Dan Marvin, s. Dan & Grace, b. Feb. 21, 179[ ]	1	15
Daniel, s. Joseph & Mary, b. Feb. 20, 1782	1	110
Dudley Peck, s. James & Elizabeth, b. Nov. 30, 1799	2	74
Elisha, s. Jonathan & Phebe, b. Mar. 29, 1760	1	133
Ezra, s. Jonathan & Phebe, b. June 21, 1762	1	133
Ezra, m. Amy **MINOR**, Apr. 30, 1789	2	3
Ezra, s. Ezra & Amy, b. Jan. 26, 1802	2	3
Harriet N., m. John Reed **BROCKWAY**, b. of Lyme, Mar. 13, 1838, by Rev. E. Loomis	3	79
Huldah, d. Reynolds & Martha, b. Apr. 10, 1775; d. Aug. 4, 1775	1	154
Irene E., m. Timothy H. **PECK**, b. of Lyme, Sept. 30, 1845, by Rev. Oliver Brown	3	162
James, s. Reynolds & Martha, b. June 27, 1776	1	154

	Vol.	Page
GILLETT, GELLIT, (cont.)		
James, m. Elizabeth **PECK**, Nov. 29, 1798, by Lothrop Rockwell	2	74
John Minor, s Joseph & Mary, b. May 14, 1797	1	110
Jonathan, of Lyme, formerly of Colchester, m. Phebe **MARVIN**, Jan. 11, 1748, by Benj[amin] Lee, J.P.	1	133
Jona[tha]n, s. Jonathan & Phebe, b. Dec. 17, 1753	1	133
Jonathan, s. Reynolds & Martha, b. Sept. 14, 1779; d. Mar. 7, 1784	1	154
Jonathan, s. Ezra & Amy, b. June 6, 1790	2	3
Joseph, s. Jonathan & Phebe, b. Nov. 5, 1756	1	133
Joseph, m. Mary **MINOR**, b. of Lyme, Mar. 2, 1780, by Eleazer Mather, J.P.	1	110
Joseph, s. Joseph & Mary, b. [June?] 5, 1794	1	110
Joshua, s. Jonathan & Phebe, b. Oct. 16, 1766	1	133
Martin, s. Jonathan & Phebe, b. July 19, 1752	1	133
Martin, s. Joseph & Mary, b. Dec. 31, 1787	1	110
Mehetable, d. Joseph & Mary, b. Nov. 7, 1789	1	110
Noah Hallock, s. Joseph & Mary, b. Jan. 29, 1800	1	110
Phebe, w. Jonathan, d. Jan. 8, 1776	1	133
Phebe, d. Joseph & Mary, b. Oct. 16, 1784	1	110
Reynold, s. Jonathan & Phebe, b. Apr. 23, 1750	1	133
Reynolds, m. Martha **MARVIN**, b. of Lyme, June 9, 1774, by Rev. Stephen Johnson	1	154
Sally, d. Ezra & Amy, b. June 8, 1793	2	3
Sarah, d. Jonathan & Phebe, b. Oct. 23, 1749	1	133
Sarah, m. Ezra **HALL**, b. of Lyme, Apr. 20, 1769, by Rev. Stephen Johnson	1	135
Seth, of East Windsor, m. Catharine **WHIPP**, of Lyme, Sept. 12, 1849, by Rev. D.S. Brainard	3	201
Shadrach, s. Jonathan & Phebe, b. Oct. 23, 1769	1	133
Shadrach, m. Grace **DEAN**, b. of Lyme, Oct. 9, 1821, by Joel Loomis, J.P.	2	187
William W.S., m. Huldah **WAID**, b. of Lyme, Jan. 18, 1829, by Joshua R. Warren, J.P.	2	225
Zilpha*, m. Moses **MARVIN**, b. of Lyme, Mar. 30, 1780, by Rev. Stephen Johnson (*See **MARVIN** genealogy)	1	161
GLADDING, Sarah, m. Abraham **BISHOP**, Dec. 23, 1747, by Rev. Abraham Knott, of Saybrook	1	24
GLEASON, Dolly, m. Rev. Edward **PORTER**, b. of Farmington, Nov. 26, 17[ ]	2	12
GLOVER, Frances W., m. Abigail **BROCKWAY**, b. of Lyme, July 2, 1843, by Rev. P. Brockett	3	140
Orlando R., of Carbondale, Pa., m. Maria E. **KEABLES**, of New London, Oct. 24, 1847, by Roger Albiston	3	184
GLOYD, Joel M., of Maumee City, Ohio, m. Mary E. **WARNER**, d. Samuel A. **WARNER**, of Lyme, Sept. 1, 1859, in Hadlyme, by Rev. Amos S. Cheesebrough	3	223
GOODRICH, Erastus C., of Lyme, N.Y., m. Sarah L. **CLARK**, of Lyme, Ct., Oct. 10, 1839, by Rev. Chester Colton	3	98
GOOLD, [see under **GOULD**]		
GORTON, Esther Ann, d. William [G.] & Eliza [R.], b. Dec. 14, 1830	2	241

	Vol.	Page
GORTON, (cont.)		
John, s. William [G.] & Eliza [R.], b. Oct. 19, 1834	2	241
Laura Ann, of Lyme, m. Nelson Gay (or Guy?) **LOOMIS**, of Salem, Conn., Oct. 19, 1835, by Rev. Charles Thompson, of Salem	3	52
Loura M., of Lyme, m. Alanson **HEDDEN**, of Stonington, Feb. 25, 1836, by Rev. Frederick Wightman	3	64
Mary, m. Elisha **SMITH**, Dec. 26, 1808	2	233
Mary Ann, m. William A. **SMITH**, b. of Lyme, Apr. 5, 1836, by Rev. Frederick Wightman	3	54
Samuel, m. Lucy **GRIFFING**, b. of New London, Jan. 19, 1854, in Lyme, by Rev. W[illia[m A. Smith	3	250
Sary A., m. Simon R. **PAINE**, b. of Lyme, Jan. 9, 1834, by Rev. Frederick Wightman	3	16
Sarah Mehetable, d. William [G.] & Eliza [R.], b. Feb. 16, 1833	2	241
William G., m. Eliza R. **WARREN**, b. of Lyme, Mar. 3, 1830, by Rev. Nathan Wildman	2	241
GOULD, GOOLD, Alfred, s. James & Mary, b. May 12, 1784	2	84
Betsey, d. [Walter], b. Dec. 22, 1786	2	81
Betsey, d. [James & Mary], b. Sept. 8, 1792	2	84
Charles C. Pinckney, s. [Walter], b. Oct. 4, 1794	2	81
David, s. James & Elizabeth, b. Mar. 16, 1757	1	61
Elisha, s. James & Mary, [b.] Mar. 28, 1771	2	84
Elizabeth, d. James & Elizabeth, b. Jan. 1, 1761	1	61
Ethelinda, d. [Walter], b. Sept. 15, 1792	2	81
Gardner, s. [Walter], b. Oct. 24, 1802	2	81
Guy, s. Peter, a freed negro, b. July 29, 1780	1	111
Harmer Johnson, s. [Walter], b. Apr. 25, 1798	2	81
Henry Latimer, s. [Walter], b. Oct. 12, 1788	2	81
Horace Octavius, s. [Walter], b. Aug. 12, 1800	2	81
James, s. [James & Mary], b. Nov. 12, 1789	2	84
John, s. James & Elizabeth, b. June 4, 1751	1	61
Joseph, s. Peter, b. July 4, 1784	1	111
Luce, d. James & Elizabeth, b. Aug. 6, 1753	1	61
Lydia, d. [Walter], b. Oct. 23, 1785	2	81
Marcy, d. James & Elizabeth, b. July 14, 1755	1	61
Mary, m. Zadock **SMITH**, Aug. 20, 1763, in Southold, L.I., by Ben[jam]in Brown, J.[P.] Witnesses: Clark Trueman, Jonathan Trueman, Gershom Brown	1	104
Nabby, d. [James & Mary], b. Mar. 1, 1795	2	84
Naomi, d. [James & Mary], b. Feb. 28, 1786	2	84
Polly, d. [James & Mary], b. Aug. 11, 1777	2	84
Sally, d. [James & Mary], b. Dec. 26, 1779	2	84
Sally Christophers, d. [Walter], b. Mar. 7, 1805	2	81
Sophia, d. [James & Mary], b. Jan. 1, 1782	2	84
Walter, s. James & Elizabeth, b. Jan. 25, 1759	1	61
Walter, m. [ ] **LATIMER**, [ ]	2	81
Walter H., s. [Walter], b. Sept. 12, 1790	2	81
William, s. James & Mary, b. Dec. 17, 1773	2	84
Zelinda, m. Joseph **MATHER**, b. of Lyme, Dec. 27, 1792, by David Higgins, V.D.M.	2	26

	Vol.	Page
GRAHAM, GRAYHAM, Anne, w. Benjamin, d. Apr. 10, 1729	L-2	187
Anne, d. [Benjamin & Hannah], b. Sept. 25, 1731	L-2	187
Benjamin, m. Anna **COMSTOCK**, May 2, 1717	L-2	187
Benjamin, [s. Benjamin & Anna], b. June 18, 1723	L-2	187
Benjamin, m. Hannah **ANDROS**, Aug. 14, 1729	L-2	187
Clarissa, m. Aaron E.A. **SKINNER**, b. of Lyme, Nov. 20, 1823, by Samuel B. Mather, J.P.	2	163
Gurdon, m. Elizabeth **OTIS**, Dec. 23, 1830, by Zebulon Brockway, Jr., J.P.	2	260
James S. m. Mary **INGRAHAM**, Aug. 11, 1821, by Josiah Hawes	2	132
Martha, m. William **BECKWITH**, b. of Lyme, Feb. 20, 1822, by Cha[rle]s Smith, J.P.	2	142
Mary, d. [Benjamin & Anna], b. Feb. 8, 1719	L-2	187
Mortain, [s. Benjamin & Hannah], b. Sept. 18, 1730	L-2	187
Sarah, m. John **MARVIN**, May 7, 1691	L-2	237
Sarah, d. [Benjamin & Anna], b. May 8, 1726	L-2	187
Susannah, of Hartford, m. Samuell **MARVIN**, May 5, 1699	L-2	276
GRANT, Jerusha, m. Daniel **BECKWITH**, 3d, Dec. 20, 1753, by Stephen Gorton, Elder	1	70
GRAVES, Abigail, m. John **AGEET**, Jan. 18, 1738/9	1	26
Elizabeth, [d. Thomas & Mary], b. Mar. 11, 1704	L-2	248
Easter, [d. Thomas & Mary], b. May 4, 1710	L-2	248
Est[h]er, m. Thomas **HUDSON**, Apr. 29, 1728	L-2	220
Esther, d. Mark & Elizabeth, b. Dec. 20, 1734	1	36
Liverance, d. Mark & Elizabeth, b. Feb. 14, 1736/7	1	36
Mark, [s. Thomas & Mary], b. Mar. 4, 1708	L-2	248
Thomas, m. Mary **HOPSON**, Mar. 28, 1703	L-2	248
Thomas, s. Mark & Elizabeth, b. Aug. 7, 1732, at Marblehead Neck	1	36
GREELEY, Sarah Griswold, m. Joseph **NOYES**, May 14, 1823	2	177
GREEN, Jonathan, of Lyme, m. Sarah Ann **BECKWITH**, of Waterford, Oct. 17, 1841, by Richard L. Lord, J.P.	3	117
Nathan E., m. Mary Ann **BECKWITH**, b. of Lyme, July 31, 1836, by Rev. Frederick Wightman	3	57
GREENFIELD, Abby, m. Asahel **ROWLAND**, b. of Lyme, Jan. 25, 1829, by Rev. Nathan Wildman	2	230
Abigail, d. James & Nabby, b. Mar. 15, 1797	1	131
Archibald, s. Archibald Starr & Sarah, b. June 17, 1762	1	65
Charles William, s. [Edward & Ann], b. May 30, 1817	2	203
Edward, twin with Lucy, s. James & Nabby, b. Oct. 18, 1790	1	131
Edward, m. Ann **LAY**, June 2, 1814	2	203
Edward Lay, s. James & Nabby, b. Feb. 13, 1788; d. Feb. 9, 1789	1	131
Elizabeth, m. Roger **ALGER**, Jr., Dec. 28, 1741	1	2
Ezra, s. James & Nabby, b. Nov. 28, 1779	1	131
Hannah, m. Richard **ROULIN**, May 1, 1736, at or near South Hold. Witnesses: Richard Shaw, John Beckwith	L-6	70
Hannah, d. [Archibald] Starr & Sarah, b. Dec. 2, 1769	1	65
Hannah, m. Asahel **ROLAND**, Jr., Oct. 16, 1791	2	24
Harriet Louisa, d. [Edward & Ann], b. Apr. 11, 1824	2	203
James, s. Archibald Starr & Sarah, b. Jan. 7, 1752	1	65

	Vol.	Page

GREENFIELD, (cont.)

James, m. Nabby **DANIELS**, b. of Lyme, May 30, 1776, by John Lay, 2d, J.P.	1	131
James Sweet, s. [Edward & Ann], b. Oct. 11, 1821	2	203
Janett Carr, d. [Edward & Ann], b. Aug. 2, 1826	2	203
John, s. [Archibald] Starr & Sarah, b. Nov. 6, 1765	1	65
John, s. [Edward & Ann], b. July 27, 1815	2	203
Lucy, twin with Edward, d. James & Nabby, b. Oct. 18, 1790	1	131
Mary, d. Archibald Starr & Sarah, b. Sept. 29, 1759	1	65
Mary, of Lyme, m. Alexander **ORETEL**, of New York, July 18, 1838, by Rev. Chester Colton	3	83
Polly, m. Samuel **BECKWITH**, b. of Lyme, June 21, 1781, by Rev. Stephen Johnson	1	159
Polly, d. James & Nabby, b. Mar. 29, 1782	1	131
Richard, s. Archibald Starr & Sarah, b. Nov. 1, 1756	1	65
Richard, d. May 25, 1781	1	65
Richard, s. James & Nabby, b. Nov. 9, 1784	1	131
Russell Case, s. [Edward & Ann], b. Dec. 24, 1829	2	203
Sarah, d. Archibald Starr & Sarah, b. Apr. 29, 1754	1	65
Sarah, m. Stephen **DeWOLF**, b. of Lyme, May 16, 1776, by Rev. Stephen Johnson	1	129
Sarah, d. James & Nabby, b. May 25, 1777	1	131
Sarah A., of Lyme, m. Thaddeus P. **FANNING**, of Bozrah, Mar. 4, 1838, by Rev. Chester Colton	3	79
Sarah Ann, d. [Edward & Ann], b. Aug. 13, 1819	2	203
Sarah M., of Lyme, m. George W. **AVERY**, of New London, July 18, 1838, by Rev. Chester Colton	3	83
Susannah, d. James & Nabby, b. Jan. 28, 1794	1	131

GRIFFING, GRIFFIN, GRIFFEN, Abner, s. Joseph & Mary, b. Mar. 29, 1741 | 1 | 122

Abner, m. Sally **CHAMPLIN**, July 4, 1765, by Benjamin Lee, J.P.	1	41
Abner, s. Abner & Sally, b. Jan. 22, 1773	1	41
Allen, m. Sarah E. **LORD**, b. of Lyme, June 13, 1839, by Phillips Payson	3	109
Anne, d. Joshua & Betsey, b. Apr. 8, 1784	2	58
Charles, s. Joshua & Betsey, b. Aug. 8, 1796	2	58
Christopher, s. Abner & Sally, b. Aug. 31, 1767	1	41
Clarissa L., m. Richard W. **PARSONS**, b. of Lyme, Feb. 27, 1826, by Henry Stanwood	2	195
David, s. Jasper & Eunice, b. Apr. 24, 1758	1	88
Deborah, d. Jasper & Mary, b. Feb. 7, 1735; d. Sept. 19, 1738	1	122
Deborah, d. Abner & Sally, b. Apr. 8, 1766	1	41
Fanny, d. Abner & Sally, b. Nov. 22, 1786	1	41
Fanny, of East Haddam, m. Abner S. **ELY**, of Lyme, June, 24, 1824, by Josiah Hawes	2	166
George R., of East Haddam, m. Annis **JOHNSON**, of Lyme, Feb. 14, 1822, by Josiah Hawes	2	143
Han[n]a[h], [d. Jasper & Ruth], b. Feb. 26, 1700	L-2	129
Harriet, of [Lyme], m. Francis **WILLCOX**, of Salem, Aug. 28, 1837, by Rev. Harvey Bushnell	3	74

LYME VITAL RECORDS

	Vol.	Page
GRIFFING, GRIFFIN, GRIFFEN, (cont.)		
Hezekiah, [s. Jasper, Jr.], b. Jan. 21, 1707/8; d. Feb. 29, 1707/8	L-2	366
Jasper, m. Ruth **PECK**, Apr. 29, 1696	L-2	129
Jasper, [s. Jasper & Ruth], b. Jan. 28, 1698	L-2	129
Jasper, m. Mary **REED**, Jan. 7, 1725	1	122
Jasper, s. Jasper & Mary, b. Oct. 3, 1725; d. Dec. 10, 1725	1	122
Jasper, s. Jasper & Mary, b. Dec. 10, 1726	1	122
Jasper, Jr., m. Eunice **ROGERS**, b. of Lyme, May 9, 1751	1	88
Jasper, s. Jasper & Eunice, b. Feb. 28, 1754	1	88
John, s. Jasper & Mary, b. Jan. 10, 1733; d. Apr. 10, 1737	1	122
John, s. Jasper & Mary, b. May 10, 1737	1	122
John, of Lyme, m. Phebe **TABOR**, of New London, June 11, 1761, by Rev. Mather Bliss, of New London	1	166
John, s. Abner & Sally, b. Apr. 22, 1770	1	41
Johnson, s. Joshua & Betsey, b. Apr. 17, 1782	2	58
Joseph, [s. Jasper, Jr.], b. May 6, 1704	L-2	366
Joseph, s. Jasper & Eunice, b. Feb. 3, 1756	1	88
Joseph, s. Joshua & Betsey, b. June 25, 1794	2	58
Joshua, s. Jasper & Eunice, b. Feb. 25, 1752	1	88
Joshua, m. Betsey **JOHNSON**, b. of Lyme, Feb. 14, 1781	2	58
Laura, of East Haddam, m. Jabez **SWAN**, of Lyme, Jan. 13, 1823, by George W. Appleton, Elder	2	153
Lemuel, [s. Jasper, Jr.], b. Mar. 23, 1706/7	L-2	366
Lucy, m. Samuel **GORTON**, b. of New London, Jan. 19, 1854, by Rev. W[illia]m A. Smith, in Lyme	3	250
Mary, m. William **LEE**, Nov. 1, 1715	L-2	326
Mary, d. Jasper & Mary, b. Nov. 22, 1728; d. Sept. 2, 1738	1	122
Nathan, s. Jasper & Eunice, b. Aug. 13, 1760	1	88
Nathan, m. Catharine **JOHNSON**, Oct. 16, 1788, by Jason Lee, Elder	1	173
Phebe E., m. Josiah P. **MORGAN**, b. of Lyme, Sept. 29, 1852, by Rev. E.F. Burr, of N. Lyme	3	242
Philena, of N. Lyme, m. Abraham P. **ELY**, Sept. 22, 1833, by Rev. Chester Colton	3	11
Rhoda, m. Horace A. **BROCKWAY**, b. of Lyme, June 9, 1834, by Josiah Hawes	3	22
Ruth, [d. Jasper & Ruth], b. Jan. 21, 1697	L-2	129
Ruth, d. Jasper & Mary, b. Oct. 29, 1730; d. Aug. 19, 1738	1	122
Sally, d. Abner & Sally, b. Aug. 7, 1775	1	41
Sarah, [d. Jasper, Jr.], b. Apr. 13, 1702	L-2	366
Sarah, m. Joshua **CHAMPION**, Mar. 15, 1732/3. She was his 2d w.	L-2	266
William, s. Joshua & Betsey, b. Dec. 29, 1798	2	58
----------, m. Silas **HAVENS**, b. of Lyme, Sept. 24, 1826, by Nathan Wildman	2	201
GRILLEY, GRELLEY, Elizabeth, d. Hue & Temperance, b. Apr. 5, 1728; d. in Oct. 1728	1	41
Elizabeth, d. Hue & Temperance, b. June 30, 1736	1	41
Henry, s. Hue & Temperance, b. Dec. 19, 1738	1	41
Hue, m. Temperance **ROLAND**, Mar. 8, 1726/7	1	41
Jehaly, s. Hue & Temperance, b. Feb. 8, 1728/9	1	41

	Vol.	Page
GRILLEY, GRELLEY, (cont.)		
John, s. Hue & Temperance, b. June 19, 1732	1	41
Louisa, d. Hue & Temperance, b. Sept. 1, 1746	1	41
GRISWOLD, GRISWOULD, Andrew, of Lyme, m. Eunice **PRINCE**, of New London, Mar. 31, 1768, by Rev. David Jewitt, New London	1	138
Andrew, s. Andrew & Eunice, b. Jan. 30, 1777; d. Feb. 27, 1777	1	138
Anna, d. Thomas & Susannah, b. Mar. 31, 1753; d. [ ], 1760	1	11
Augustus Henry, s. Roger & Fanny, b. Oct. 27, 1789	2	78
Candice, d. George & Elizabeth, b. Apr. 4, 1764	1	90
Charles C., m. Elizabeth **GRISWOLD**, b. of Lyme, July 10, 1822, by Lothrop Rockwell, Clerk	2	146
Charles Chandler, s. John & Sarah, b. Nov. 9, 1787	1	158
Charles Chandler, s. Roger & Fanny, b. Feb. 8, 1791	2	78
Clerine, [d. John & Hannah], b. May 30, 1731; d. Apr. 9, 1732	L-2	195
Clerine, 2d, d. John [& Hannah], b. Feb. 9, 1732/3	L-2	195
Deborah, [d. John & Hannah], b. Mar. 1, 1734/5	L-2	195
Diodate Johnson, s. John & Sarah, b. Dec. 16, 1773	1	158
Eliza Woodbridge, d. [Roger & Fanny], b. Apr. 7, 1799	2	78
Elizabeth, divorced from John **ROGERS**, m. Peter **PRAT[T]**, Aug. 5, 1679	L-1	63
Elizabeth, 2d, d. [Matthew & Phebe], b. Nov. 29, [16]85	L-1	51
Elizabeth, d. [George & Hannah], b. July 16, 1728	L-2	216
Elizabeth, d. George & Elizabeth, b. Feb. 18, 1762	1	90
Elizabeth, d. John & Sarah, b. Oct. 15, 1788	1	158
Elizabeth, w. George, d. Oct. 5, 1797	1	90
Elizabeth, m. Charles C. **GRISWOLD**, b. of Lyme, July 10, 1822, by Lothrop Rockwell, Clerk	2	146
Elizabeth D., of Lyme, m. William G. **LANE**, of Sandusky, Ohio, [Oct.] 30, [1850], by Rev. D.S. Brainard	3	225
Eunice, d. George & Elizabeth, b. Mar. 31, 1766	1	90
Fanny R., m. Shubael F. **BARTLETT**, M.D., b. of Lyme, Sept. 1, 1842, by Rev. Shubael Bartlett, of E. Windsor	3	136
Francis Ann, d. [Roger & Fanny], b. Jan. 15, 1795	2	78
Geo[r]g[e], [s. Matthew & Phebe], b. Aug. 13, 1692	L-1	51
George, m. Hannah **LYNDE**, of Saybrook, June 22, 1725	L-2	216
George, [s. George & Hannah], b. Sept. 19, 1726	L-2	216
George, Jr., m. Elizabeth **LEE**, b. of Lyme, Feb. 7, 1758, by Rev. George Griswold	1	90
George, s. Sam[ue]ll & Mary, b. July 13, 1766	1	103
George, s. George & Elizabeth, b. Mar. 6, 1777	1	90
Hannah, [d. John & Hannah], b. Jan. 10, 1723/4	L-2	195
Hannah, d. Capt. Matthew & Ursula, b. May 22, 1746	1	4
Hannah, d. Matthew & Ursula, d. Dec. 15, 1755	1	4
Hannah, relict of John, Esq., d. May 11, 1773	L-2	195
Hannah, m. Silas **SILL**, Dec. 9, 1779	2	8
Hannah Lyde, d. George & Elizabeth, b. Apr. 16, 1760	1	90
Jane, m. Jason **LEE**, Jr., b. of Lyme, Feb. 18, 1795	2	31
Jean, d. George & Elizabeth, b. Nov. 20, 1770	1	90
John, [s. Matthew & Phebe], b. Dec. 22, 1690	L-1	51
John, m. Hannah **LEE**, June 23, 1713	L-2	195

GRISWOLD, GRISWOULD, (cont.)

	Vol.	Page
John, s. John & Hannah, b. May 15, 1739; d. Jan. 4, 1742	L-2	195
John, s. Capt. Matthew & Ursala, b. Feb. 20, 1752	1	4
John, Esq., d. Sept. 29, 1764	L-2	195
John, m. Sarah **JOHNSON**, b. of Lyme, Nov. 5, 1772, by Rev. Stephen Johnson	1	158
John, s. John & Sarah, b. Aug. 14, 1783	1	158
Juliette, of [Lyme], m. Roger W. **GRISWOLD**, July 13, 1823, by John R. St. John	2	179
Loas, m. Sam[ue]l **MATHER**, Jr.,b. of Lyme, Nov. 14, 1765, by Matthew Griswold, Asst.	1	129
Lois, d. Thomas & Susannah, b. Sept. 1, 1747	1	11
Lovice, d. Thomas & Susannah, b. July 25, 1751	1	11
Lovisa, m. Lee **LAY**, b. of Lyme, Jan. 1, 1771, by Rev. Stephen Johnson	1	140
Lucia, m. Richard **WAIT**, Jr., b. of Lyme, May 1, 1764, by Matthew Griswold, Asst.	1	123
Lucretia, [d. George & Hannah], b. Mar. 26, 1730	L-2	216
Luce, [d. John & Hannah], b. July 6, 1726	L-2	195
Lucy, d. Thomas & Susannah, b. Oct. 7, 1745	1	11
Marian, d. [Roger & Fanny], b. Jan. 4, 1802	2	78
Marianna, d. Capt. Matthew & Ursala, b. Apr. 17, 1750	1	4
Martha, d. Andrew & Eunice, b. Oct. 16, 1769	1	138
Martha, m. Elisha **WATROUS**, b. of Lyme, Dec. 5, 1795, by William Williams, J.P.	2	39
Mary, [d. Matthew & Phebe], b. Apr. 22, 1694	L-1	51
Mary, m. Edmund **DORR**, Sept. 4, 1719	L-2	183
Mary, of Norwich, m. Amos **LAY**, of Lyme, Oct. 24, 1745	1	25
Mary, d. Andrew & Eunice, b. Mar. 4, 1773	1	138
Mary, w. Samuel, d. Apr. 15, 1788	1	103
Mary Ann, d. John & Sarah, b. Feb. 25, 1786	1	158
Mat[t]hew, m. Phebe **[HYDE]**, May 21, 1683	L-1	51
Mat[t]hew, [s. Matthew & Phebe], b. Sept. 15, 1688	L-1	51
Mat[t]hew, s. [John & Hannah], b. Mar. 25, 1714	L-2	195
Mat[t]hew, d. June 13, 1715/16	L-1	51
Matthew, Capt., of Lyme, m. Ursala **WOLCOTT**, of Windsor, Nov. 10, 1743, in Windsor, by Roger Wolcott, Dep. Gov.	1	4
Matthew, s. George, Jr. & Elizabeth, b. Jan. 10, 1759; d. Feb. 10, 1759	1	90
Matthew, s. Matthew & Ursala, b. Apr. 17, 1760	1	4
Matthew, s. George & Elizabeth, b. June 7, 1768	1	90
Matthew, Jr., m. Lydia **ELY**, [Sept.] 4, [1788], by Rev. David Higgins	1	172
Matthew, s. Roger & Fanny, b. Sept. 13, 1792	2	78
Matthew, Jr., m. Phebe H. **ELY**, b. of Lyme, July 5, 1827, by Josiah Hawes	2	208
Nath[anie]ll Lynde, s. George & Elizabeth, b. Jan. 19, 1773	1	90
Phebe, d. Mat[t]hew & Phebe, b. Aug. 15, [16]84	L-1	51
Phebe, d. Nov. 29, 1704	L-2	194
Phebe, d. [John & Hannah], b. Apr. 22, 1716	L-2	195
Phebe, d. John **GRISWOLD**, Esq. m. Rev. Jonathan Parsons,		

	Vol.	Page

GRISWOLD, GRISWOULD, (cont.)

	Vol.	Page
Dec. 14, 1731, by Rev. George Griswold	L-2	73
Pheby, d. [Thomas & Susannah], b. Aug. 18, 1743	1	11
Richard S., of New York, m. Louisa G. **MATHER**, of Lyme, May 25, 1835, by Rev. Chester Colton	3	34
Richard S., of New York, m. Frances A. **MATHER**, of Lyme, May 31, 1841, by Rev. Chester Colton	3	114
Roger, s. Matthew & Ursala, b. May 21, 1762	1	4
Roger, m. Fanny **ROGERS**, of Norwich, Oct. 27, 1788	2	78
Roger W., m. Juliette **GRISWOLD**, of [Lyme], July 13, 1823, by John R. St.John	2	179
Roger Woolcot, s. Roger & Fanny, b. Mar. 15, 1797	2	78
Samuell, Ensign, d. June 9, 1727	L-2	194
Samuel, m. Mary **MARVIN**, b. of Lyme, Apr. 13, 1762, by Rev. Stephen Johnson	1	103
Sarah, [d. Matthew & Phebe], b. Mar. 19, 1687	L-1	51
Sarah, [d. John & Hannah], b. Dec. 2, 1728	L-2	195
Sarah, d. Thomas & Susannah, b. Aug. 26, 1749	1	11
Sarah, d. Dec. 29, 1759	1	48
Sarah, m. David Fithen **SILL**, May 1, 1768	1	146
Sarah, m. David F. **SILL**, May 20, 1768	2	1
Sarah, d. John & Sarah, b. Aug. 12, 1781	1	158
Sarah J., of Lyme, m. Lorillard **SPENCER**, of West Chester, N.Y., June 30, [1847], by Rev. D.S. Brainard	3	177
Susannah, w. Thomas, d. Nov. [ ], 1762	1	11
Silvanus, [s. George & Hannah], b. Feb. 3, 1732/3	L-2	216
Sylvanus, s. Sam[ue]ll & Mary, b. May 21, 1763	1	103
Sylvanus, Rev., of Springfield, m. Elizabeth **MARVIN**, of Lyme, Nov. 17, 1763, by Rev. Stephen Johnson	1	36
Thomas, [s. John & Hannah], b. Feb. 15, 1718/19	L-2	195
Thomas, m. Susannah **LYNDE**, of Saybrook, Dec. 17, 1741	1	11
Thomas, d. Aug. [ ], 1770	1	11
Thomas, s. George & Elizabeth, b. Mar. 21, 1779	1	90
Thomas, m. Ethelinda **CAULKINS**, Apr. 19, 1801, by Moses Warren, Jr.	2	62
Ursula, d. Capt. Matthew & Ursala, b. Nov. 18, 1744; d. Feb. 14, 1744/5	1	4
Ursala, d. Capt. Matthew & Ursala, b. Apr. 13, 1754	1	4
Ursula, d. George & Elizabeth, b. Jan. 20, 1775	1	90
Ursula Woolcot, d. John & Sarah, b. Dec. 2, 1775	1	158
Ursula Wolcott, d. John, m. Richard **McCURDY**, Sept. 10, 1794, by Rev. Lathrop Rockwell	2	36
William, s. Andrew & Eunice, b. Dec. 12, 1774	1	138
William, s. Roger & Fanny, b. Mar. 22, 1804	2	78
William F., m. Sarah B. **NOYES**, of Lyme, June 9, 1831, by Rev. Chester Colton	2	256

GROVER, William, of Chatham, m. Eunice **AVERY**, of Lyme, Apr. 4, 1847, by Rev. Chester Tilden, of N. Lyme — 3, 173

GRUMLEY, Fanny, of Lyme, m. Isaac **COBB**, Aug. 12, 1838, by Rev. Chester Colton — 3, 86

Jane L., of Lyme, m. Ezra **INGHAM**, of Saybrook, Dec. [ ],

	Vol.	Page
GRUMLEY, (cont.)		
1841, by Rev. D.S. Brainard	3	125
Thomas, of Saybrook, m. Eunice B. **WAIDE**, of Lyme, [ ], by Rev. D.S. Brainard. Recorded Aug. 30, 1841	3	115
GULLIVER, Amelia L., of Lyme, m. James S. **MORRIS**, of New York, Apr. 3, 1842, by Rev. Amos D. Watrous	3	122
Frances, m. Samuel S. **SAWYER**, b. of Lyme, June 4, 1837, by M.S. Parker, J.P.	3	231
Hannah, alias **CHADWICK**, m. Atwell **TUCKER**, Jr., Apr. 20, 1829, by Joshua R., Warren, J.P.	2	231
Henrietta, m. Cornelius **BANTA**, b. of Lyme, June 11, 1843, by Rev. P. Brockett	3	138
GUSTIN, Abigail, of [Lyme], m. Nehemiah **RICE**, of Lyme, Mar. 14, 1739, by George Beckwith	1	66
HAGINS, Adaline, m. George D. **CLARK**, b. of Lyme, June 30, 1844, by Rev. Pierpont Brockett	3	145
HAGUE, [see under **HOGUE**]		
HAIDEN, [see under **HAYDEN**]		
HAINES, HAYNES, Betsey J., of Lyme, m. James F. **STEPHENS**, of Windham, Jan. 6, 1832, by Rev. Chester Colton	3	5
Christopher, m. Maria **BUMP**, b. of Lyme, Feb. 11, 1827, by Josiah Hawes	2	205
Eunice, m. Jeremiah E. **DeWOLF**, b. of Lyme, Mar. 6, 1853, by Rev. Thomas Barber	3	245
James, of Lyme, m. Mary **HAND**, of Long Island, Jan. 22, 1829, by Rev. Chester Colton	2	230
James, m. Harriet **BECKWITH**, b. of Lyme, Apr. 9, 1839, by Rev. Chester Colton	3	95
Lydia, of New London, m. Absolam **BECKWITH**, of Lyme, Aug. 27, 1767, by Benjamin Lee, J.P.	1	54
Mary T., m. William **HALL**, June 17, 1811	2	63
Nehemiah, of Waterford, m. Mary **MANWARING**, of Lyme, June 19, 1823, by J.R. St.John	2	179
Sally C., m. George W. **BUMP**, b. of Lyme, Aug. 5, 1822, by Charles Smith, J.P.	2	147
William, of Sterling, m. Emily **HUNTLEY**, of Lyme, Oct. 8, 1834, by Rev. Frederick Wightman	3	25
HALE, John, of Guilford, m. Ann L. **COMSTOCK**, of Lyme, Aug. 10, 1841, by Rev. George Carrington, of Hadlyme	3	116
HALL, Abel, s. [Isaac & Sarah], b. Oct. 5, 1745	1	19
Abel, m. Caroline **BROCKWAY**, b. of Lyme, Oct. 19, 1769, by Rev. Stephen Johnson	1	132
Abel, s. Abel & Caroline, b. July 13, 1788; d. [ ], in New York	1	132
Abel, Sr., d. Dec. 26, 1816, ae 73	1	132
Abigail, d. Isaac & Sarah, b. June 12, 1761	1	19
Amasa, s. Jacob & Hannah, b. July 3, 1781	1	28
Anna, d. Ezra & Sarah, b. Sept. 13, 1771	1	135
Caroline, d. Abel & Caroline, b. Apr. 23, 1780	1	132
Caroline, of Lyme, m. Clark **PECK**, of Bloomfield, N.Y., Jan. 18, 1797, by Rev. Lathrop Rockwell	2	37

	Vol.	Page

HALL, (cont.)

	Vol.	Page
Carolina, d. [William & Sarah], b. Sept. 5, 1807	2	63
Caroline, w. [Abel], d. Sept. 9, 1807	1	132
Daniel, [s. George & Eunice], b. Oct. 13, 1744	1	2
Daniel, m. Mehetable **PECK**, b. of Lyme, Aug. 13, 1767, by Rev. Stephen Johnson	1	27
Elisha, [s. George & Euenice], b. Apr. 7, 1740	L-7	143
Elisha, [s. George & Eunice], b. Apr. 7, 1740	1	2
Eunice, d. Isaac & Sarah, b. Mar. 2, 1758	1	19
Ezra, s. [Isaac & Sarah], b. Feb. 17, 1744/5	1	19
Ezra, m. Sarah **GILLET**, b. of Lyme, Apr. 20, 1769, by Rev. Stephen Johnson	1	135
Ezra, s. Ezra & Sarah, b. Feb. 28, 1780; d. Aug. 8, 1806, ae 27 y., in Sullivan, N.Y.	1	135
Ezra, s. Jona[tha]n & Betsey, b. Jan. 6, 1803	2	63
George, m. Euenice **GATE**, Oct. 17, 1738	L-7	143
George, m. Eunice **GATES**, Oct. 17, 1738	1	2
Hannah, d. Abel & Caroline, b. Aug. 16, 1786	1	132
Harvey, of Colchester, m. Sally **MOTT**, of Groton, Nov. 25, 1830, by Rich[ar]d E. Selden, Jr., J.P.	2	247
Harvey, Jr., m. Frances A. **TOOKER**, b. of Lyme, May 28, 1854, by Samuel S. Warner, J.P.	3	260
Hepsabe, d. Isaac & Sarah, b. Dec. 11, 1746	1	19
Hepzibah, d. Ezra & Sarah, b. Apr. 25, 1778; d. Sept. 6, 1780	1	135
Isaac, m. Sarah **GATES**, June 3, 1742	1	19
Isaac, s. Abel & Caroline, b. July 9, 1774	1	132
Isaac, d. July 26, 1778	1	19
Jacob, s. Isaac & Sarah, b. Aug. 13, 1748	1	19
Jacob, m. Hannah **CLARK**, Dec. 3, 1778, by Rev. George Beckwith	1	28
John, s. Thomas & Sarah, b. Mar. 20, 1744/5	1	22
Jonathan, s. Ezra & Sarah, b. Apr. 16, 1775	1	135
Jonathan, m. Betsey **LORD**, b. of Lyme, Apr. 8, 1800	2	63
Jonathan, s. Jona[tha]n & Betsey, b. Apr. 17, 1801	2	63
Josiah, s. Isaac & Sarah, b. Mar. 9, 1750; d. Mar. 4, 1751	1	19
Lemuel, [s. George & Eunice], b. Aug. 27, 1742	1	2
Lois, m. Capt. Matthew **PECK**, Sept. 18, 1808	2	85
Lucy, d. Abel & Caroline, b. Aug. 30, 1784	1	132
Martha, d. Jacob & Hannah. b. Mar. 27, 1783	1	28
Mary, d. Isaac & Sarah, b. Oct. 22, 1754; d. Oct. 1, 1760	1	19
Mindwell, d. Thomas & Sarah, b. July 15, 1748	1	22
Nancy, m. John **DANIELS**, b. of Lyme, Apr. 2, 1847, by Rev. Amos D. Watrous	3	173
Nancy Ann, m. John **TOOKER**, b. of Lyme, Feb. 23, 1854, by Sam[ue]l S. Warner, J.P.	3	252
Nathan, s. Thomas & Sarah, b. Dec. 11, 1746	1	22
Phebe, d. George & Eunice, b. Nov. 21, 1753	1	2
Phebe, d. Ezra & Sarah, b. Apr. 24, 1773	1	135
Polly, d. Abel & Caroline, b. Mar. 8, 1782	1	132
Reuben L., m. Abby W. **LEE**, b. of Lyme, Sept. 11, 1832, by Rev. Chester Colton	2	272

	Vol.	Page
HALL, (cont.)		
Reuben Lord, s. [Jonathan & Betsey], b. Feb. 4, 1805	2	63
Rufus, s. George & Eunice, b. July 20, 1747; d. Jan. 16, 1748/9	1	2
Rufus, 2d, s. George & Eunice, b. May 14, 1749	1	2
Sarah, d. Isaac & Sarah, b. Nov. 30, 1752; d. Aug. 2, 1753	1	19
Sarah, d. Jacob & Hannah, b. Sept. 17, 1779	1	28
Sarah, relict of Isaac, d. Jan. 27, 1786, in 68th y. of her age	1	19
Sarah, [w. William], d. Jan. 12, 1810, at New York	2	63
Sarah, d. W[illia]m & Mary, b. Sept. 1, 1813	2	63
Sarah M., m. James M. **BEEBE**, Apr. 20, 1837, by Chauncey G. Lee	3	69
Thomas, of Lyme, m. Sarah **CLARK**, of Colchester, Nov. 30, 1743	1	22
Thomas, s. Thomas & Sarah, b. Sept. 9, 1750	1	22
Thomas, of Rhode Island, m. Nancy M. **YOUNG**, of Lyme, Apr. 19, 1840, by Rev. Chester Colton	3	104
William, s. Abel & Caroline, b. June 27, 1778	1	132
William, of N.Y. City, m. Sarah **SILL**, Dec. 8, 1806	2	63
William, m. Mary T. **HAINES**, June 17, 1811	2	63
William, s. William & Mary, b. Mar. 16, 1812	2	63
HAMILTON, Hetty, of Lyme, m. Elisha M. **COMSTOCK**, of Waterford, Mar. 23, 1825, by Moses Warren, J.P.	2	175
Job, m. Hetty **WARREN**, Dec. 15, 1817	2	107
Lois, m. Joshua **MOOR[E]**, b. of Lyme, Sept. 10, 1827, by Rev. Oliver Wilson, of Montville	2	216
HANCOX, Sarah E., of Colchester, m. William H. **DAY**, of Salem, [Aug. 29, 1851], by Rev. W.W. Meech	3	232
HAND, Adaline, of Lyme, m. Samuel B. **DART**, of Saybrook, Feb. 23, 1837, by Rev. Chester Colton	3	63
Mary, of Long Island, m. James **HAYNES**, of Lyme, Jan. 22, 1829, by Rev. Chester Colton	2	230
HARDEN, HARDIN, HARDING, Darius, m. Irane **SCOFILL**, Oct. 28, 1802	2	77
Darius, s. [Darius & Irane], b. Sept. 23, 1807	2	77
Darius, m. Sally M. **ROGERS**, b. of Lyme, Apr. 17, 1831, by Rev. Nathan Wildman	2	252
Eliza, d. Darius & Irane, b. Oct. 4, 1805	2	77
Eliza, m. Peter **CHAPMAN**, Sept. 12, 1824, by Joshua R. Warren, J.P.	2	182
Emoniah C., m. George W. **FOX**, Oct. 21, 1833, by Rev. Nathan Shailer, of Chesterfield	3	12
George W., s. [Darius & Irane], b. Jan. 7, 1810	2	77
George W., m. Eunice C. **BROCKWAY**, Mar. 27, 1831, by Rev. Nathan Wildman	2	252
Harriet, m. Giles **STAPLINS**, Oct. 23, 1842, by Rev. D.S. Brainard	3	132
Irane, d. [Darius & Irane], b. Aug. 24, 1812	2	77
Jane, m. Israel **HAVENS**, June 15, 1835, by Rev. Chester Colton	3	37
Nancy, d. [Darius & Irane], b. Mar. 10, 1804	2	77
Nancy, m. Reuben **SMITH**, b. of Lyme, Feb. 28, 1831, by Nathan Wildman	2	254

	Vol.	Page

HARDEN, HARDIN, HARDING, (cont.)

	Vol.	Page
Noah, m. Nancy Maria **McCREARY**, b. of Lyme, Mar. 9, 1845, by Rev. Oliver Brown	3	159
Sophronia, m. Ebenezer **MACK**, b. of Lyme, Oct. 17, 1737, [sic]*, by Rev. Chester Colton (*Probably 1837)	3	75
Susan, m. Adam **MANWARING**, Jr., b. of Lyme, Dec. 7, 1824, by J.R. St.John	2	180

HARLIN, Anna, of Lyme, m. Ezra **ELY**, of Lyme, Aug. 21, 1760 — 1 — 83

HARLOW, Stephen P., of Wethersfield, Ct., m. Laura R. **CROSBY**, of Lyme, Ct., Sept. 26, 1848, by John S. Walles, J.P. Intention of marriage published in Wethersfield — 3 — 191

HARRIS, HARRISS, HARIS, Anna, of New London, m. Zenas **BECKWITH**, of Lyme, June 23, 1768, by W[illia]m Whiting, J.P., Norwich

	Vol.	Page
	1	153
David, s. John, b. Sept. 25, 1761; d. Feb. 25, 1785	1	176
Easter, [d. William & Elizabeth], b. Aug. 11, 1706	L-2	199
Grace, m. Lawrence **JOHNSON**, May 20, 1784	1	75
Grace, of Lyme, m. Lawrence **JOHNSON**, May 20, 1784, by Eleazer Mather, J.P.	1	128
Irene, d. [Lt.] John, b. Oct. 3, 1763; d. June 16, 1776	1	176
John, s. [Lt.] John, b. Jan. 31, 1770	1	176
Josiah, s. [Lt.] John, b. Jan. 1, 1766	1	176
Lemuel, s. [Lt.] John, b. Oct. 15, 1757; d. Oct. 11, 1780	1	176
Lois, d. [Lt.] John, b. Nov. 11, 1754; d. Apr. 7, 1770	1	176
Lucy, of New London, m. Capt. Joseph **SMITH**, 2d, Aug. 28, 1794, by Henry Channing	2	80
Miriam, d. Thomas, formerly of Lyme, lately living at Pecapese (?)*, County of Sapass(?)*, m. Benjamin **COULT**, [ ] (*Handwritten in margin: "[ ] Dutchess Co. [ ]")	L-2	256
Polly, d. [Lt.] John, b. Feb. 21, 1768	1	176
Rachill, m. Moses **HUNTLEY**, Jr., Jan. 21, 1706/7	L-2	230
Sarah, [d. William & Elizabeth], b. Feb. 17, 1704/5	L-2	199
Tabitha, [d. William & Elizabeth], b. May 9, 1702	L-2	199
Thankfull, [d. William & Elizabeth], b. Feb. 23, 1707/8	L-2	199

HARRISON, HARISON, B[e]ulah, d. William & Hepzibah, b. Nov. 18, 1772 — 1 — 116

	Vol.	Page
Cha[rle]s W. m. Elizabeth A. **SAWYER**, b. of Lyme, Dec. 21, 1823, by Simon Shailor, Elder	2	163
Dorothy, d. William & Experience, b. May 23, 1746	1	43
Elihu, s. William & Experience, b. Jan. 24, 1742	1	43
Elisha, s. William & Hepzibah, b. Dec. 31, 1763	1	116
Experience, w. William, d. June 6, 1749	1	43
Henry, m. Polly **SAWYER**, b. of Lyme, Aug. 5, 1826, by Richard E. Selden, 2d, J.P.	2	199
John Frederick, b. Apr. 6, 1786; m. Jane Sheldon **BROCKWAY**, May 29, 1811	2	94
Line, d. W[illia]m & Hepzibah, b. Dec. 22, 1769	1	116
Louisa, of Lyme, m, William **PATTEN**, of Salem, Mar. 30, 1842, by C.E. Murdock	3	123
Nabby, m. Jason **SMITH**, b. of Lyme, May 23, 1782, by Rev. Dan[ie]ll Minor	1	80

	Vol.	Page
HARRISON, HARISON, (cont.)		
Polley, d. W[illia]m & Hepzibah, b. Apr. 13, 1767	1	116
Rich[ar]d Montgomery, s. William & Hepzibah, b. Mar. 31, 1776	1	116
Rosetta, m. Selden M. **HAYDEN**, July 7, 1842, by C.E. Murdock	3	128
William, s. William & Experience, b. Sept. 22, 1739	1	43
William, m. Experience **WOOD**, May 23, 1746	1	43
William, of Lyme, m. Hepzibah **TIFFANY**, of [Lyme], Dec. 29, 1762, by Rev. George Beckwith	1	116
William, s. William & Hepzibah, b. Apr. 20, 1779	1	116
William H., m. Louisa **CLARK**, b. of Lyme, July 19, 1846, by Rev. Samuel Griswold	3	168
----------, 1st child of William, b. Feb. 15, 1737; d. Apr. 22, 1738, ae 1y. 3m.	1	43
HART, Charles E., m. Phebe M. **SILL**, b. of Lyme, July 6, 1826, by Lothrop Rockwell, Clerk	2	197
Elizabeth A., of Lyme, m. Rev. Willys **WARNER**, of Yale College, Oct. 9, 1833, by Rev. Chester Colton	3	11
Elizabeth Ann, d. [John, Jr. & Nancy], b. June 17, 1814	2	131
John, Jr., m. Nancy **MATHER**, June 25, 1811	2	131
John, m. Margaret **SILL**, b. of Lyme, Aug. 25, 1835, by Rev. Chester Colton	3	39
John Alexander, s. [John, Jr. & Nancy], b. July 5, 1816	2	131
Samuel, of Durham, m. Lydia R. **DAVISON**, of Lyme, Oct. 28, 1838, at her father's in Lyme, by William Palmer, V.D.M., of E. Lyme	3	88
Sylvester M., s. [John, Jr. & Nancy], b. May 29, 1812; d. Dec. 7, 1816	2	131
HARVEY, HARVE, Abiga[i]l, [d. John], b. May 4, 1710	L-2	138
Abegall, [d. Thomas & Abbegal], b. June 16, 1712	L-2	189
Anna, twin with John, d. John & Elizabeth, b. Aug. 28, 1743, in East Haddam	1	46
Asahel, s. Thomas & Grace, b. June 3, 1764	1	33
Benjamin, [s. John], b. July 28, 1722	L-2	138
Berthenie, d. John & Elizabeth, b. June 6, 1745, in East Haddam	1	46
Betsey, d. [Samuel & Marsilva], b. Apr. 23, 1809	2	87
Elina, d. Thomas & Grace, b. Jan. 13, 1766	1	33
Elisha, s. John & Elizabeth, b. Feb. 11, 1746/7, in East Haddam	1	46
Elizabeth, [d. Thomas & Abbega[i]l], b. May 7, 1703; d. Oct. 5, 1703	L-2	189
Elizabeth, [d. John], b. Mar. 30, 1708	L-2	138
Elizabeth, d. John & Elizabeth, b. Sept. 20, 1741	1	46
Elizabeth, of East Haddam, m. Hazard B. **WILCOX**, of Lyme, Oct. 14, 1849, by Samuel D. Sill, J.P.	3	204
Goodwife, w. John, Sr., d. Jan. 9, 1704/5	L-2	138
Joan[n]a, [d. Thomas & Abbegal], b. Apr. 7, 1706	L-2	189
John, Sr., d. Jan. 18, 1704/5	L-2	138
John, [s. Thomas & Abbegal], b. Nov. 13, 1715	L-2	189
John, [s. John], b. Apr. 7, 1716	L-2	138
John, twin with Anna, s. John & Elizabeth, b. Aug. 28, 1743, in East Haddam	1	46
John, 2d, m. Elizabeth **RATHBONE**, Oct. 19, 1747	1	46

	Vol.	Page
HARVEY, HARVE,(cont.)		
Joseph, [s. John], [b.], Apr. 6, 1720	L-2	138
Joshua, [s. John], b. Mar. 3, 1718	L-2	138
Mary, d. Jan. 10, 1704/5	L-2	138
Pheby, d. John & Elizabeth, b. Oct. 28, 1748	1	46
Polly, m. Ebenezer **MACK**, Aug. 12, 1787	2	6
Polly Huntley, m. Ebenezer **MACK**, Aug. 12, 1787, by Jason Lee	1	171
Richard, [s. Thomas & Abbegal], b. July 1, 1719	L-2	189
Samuel, s. [Samuel & Marsilva], b. Feb. 16, 1807	2	87
Samuel, m. Marsilva **ELY**, Mar. 16, [ ]	2	87
Sarah, d. Jan. 13, 1704/5	L-2	138
Sarah, [d. John], b. Apr. 1, 1712	L-2	138
Thomas, m. Abbegale [ ], Nov. 25, 1702	L-2	189
Thomas, [s. Thomas & Abbegal], b. Feb. 27, 1708/9	L-2	189
Thomas, s. John & Elizabeth, b. Apr. 20, 1740	1	46
Thomas, of Lyme, m. Grace **WILLEY**, of East Haddam, July 18, 1763, by Grindall Ransom, Clerk, East Haddam	1	33
HASE, [see under **HAYES**]		
HASTINGS, Eleanor A., of New York City, m. Horace P. **CLARK**, of Lyme, [Dec.] 1, [1850], by Rev. D.S. Brainard	3	225
HAVENS, Anna, d. Nath[anie]l & Elizabeth, b. Mar. 10, 1737	L-2	144
Anner, d. Edward & Patience, b. July 4, 1780	1	5
Archibald R., of Shelter Island, m. Caroline A. **HUGHES**, of Lyme, May 22, 1839, by Rev. Chester Colton	3	96
Calvin, m. Lydia **MAYNARD**, b. of Lyme, Feb. 5, 1849, by Rev. Joseph B. Damon	3	206
Candace, w. Reuben, d. Feb. 20, 1815	2	97
Catharine, m. Stephen **TUCKER**, b. of Lyme, Oct. 20, 1820, by Joel Loomis, J.P.	2	188
Charles M., m. Abby **ROBBINS**, b. of Lyme, July 2, 1839, by Rev. Chester Colton	3	97
Charles McCurdy, s. Reuben, b. Aug. 5, 1818	2	97
Daniel, s. Nathaniel & Elizabeth, b. Jan. 29, 1747	L-2	144
Daniel, s. Edward & Patience, b. Aug. 26, 1776	1	5
David, s. Edward & Patience, b. June 4, 1771	1	5
David Henry, s. [Reuben & Candace], b. Oct. 13, 1800	2	97
Dorcas Ursula, d. [Reuben & Candace], b. Jan. 28, 1805	2	97
Edward, s. Nath[anie]l, & Elizabeth, b. Feb. 26, 1738/9	L-2	144
Edward, m. Patience **BEEBE**, Dec. 7, 1768	1	5
Edward, s. Edward & Patience, b. Oct. 29, 1774	1	5
Elisha, m. Lucy A. **CHAMPION**, b. of Lyme, [ ] 25, 1835, by Rev. Chester Colton	3	46
Elizabeth, d. Nath[anie]l & Elizabeth, b. Apr. 26, 1744	L-2	144
Elizabeth B., m. John H. **BROADRICK**, b. of Sag Harbor, L.I., [Feb.] 20, [1850], by Rev. D.S. Brainard	3	215
Emily, m. Elisha **CHAMPION**, b. of Lyme, May 25, 1851, by Rev. Thomas Barber	3	230
George, s. Edward & Patience, b. Aug. 27, 1769	1	5
George, m. Harriet **CHAMPION**, b. of Lyme, Oct. 6, 1821, by Lothrop Rockwell, Clerk	2	139
Henry Wolcott, s.[Reuben & Candace], b. Sept. 27, 1807	2	97

	Vol.	Page
HAVENS, (cont.)		
Israel, m. Jane **HARDING**, June 15, 1835, by Rev. Chester Colton	3	37
Jared, m. Prudence M. **CLARK**, b. of Lyme, June 2, 1850, by Rev. John F. Blanchard	3	219
Lucy, m. Silas **TUCKER**, b. of Lyme, July 3, 1831, by Rev. Chester Colton	2	258
Lydia, d. Edward & Patience, b. Nov. 22, 1772	1	5
Lydia, m. John **MAYNARD**, Jr., Nov. 23, 1791	2	84
Lydia E., m. Stephen L. **ROWLAND**, b. of Lyme, Nov. 8, 1832, by Rev. Frederick Wightman	3	1
Mary Hannah, d. [Reuben & Candace], b. Aug. 27, 1812	2	97
Mary W., of Lyme, m. Daniel S. **BRAYMAN**, of Groton, Mar. 2, 1823, by Lothrop Rockwell, Clerk	2	154
Nancy, of Lyme, m. William **DANIELS**, of Waterford, June 21, 1840, by Phillips Payson	3	110
Nathaniel, m. Elizabeth **BEEBE**, July 7, 1732	L-2	144
Nathaniel, s. Nath[anie]l & Elizabeth, b. Jan. 2, 1735/6	L-2	144
Peter, s. Nath[anie]l & Elizabeth, b. Aug. 4, 1741	L-2	144
Phebe, of Lyme, m. George D. **CLARK**, of Lyme, Sept. 30, 1821, by Lothrop Rockwell, Clerk	2	136
Reuben, s. Edward & Patience, b. Aug. 14, 1778	1	5
Reuben, m. Candace **DENISON**, Jan. [ ], 1800	2	97
Sarah, d. [Nathaniel & Elizabeth], b. Mar. 29, 1733	L-2	144
Sarah, d. Edward & Patience, b. Dec. 30, 1784	1	5
Sarah M., m. John W. **QUINN**, b. of Lyme, Nov. 1, 1826, by Lothrop Rockwell, Clerk	2	204
Silas, m. [ ] **GRIFFING**, b. of Lyme, Sept. 24, 1826, by Nathan Wildman	2	201
HAYDEN, HAIDEN, Charles, of Essex, m. Amelia **DAMON**, of Lyme, Oct. 4, 1847, by Rev. Chester Tilden, of N. Lyme	3	180
Ebenezer, [s. John & Marah], b. Oct. 8, 1698	L-2	201
Elizabeth E., m. Jedediah F. **BROCKWAY**, b. of Lyme, July 1, 1849, by Rev. Daniel Griswold	3	200
Henrietta, m. Griswold A. **CROCKER**, b. of Lyme, July 4, 1852, by Rev. E.F. Burr, of N. Lyme	3	241
Louisa, of Saybrook, m. Sylvester **WOOSTER**, June 22, 1818	2	130
Nancy K., of Essex, m. Henry N. **DAMON**, of Lyme, Oct. 4, 1847, by Rev. Chester Tilden, of N. Lyme	3	180
Nehemiah, [s. John & Marah], b. Jan. 16, 1703/4	L-2	201
Selden M., m. Rosetta **HARRISON**, July 7, 1842, by C.E. Murdock	3	128
Ulyssus, of Essex, m. Elizabeth E. **LORD**, of Lyme, June 2, 1835, by Rev. Harvey Bushnell	3	36
Zeadiah, [child of John & Marah], b. Dec. 14, 1700	L-2	201
HAYES, HASE, HAYS, Abigail, d. Titus & Deborah, b. Jan. 12, 1773	1	138
Abner, s. John & Azubah, b. Apr. 8, 1770	1	139
Cath[e]rine, [d. Richard & Patience], b. Nov. 7, 1744	L-5	300
Catherine, m. James **ELY**, b. of Lyme, June 30, 1768, by Rev. Stephen Johnson	1	122
Catharine, m. James **ELY**, June 31, 1768	2	52

	Vol.	Page
HAYES, HASE, HAYS, (cont.)		
Ely, s. Joseph & Lucy, b. Apr. 10, 1776	1	95
John, [s. Richard & Patience], b. May 25, 1742	L-5	300
John, m. Azubah **ROLAND**, b. of Lyme, Sept. 20, 1764, by Rev. Stephen Johnson	1	139
John, s. John & Azubah, b. Aug. 23, 1772	1	139
Joseph, s. Richard & Patience, b. May 15, 1748	L-5	300
Joseph, m. Lucy **ELY**, July 29, 1773	1	95
Joseph, s. Joseph & Lucy, b. July 30, 1774	1	95
Lydia, s. John & Azubah, b. July 20, 1765	1	139
Mary, m. James **SMITH**, Jr., Nov. 30, 1748	1	54
Mehetable, m. Greenfield **ALGER**, Oct. 9, 1785, by Ezra Allen, J.P.	1	20
Patience, m. Joseph **PERKINS**, b. of Lyme, Oct. 2, 1783, by Sam[ue]ll Ely, Witnesses: Jasper P. Sears, William Baker	1	58
Philemon, s. Rich[ar]d & Patience, b. Feb. 26, 1748/9	L-5	300
Polly, d. John & Azubah, b. Feb. 4, 1768	1	139
Richard, m. Paci[e]nce **MACK**, Apr. 24, 1735	L-2	179
Richard, m. Patience **MACK**, Apr. 24, 1735	L-5	300
Rich[ar]d, [s. Richard & Patience], b. June 30, 1740	L-5	300
Richard, s. Titus & Deborah, b. Apr. 26, 1771	1	138
Seth, [s. Richard & Patience], b. Dec. 26, 1737	L-5	300
Silas, [s. Richard & Patience], b. Feb. 15, 1735/6	L-5	300
Silas, s. Richard & Patience, b. Feb. 1, 1746/7	L-5	300
Titus, m. Deborah **BECKWITH**, b. of Lyme, June 17, 1770, by Rev. George Beckwith	1	138
Titus, s. Titus & Deborah, b. Feb. 26, 1776	1	138
HAYNES, [see under **HAINES**]		
HAZEN, HAZON, HAZER, Deborah, d. John & Deborah, b. Feb. 22, 1743	1	71
Eunice, d. John & Deborah, b. May 22, 1747	1	71
Hannah, [d. John], b. May 18, 1731, at Noridge or Norwich	L-2	140
John, Jr., m. Deborah **PECK**, Mar. 10, 1737	L-6	99
John, 3d, s. John & Deborah, b. Feb. 10, 1737/8	L-6	99
John, 3d, s. John & Deborah, b. Feb. 10, 1737/8	1	71
John, Jr., m. Deborah **PECK**, Mar. 10, 1754	1	71
Joseph, s. John & Deborah, b. Sept. 28, 1749, at Colchester	1	71
Lydia, d. John & Deborah, b. Dec. 22, 1751	1	71
Marcy, [d. John & Deborah], b. Mar. 29, 1740	L-6	99
Marcy, [d. John, Jr. & Deborah], b. Mar. 29, 1740	1	71
Mary, d. John, b. Jan. 5, 1734/5	L-5	49
Nathaniel, s. John & Deborah, b. Mar. 17, 1745, in "the Jerseys"	1	71
Samuel, s. John & Deborah, b. June 4, 1754	1	71
Thomas, s. [John], b. Feb. 12, 1732/3	L-2	140
HEDDEN, Alanson, of Stonington, m. Loura M. **GORTON**, of Lyme, Feb. 25, 1836, by Rev. Frederick Wightman	3	64
HENRY, John A., of E. Lyme, m. Lydia **CHAPMAN**, of Lyme, [Mar. 26, 1851], by Oliver Brown	3	227
HERRICK, Mary A., of Waterford, m. Henry B. **CHAP[P]EL[L]**, of East Lyme, Feb. 23, 1845, by Rev. Oliver Brown	3	158
HESS, Henry H., m. Mary **TINKER**, of Lyme, 2d of this month, by		

	Vol.	Page
HESS, (cont.)		
William Noyes, Jr., J.P. (No date given)	2	125
HEWLET, Comstock, m. Eliza **BANNING** (Johnson), b., of East Had[d]am, Sept. 13, 1842, by Richard E. Selden, Jr., J.P.	3	133
Edward, of East Haddam, m. Francisca **MOTT**, of Lyme, Aug. 29, 1841, by Richard E. Selden, Jr., J.P.	3	263
HIDE, [see under **HYDE**]		
HIGGINS, Benjamin, s. Christian & Dorothy, b. May 9, 1753, new style	1	104
Benjamin, m. Jane **PECK**, b. of Lyme, Nov. 20, 1777, by Rev. Stephen Johnson. Recorded May 17, 1780	1	39
Christian, m. Dorothy **WILLIAMS**, June 5, 1745, by David Russell, Stepney, Wethersfield	1	104
Christopher, s. Christian & Dorothy, b. Mar. 4, 1755; d. Jan. 1, 1756	1	104
Christopher, s. Christian & Dorothy, b. June 23, 1757	1	104
David, Rev., m. Eunice **GILBERT**, Jan. 17, 1788	2	10
David, s. [Rev.] David & Eunice, b. Aug. 2, 1789	2	10
Dolly, twin with Jemima, d. Christian & Dorothy, b. June 11, 1764	1	104
Dolly had s. Samuel **SUMMERS**, b. Jan. [ ], 1803	2	90
Enoch, twin with Seth, s. Christian & Dorothy, b. Sept. 11, 1762	1	104
Enoch, s. Benjamin & Jane, b. Aug. 26, 1780	1	39
Fanna, d. Benjamin & Jane, b. Oct. 25, 1778	1	39
Fanny, [w. William], d. Mar. 6, 1785	1	73
Gurdon Bayley, s. William & Fanny, b. Mar. 23, 1781	1	73
James Gilbert, s. [Rev.] David & Eunice, b. Feb. 22, 1791	2	10
Jemima, twin with Dolly, d. Capt. Christian & Dorothy, b. June 11, 1764	1	104
Joseph, Capt., m. Mercy **REMICK**, [ ]; had d. Rebecca, b. May 3, 1724, who married Richard **WAIT**	1	10
Joseph, s. Christopher* & Dorothy, b. Dec. 2, 1759 (*Probably Christian)	1	104
Marcy, m. John **MATHER**, June 13, 1745	1	27
Marcy Remeck, d. Silvanus & Elizabeth, b. May 6, 1774	1	147
Marcy Remick, m. Capt. Mechail **HUNTLEY**, Oct. 26, 1806	2	89
Polly, d. William & Fanny, b. Mar. 30, 1784	1	73
Rebecca, d. Capt. Joseph & Mercy (Remick) **HIGGINS**, b. May 3, 1724; m. Richard **WAIT**, [Jan. 13, 1757]	1	10
Seth, twin with Enoch, s. Christian & Dorothy, b. Sept. 11, 1762	1	104
Sylvanus, m. Elizabeth **CLARK**, b. of Lyme, July 15, 1773, by Rev. Stephen Johnson	1	147
Thankful, of Haddam, m. Daniel **RATHBONE**, of Lyme, Mar. 19, 1741	1	5
Thankful, m. Josiah **BURNHAM**, b. of Lyme, Nov. 1, 1753, by Rev. Stephen Johnson	1	74
William, s. Christian & Dorothy, b. June 29, 1751, old style	1	104
William, m. Fanny **BAYLEY**, Feb. 24, 1780	1	73
HILL, Anna, m. Seth **LEE**, Mar. 22, 1798	2	79
Bettey, d. Elijah & Mary, b. Oct. 29, 1755	1	81
Christopher, s. Sam[ue]l & Edith, b. Jan. 28, 1771	1	137

	Vol.	Page
HILL, (cont.)		
Christopher Edward, s. [Edward & Betsey], b. Feb. 21, 1803	2	85
Edith, w. Samuel, d. Nov. 16, 1814	1	137
Edward, s. Sam[ue]l & Edith, b. Oct. 4, 1772; d. Oct. 4, 1773	1	137
Edward, s. Sam[ue]l & Edith, b. Sept. 7, 1774	1	137
Edward, m. Betsey **LEE**, Nov. 26, 1801	2	85
Eleazer, of Hartford, m. Sarah A. **RAND**, of Lyme, Aug. 28, 1849, by Rev. W[illia]m Harris	3	202
Elijah, m. Mary **HUNTLEY**, b. of Lyme, Oct. 16, 1750, by Rev. Stephen Johnson	1	81
Elijah, s. Elijah & Mary, b. June 28, 1751	1	81
Elizabeth Lee, d. [Edward & Betsey], b. Dec. 9, 1804	2	85
Jemima, d. Elijah & Mary, b. June 2, 1753	1	81
Jemimah, m. Ephraim **SAWYER**, Nov. 20, 1774	1	143
Lucia Marvin, d. [Edward & Betsey], b. Jan. 22, 1810	2	85
Margaret Jane, d. [Edward & Betsey], b. May 3, 1812	2	85
Mary A., of Lyme, m. John **BARTLET[T]**, of New Orleans, Nov. 7, 1831, by Rev. Chester Colton	2	265
Mary Ann, d. Sam[ue]l & Edith, b. Mar. 24, 1777	1	137
Mary Ann Phebe, d. [Edward & Betsey], b. June 26, 1807	2	85
Mehetable Smith, d. Sam[ue]l & Edith, b. Mar. 26, 1779	1	137
Roxana, d. Sam[ue]l & Edith, b. Jan. 9, 1782	1	137
Samuel, m. Edith **BAYLEY**, b. of Lyme, Jan. 2, 1769, by Rev. Stephen Johnson	1	137
Sarah, d. Sam[ue]l & Edith, b. Jan. 28, 1784	1	137
Thomas J., of N. Kingston, L.I., N.Y., m. Deborah S. **MILLER**, of Lyme, Jan. 23, 1828, by Josiah Hawes (*Perhaps Hitt)	2	213
William Henry, s. Edward & Betsey, b. Jan. 15, 1816	2	85
HILLIARD, Benony, m. Martha **LORD**, July 6, 1740	L-7	332
Bettey, [d. Benony & Martha], b. Sept. 10, 1743	L-7	332
Bozaleel, [s. Benony & Martha], b. Aug. 30, 1741	L-2	332
HINCKLEY, Mary, of Stonington, m. Theophilus **MORGAN**, of Groton, May 10, 1795	2	89
HINSDALE, Morris, of LeRoy, N.Y., m. Martha A. **WAID**, of Lyme, Oct. 21, 1834, by Rev. Chester Colton	3	27
HOCKRIDGE, Charles, s. [William & Huldah], b. Nov. 13, 1802	2	63
John Dessent, s. [William & Huldah], b. Feb. 12, 1801	2	63
William, s. W[illia]m & Huldah, b. May 28, 1798	2	63
William Dessent, drowned at sea Dec. 26, 1802	2	63
William Dessent, b. Mar. 25, 1776, in Essex County, England	2	63
HODGE, Mary, of Glastonbury, m. Simeon **ALGER**, of Lyme, June 26, 1746	1	39
HOGES, Charles, m. An[n]e [ ], July 1, 1686	L-1	135
HOGUE, David, of Debuque, Iowa, m. Lucy G. **WELLS**, of Lyme, Aug. 9, 1838, by Rev. Chester Colton	3	86
HOLDREDGE, HOLDRIDGE, Sarah L., of Lyme, m. Henry B. **NOYES**, of Elmira, N.Y., May 14, 1845, by Rev. D.S. Brainard	3	152
----------, m. Jonathan **SISSON**, Jr., Jan. [ ], 1806	2	93
HOLMES, Griswold, of Montville, m. Mary A. **FORSYTH**, May 20, 1834, by Rev. Mark Mead	3	21

	Vol.	Page
HOLMES, (cont.)		
Joseph, of East Haddam, m. Maria K. **SELDEN**, of Lyme, May 21, 1844, by Rev. Stephen Alonzo Loper, of Hadlyme	3	144
Samuel, of East Haddam, m. Wid. Cornelia **BUCKINGHAM**, formerly Cornelia **LUTHER**, of Lyme, May 10, 1845, by R.E. Selden, Jr., J.P.	3	153
Thomas B, of Griswold, Ct., m. Mary E. **SLUMAN**, of Lyme, Ct. Oct. 6, 1853, by Rev. L. Williams Wheeler	3	253
HOLT, Asa, m. Polly **SMITH**, b. of Waterford, Aug. 7, 1836, by Rev. Frederick Wightman	3	56
Jane B., of Preston, m. George C. **VERGASON**, of Norwich, May 13, 1847, by Rev. Chester Tilden, of N. Lyme	3	175
HOLTUM, George, d. Jan. 21, 1724/5	L-2	117
Sarah, see under Sarah **SPENCER**		
HOPSON, Mary, m. Thomas **GRAVES**, Mar. 28, 1703	L-2	248
HORTON, Anna, m. Martin **BECKWITH**, b. of Lyme, Feb. last day, 1774, by George Dorr, J.P.	1	148
HOWARD, Amanda, m. Elisha **ROBBINS**, b. of Lyme, Sept. 8, 1822, by Charles Smith, J.P.	2	148
Daniel, Jr., m. Cordelia **DOWSETT**, b. of Lyme, Sept. 13, 1835, by Herman L. Vaill	3	41
Deborah, m. Benjamin **BROCKWAY**, b. of Lyme, Jan. 16, 1845, by Rev. D.S. Brainard	3	150
Electa, of Lyme, m. Clark S. **STILLMAN**, of Westerly, R.I., Oct. 30, 1828, by Rev. Nathan Wildman	2	228
Enoch, m. Joanna **CABLES**, b. of Lyme, Oct. 24, 1824, by Rev. Nathan Wildman	2	173
Mariaette, of East Lyme, m. Seth B. **DICKINSON**, of Hebron, Nov. 25, 1840, by Rev. Oliver Brown	3	154
Nathan, of E. Lyme, m. Cornelia **MEIGS**, of Lyme, June 25, 1843, by Rev. P. Brockett	3	139
William C., m. Eliza W. **CONGDON**, b. of Lyme, Oct. 26, 1828, by Rev. Nathan Wildman	2	228
HOWE, Susan M., of Bozrah, m. Christopher H. **LEE**, of Lyme, July 14, 1836, by Rev. Mark Mead	3	55
HOWELL, David, m. Rhuami **SILL**, Oct. 30, 1783	1	56
David, d. Nov. 16, 1785	1	56
Rhuhama, m. Mather **PECK**, Nov, 19, 1786	1	149
HUBBARD, Julia Ann, of East Haddam, m. John **BABCOCK**, of Lyme, Feb. 25, 1831, by John S. Rogers, J.P.	2	250
Phebe, m. Richard **ELY**, Jr, Oct. 26, 1732. She was his 2d w.	L-2	223
Phebe, m. Richard **ELY**, Jr, Oct. 26, 1732. She was his 2d w.	1	43
HUDSON, Ann, m. James **BLISS**, b. of Lyme, Feb. 14, 1847, by Daniel Anderson, J.P.	3	174
Anna, d. Stephen & Patience, b. May 3, 1796	1	148
Benjamin, [s. Nathaniell & Rachall], b. Oct. 18, 1700	L-2	252
Benjamin, m. Mabel **ROULEN**, Mar. 26, 1728	L-2	170
Benjamin, s. [Benjamin & Mabel], b. Jan. 15, 1732/3	L-2	170
Benjamin, m. Hannah **TERRILL**, Jan. 20, 1749	1	74
Benjamin, Jr., m. Bridget **BROCKWAY**, b. of Lyme, Dec. 29, 1761, by Rev. Stephen Johnson	1	55

HUDSON, (cont.)

	Vol.	Page
Brooks, s. Benjamin & Bridget, b. Jan. 15, 1764	1	55
Daniel, s. Benjamin & Hannah, b. Apr. 1, 1750; d. Oct. 1, 1751	1	74
Deborah, [d. Jonathan & Sarah], b. Oct. 27, 1688	L-2	33
Eleazer, s. [Benjamin & Mabel], b. June 9, 1738	L-2	170
Eleazer, m. Hannah **MILLER**, b. of Lyme, Feb. 23, 1766, by John Lay, 2d, J.P.	1	147
Eleazer, s. Eleazer & Hannah, b. Nov. 25, 1779	1	147
Elias, s. Eleazer & Hannah, b. Sept. 22, 1766	1	147
Elias, m. Lucinda **MILLER**, June 25, 1799	2	55
Elijah, s. [Nathaniell & Lydia], b. Oct. 29, 1735	L-6	37
Elisha, s. Eleazer & Hannah, b. Feb. 5, 1769; d. Oct. 8, 1780	1	147
Elisha, s. Eleazer & Hannah, b. Feb. 19, 1783	1	147
Elizabeth, d. Benjamin & Hannah, b. July 26, 1756	1	74
Elizabeth, d. Eleazer & Hannah, b. Feb. 18, 1782; d. Mar. 8, 1782	1	147
Est[h]er, d. [Thomas & Ester], b. Sept. 1, 1729	L-2	220
Est[h]er. w. Thomas, d. Feb. 12, 1730/1	L-2	220
Han[n]ah, [d. Jonathan & Sarah], b. Apr. 6, 1693	L-2	33
Hannah, [d. John & Hannah], b. Sept. 15, 1725	L-2	253
Hannah, d. Benjamin & Hannah, b. Nov. 30, 1759	1	74
Jane, d. John & Jane, b. Apr. 19, 1756	1	89
John, [s. Nathaniell & Rachall], b. Sept. 2, 1696	L-2	252
John, m. Hannah **ROLING**, [ ], 1721	L-2	253
John, s. [John & Hannah], b. Sept. 26, 1723	L-2	253
John, d. Oct. 27, 1743	L-2	253
John, of Lyme, m. Jane **FOX**, of East Haddam, Mar. 24, 1747	1	89
John, s. John & Jane, b. Sept. 9, 1749	1	89
Jonathan, m. Sarah [ ], June 17, 1686	L-1	135
Jonathan, [s. Jonathan & Sarah], b. Jan. 6, 1689	L-2	33
Joseph, s. Stephen & Patience, b. Dec. 14, 1798	1	148
Loas, d. John & Jane, b. July 8, 1760	1	89
Loas, d. Eleazer & Hannah, b. Apr. 4, 1771	1	147
Louisa S., [d.] Elias & Lucinda, b. Feb. 13, 1806	2	55
Loviecy, d. John & Jane, b. Apr. 1, 1754	1	89
Lucinda, m. Andrew **BECKWITH**, May [ ], 1816	2	161
Luce, [d. Nathaniell & Lydia], b. Sept. 12, 1725	L-6	37
Lucy, d. John & Jane, b. Apr. 3, 1758	1	89
Lydia, d. [Nathaniell & Lydia], b. Oct. 17, 1722	L-6	37
Lydia, m. Jonathan **ALGER**, Dec. 12, 1745	1	17
Mabel, w. Benjamin, d. Feb. 25, 1741	L-2	170
Mabell, d. Benj[ami]n & Hannah, b. Jan. 11, 1754	1	74
Mary, [d. Nathaniell & Rachall], b. Aug. 23, 1705	L-2	252
Mary, [d. John & Hannah], b. Feb. 17, 1736/7	L-2	253
Mary, d. Eleazer & Hannah, b. May 16, 1774	1	147
Nancy, d. Elias & Lucinda, b. June 3, 1799 [sic]	2	55
Nathaniell, [s. Nathaniell & Rachall], b. Oct. 20, 1698	L-2	252
Nath[anie]ll, m. Lydia **TUBES** (Tubbs?), Nov. 15, 1721	L-6	37
Nath[anie]ll, s. [Nathaniell & Lydia], b. Feb. 25, 1728/9	L-6	37
Patience, w. Stephen, d. Mar. 19, 1800	1	148
Rachall, [d. John & Hannah], b. Mar. 10, 1727/8; d. Mar. 17, 1736/7	L-2	253

	Vol.	Page
HUDSON, (cont.)		
Rachall, [d. John & Hannah], b. July 26, 1741	L-2	253
Rebeckah, d. [Benjamin & Mabel], b. Apr. 9, 1729	L-2	170
Rhoda, d. John & Jane, b. Nov. 12, 1751	1	89
Richard, [s. John & Hannah], b. [ ], 1730	L-2	253
Rich[ar]d, s. [Nathaniell & Lydia], b. Dec. 11, 1731	L-6	37
Richard, [s. John & Hannah], b. May 5, 1744	L-2	253
Samuel, s. [Benjamin & Mabel], b. Aug. 29, 1735	L-2	170
Sam[ue]ll. s. Benjamin & Bridget, b. Apr. 18, 1762	1	55
Samuel, s. Eleazer & Hannah, b. Aug. 28, 1776	1	147
Samuel, m. Rhoda **ROGERS**, b. of Lyme, Apr. 30, 1798, by Daniel Minor	2	53
Sarah, [d. Jonathan & Sarah], b. Mar. 27, 1687	L-2	33
Silas M., s. [Elias & Lucinda], b. Jan. 5, 1809	2	55
Stephen, s. Benjamin & Hannah, b. Mar. 22, 1752	1	74
Stephen, m. Patience **BISHOP**, July 26, 1795	1	148
Thomas, [s. Nathaniell & Rachall], b. Apr. 1, 1703	L-2	252
Thomas, m. Est[h]er **GRAVES**, Apr. 29, 1728	L-2	220
HUGHES, Betsey Miner, d. [Capt.] John & Jamima, b. Feb. 29, 1808	2	28
Caroline A., of Lyme, m. Archibald R. **HAVENS**, of Shelter Island, May, 22, 1839, by Rev. Chester Colton	3	96
Elizabeth, of Lyme, m. Charles D. **MANWARING**, of East Haddam, Feb. 17, 1834, by Rev. Chester Colton	3	17
Frances, m. James **PILGRIM**, b. of Lyme, Apr. 7, 1846, by Amos D. Watrous	3	166
John, Capt., m. Jamima **BURNHAM**, Jan. 7, 1788	2	28
John Gordon, s. [Capt.] John & Jamima, b. Jan. 1, 1802	2	28
John Gordon, m. Julia Ann **BILL**, b. of Lyme, June 20, 1824, by Josiah Hawes	2	166
Joseph Higgins, s. [Capt. John & Jamima], b. Mar. 31, 1794	2	28
Lucretia M., of Lyme, m. Horace B. **ROYCE**, of East Lyme, Apr. 16, 1844, by Rev. Oliver Brown	3	158
Mary, 2d, m. David B. **DATE**, Jan. 13, 1846, by Samuel Griswold	3	164
Nancy B., m. Joseph **BEEBE**, b. of Lyme, Apr. 12, 1840, by Rev. Chester Colton	3	103
Polly, d. John & Jamima, b. Mar. [ ], 1797	2	28
HUNGERFORD, Gurdon, of East Haddam, m. Maria **ROWLAND**, of Lyme, Nov. 24, 1821, by Lothrop Rockwell, Clerk	2	138
Richard A., of East Haddam, m. Elizabeth C. **LAPLASS**, of Lyme, July 4, 1847, by Rev. Chester Tilden, of N. Lyme	3	177
HUNTLEY, HUNTLY, Aaron, m. Marah [**CHAMBERLAIN**], Feb. 22, 1676	L-2	78
Aaron, [s. Aaron & Marah (**CHAMBERLAIN**)], b. Dec. 1, 1680	L-1	60
Aaron, [s. Aaron & Marah], b. Dec. 1, 1680	L-2	78
Aaron, Jr., m. Deb[o]rah **DeWOLF**, July 27, 1707	L-2	290
Aaron, [s. Aaron Jr. & Debrah], b. Sept. 14, 1710	L-2	290
Aaron, 3d, m. Mary **LEACH**, June [ ], b. 1738	L-7	162
Aaron, d. Sept. 26, 1748	L-2	290
Aaron, s. Samuel & Ruth, b. Nov. 4, 1752	L-5	307
Aaron, 3d, d. Nov. 18, 1763	L-7	162
Abel, s. Jonathan & Sarah Stephens, b. June 9, 1763	1	57

	Vol.	Page
HUNTLEY, HUNTLY, (cont.)		
Abel L., m. Lydia B. **READ**, b. of Lyme, Mar. 16, 1831, by Rev. Nathan Wildman	2	251
Abel Lord, s. [Marvin & Caroline], b. June 12, 1805	2	8
Abiga[i]ll, [d. Moses, Jr. & Rachill], b. Aug. 22, 1708	L-2	230
Abbegall, [d. John & Marah], b. Apr. 6, 1709 (* Handwritten correction in margin of original: "Bennet,")	L-2	51
Abigail, d. Joseph & Eunice, b. Dec. 8, 1753	1	56
Abner, m. Lucretia **ROWLAND**, June 26, 1768	1	84
Abner, s. Abner & Lucretia, b. Aug. 4, 1773	1	84
Abraham, s. Joseph & Lydia, b. Mar. 30, 1769	1	127
Adrial, m. Wealthy Ann **CONGDON**, b. of Lyme, Mar. 14, 1838, by Rev. Chester Colton	3	78
Albert, of Lyme, m. Almira **FIELD**, of Killingworth, July 9, 1826, by Richard E. Selden, 2d, J.P.	2	199
Ama, d. James & Lucretia, b. Jan. 2, 1769	1	69
Amos, [s. Daniell & Hannah], b. Oct. 31, 1727	L-2	291
Amos, m. Phebe **MACK**, May 21, 1749, by Benjamin Lee, J.P.	1	53
Amos, s. Amos & Phebe, b. Mar. 17, 1764	1	53
Amos, s. [Elihu & Naomia], b. July 1, 1796	2	20
Amos, the Elder, d. Sept. 1, 1804	1	53
Amos, of E. Lyme, m. Mary Ann **ELDREDGE**, of Lyme, Mar. 31, 1851, by Rev. D.S. Brainard	3	237
Asenath, d. [Marvin & Carolina], b. Aug. 8, 1798	2	8
Azuba, d. Nathan & Luce, b. June 28, 1747; d. Oct. 31, 1748	1	46
Azubah, d. Jasper & Azubah, b. Nov. 23, 1782; d. June [ ], 1784	2	49
Azubah, m. John **MUNSELL**, Jr., Dec. 25, 1783	2	46
Azubah, d. [William & Sarah], b. July 26, 1789	2	102
Barach, s. [Elihu & Naomia], b. Jan. 29, 1792	2	20
Barnu (?), s. [Elihua & Naomia], b. May 23, 1794	2	20
Benajah, s. Benajah & Esther, b. Jan. 6, 1747/8	1	48
Benjamin, [s. John & Elizabeth], b. Feb. 5, 1709; d.	L-2	295
Benjamin, m. Lydia **BECKWITH**, Apr. 27, 1732	L-5	307
Benjamin, s. Sam[ue]ll & Ruth, b. Mar. 8, 1740, at New London	L-5	307
Beththeasel (?), s. Aaron & Mary, b. Oct. 15, 1755	L-7	162
Betsey, d. [William & Sarah], b. Feb. 2, 1792	2	102
Betsey, m. Selden **ROGERS**, b. of Lyme, Sept. 28, 1823, by John S. Rogers, J.P.	2	160
Betsey, of Lyme, m. Silas **CARTER**, of Killingworth, Nov. 1, 1834, by Rev. Frederick Wightman	3	28
Calkins, s. James & Elizabeth, b. Feb. 15, 1785	1	92
Calvin, m. Betsey **ROGERS**, b. of Lyme, Oct. 31, 1830, by Rev. Nathan Wildman	2	246
Carolina, d. [Marvin & Carolina], b. Jan. 15, 1803	2	8
Carolina, w. Marvin, d. Aug. 25, 1807	2	8
Cartice, s. [Benjamin & Lydia], b. May 5, 1735	L-5	307
Catharine, d. Stephen & Phebe, b. Feb. 10, 1765; d. Dec. 24, 1770	1	127
Charles, s. Reu & Eliza, b. Oct. 29, 1795	2	9
Charles, of E. Lyme, m. Nancy H. **BUMP**, of Lyme, [Nov] 3, [1852], by Rev. D.S. Brainard	3	243
Charlotte, d. Martin & Mehetabel, b. Jan. 9, 1775	1	53

	Vol.	Page
HUNTLEY, HUNTLY, (cont.)		
Clarry, d. Martin & Phebe, b. Sept. 5, 1795	1	53
Curtiss, s. John & Loas, b. Sept. 20, 1758	1	68
Dan, s. Amos & Phebe, b. Nov. 25, 1756	1	53
Dan, m. Lovice **PECK**, Feb. 15, 1780	2	66
Dan, s. James & Elizabeth, b. Feb. 27, 1787	1	92
Daniell, [s. Aaron & Marah (**CHAMBERLAIN**)], b. May 25, 1682	L-1	60
Daniell, [s. Aaron & Marah], b. May 25, 1682	L-2	78
Daniell, m. Hannah **BROWN**, July 27, 1720	L-2	291
Dan[ie]ll, s. [Daniell & Hannah], b. Aug. 16, 1721	L-2	291
Daniel, d. Jan. 14, 1732/3	L-2	291
Daniel, of Lyme, m. Susannah **BECKWITH**, of New London, May 16, 1745, by Rev. George Griswold	1	23
Daniel, s. Dan[ie]ll & Susannah, b. Oct. 13, 1748	1	23
Daniel, s. [Reynold & Esther], b. Aug. 15, 1792	2	11
David, [s. Aaron & Marah], b. Mar. 17, 1687/88	L-2	78
David, m. Mary **TINKER**, Oct. 27, 1742	1	68
David, d. Aug. 31, 1755	1	68
David, s. Joseph & Eunice, b. May 8, 1756	1	56
David, s. Aaron, Sr., d. [ ]	L-2	295
Deaborah, [d. Aaron, Jr. & Debrah], b. Aug. 20, 1714	L-2	290
Deborah, d. [Elihu & Naomia], b. Mar. 8, 1787	2	20
Doran (?), s. Benjamin & Bethiah, b. Aug. 4, 1764	1	119
Edmund, of Norwich, m. Sarah E. **GILBERT**, of Lyme, July 27, 1846, by Roger Albiston	3	183
Elihu, s. David & Mary, b. Aug. 30, 1743	1	68
Elihu, m. Naomia **BROCKWAY**, [ ]	2	20
Elihu, [s. David, s. Aaron, Sr., & Mary]	L-2	295
Elijah, [s. John & Marah], b. May 20, 1722 (*Handwritten correction in margin of original: "Bennet,")	L-2	51
Elijah, s. Jonathan & Sarah Stephens, b. Aug. 11, 1765	1	57
Elijah Kimball, s. Richard & Sally, b. May 9, 1811	2	86
Eliphalet, s. Jonathan & Sarah Stevens, b. Sept. 7, 1771	1	57
Elisha, s. Nathan & Luce, b. Dec. 15, 1760	1	46
Elisha, s. Martin & Phebe, b. June 27, 1797	1	53
Elisha M., m. Mary **TINKER**, b. of Lyme, May 24, 1824, by Nathan Wildman	2	183
Elizabeth, [d. Aaron & Marah (**CHAMBERLAIN**)], b. Mar. 16, 1679	L-1	60
Elizabeth, [d. Aaron & Marah], b. Mar. 16, 1679	L-2	78
Elizabeth, [d. John & Elizabeth], b. Jan. 2, 1701/2	L-2	295
Elizabeth, [d. John & Elizabeth], b. Sept. 30, 1721	L-2	295
Elizabeth, d. John & Loas, b. Aug. 24, 1751	1	68
Elizabeth, twin with Huldah, d. Amos & Phebe, b. Aug. 1, 1752; d. 2 days later	1	53
Elizabeth, m. Ebenezer **CHAPMAN**, b. of Lyme, June 17, 1755	1	170
Elizabeth, d. Amos & Phebe, b. May 22, 1761	1	53
Elizabeth, d. Dan & Lovice, b. Feb. 25, 1794	2	66
Elkanah, s. James & Lucretia, b. Sept. 19, 1775	1	69
Elkanah, m. Anna **BISHOP**, Nov. 14, 1799	2	86

	Vol.	Page
HUNTLEY, HUNTLY, (cont.)		
Emeline Deliverance, d. [Richard & Sally], b. Sept. 29, 1813	2	86
Emeline Ursula, of Lyme, m. Joel **JOHNSON**, of Chatham, June 7, 1827, by Rev. Joseph Vaill, of Hadlyme	2	209
Emila, d. [Elkanah & Anna], b. June 4, 1806	2	86
Emily, of Lyme, m. William **HAINES**, of Sterling, Oct. 8, 1834, by Frederick Wightman	3	25
Enoch, s. James & Lucretia, b. Oct. 21, 1759	1	69
Enoch, s. James & Lucretia, d. June 1, 1786	1	69
Erastus, s. Martin & Mehetabel, b. Aug. 5, 1785	1	53
Erastus, s. Martin & Mehetabel, d. [ ], 1801, in the West Indes	1	53
Erastus, s. [William & Sarah], b. Apr. 30, 1803	2	102
Erastus Calvin, s. [Martin & Phebe], b. Apr. 19, 1805	1	54
Easther, [d. Aaron, Jr. & Debrah], b. May 21, 1724	L-2	290
Esther, m. William **ROB[B]INS**, Jr., May 20, 1741	1	14
Esther, d. Samuel & Ruth, b. Feb. 2, 1750	L-5	307
Eunice, d. Joseph & Eunice, b. 14, 1749/50	1	56
Ezekiel, m. Ruth **MINOR**, Sept. 8, 1803	2	73
Ezekiel, [s. David, s. Aaron, Sr. & Mary]	L-2	295
Ezra, [s. Peter & Sarah], b. Oct. 4, 1738	L-2	467
Ezra, s. Jasper & Azubah, b. Jan. 1, 1777	2	49
Fanny, d. Reynold & Esther, b. June 19, 1788	2	11
Frances E., of Lyme, m. Emerson **MIXTER**, of Tolland, June 6, 1847, by Rev. A. D. Watrous	3	176
Gideon, s. [Elihu & Naomia], b. Aug. 15, 1777	2	20
Giles, s. Reuben & Lovice, b. Nov. 19, 1781	1	30
Giles Leonord, s. [Capt. Mechail & Marcy Remick], b. Aug. 17, 1810	2	89
Gurdon, s. Martin & Mehetabel, b. June 3, 1782	1	53
Hannah, m. Ebenezer **MACK**, b. of Lyme, Apr. 30, 1728, by Rev. George Griswold	1	35
Hannah, d. [John, Jr. & Hannah], b. June 21, 1742	1	15
Hannah, d. Joseph & Eunice, b. Feb. 23, 1744/5	1	56
Hannah, d. Peter & Sarah, b. Aug. 4, 174[ ]	L-2	467
Hannah, d. Dan[ie]ll & Susannah, b. Aug. 8, 1758	1	23
Hannah, m. Edward **DeWOLF**, b. of Lyme, Oct. 5, 1762, by Rev. Stephen Johnson	1	121
Hannah, d. Jasper & Azubah, b. Nov. 20, 1773; d. Nov. [ ], 1790	2	49
Hannah, m. Dan **CHADWICK**, b. of Lyme, May 28, 1775, by Rev. Stephen Johnson	1	157
Harriet, d. Marvin & Carolina, b. July 13, 1795	2	8
Harriet, m. John **ROGERS**, Jr., b. of Lyme, Sept. 24, 1821, by Rev. Geo[rge] W. Appleton	2	137
Harry, s. [William & Sarah], b. Dec. 8, 1805	2	102
Hepsabeth, [d. Samuell & Ruth], b. Oct. 9, 1738	L-5	307
Hezekiah, s. [John, Jr. & Lydia], b. Feb. 13, 1726/5	L-2	112
Hezekiah, s. Samuel & Ruth, b. May 20, 1754	L-5	307
Honor, [d. Aaron, Jr. & Debrah], b. July 22, 1708	L-2	290
Hope, d. Joseph & Lydia, b. Jan. 15, 1778	1	127
Horace, m. Mary **MILLER**, July 4, 1853, by Rev. E.F. Burr	3	255

HUNTLEY, HUNTLY, (cont.)

	Vol.	Page
Huldah, d. Amos & Phebe, b. Aug. 1, 1752 (twin with Elizabeth)	1	53
Ira, s. James & Lucretia, b. June 3, 1764	1	69
Isaac, s. Dan[ie]ll & Susannah, b. Dec. 24, 1753; d. Sept. 19, 1754	1	23
Isaac, s. Dan[ie]ll & Susannah, b. June [ ], 1756; d. Mar. 22, 1760	1	23
Isaiah, s. Nathan & Luce, b. Nov. 24, 1751	1	46
Jabez, s. Moses & Rachall, b. Sept. 21, 1721; m. Patience **VAUG[H]N**, b. of Lyme, Mar. 27, 1746, by George Beckwith	1	8
Jabez, m. Patience **VOAN**, b. of Lyme, Mar. 27, 1746, by George Beckwith	1	35
Jacob, [s. Daniell & Hannah], b. June 5, 1723	L-2	291
James, [s. Daniell & Hannah], b. Apr. 17, 1725	L-2	291
James, m. Lucretia **SMITH**, b. of Lyme, Aug. 21, 1750, by Rev. George Griswold	1	69
James, s. James & Lucretia, b. May 17, 1771	1	69
James, m. Elizabeth **PECK**, b. of Lyme, Feb. 15, 1784, by Rev. Stephen Johnson	1	92
James, s. Elkanah & Anna, b. Feb. 18, 1802	2	86
Jane, [d. John & Marah], b. May 25, 1714	L-2	51
Jason, s. Daniel & Susannah, b. May 4, 1761	1	23
Jasper, s. Peter & Sarah, b. Sept. 4, 1749	L-2	467
Jasper, m. Azubah **MACK**, Dec. 31, 1768	2	49
Jasper, s. Jasper & Azubah, b. Nov. 13, 1790; d. Dec. 6, 1790	2	49
Jasper, Sr., d. June 12, 1816	2	49
Jeane, [child of Aaron & Marah (**CHAMBERLAIN**)], b. Sept. 10, 1686	L-1	60
Jeane, [d. Aaron & Marah], b. Sept. 10, 1686	L-2	78
Jedediah, [s. John & Marah], b. June 24, 1724 (*Handwritten correction in margin of original says "Bennet,")	L-2	51
Jedediah Brockway, [s. Elihu & Naomia], b. May 1, 1783	2	20
Jehial, s. John & Hannah, b. Feb. 7, 1748/9	1	15
Jemima, [d. Aaron, Jr. & Debrah], b. Aug. 30, 1728	L-2	290
Jemima, m. Eber **LEWIS**, of Lyme, May 26, 1754, by Stephen Gorton, Elder	1	17
Jemima, d. Martin & Mehetabel, b. Jan. 1, 1777; d. July 12, 1777	1	53
Jerusha, [w. Reynold], d. Feb. 10, 1787	2	11
John, d. Nov. 16, 1676	L-1	30
John, [s. Aaron & Marah (**CHAMBERLAIN**)], b. Nov. 24, 1677	L-1	60
John, [s. Aaron & Marah], b. Nov. 22, 1677	L-2	78
John, [s. Moses & Abagall], b. Sept. 9, 1686	L-1	49
John, m. Elizabeth, Feb. 2, 1699	L-2	295
John [s. John & Elizabeth], b. Oct. 19, 1699	L-2	295
John, s. John, b. June 3, 1709	L-2	111
John, [s. John & Marah], b. Aug. 18, 1710 (*Handwritten correction in margin of original says "Bennet,")	L-2	51
John, d. May 25, 1728	L-2	112
John, Jr., m. Hannah **PERSON**, of G[u]ilford, July 22, 1741	1	15
John, s. Joseph, of Lyme, m. Loas **BECKWITH**, d. Matthew, Jr., of Lyme, Dec. 13, 1747	1	68

	Vol.	Page
HUNTLEY, HUNTLY, (cont.)		
John, Jr., m. Lydia **ROB[B]INS**, [ ]	L-2	112
John M., m. Delia **CAULKINS**, b. of Lyme, Sept. 25, 1849, by Rev. Joseph B. Damon	3	208
John Whittlesey, s. [Richard & Sally], b. Aug. 6, 1816	2	86
Jonathan, s. David & Mary, b. Mar. 9, 1728	1	57
Jonathan, m. Sarah Stephens **SMITH**, Aug. 22, 1754, by Benjamin Lee, J.P.	1	57
Jonathan, s. Jonathan & Sarah Stephens, b. Dec. 4, 1758	1	57
Jonathan, [s. David, s. Aaron, Sr. & Mary]	L-2	295
Jonathan Bishop, s. [Elkanah & Anna], b. Jan. 23, 1804	2	86
Joseph, [s. John & Elizabeth], b. Jan. 27, 1707	L-2	295
Joseph, of Lyme, m. Eunice **WELCH**, Oct. 24, 1741	1	56
Joseph, s. Joseph & Eunice, b. Jan. 13, 1746/7	1	56
Joseph, m. Lydia **SAWYER**, b. of Lyme, May 4, 1768, by Benjamin Lee, J.P.	1	127
Joseph, s. Joseph & Lydia, b. July 19, 1775	1	127
Joseph Douglass, s. Marvin & Mary, b. Sept. 23, 1809	2	8
Joseph W., m. Mary E. **REED**, b. of [Lyme], Nov. 10, 1835, by Mark Mead, V.D.M.	3	45
Joseph William, s. [Capt. Mechail & Marcy Remick], b. Apr. 21, 1812	2	89
July Ann, d. Reuben & Lovice, b. Oct. 9, 1806	1	30
Julia Ann, m. Samuel **SAUNDERS**, Jr., b. of Lyme, Mar. 2, 1828, by Rev. Tubal Wakefield	2	214
Keturah, m. John **AMES**, Jan. 8, 1786	1	90
Laura S., m. Thomas J. **PECK**, b. of Lyme, [Mar.] 29, [1853], by Rev. D.S. Brainard	3	246
Leemon, s. Nathan & Luce, b. May 15, [ ]	1	46
Lemuel, s. Samuel & Ruth, b. Nov. 7, 1748	L-5	307
Lemuel, s. Sam[ue]ll & Susannah, b. Aug. 8, 1768	1	124
Lodowick Mack, [s. Reu & Abigail], b. Mar. 7, 1797	2	9
Lois, d. Peter & Sarah, b. Feb. 26, 1733/4	L-2	467
Lois, d. [William & Sarah], b. Dec. 20, 1808	2	102
Lovice, d. Amos & Phebe, b. Feb. 11, 1759	1	53
Lovice, d. Amos, m. Reuben **HUNTLEY**, s. Wid. Mary, Mar. 14, 1776, by William Noyes, J.P.	1	30
Lovina, d. Benjamin & Bethiah, b. June 5, 1766	1	119
Lovina, m. Dan **PECK**, Apr. 19, 1786, by Jason Lee	1	93
Lucinda, d. Stephen & Phebe, b. May 2, 1767; d. Dec. 4, 1774	1	127
Lucretia, d. James & Lucretia, b. Aug. 8, 1781	1	69
Lucy, [d. John & Elizabeth], b. Dec. 15, 1711	L-2	295
Lycy, [d. John & Elizabeth], b. Apr. 22, 1716	L-2	295
Lucy, d. Amos & Phebe, b. July 7, 1769	1	53
Lucy, m. Gurdon **WATROUS**, Jr., Nov. 1, 1787	2	11
Lydia, [w. John, Jr.], d. Apr. 25, 1728	L-2	112
Lydia, d. Jonathan & Sarah Stephens, b. Sept. 4, 1769	1	57
Lydia, d. Reynold & Jerusha, b. Sept. 9, 1782	2	11
Lydia, m. John **MUNSELL**, Sept. 9, 1802	1	101
Lydia, d. [Marvin & Carolina], b. Aug. 7, 1807	2	8
Marah, [d. Aaron & Marah (**CHAMBERLAIN**)], b. Feb. 14,		

	Vol.	Page

HUNTLEY, HUNTLY, (cont.)

	Vol.	Page
1684	L-1	60
Marah, [d. Aaron & Marah], b. Feb. 14, 1685	L-2	78
Marah, m. John **BENNET**, Jan. 2, 1706/7* (*Handwritten correction in margin of original)	L-2	51
Marcy, d. Jonathan & Sarah, b. Dec. 17, 1756	1	57
Martha, d. Joseph & Eunice, b. Mar. 10, 1752	1	56
Martin, s. Amos & Phebe, b. Sept. 27, 1750	1	53
Martin, s. Jonathan & Sarah, b. May 9, 1755; d. Jan. 13, 1756	1	57
Martin, m. Mehetabel **SILL**, b. of Lyme, Aug. 26, 1773	1	53
Martin, m Phebe **MACK**, Sept. 3, 1787	1	53
Martin, s. Martin & Phebe, b. Jan. 27, 1789	1	53
Marvin, s. James & Lucretia, b. Nov. 11, 1766	1	69
Marvin, m. Carolina **LORD**, Apr. 9, 1789	2	8
Marvin, s. Marvin & Carolina, b. Aug. 10, 1802	2	8
Marvin, m. Mary **DOUGLASS**, Mar. 3, 1808	2	8
Marvin Lord, s. Marvin & Carolina, b. Oct. 25, 1792; d. June 8, 1794	2	8
Mary, [d. Moses & Abagall], b. Dec. 26, 1683	L-1	49
Mary, [d. John & Elizabeth], b. June 20, 1703	L-2	295
Mary, [d. John & Marah], b. May 30, 1716	L-2	51
[Mary], w. Peter, d. July 5, 1732	L-2	467
Mary, m. Joseph **ALGER**, Apr. 27, 1733	L-2	104
Mary, m. Elijah **HILL**, b. of Lyme, Oct. 16, 1750, by Rev. Stephen Johnson	1	81
Mary, m. Cyrus **LEE**, Aug. 10, 1757, by Sam[ue]l Ely, J.P.	1	125
Mary, d. Abner & Lucretia, b. Apr. 29, 1769	1	84
Mary, d. [Marvin & Mary], b. July 12, 1813	2	8
Mary, d. [Sollomon & Ruth], [ ]	L-2	295
Mary G., of Lyme, m. Frances B. **LEE**, of Bozrah, Apr. 27, 1834, by Rev. Frederick Wightman	3	20
Mary O., m. Silas **LESTER**, b. of Lyme, Mar. 18, 1823, by Lothrop Rockwell, Clerk	2	155
Matilda, d. [William & Sarah], b. Mar. 4, 1812	2	102
Matthew, s. Jonathan & Sarah Stephens, b. Dec. 13, 1773	1	57
Mechail, Capt., m. Marcy Remick **HIGGINS**, Oct. 26, 1806	2	89
Mehepzibah, d. Samuel & Ruth, b. June 2, 1756	L-5	307
Mehetable, d. David & Mary, b. Sept. 22, 1745	1	68
Mehetable, w. Martin, d. Jan. 12, 1786	1	53
Mehetable, d. [Elihu & Naomia], b. Jan. 14, 1789	2	20
Mehetable, d. Martin & Phebe, b. Feb. 17, 1793	1	53
Mehetable, [d. David, s. Aaron, Sr. & Mary]	L-2	295
Merack, m. Abby J. **BUSH**, b. of Lyme, Jan. 2, 1833, by Joseph Strictland, J.P.	3	5
Micarl, s. Reuben & Lovice, b. Oct. 27, 1777	1	30
Michael, see Mechail & Micarl		
Meranda, m. Abijah **PIERSON**, b. of Lyme, Nov. 13, 1825, at Mr. Silas Huntley's, by Rev. Seth Lee	2	192
Molly, d. Sam[ue]ll & Ruth, b. Aug. 13, 1743, at New London	L-5	307
Molly, m. Edward **CHAPMAN**, May 26, 1765	1	171
Molley, d. Amos & Phebe, b. Dec. 6, 1775; d. Feb. 21, 1792	1	53

	Vol.	Page
HUNTLEY, HUNTLY, (cont.)		
Moses, m. Abagail **COMSTOCK**, wid. of John **COMSTOCK**, Jan. 18, 1680	L-1	49
Moses, [s. Moses & Abagail], b. May 31, 1681	L-1	49
Moses, Jr., m. Rachill **HAR[R]IS**, Jan. 21, 1706/7	L-2	230
Nancy, d. Elkanah & Anna, b. Oct. 1, 1800	2	86
Naomy, [d. Aaron, 3d. & Mary], b. Feb. 14, 1742/3	L-7	162
Naomy, d. Jonathan & Sarah Stephens, b. Aug. 30, 1767	1	57
Nathan, [s. Aaron, Jr. & Debrah], b. June 2, 1726	L-2	290
Nathan, m. Luce **SMITH**, b. of Lyme, Oct. 6, 1746, by Rev. George Griswold	1	46
Nathan, s. Nathan & Luce, b. Aug. 9, 1754	1	46
Nehemiah, s. Benajah & Esther, b. Oct. 2, 1743, in South Hole, L.I., N.Y.	1	48
Olive, d. Joseph & Lydia, b. Oct. 6, 1771	1	127
Patience, [d. Peter & Mary], b. Mar. 18, 1730/1	L-2	467
Patience, d. [Peter & Mary], b. Mar. 18, 1731/30	L-2	192
Petter, [s. John & Elizabeth], b. Mar. 4, 1705	L-2	295
Peter, m. Mary **RANSOM**, Mar. 20, 1729/8	L-2	192
Peter, m. Mary **RANSOM**, Mar. 20, 1729	L-2	467
Peter, m. his 2d w. Sarah **ROB[B]INS**, Feb. 14, 1732/3	L-2	467
Peter, twin with William, s. [William & Sarah], b. Aug. 10, 1796	2	102
Phebe, [d. Aaron, Jr. & Debrah], b. Mar. 1, 1721/2	L-2	290
Phebe, d. Amos & Phebe, b. Sept. 10, 1754	1	53
Phebe, m. Henry **ROLAND**, Jr., b. of Lyme, May 28, 1772, by John Lay, 2d, J.P.	1	137
Phebe, m. Henry **ROLAND**, Jr., b. of Lyme, May 28, 1772, by John Lay, 2d, J.P.	1	160
Phebe, w. Stephen, d. Mar. 14, 1775	1	127
Phebe, d. Reu & Eliza, b. July 14, 1793	2	9
Phebe, d. Martin & Phebe, b. Nov. 2, 1802	1	54
Phebe, m. Reuben **HUNTLEY**, b. of Lyme, May 24, 1837, by Daniel Stewart, J.P.	3	72
Phinehas, s. James & Lucretia, b. Jan. 14, 1754	1	69
Polly, d. Reu & Abigail, b. June 8, 1789	2	9
Polly, d. [William & Sarah], b. Sept. 6, 1794	2	102
Polly, d. Martin & Phebe, b. Apr. 4, 1798	1	53
Polly Alcey, d. Reuben & Lovice, b. Nov. 14, 1791	1	30
Rena, d. James & Lucretia, b. Mar. 9, 1761	1	69
Reu, m. Abigail **MACK**, Sept. 18, 1788	2	9
Reu, m. Eliza **BODGE**, Feb. [ ], 1793	2	9
Reuben, s. Aaron & Mary, b. Sept. 25, 1752	L-7	162
Reuben, s. Wid. Mary, m. Lovice **HUNTLEY**, d. Amos, Mar. 14, 1776, by William Noyes, J.P.	1	30
Reuben, m. Phebe **HUNTLEY**, b. of Lyme, May 24, 1837, by Daniel Stewart. J.P.	3	72
Re[y]nold, s. James & Lucretia, b. Mar. 30, 1756	1	69
Reynold, m. Jerusha **MACK**, [ ], 1780	2	11
Reynold, s. Reynold & Jerusha, b. Apr. 30, 1784	2	11
Reynold, m. Esther **Mc[K]NIGHT**, Aug. 26, 1787	2	11
Rice, s. Amos & Phebe, b. Oct. 28, 1766	1	53

	Vol.	Page

HUNTLEY, HUNTLY, (cont.)

Richard, s. Reuben & Lovice, b. Mar. 18, 1780	1	30
Richard, Capt., m. Sally **KIMBALL**, May 21, 1807	2	86
Richard Harris, s. Benajah & Esther, b. Dec. 2, 1745	1	48
Ruel B., of East Lyme, m. Abby A. **BUMP**, of Lyme, Feb. 19, 1845, by Rev. D.S. Brainard	3	150
Rufus, s. Nathan & Luce, b. June 4, 1749	1	46
Rufus, m. Hannah **FREEMAN**, Feb. 22, 1797, by Elder Jason Lee	2	38
Russell, s. Nathan & Luce, b. June 26, 1758	1	46
Ruth, [d. Aaron, Jr. & Debrah], b. Mar. 1, 1716/17	L-2	290
Ruth, m. Sam[ue]ll **HUNTLEY**, May 5, 1736	L-5	307
Ruth, d. Sam[ue]ll & Ruth, b. Mar. 6, 1745, at New London	L-5	307
Sabra, d. John & Loas, b. Sept. 1, 1761	1	68
Sally, d. Marvin & Carolina, b. May 10, 1790	2	8
Sally, d. [Elkanah & Anna], b. Aug. 4, 1808	2	86
Sally, of East Lyme, m. John W. **CRARY**, of Lebanon, Jan. 13, 1839, at E. Huntley's in E. Lyme, by W[illia]m Palmer, V.D.M., of E. Lyme	3	92
Samuell, [s. John & Marah], b. Dec. 14, 1707 (*Handwritten correction in margin states "Bennet,")	L-2	51
Samuell, [s. John & Elizabeth], b. Dec. 23, 1713	L-2	295
Sam[ue]ll, m. Ruth **HUNTLEY**, May 5, 1736	L-5	307
Samuel, s. Samuel & Ruth, b. Mar. 11, 1747	L-5	307
Sam[ue]ll, Jr., m. Susannah **HUNTLEY**, b. of Lyme, Oct. 7, 1767, by Benjamin Lee, J.P.	1	124
Sarah, [d. John & Elizabeth], b. June 17, 1718	L-2	295
Sarah, [d. John & Marah], b. Jan. 29, 1719 (*Handwritten correction in margin states "Bennet,")	L-2	51
Sarah, [d. Peter & Sarah], b. May 1, 1736	L-2	467
Sarah, w. Timothy Mather, Jr., d. May 25, 1761	L-5	307
Sarah, d. Jasper & Azubah, b. July 26, 1771	2	49
Sarah, d. [Elihu & Naomia], b. May 28, 1785	2	20
Sarah, m. William **HUNTLEY**, Aug. 31, 1788, by Jason Lee, "as said Sarah states"	2	102
Selden, s. Martin & Phebe, b. Mar. 13, 1791	1	53
Seth, s. James & Lucretia, b. July 8, 1773; d. Sept. 9, 1787	1	69
Seth, s. [Elihu & Naomia], b. May 1, 1779	2	20
Seth, s. Abner & Lucretia, b. June 29, 1780	1	84
Sila, m. John **MUNSELL**, Jr., of Lyme, Feb. 22, 1759, by Samuel Ely, J.P.	1	101
Silas, s. James & Lucretia, b. Aug. 3, 1777	1	69
Sill, s. Martin & Mehetabel, b. Dec. 17, 1779	1	53
Silvanus, see under Sylvanus		
Sollomon, [s. Aaron & Marah], b. May 31, 1691	L-2	78
Sollomon, m. Ruth [ ], Feb. 13, 1710/11	L-2	295
Sollomon, [s. Aaron, Jr. & Debrah], b. Sept. 1, 1712	L-2	290
Sollomon, d. before Feb. 11, 1724	L-2	295
Solomon, [s. Samuel & Ruth], b. June 19, 1737	L-5	307
Sollomon, s. Sam[ue]ll & Ruth, d. Oct. 2, 1759	L-5	307
Sollomon, s. Sam[ue]ll & Ruth, b. Jan. 7, 1761	L-5	307
Sophia, d. Richard & Sally, b. Dec. 29, 1808	2	86

	Vol.	Page

HUNTLEY, HUNTLY, (cont.)

Sophia, m. Horace B. **MANWARING**, b. of Lyme, Dec. 11, 1832, by Rev. Frederick Wightman	3	4
Spicer Mack, s. Reu & Abigail, b. Apr. 1, 1792	2	9
Stanton, s. Reynold & Jerusha, b. Nov. 12, 1786	2	11
Stephen, [s. Aaron, Jr. & Debrah], b. Feb. 28, 1719	L-2	290
Stephen, [s. Aaron, 3d, & Mary], b. Mar. 25, 1740	L-7	162
Stephen, of Lyme, m. Phebe **TUBBS**, of Lyme, Apr. 2, 1764, by Benj[amin] Lee, J.P.	1	127
Stephen, m. Lydia **BROCKWAY**, b. of Lyme, Nov. 27, 1777, by Ezra Selden, J.P.	1	127
Stephen, s. Stephen & Lydia, b. Jan. 27, 1779	1	127
Stephen Mack, s. [William & Sarah], b. Nov. 21, 1799	2	102
Susannah, d. Joseph & Eunice, b. Dec. 18, 1742	1	56
Susannah, d. Daniel & Susannah, b. Apr. 16, 1746	1	23
Susannah, m. Sam[ue]ll **HUNTLEY**, Jr., b. of Lyme, Oct. 7, 1767, by Benjamin Lee, J.P.	1	124
Silvanus, s. Aaron & Mary, b. the last of Aug. 1749	L-7	162
Sylvanus H., m. Lydia S. **CAULKINS**, Dec. 15, 1831, by Rev. Chester Colton	2	266
Silvanus Higgins, s. [Capt. Mechail & Marcy Remick], b. Dec. 11, 1808	2	89
Taber, s. Reuben & Lovice, b. Nov. 27, 1787	1	30
Timothy, [s. Aaron, Jr. & Debrah], b. Oct. 22, 1731	L-2	290
Ursula, d. Reuben & Lovice, b. Nov. 19, 1797	1	30
Vashty, d. John & Loas, b. Sept. 13, 1748	1	68
William, [s. Moses, Jr. & Rachill], b. June 24, 1712	L-2	230
William, s. John & Loas, b. Feb. 15, 1756	1	68
William, s. Abner & Lucretia, b. Jan. 22, 1778	1	84
William, s. Reynold & Jerusha, b. May 22, 1781	2	11
William, m. Sarah **HUNTLEY**, Aug. 31, 1788, by Jason Lee, "as said Sarah states"	2	102
William, twin with Peter, s. [William & Sarah], b. Aug. 10, 1796	2	102
William, d. Apr. 3, 1813	2	102
W[illia]m, of Lyme, m. Lorain **PICKLES**, of Killingworth, Dec. 9, 1827, by Rich[ar]d E. Selden, Jr., J.P.	2	212
W[illia]m, of Lyme, m. Lorain **FIELDS**, of Killingworth, Dec. 9, 1827, by Richard E. Selden, Jr., J.P.	2	223
William Ather, s. [Ezekiel & Ruth], b. July 19, 1804	2	73
Zadock, s. Jonathan & Sarah Stephens, b. Feb. 8, 1761	1	57
Zeletoes, s. [John, Jr. & Hannah], b. Mar. 28, 1744	1	15
Zenas, s. Aaron & Mary, b. Jan. 16, 1759	L-7	162
Zephaniah, s. John & Hannah, b. Feb. 3, 1745/6	1	15
----------, s. Stephen & Phebe, b. Mar. 9, 1775; d. the same day	1	127
----------, s. Marvin & Carolina, b. May 9, 1797; d. June 14, 1797	2	8
----------, wid., of East Haddam, m. Alanson **BRAMBLE**, of Lyme, June 21, 1842, by Richard E. Selden, Jr., J.P.	3	127

HURLBURT, Juliaette, of Lyme, m. Eben **DART**, of Waterford, Dec. 25, 1838, at Mr. Hurlburt's in Lyme, by W[illia]m Palmer, V.D.M. — 3, 91

Mary Jane R., of East Lyme, m. Sylvester W. **SLATE**, of Lyme,

	Vol.	Page

HURLBURT, (cont.)
   Jan. 1, 1843, by Rev. P. Brockett — 3, 134
   Neaome, of New London, m. David Moodey **JEWETT**, Oct. 28, 1790 — 2, 22

HYDE, HIDE, Alexander, [s. Benjamin & Abigail], b. Aug. 6, 1744 — 1, 11
   Alexander, s. W[illia]m Rufus & Elizabeth, b. Mar. 6, 1782 — 1, 143
   Alexander, m. Mary **BURNHAM**, Jan. 1, 1800, by Lathrop Rockwell — 2, 70
   Amelia, [d. Benjamin & Abigail], b. Dec. 11, 1740; d. Jan 6, 1741/2 — 1, 11
   Amelia, 2d, [d. Benjamin & Abigail], b. Oct. 11, 1742 — 1, 11
   Benjamin, m. Abigail **LEE**, May 1, 1740 — 1, 11
   Edward G., of New Orleans, La., m. Sarah W. **LORD**, of Lyme, Sept. 2, 1847, by Rev. Samuel Griswold — 3, 178
   Elizabeth, d. W[illia]m Rufus & Elizabeth, b. Jan. 14, 1780 — 1, 143
   Elizabeth, m. Ebenezer **ROGERS**, Aug. 13, 1793 — 1, 69
   John, s. Uriah & Mehetable, b. Dec. 21, 1769 — 1, 110
   Lucy, s*. Uriah & Mehetable, b. Sept. 11, 1767 (*Probably a daughter) — 1, 110
   Marvin, s. Uriah & Mehetable, b. July 7, 1765 — 1, 110
   Phebe, m. Mat[t]hew **GRISWOLD**, May 21, 1683 — L-1, 51
   Uriah, m. Mehetable **MARVIN**, b. of Lyme, Oct. 9, 1764, by Rev. Stephen Johnson — 1, 110
   W[illia]m Rufus, m. Elizabeth **STARLIN**, b. of Lyme, Oct. 3, 1773, by John Lay, 2d, J.P. — 1, 143
   Will[ia]m Rufus, s. W[illia]m Rufus & Elizabeth, b. Dec 10, 1775 — 1, 143
   William Rufus, d. Nov. 13, 1783 — 1, 143

INGHAM, Ezra, of Saybrook, m. Jane L. **GRUMLEY**, of Lyme, Dec. [ ], 1841, by Rev. D.S. Brainard — 3, 125

INGRAHAM, Abigail, twin with Samuel, d. Ezra & Betsey, b. May 17, 1790 — 1, 165
   Ann, of Lyme, m. Thomas **RATHBURN**, of East Haddam, Feb. 8, 1821, by Lothrop Rockwell, Clerk — 2, 122
   Anne, d. Ezra & Betsey, b. July 21, 1796 — 1, 165
   Asa Saunders, s. Elisha & Mary*, b. Apr. 9, 1822, at Lyme (*Should be Sarah) — 2, 150
   Clarice, d. Francis & Lucretia, b. Sept. 6, 1774; m. U. **MARVIN** — 1, 158
   Daniel, s. [Javitt & Marcy], b. Mar. 25, 1737 — L-2, 96
   Elizabeth, d. [Javitt & Marcy], b. Nov. 14, 1734 — L-2, 96
   Ethelenda, d. Ezra & Betsey, b. Dec. 30, 1784; d. Apr. 24, 1787 — 1, 165
   Ethelenda, d. Ezra & Betsey, b. Nov. 14, 1787 — 1, 165
   Ethelinda, m. Daniel **ANDERSON**, b. of Lyme, May 28, 1829, by Rev. Chester Colton — 2, 234
   Ezra, m. Betsey **ROB[B]INS**, b. of Lyme, Jan. 15, 1784, by Rev. Stephen Johnson — 1, 165
   Francis, m. Lucretia **TINKER**, b. of Lyme, Nov. 24, 1773, by Rev. Stephen Johnson — 1, 158
   Giles, of East Haddam, m. Emily **RAND**, of Lyme, Apr. 26, 1840, by Richard E. Selden, Jr., J.P. — 3, 263
   Harriet, m. Samuel **INGRAHAM**, b. of Saybrook, Nov. 23, 1827, by Charles Smith, J.P. — 2, 210

	Vol.	Page
INGRAHAM, (cont.)		
Javitt, m. Marcy **TAYLOR**, Oct. 27, 1729	L-2	96
Javitt, s. [Javitt & Marcy], b. Sept. 4, 1730	L-2	96
Lucretia, wid. of Francis, of Lyme, m. Samuel **PECK**, of Lyme, Oct. 18, 1781, by Rev. Daniel Minor	1	43
Lucretia, wid. Francis, m. Samuel **PECK**, Oct. 18, 1781	1	158
Lucy, d. Francis & Lucretia, b. Aug. 31, 1776; m. D. **LAY**	1	158
Lucy, m. David **LAY**, b. of Lyme, Feb. 8, 1798	2	50
Lydia, m. Ezra **LAY**, Dec. 10, 1789	2	12
Mary, m. James S. **GRAHAM**, Aug. 11, 1821, by Josiah Hawes	2	132
Mary Jones, twin with Sarah Taylor, d. Elisha & Sarah, b. May 29, 1819, at North Killingworth	2	150
Parnall, m. Abner **BECKWITH**, Jan. 16, 1787	2	32
Patience, d. [Javitt & Marcy], b. Nov. 2, 1732	L-2	96
Patty, d. Ezra & Betsey, b. Aug. 16, 1792	1	165
Samuel, Jr., m. Abigail **CLARK**, b. of Lyme, Nov. 26, 1772, by Rev. Stephen Johnson	1	35
Samuell, twin with Abigail, s. Ezra & Betsey, b. May 17, 1790	1	165
Samuel, m. Harriet **INGRAHAM**, b. of Saybrook, Nov. 23, 1827, by Charles Smith, J.P.	2	210
Sarah Taylor, twin with Mary Jones, d. Elisha & Sarah, b. May 29, 1819, at North Killingworth	2	150
IVES, Romanta, m. Charlotte **FORSYTH**, May 27, 1828, by Rev. Francis Darrow	2	219
JACOBS, Daniel, m. Polly **CHADWICK**, June 14, 1798	2	77
Erastus, s. [Daniel & Polly], b. Sept. 3, 1801	2	77
Mary, d. [Daniel & Polly], b. July 12, 1805	2	77
William, s. [Daniel & Polly], b. Sept. 8, 1803	2	77
JAMES, Albert, m. Mary **RICH**, b. of Lyme, Nov. 7, 1826, by Lothrop Rockwell, Clerk	2	202
Mary, of Lyme, m. Charles **PILGRIM**, of New York, July 18, 1824, by Rev. Nathan Wildman	2	169
JEROME, Jesse H., of New London, m. Betsey **GEE**, of Lyme, Nov. 6, 1831, by Elias Sharpe, Elder	2	264
Susan, of Salem, Ct., m. Abel **SMITH**, of Preston, N.Y., Jan. 15, 1837, by Daniel Stewart, J.P.	3	61
JESTON, Joseph, of Westbrook, former residence Eastford, m. Sophia **FREEMAN**, of Lyme, Jan. 1, 1854, by Rev. Jacob Gardiner	3	249
JEWETT, JEWITT, JEWIT, David, [s. Nathan & Deborah], b. Oct. 27, 1736	L-2	422
David M., of Lyme, m. Ann **RATHBONE**, of Salem, Mar. 26, 1828, by Josiah Hawes	2	217
David Moodey, m. Neaome **HURLBUT**, of New London, Oct. 28, 1790	2	22
Deborah, twin with Elizabeth, d. Joseph & Lucretia, b. Aug. 27, 1769	1	94
Elizabeth, twin with Deborah, d. Joseph & Lucretia, b. Aug. 27, 1769; d. Mar. 12, 1775	1	94
Francis M., of Lyme, m. Charles E. **TIFFANY**, of Williston, Vt., Sept. 22, 1835, by Rev. A.M. Smith	3	40
George Washington, s. Joseph & Lucretia, b. Mar. 10, 1776	1	94

	Vol.	Page
JEWETT, JEWITT, JEWIT, (cont.)		
Gibbins, s. [Nathan & Deborah], b. Nov. 1, 1738	L-2	422
Hibbert, [s. Nathan & Deborah], b. May 11, 1741	L-2	422
John G., of East Haddam, m. Lois **LAY**, of Lyme, Feb. 6, 1803	2	71
John G., m. Phebe P. **STARK**, b. of Lyme, Jan. 16, 1821, at Nathan Stark's, by Rev. W[illia]m Palmer	2	119
Joseph, [s. Nathan & Deborah], b. Dec. 13, 1732	L-2	422
Joseph, of Lyme, m. Lucretia **ROGERS**, of Norwich, May 18, 1758	1	94
Joseph, s. Joseph & Lucretia, b. June 7, 1763	1	94
Joseph, Capt., d. Aug. 31, 1776, in New York	1	94
Joshua, s. Joseph & Lucretia, b. Aug. 14, 1771	1	94
Josiah, s. Joseph & Lucretia, b. Dec. 29, 1773	1	94
Laura M., of East Haddam, m. Victor M. **JOHNSON**, of Lyme, Dec. 8, 1825, by Josiah Hawes	2	190
Lucretia, d. Joseph & Lucretia, b. Apr. 24, 1767	1	94
Lucretia, of Lyme, m. Capt. Abner **LEE**, of Lyme, Mar. 5, 1782, by Rev. Daniel Minor	1	52
Lucy, [d. Nathan & Deborah], b. June 14, 1730	L-2	422
Luce, d. Joseph & Lucretia, b. May 12, 1759	1	94
Mary, [d. Nathan & Deborah], b. Apr. 15, 1743	L-2	422
Mary, d. Joseph & Lucretia, b. Mar. 12, 1761	1	94
Naomi, of Lyme, m. Charles **TIFFANY**, of Williston, Vt., June 16, 1823, at Wid. Naomi Jewett's, by Rev. William Palmer, Colchester	2	158
Nathan, of Rowley, Mass., m. Deborah **LORD**, of Lyme, Dec. 23, 1729, by Stephen Whittlesey, J.P.	L-2	422
Nathan, [s. Nathan & Deborah], b. Sept. 20, 1734	L-2	422
Nathan, Capt., d. Feb. 10, 1762	1	94
Nathan, Jr., m. Lucretia **STACK**, (Stark?), Feb. 7, 1837, by Rev. Andrew M. Smith, of Colchester	3	62
Polly, m. Samuel **PERKINS**, b. of Lyme, Dec. 18, 1780	2	29
Sarah Selden, of Lyme, m. Joseph Higgins **MATHER**, of Saybrook, Aug. 9, 1829, by Rev. Tubal Wakefield	2	235
Zabdial Rogers, s. Joseph & Lucretia, b. Apr. 20, 1765	1	94
JOHNSON, Anna, d. John & Anna, b. July 15, 1766; d. Aug. 20, 1766	1	115
Anna, d. Stephen & Anna, b. Feb. 22, 1787	1	157
Annis, of Lyme, m. George R. **GRIFFIN**, of East Haddam, Feb. 14, 1822, by Josiah Hawes	2	143
Barack, m. Mary A. **WAY**, b. of East Lyme, Oct. 14, 1841, by Rev. Oliver Brown	3	155
Benjamin, s. [Reynold & Phebe], b. Sept. 17, 1795	2	7
Benjamin, of Lyme, m. Esther **COMSTOCK**, of Lyme, Mar. 21, 1815, by Lothrop Rockwell, Clerk	2	98
Betsey, d. Stephen & Anna, b. Aug. 6, 1780	1	157
Betsey, m. Joshua **GRIFFING**, b. of Lyme, Feb. 14, 1781	2	58
Betsey, d. [Uzal & Mehetable], b. Nov. 25, 1802	2	81
Cate, d. Stephen & Anna, b. Feb. 22, 1783	1	157
Catharine, d. Rev. Stephen & Elizabeth, b. Apr. 6, 1755	1	49
Catharine, d. John & Anna, b. June 16, 1762	1	115
Catharine, m. Nathan **GRIFFING**, Oct. 16, 1788, by Jason Lee,		

	Vol.	Page
JOHNSON, (cont.)		
Elder	1	173
Charles B., s. Reynold & Phebe, b. Jan. 23, 1804	2	7
Christopher, s. Lawrence & Lydia, b. Jan. 8, 1779	1	128
Daniel, s. John & Anna, b. Mar. 27, 1771	1	115
Daniel, s. Lawrence & Grace, b. Mar. 4, 1785	1	128
Daniel, s. Uz[z]el & Mehetable, b. June 28, 1802	2	43
Daniel, m. Malinda **AUSTIN**, b. of Lyme, Aug. 10, 1828, by Nathan Wildman, Pastor	2	227
David, s. Uz[z]el & Mehetable, b. May 17, 1800	2	43
Diodate, s. Stephen & Elizabeth, b. July 29, 1745. Copied from New Haven Records	1	49
Diodate, s. Stephen & Anna, b. Feb. 8, 1778; d. Dec. 9, 1783	1	157
Elijah, s. Reynold & Phebe, b. Jan. 7, 1794	2	7
Eliza Banning, m. Comstock **HEWLET**, b. of East Had[d]am, Sept. 13, 1842, by Richard E. Selden, Jr., J.P.	3	133
Elizabeth, d. Rev. Stephen & Elizabeth, b. Nov. 22, 1750	1	49
Elizabeth, d. John & Anna, b. July 30, 1760	1	115
Elizabeth, w. Rev. Stephen, d. May 2, 1761	1	49
Elizabeth, m. Stephen **PECK**, Aug. 23, 1801	2	73
Elizabeth P., of Lyme, m. Levi **BLISS**, of Boston, Mass., Nov. 21, [1847], by Rev. Samuel Griswold	3	186
Fanny, d. John & Anna, b. May 9, 1782	1	115
Grace, d. [Lawrence & Grace], b. Apr. 29, 1801	1	75
Grace, d. [Lawrence & Grace], b. Apr. 29, 1801	1	128
Hannah, m. Joseph **MINOR**, Mar. 12, 1786	2	95
Henry, m. Sarah S. **STODDARD**, b. of Lyme, [Nov.] 27, [1851], by James Noyes	3	235
Huldah, d. Uz[z]el & Mehetable, b. Apr. 1, 1797	2	43
Ira, s. Lawrence & Grace, b. Apr. 25, 1789	1	75
Ira, s. Lawrence & Grace, b. Apr. 25, 1789	1	128
James, s. Reynold & Phebe, b. Aug. 3, 1791	2	7
Joas, s. Uz[z]el & Mehetable, b. Mar. 28, 1794	2	43
Joel, of Chatham, m. Emeline Ursula **HUNTLEY**, of Lynn, June 7, 1827, by Rev. Joseph Vaill, of Hadlyme	2	209
John, s. John & Hannah, b. Mar. 20, 1737	L-6	131
John, Jr., m. Anna **BROOKS**, Dec. 26, 1759	1	115
John, s. John & Anna, b. Sept. 16, 1768	1	115
John, s. John & Anna, d. June 20, 1774	1	115
John, s. [Persia & Zilpha], b. June 28, 1814	2	102
Juliaette, m. Abial **STARK**, 3d, b. of Lyme, Mar. 18, 1851, by Rev. W.W. Meech	3	228
Lawrence, m. Lydia **COMSTOCK**, Mar. 3, 1777, by Benjamin Lee, J.P.	1	128
Lawrence, m. Grace **HARRIS**, May 20, 1784	1	75
Lawrence, m. Grace **HARRIS**, of Lyme, May 20, 1784, by Eleazer Mather, J.P.	1	128
Lawrence, s. Lawrence & Grace, b. Nov. 23, 1786	1	75
Lawrence, s. Lawrence & Grace, b. Nov. 23, 1786	1	128
Lawrence, m. Lydia **COMSTOCK**, [ ], 23, [ ]	1	123
Lillas Green, d. Reynold & Phebe, b. Aug. 14, 1798	2	7

LYME VITAL RECORDS 117

	Vol.	Page
JOHNSON, (cont.)		
Lucinda, d. Reynold & Phebe, b. Mar. 30, 1796	2	7
Lydia, w. Lawrence, d. Aug. 12, 1783	1	128
Lydia, d. [Lawrence & Grace], b. Sept. 5, 1795	1	75
Lydia, d. Lawrence & Grace, b. Sept. 5, 1795	1	128
Lydia, of Lyme, m. John **TIBBITTS**, of East Win[d]sor, Dec. 30, 1823, at Wid. Johnson's, by Seth Lee	2	162
Mary, d. Rev. Stephen & Mary, b. Aug. 9, 1768	1	49
Mary, w. Rev. Stephen, d. Dec. 10, 1772	1	49
Mary Ann, d. Benj[amin] & Esther, b. Mar. 12, 1816	2	98
Mary Ann, d. Benj[amin] & Esther, b. Mar. 12, 1816	2	98
Mary Elizabeth, of Wethersfield, Ct., m. John M. **CROSBY**, of [Lyme], Sept. 26, 1848, by John S. Walles, J.P. Intention of marriage published in Wethersfield	3	190
Nath[anie]ll, s. Rev. Stephen & Mary, b. Aug. 5, 1770; d. Mar. 4, 1771	1	49
Nancy, d. [Uzall & Mehetable], b. Aug. 26, 1798	2	81
Per[s]ia, s. Lawr[e]nce & Grace, b. Mar. 28, 1791	1	128
Pers[i]a, s. Lawrence & Grace, b. Mar. 28, 1792	1	75
Persia, m. Zilpha **BRAMBLE**, Mar. 29, 1813	2	102
Phebe, d. [Uzal & Mehetable], b. Jan. 12, 1794	2	81
Phebe, d. Lawrence & Grace, b. June 4, 1804	1	75
Phebe, d. [Lawrence & Grace], b. June 4, 1804	1	128
Phebe, m. Ozias H. **BOGUE**, b. of [Lyme], Aug. 2, 1835, by Rev. Mark Mead	3	37
Polly, d. [Uzal & Mehetable], b. Sept. 27, 1800	2	81
Reynolds, s. John & Anna, b. June 6, 1764	1	115
Reynold, m. Phebe **SMITH**, Feb. 12, 1789	2	7
Rhoda, d. Uz[z]el & Mehetable, b. Mar. 4, 1805	2	43
Sally, d. Capt. Stephen & Anna, b. Jan. 25, 1785	1	157
Sally, d. [Uzal & Mehetable], b. Feb. 12, 1796	2	81
Sam[ue]ll, s. Lawrence & Lydia, b. Jan. 8, 1781	1	128
Sarah, d. Rev. Stephen & Elizabeth, b. Jan. 29, 1747/8	1	49
Sarah, m. John **GRISWOLD**, b. of Lyme, Nov. 5, 1772, by Rev. Stephen Johnson	1	158
Sarah P., m. Philo **PARMELEE**, Mar. 30, 1834, by Rev. Benjamin G. Goff	3	19
Stephen, of Newark, N.J., m. Elizabeth **DIODATE**, of New Haven, July 26, 1744, by Rev. Joseph Noyes, of New Haven	1	49
Stephen, s. Rev. Stephen & Elizabeth, b. Feb. 22, 1753	1	49
Stephen, Rev., of Lyme, m. Mary **BLAGUE**, of Saybrook, Dec. 1, 1762, by Rev. George Beckwith	1	49
Stephen, Jr., m. Anna **LORD**, b. of Lyme, Sept. 1, 1774, by Rev. Stephen Johnson	1	157
Stephen, Rev., of Lyme, m. Abigail **LEVERETT**, of Roxbury, May 28, 1775, by Rev. William Gordon, of Roxbury	1	156
Thomas, s. Uzal & Mehetable, b. Feb. 27, 1792	2	81
Timothy, s. [Lawrence & Grace], b. Sept. 4, 1793	1	75
Timothy, s. Lawrence & Grace, b. Sept. 4, 1793	1	128
Timothy, m. Rachal **RANSOM**, Dec. 5, 1821, by Rev. Seth Lee	2	141
Uzal, m. Mehitable **BAKER**, [ ]	2	81

	Vol.	Page

JOHNSON, (cont.)

	Vol.	Page
Victor M., of Lyme, m. Laura M. **JEWETT**, of East Haddam, Dec. 8, 1825, by Josiah Hawes	2	190
William, s. Rev. Stephen & Elizabeth, b. June 29, 1757	1	49
William, s. John & Anna, b. June 5, 1773	1	115
William, s. John & Anna, d. Sept. 25, 1777	1	115
William, s. John & Anna, b. June 9, 1778	1	115
William, s. Rev. Stephen & Elizabeth, d. Jan. 28, 1779	1	49
William, s. Reynold & Phebe, b. Nov. 23, 1800	2	7
William, m. Emeline J. **BOGUE**, b. of Lyme, July 16, 1848, by Rev. Chester Tilden	3	189
William H., m. Eliza Ann **PERKINS**, b. of Lyme, Jan. 5, 1829, by Josiah Hawes	2	226
Zylpha A., m. John A. **DeWOLF**, b. of Lyme, Dec. 29, 1844, by Rev. P. Brockett	3	148
JONES, Alexander, s. [Isaac & Eunice], b. Apr. 11, 1808	2	87
Amasa, s. Asa & Polly, b. Jan. 17, 1796	2	44
Anna, of Colchester, m. Nan **CLARK**, of Lyme, Apr. 20, 1758, by Nath[anie]ll Foot, J.P., Colchester	1	88
Asa, m. Polly **MOOR[E]**, Apr. [ ], 1791	2	44
Asa, s. Asa & Polly, b. Apr. [ ], 1792	2	44
Benjamin, a mulatto, m. Abigail **MENTA**, Dec. 10, 1728	L-2	230
Benjamin, s. Benjamin [a mulatto] & Abigail, b. July 3, 1737	L-2	230
Betsey, of Saybrook, m. William **TAYLOR**, of Lyme, Sept. 1, 1848, by Chester Tilden	3	190
Deborah, m. Henery **CHAMPION**, Sr., Mar. 21, 1697/8	L-2	108
Hannah, d. Asa & Polly, b. Jan. 16, 1798	2	44
Henry, m. Phebe S. **MARVIN**, b. of Lyme, July 24, 1831, by Josiah Hawes	2	258
Hester, of Saybrook, m. Jabez **WATROUS**, of Lyme, Aug. 20, 1763, by Rev. William Hart, of Saybrook	1	141
Isaac, of Saybrook, m. Eunice **CHAMPION**, of Lyme, Dec. 1, 1806	2	87
Lura, of Hebron, m. Zopher **GEE**, Sept. 10, 1795	2	48
Mary, of Saybrook, m. Elisha **WADE**, Apr. 11, 1765	1	122
Nancy, m. James **PRATT**, b. of Saybrook, June 17, 1826, by Charles Smith, J.P.	2	194
Polly, d. Asa & Polly, b. Sept. 26, 1793	2	44
JORAM, Elizabeth, m. Elisha **MERROW**, Jr., b. of Lyme, Nov. 6, 1777, by John Lay, 2d, J.P.	1	137
JOSLIN, James T., of Ruth, N.Y., m.Experience **PECKHAM**, of Westerly, R.I., Apr. 21, 1851, by Rev. Thomas Barber	3	229
JUAN, Delight, m. Erastus **ROGERS**, b. of Lyme, July 16, 1822, by Ezra Pratt, J.P.	2	151
KEABLES, Alexander, m. Roxana **MAYNARD**, b. of Lyme, June 29, 1830, by Rev. Nathan Wildman	2	245
Maria E., of New London, m. Orlando R. **GLOVER**, of Carbondale, Pa., Oct. 24, 1847, by Roger Albiston	3	184
KEEN[E]Y, Abel, m. Maria **COBB**, b. of Lyme, Sept. 14, 1826, at Isaac Cobb's, by John S. Rogers, J.P.	2	202
Chianna, m. Capt. Manas[s]ah **LEECH**, Aug. 21, 1823, by		

	Vol.	Page
KEEN[E]Y, (cont.)		
Thomas M. Strickland, J.P.	1	55
Susannah, m. Samuel **DeWOLF**, b. of Lyme, Jan. 17, 1782	2	59
KELLOGG, Josiah, of Wilmington, N.C., m. Lydia M. **UTLEY**, of Lyme, Aug. 2, 1830, by Herman L. Vaill	2	244
Mary, of Colchester, m. Re[y]nold **MARVIN**, of Lyme, July 7, 1746, by Nathaniel Foot, J.P., Colchester	1	34
Samuel Vine, s. [Josiah & Lydia M.], b. Mar. 17, 1832	2	244
KELSEY, James, Jr., of Saybrook, m. Louisa **MILLARD**, of Lyme, June 23, 1825, by Henry Stanwood	2	182
KENT, Anne, m. James **CHADWICK,** Jan. 27, 1788, by Rev. Ezra Selden, Jr.	1	26
Elizabeth, m. Sylvanus **CLARK**, b. of Lyme, Aug. 1, 1779, by Rev. Stephen Johnson	1	153
Polly, m. Lot **PECK**, b. of Lyme, May 13, 1787, by Rev. Daniel Minor	1	148
KIMBALL, Sally, m. Capt. Richard **HUNTLEY**, May 21, 1807	2	86
Silvah, d. John & Ruhamah, b. Nov. 15, 1763	1	171
KING, Calvin, m. Susan **DORR**, b. of Lyme, Mar. 8, 1847, by Rev. Roger Albiston	3	181
Fanny, d. Joseph & Jane, b. Feb. 27, 1792	1	99
John, of Southhold, L.I., m. Caroline **SAUNDERS**, of Lyme, Nov. 5, 1827, by Rich[ar]d E. Selden, Jr., J.P.	2	224
John A., of Southhold, L.I., m. Caroline **SAUNDERS**, of Lyme, Nov. 5, 1827, by Rich[ar]d E. Selden, Jr., J.P.	2	212
John Lay, s. Joseph & Jane, b. Aug. 20, 1788	1	99
Jonathan, s. Joseph & Jane, b. Mar. 9, 1790	1	99
Joseph, Jr., of Southhold, L.I., m. Jane **LAY**, of Lyme, d. Esq[ui]re Lay, Oct. 28, 1787, by William Noyes, J.P.	1	99
Leander, m. Harriet E. **MOORE**, b. of Lyme, June 5, 1842, by Rev. Amos D. Watrous	3	124
KINGSBURY, Mary J., m. Lt. S.B. **BUCKNER**, of U.S.A., [May] 2, [1850], by Rev. D.S. Brainard	3	218
KIRTLAND, Charles Erastus, of Westbrook, m. Emeline E. **BECKWITH**, of Lyme, Nov. 4, 1850, by Rev. W[illia]m A. Hyde	3	224
John L., of Saybrook, m. Elizabeth S. **BECKWITH**, of Lyme, July 24, 1842, by Rev. F.W. Chapman, of Deep River	3	127
Parnall, of Saybrook, m. Simon **DeWOLF**, of Lyme, July 23, 1741 (Kirkland)	1	10
LADD, Phebe, of Lyme, m. Nathaniel **WHEELER**, of Montville, Aug. 12, 1823, by Elder George W. Appleton	2	159
LAIGH, [see under **LEE** and **LAY**]		
LAMB, Rebeckah, m. James **BECKWITH**, Oct. 15, 1717	L-2	133
LaMOTT, Theodore, of Chester, m. Emily **CHAMPION**, of Lyme, Mar. 19, 1848, by Rev. D.S. Brainard	3	187
LAMPHEAR, Experience, of Stonington, m. Joshua **ROGERS**, of Lyme, Feb. 4, 1732	1	75
LANE, William, m. Jemima **SELF**, Oct. [ ], 1820, by Eben[eze]r Brockway, J.P.	2	123
William G., of Sandusky, Ohio, m. Elizabeth D. **GRISWOLD**, of		

	Vol.	Page
LANE, (cont.)		
Lyme, [Oct.] 30, [1850], by Rev. D.S. Brainard	3	225
LAPLASS, Elizabeth C., of Lyme, m. Richard A. **HUNGERFORD**, of East Haddam, July 4, 1847, by Rev. Chester Tilden, of N. Lyme	3	177
Timothy A., of Lyme, m. Emeline F. **GARDINER**, of East Haddam, Dec. 2, 1838, by Rev. Hiram Walden	3	90
LATHAM, Caroline, m. Chauncey **PRENTICE**, b. of Lyme, Oct. 18, 1835, by Rev. Herman S. Vaill	3	44
Elizabeth, m. Edward **CHAMPLIN**, Dec. 9, 1742	1	50
Lydia, m. Elias **BARRELL**, b. of Lyme, June 20, 1826, by Lothrop Rockwell, Clerk	2	196
Sarah, m. Levi B. **CHAPPELL**, Sept. 11, 1832, by Rev. Frederick Wightman	2	271
William, of Hebron, m. Eunice **MINOR**, of Lyme, Mar. 20, 1821, by Rev. George W. Appleton	2	127
LATHROP, Andrew, of Colchester, m. Laura A. **ROYCE**, of East Lyme, Apr. 2, 1844, by Rev. Oliver Brown	3	157
Christopher, of Boston, m. Dimmis **TRUMAN**, of [Lyme], Jan. 19, 1825, by J.R. St.John (Perhaps Lothrop?)	2	181
LATIMER, LATERMER, LATTIMER, Abigail, d. Nathan & Jean, b. Apr. 13, 1763	1	73
Anne, d. Nathan & Jean, b. July 10, 1769	1	73
Barredelle, m. Eusebious **BUSHNELL**, Sept. 13, 1772, by Benj[ami]n Lee, J.P.	1	153
David, s. Hallam & Marcy, b. May 7, 1779	1	164
Edward, s. Nathan & Jean, b. July 10, 1771	1	73
Eliza H., m. Han[n]ibal **REEVE**, b. of Lyme, Apr. 8, 1818, by Rev. John Whittlesey	2	112
Francis, d. [Hallam & Marcy], b. Mar. 6, 1790	1	164
Hallam, of Lyme, m. Marcy **DODGE**, of Colchester, Sept. 17, 1778, by John Watrous, J.P. (See also Wallam Latimer)	1	164
Jean, d. Nathan & Jean, b. Dec. 17, 1764	1	73
Jonathan, s. Nathan & Anna, b. Nov. 11, 1781	1	159
Lucy, d. Nathan & Jean, b. Dec. 3, 1758	1	73
Lucy, d. Nathan, m. Daniel **DODGE**, of Colchester, Dec. 2, 1779; d. Apr. 7, 1832	1	73
Lucy, d. [Hallam & Marcy], b. Aug. 16, 1787	1	164
Lydia, d. Nathan & Jean, b. July 5, 1773	1	73
Marcy, d. Hallam & Marcy, b. Dec. 3, 1781; d. Aug. 27, 1782	1	164
Nathan, m. Jean **LEE**, b. of New London, May 6, 1753	1	73
Nathan, s. Nathan & Jean, b. July 24, 1756	1	73
Nathan, Jr., of Lyme, m. Anna **DODGE**, of Colchester, Dec. 10, 1778, by John Watrous, J.P.	1	159
Nicholas Hallam, s. Hallam & Marcy, b. Oct. 17, 1785; d. Oct. 22, 1786	1	164
Peter, s. Hallam & Marcy, b. Aug. 1, 1783; d. May 11, 1784	1	164
Sam[ue]ll, s. Nathan & Jean, b. June 16, 1767	1	73
Stephen, s. Nathan & Jean, b. Jan. 18, 1761	1	73
Wallam, s. Nathan & Jean, b. Sept. 3, 1754 (See also Hallam)	1	73
----------, m. Walter **GOOLD**, [ ]	2	81

	Vol.	Page
LAY, LAYE, Abigail, [d. John, Jr. & Sarah], b. Sept. 9, 1673	L-1	24
Abigail, d. John, 3d. & Hannah, b. Apr. 7, 1753	1	3
Abigail, d. W[illia]m & Betsey, b. Feb. 20, 1795	2	45
Abner, s. John & Anna, b. June 25, 1774	1	102
Adaline W., m. Walter **CHADWICK**, Oct. 25, 1853, by Rev. D.S. Brainard	3	250
Adalaide, d. [Oliver J. & Mary A.], b. Sept. 18, 1830	3	7
Alexander, s. Lee & Lovisa, b. Sept. 23, 1779	1	140
Amos, [s. John & Sarah], b. Mar. 19, 1722/3	L-2	339
Amos, of Lyme, m. Mary **GRISWOLD**, of Norwich, Oct. 24, 1745	1	25
Andrew, s. John & Rhoda, b. Mar. 2, 1795	1	107
Ann, m. Edward **GREENFIELD**, June 2, 1814	2	203
Anna, d. John & Rhoda, b. July 14, 1791	1	107
Asa, s. John & Rhoda, b. Sept. 11, 1789	1	107
Betsey, d. Will[ia]m & Betsey, b. June 13, 1805	2	45
Betsey, m. Silas **BRAMBLE**, Aug. 1, 1847, by Roger Albiston	3	183
Betsey M., m. Ira **TILLOTSON**, b. of Lyme, Sept. 20, 1835, by Rev. Chester Colton	3	41
Bettey, d. John, 3d, & Hannah, b. Aug. 10, 1757	1	3
Bettey, m. Silas **CHAMPLIN**, b. of Lyme, Oct. 18, 1781, by Rev. Stephen Johnson	1	62
Bridgeham, s. [Joseph & Marcy], b. May 31, 1739	1	9
Catterne, [d. John, Jr. & Sarah], b. Feb. 11, 1671	L-1	24
Clarine, d. John, 3d, & Hannah, b. June 15, 1748	1	3
Clerinea, m. John **AYER**, b. of Lyme, Nov. 4, 1773, by Rev. Stephen Johnson	1	154
Charles, s. John & Rhoda, b. June 2, 1797	1	107
Coloe, d. Peter & Hepzibah, b. May 26, 1766	1	115
Daniel, s. John, 4th, & Anna, b. Mar. 16, 1761; d. Oct. 13, 1761	1	102
David, s. John & Anna, b. Apr. 28, 1769	1	102
David, m. Lucy **INGRAHAM**, b. of Lyme, Feb. 8, 1798	2	50
Demiss Harriet, d. [Ezra & Lydia], b. Feb. 9, [ ]; d. Feb. 14, [ ]	2	12
Eccabod, see under Ichabod		
Edward, [s. John, Jr. & Sarah], b. Jan. 26, 1668	L-1	24
Edward, Jr., m. Martha **CENTER**, Feb. 24, 1742/3	1	41
Edway, s. Joseph & Marcy, b. June 2, 1762	1	9
Elisha, s. Edward & Martha, b. Nov. 5, 1746; d. Dec. 3, 1746	1	41
Elisha, s. John [2d], & Mary, b. Sept. 1, 1747	L-6	252
Elisha, of Lyme, m. Mary **OLMSTED**, of Colchester, Mar. 30, 1783, by Robert Robbins, Colchester	1	170
Elisha, s. Elisha & Mary, b. Aug. 10, 1783	1	170
Elizabeth, [d. John, Jr. & Sarah], b. Dec. 18, 1681	L-1	24
Elizabeth, [d. John & Sarah], b. July 4, 1720	L-2	339
Elizabeth, [d. John, 2d, & Mary], b. Apr. 13, 1736	L-6	252
Elizabeth, m. Elisha **MILLER**, Feb. 25, 1739/40	1	29
Elizabeth, d. John, [2d] & Mary, d. Aug. 16, 1749	L-6	252
Elizabeth, d. William & Phebe, b. June 16, 1759	1	105
Elizabeth, [d. John, 2d, tavern-keeper], b. Dec. 7, 17[ ]	L-2	420
Enoch, m. Hannah **LAY**, June 12, 1806, by David F. Sill, J.P.	2	39

LAY, LAYE, (cont.)

	Vol.	Page
Enoch S., m. Mary A. **CHAMPION**, of Lyme, Nov. 24, 1833, by Rev. Chester Colton	3	14
Erastus, of Lyme, m. Mary E. **ALBEE**, of East Haddam, Sept, 3, 1849, in Lyme, by Rev. Walter Wilkie, of Westbrook	3	259
Eunice, d. Amos & Mary, b. Feb. 23, 1746/7; d. Apr. 4, 1747	1	25
Ezra, s. William & Phebe, b. Sept. 19, 1763	1	105
Ezra, m. Lydia **INGRAHAM**, Dec. 10, 1789	2	12
Ezra, s. Ezra & Lydia, b. Oct. 4, [ ]; d. Oct. 12, [ ]	2	12
Fanny, d. Peter & Hepzibah, b. Feb. 21, 1784	1	115
Filkin, s. John & Anna, b. Aug. 28, 1762; d. Sept. 27, 1763	1	102
Francis Ingraham, s. Ezra & Lydia, b. Sept. 18, [ ]	2	12
Francis J., m. Maria **NORTON**, of Albany, June 20, 1821	2	133
Frederick, s. Richard & Marcy, b. Dec. 9, 1774; d. Dec. 23, 1775	1	142
Gardins, s. Lee & Lovisa, b. Apr. 6, 1787	1	140
George Cowles, s. David & Lucy, b. Nov. 25, 1813 (or 1815?)	2	50
Gibbon, s. Peter & Hepzibah, b. June 2, 1775	1	115
Hannah, [d. John, 3d, & Hannah], b. Feb. 18, 1739/40	L-6	71
Hannah, [d. John, 3d, & Hannah], b. Feb. 18, 1739/40	1	3
Hannah, d. John & Anna, b. June 6, 1767	1	102
Hannah, w. John, 2d, d. Aug. 3, 1784	1	3
Hannah, m. Enoch **LAY**, June 12, 1806, by David F. Sill, J.P.	2	39
Hannah, m. Richard **CHADWICK**, b. of Lyme, Apr. 14, 1823, by Elder George W. Appleton	2	157
Hepzibah, d. Peter & Hepzibah, b. Mar. 28, 1777	1	115
Hipsabeth, [d. Edward & Merah], b. Dec. 17, 1704	L-2	249
Horace, s. Ezra & Lydia, b. Jan. 27, [ ]; d. Oct. 22, [ ]	2	12
Hubbell, s. William & Phebe, b. May 23, 1770	1	105
Eccabod, s. [John & Ruth], b. Oct. 16, 1733	L-2	339
James Benjamin, s. Lee & Lovisa, b. Dec. 9, 1794	1	140
Jane, m. Joseph **MARVIN**, May 28, 1730	L-2	399
Jane, d. Edward & Martha, b. Dec. 5, 1743	1	41
Jane, d. Edward & Martha, d. Mar. 14, 1758	1	41
Jane, of Lyme, d. Esq[ui]re Lay, m. Joseph **KING**, Jr., of Southold, L.I., Oct. 28, 1787, by William Noyes, J.P.	1	99
Jean, d. John, 2d, & Hannah, b. Aug. 6, 1759	1	3
Jean, d. Peter & Hepzibah, b. Oct. 25, 1770	1	115
Jenet, d. John & Rhoda, b. Aug. 11, 1807	1	107
Jerusha, [d. John, 2d, & Mary], b. Feb. 11, 1739/40	L-6	252
Jerusha, d. William & Phebe, b. May 10, 1775	1	105
Johanna, [d. John, Jr, & Johanna], b. Oct. 8, 1687	L-2	65
John, Sr., d. Jan. 18, 1674	L-1	27
John, [s. John, Jr. & Sarah], b. Mar. 25, 1683	L-1	24
John, Jr., m. Johanna [ ], May 26, 1686	L-1	136
John, [s. John, Jr. & Johanna], b. Oct. 4, 1692	L-2	65
John, [s. Edward & Merah], b. Jan. 10, 1697	L-2	249
John, m. Sarah **LEE**, Dec. 21, 1712	L-2	339
John, [s. John, 2d, tavern-keeper], b. Sept. 13, 1714	L-2	420
John, m. Wid. Ruth **ROBBINS**, Jan. 10, 1732/3	L-2	339
John, 2d, m. Mary **LEWIS**, May 14, 1733	L-6	252
John, 3d, m. Hannah **LEE**, b. of Lyme, Jan. 27, 1736/7, by Rev.		

	Vol.	Page
LAY, LAYE, (cont.)		
Jonathan Parsons	1	3
John, 3d, m. Hannah **LEE**, b. of Lyme, Jan. 27, 1736/7, by Rev. Jonathan Parsons	L-6	71
John, s. John, 3d, & Hannah, b. Dec. 29, 1737	L-6	71
John, s. John, 3d, & Hannah, b. Dec. 29, 1737	1	3
John, 4th, m. Anna **SILL**, b. of Lyme, Feb. 28, 1760, by Rev. Stephen Johnson	1	102
John, s. John & Anna, b. Nov. 23, 1764	1	102
John, 3d, m. Rhoda **WATROUS**, Feb. 28, 1788	1	107
John, d. Apr. 14, 1788, ae 92 y. He was father of Elisha **LAY**, and grandfather of Stephen **LAY**	1	171
John, d. Apr. 3, 1792	1	3
John, m. Lydia **CONE**, b. of Lyme, June 17, 1842, by Rev. Amos D. Watrous	3	126
John Olmsted, s. Elisha & Mary, b. Sept. 17, 1789	1	170
Joseph, [s. Edward & Merah], b. Apr. 22, 1702	L-2	249
Joseph, m. Marcy **DEMING**, d. David, Feb. 5, 1734/5	1	9
Joseph, s. [Joseph & Marcy], b. Sept. 10, 1741	1	9
Joseph, s. Richard & Marcy, b. Apr. 12, 1792	1	142
Joseph H., m. Elizabeth A. **MAXON**, Feb. 4, 1838, by Rev. Chester Colton	3	77
Laura, d. [David & Lucy], b. May 24, 1806	2	50
Laura, m. Shadrach **SILL**, b. of Lyme, Sept. 3, 1835, by Rev. Chester Colton	3	39
Lee, s. John, 3d, & Hannah, b. Jan. 1, 1745/6	1	3
Lee, m. Lovisa **GRISWOLD**, b. of Lyme, Jan. 1, 1771, by Rev. Stephen Johnson	1	140
Lee, s. Lee & Lovisa, b. Jan. 16, 1782	1	140
Lee, Capt., d. Feb. 13, 1813	1	140
Loas, d. Lee & Lovisa, b. Apr. 2, 1784	1	140
Lois, of Lyme, m. John G. **JEWITT**, of East Haddam, Feb. 6, 1803	2	71
Lovisa, d. Lee & Lovisa, b. Mar. 27, 1777	1	140
Lovisa, w. Capt. Lee, d. Feb. 5, 1813	1	140
Lucia, [d. John & Sarah], b. Aug. 8, 1726	L-2	339
Lucia, of Lyme, m. Stephen **SMITH**, of Lyme, May 11, 1749	1	65
Lucinda, d. John & Anna, b. May 4, 1777	1	102
Lucy, twin with Silas, d. John, 2d, & Hannah, b. Apr. 13, 1762	1	3
Lucy, d. Elisha & Mary, b. Dec. 3, 1793; d. July 16, 1807	1	170
Lucy, d. Rich[ar]d & Esther, b. Apr. 5, 1799	1	142
Lucy, d. [David & Lucy], b. Sept. 19, 1810	2	50
Lucy, of Lyme, m. William J. **BANNING**, June 4, 1835, by Rev. Chester Colton	3	35
Lydia, [d. John, 3d, & Hannah], b. Apr. 19, 1742	1	3
Lydia, of Lyme, m. Elihu B. **SOUTHWORTH**, Oct. 1, 1848, by Rev. Joseph B. Damon	3	205
Lydia, w. Ezra, d. Dec. 1, [ ]	2	12
Marah, [d. Edward & Merah], b. Aug. 15, 1699	L-2	249
Marcy, d. [Jospeh & Marcy], b. Jan. 31, 1736/7	1	9
Marcy, d. Richard & Marcy, b. Feb. 23, 1787	1	142

LAY, LAYE, (cont.)

	Vol.	Page
Marcy, w. Richard, d. May 9, 1795	1	142
Maria, [d. John & Sarah], b. Mar. 21, 1678	L-1	24
Marietta J., d. [Oliver J. & Mary A.], b. Oct. 14, 1831	3	7
Martha Jean, d. [William & Phebe], b. Oct. 27, 1777	1	105
Mary, d. Edward, of Lyme, m. Joseph **ROB[B]INS**, of Lyme, June 1, 1726	1	67
Mary, m. John **CHADWICK**, Nov. 9, 1806	2	104
Mary, w. Elisha, d. Aug. 5, 1807, ae 54	1	170
Mary Ann, of Lyme, m. Chauncey **CHAMPION**, Oct. 18, 1824, by Peter Comstock, J.P.	2	172
Mary Elizabeth, d. Francis J. & Maria, b. June 17, 1824, at Albany	2	133
May E., of Lyme, m. Dr. Seth **SMITH**, of New London, [Dec.] 15, [1846], by Rev. D.S. Brainard	3	172
Molley, d. John & Anna, b. Apr. 7, 1772	1	102
Nabby, d. Peter & Hepzibah, b. Mar. 6, 1773	1	115
Oliver Ingraham, s. David & Lucy, b. Nov. 16, 1799	2	50
Oliver J., of Lyme, m. Mary A. **WHITTLESEY**, of Saybrook, June 6, 1827	3	7
Patty, d. Will[ia]m & Betsey, b. July 30, 1798	2	45
Peck, s. Peter & Hepzibah, b. Sept. 15, 1779; d. Sept. 19, 1780	1	115
Peter, [s. John, 3d, & Hannah], b. Mar. 6, 1743/4	1	3
Peter, m. Hepzibah **PECK**, b. of Lyme, June 13, 1765, by Rev. Stephen Johnson	1	115
Peter, d. May 12, 1802, ae 58 y.	1	115
Phebe, [d. John, Jr. & Sarah], b. Jan. 13, 1684	L-1	24
Phebe, [d. John & Sarah], b. Mar. 28, 1730	L-2	339
Phebe, d. Peter & Hepzibah, b. Oct. 1, 1768	1	115
Phebe, d. William & Phebe, b. Jan. 5, 1773	1	105
Phebe, d. Lee & Lovisa, b. Dec. 9, 1797	1	140
Phebe, w. W[illia]m, d. Oct. 12, 1802	1	105
Polly, d. William & Phebe, b. Aug. 15, 1761	1	105
Polly, d. Peter & Hepzibah, b. Aug. 11, 1781	1	115
Polly, d. W[illia]m & Betsey, b. Apr. 5, 1796	2	45
Rebeckah, [d. John, Jr. & Sarah], b. Sept. 9, 1666	L-1	24
Rebeckah, m. Daniell **RAYMENT**, Apr. 15, 1684	L-1	129
Reuben, s. Joseph & Marcy, b. Sept. 25, 1751	1	9
Richard, s. [John & Ruth], b. Oct. 16, 1733	L-2	339
Richard, s. John, 3d, & Hannah, b. Sept. 9, 1750	1	3
Rich[ar]d, m. Mary **MATHER**, b. of Lyme, Mar. 18, 1773, by Rev. Stephen Johnson	1	142
Richard, s. Richard & Marcy, b. July 1, 1789	1	142
Richard, m. Esther **BIGGS**, Nov. 20, 1797	1	142
Robert Parsons, s. Will[ia]m & Betsey, b. Sept. 20, 1800	2	45
Sally, m. Ezra **CHADWICK**, Jan. 30, 1784	2	27
Samuel, s. Joseph & Marcy, b. Mar. 19, 1746	1	9
Sarah, d. [John, Jr. & Sarah], b. Feb. 4, 1664	L-1	24
Sarah, m. Simon **DeWOLFE**, Nov. 12, 1682	L-1	107
Sarah, m. Nathaniell **CLARKE**, Dec. 3, 1696	L-2	170
Sarah, [d. John & Sarah], b. Sept. 10, 1715	L-2	339
Sarah, [d. John, 2d, tavern-keeper], b. June 2, 1718	L-2	420

	Vol.	Page

LAY, LAYE, (cont.)

	Vol.	Page
Sarah, wid., m. Reynold **MARVIN**, Jr., Dec. 23, 1725	L-2	420
Sarah, wid., m. Reynold **MARVIN**, Jr., Dec. 23, 1725	L-4	186
Sarah, w. John, d. May 31, 1732	L-2	339
Sarah, m. Timothy **MATHER**, Jr., Feb. 12, 1735/6	L-5	307
Sarah, d. John, 3d, & Hannah, b. Mar. 16, 1755	1	3
Sarah, d. William & Phebe, b. Mar. 2, 1766	1	105
Sarah, m. Thomas **MARVIN**, b. of Lyme, May 23, 1784, by Rev. Stephen Johnson	1	40
Sarah, d. Elisha & Mary, b. Oct. 9, 1791	1	170
Sarah Ann, d. [David & Lucy], b. May 22, 1803; d. Feb. 27, 1813	2	50
Sarah Ann, d. [Oliver J. & Mary A.], b. Feb. 10, 1829	3	7
Sarah Ann, m. Samuel Hart **SELDEN**, [June] 16, [1853], by Rev. D.S. Brainard	3	248
Silas, twin with Lucy, s. John, 2d, & Hannah, b. Apr. 13, 1762; d. Sept. 27, 1762	1	3
Sophia M., m. John M. **CHAMPION**, b. of Lyme, Apr. 8, 1824, by Lothrop Rockwell, Clerk	2	165
Stephen, s. Elisha & Mary, b. Dec. 3, 1786	1	170
Susa, d. Lee & Lovisa, b. Dec. 27, 1771	1	140
Thomas Griswold, s. Lee & Lovisa, b. Mar. 3, 1775; d. Sept. 15, 1815	1	140
William, [s. John, 2d, & Mary], b. Mar. 1, 1733/4	L-6	252
William, m. Phebe **SILL**, b. of Lyme, Dec. 15, 1757, by Rev. Stephen Johnson	1	105
William, s. William & Phebe, b. May 1, 1768	1	105
William, Jr., of Lyme, m. Betsey **PARSONS**, of East Hampton, Oct. 9, 1792	2	45
W[illia]m, d. May 5, 1816	1	105
Willoughby Lynde, s. Lee & Lovisa, b. Aug. 27, 1790; d. Sept. 20, 1790	1	140
Willoughby Lunde, s. Lee & Lovisa, b. Jan. 12, 1792	1	140
----------, 1st d. [Joseph & Marcy], b. Nov, 14, 1735; d. Nov. 28, 1735	1	9

LEACH, LEECH, Deborah, of New London, m. Stephen

	Vol.	Page
CHAMPION, Sept. 28, 1726	1	16
Deborah, d. Manas[s]ah & Irena, b. Mar. 22, 1789	1	55
Elijah, s. Manas[s]ah & Irena, b. May 1, 1784	1	55
Elisha, s. Manas[s]ah & Irena, b. June 6, 1779	1	55
Elisha Ely, s. Rich[ar]d & Heph[ziba]h, b. Sept. 2, 1800; d. Dec. 9, 1802	2	73
Enoch, s. Manas[s]ah & Irena, b. Jan. 20, 1794	1	55
Hepzibah, of Lyme, m. Dan **MARVIN**, of Lyme, Apr. 22, [ ], by Lothrop Rockwell, Clerk	2	114
Irena, d. Manas[s]ah & Irena, b. Mar. 16, 1787	1	55
Lydia, d. Manas[s]ah & Irena, b. Oct. 22, 1776	1	55
Manas[s]ah, Capt., m. Chianna **KEENEY**, Aug. 21, 1823, by Thomas M. Strickland, J.P.	1	55
Manas[s]ah, m. Irena **ELY**, b. of Lyme, Mar. 3, 1744, by George Beckwith	1	55
Mary, m. Aaron **HUNTLEY**, 3d, June [ ], 1738	L-7	162

	Vol.	Page
LEACH, LEECH, (cont.)		
Polly, d. Manas[s]ah & Irena, b. May 7, 1781	1	55
Richard, s. Manas[s]ah & Irena, b. Dec. 23, 1774	1	55
Richard, m. Hepzebah **MATHER**, Nov. 27, 1799	2	73
Richard Montgomery, s. [Richard & Hepzebah], b. May 30, 1803	2	73
LEARNED, Billings P., of Lockport, N.Y., m. Mary A. **NOYES**, of Lyme, Nov. 1, 1836, by Rev. Chester Colton	3	60
LEE, LEES, Abby Frances, d. [John & Anne], b. June 18, 1816	2	55
Abby W., m. Reuben L. **HALL**, b. of Lyme, Sept. 11, 1832, by Rev. Chester Colton	2	272
Abby Wells, d. Seth & Anna, b. Mar. 23, 1809	2	79
Abel Huntington, [s. John & Anne], b. May 24, 1812	2	55
Abegall, d. Mr. Lee, decd., m. William **WARMAN**, Aug. 3, 1687	L-2	41
Abigail, [d. Stephen & Abigail], b. Aug. 10, 1722	L-2	413
Abigail, m. Benjamin **HYDE**, May 1, 1740	1	11
Abigail, w. Capt. Stephen, d. Sept. 19, 1742	L-2	414
Abigail, d. Benjamin & Mary, b. Nov. 30, 1752	L-6	279
Abigail, of Lyme, m. Elisha **AYER**, of Lyme, June 23, 1776	1	70
Abigail, d. Elisha & Abigail, b. July 11, 1786	1	146
Abigail, of Lyme, m. Alfred **WELLES**, of Whitestown, N.Y., Jan. 17, 1804	2	26
Abner, [s. William & Mary], b. June 5, 1721; d. June 2, 1725	L-2	326
Abner, 2d, [s. William & Mary], b. Oct. 26, 1726	L-2	326
Abner, m. Elizabeth **LEE**, b. of Lyme, Aug. 13, 1747, by Rev. George Griswold	1	52
Abner, s. Abner & Elizabeth, b. May 20, 1763	1	52
Abner, Capt., of Lyme, m. Lucretia **JEWITT**, of Lyme, Mar. 5, 1782, by Rev. Daniel Minor	1	52
Albert, s. [Capt.] Enoch & Hester, b. Mar. 11, 1799	2	13
Ama, m. Zephaniah* **MARVIN**, Jr., b. of Lyme, July 23, 1761, by Rev. Stephen Johnson (*Zachariah. See record of children)	1	40
Ama, d. Jason & Abiah, b. Mar. 12, 1778	1	166
Amy, m. Capt. Oliver **PECK**, b. of Lyme, Aug. 29, 1797	2	53
Andrew, s. Capt. John & Abigail, b. May 7, 1745	1	1
Ann, w. Thomas, d. May 21, 1676	L-1	10
Anna, [d. John & Eunice], b. Aug. 1, 1739	L-4	48
Anne, d. Seth & Betsey, b. May 2, 1791	1	73
Asa S., m. Mary **BAILEY**, b. of [Lyme], June 10, 1838, by Rev. Harvey Bushnell	3	85
Azubah, [d. William & Mary], b. Apr. 24, 1729	L-2	326
Azuba, of Lyme, m. Daniel **DeWOLF**, of Lyme, June 19, 1751, by George Beckwith	1	63
Beeca, d. Ezra & Rebecka, b. Mar. 10, 1745	1	31
Benjamin, [s. Thomas & Marah], b. Oct. 8, 1690; d. Oct. 12, 1692	L-1	145
Benjamin, alias **LAIGH**, [s. Thomas], b. Dec. 22, 1692	L-2	121
Benjamin, [s. John & Elizabeth], b. Sept. 4, 1712	L-2	128
Benjamin, [s. Stephen & Abigail], b. Dec. 12, 1730	L-2	413
Benjamin, m. Mary **ELY**, Mar. 25, 1736	L-6	279
Benjamin, s. Benjamin & Mary, b. Feb. 27, 1740/1	L-6	279
Benjamin, Jr., m. Mary **DORR**, 2d, Aug. 23, 1761, by George Dorr, J.P.	1	130

	Vol.	Page
LEE, LEES, (cont.)		
Benj[amin], s. Benjamin & Mary, b. Mar. 1, 1781	1	130
Betsey, d. Seth & Betsey, b. Sept. 26, 1779	1	73
Betsey, m. Edward **HILL**, Nov. 26, 1801	2	85
Betsey, d. Seth & Anne, b. Dec. 18, 1804	2	79
Betsey Starlin, d. Lemuel & Sarah, b. Aug. 19, 1790	1	37
Bettey, d. Jason & Abiah, b. Jan. 7, 1773	1	166
Calvin Church, s. Lemuel & Sarah, b. Mar. 4, 1788	1	37
Carolina, d. [Capt.] Enock & Hester, b. Jan. 25, 1809	2	13
Cate, d. Elisha & Hepzibah, b. Apr. 10, 1739; d. Oct. 11, 1740	1	38
Catea, [d. Joseph & Mary], b. Mar. 28, 1743; d. Oct. 3, 1748	L-2	406
Cate, d. Elisha & Hepzibah, b. Sept. 8, 1745	1	38
Cate, d. [Seth & Betsey], b. Sept. 30, 1788; d. June 2, 1789	1	73
Catharine, m. Elijah **ELY**, b. of Lyme, Feb. 14, 1765, by Rev. Stephen Johnson	1	68
Charles, s. Benjamin, Jr., & Mary, b. Aug. 17, 1776	1	130
Christopher, s. Martin & Sabra, b. Oct. 23, 1772	1	79
Christopher, s. Seth & Anna, b. Jan. 13, 1799	2	79
Christopher H., of Lyme, m. Susan M. **HOWE**, of Bozrah, July 14, 1836, by Rev. Mark Mead	3	55
Clarissa, d. Abner & Elizabeth, b. Jan. 27, 1769; d. June 13, 1770	1	52
Cyrus, s. William [& Mary], b. Feb. 26, 1731/2	L-2	326
Cyrus, m. Mary **HUNTLEY**, Aug. 10, 1757, by Sam[ue]l Ely, J.P.	1	125
Dan, s. Abner & Elizabeth, b. Feb. 6, 1757	1	52
Dan, m. Luranie **CHAMPLIN**, b. of Lyme, Nov. 25, 1779, by Rev. Stephen Johnson	1	60
Dan, m. Nabby **CHAMPLIN**, b. of Lyme, Feb. 29, 1784, by Andrew Griswold, J.P.	1	60
Daniel, [s. Stephen & Abigail], b. Sept. 9, 1732	L-2	413
Daniel, s. Benjamin & Mary, b. July 5, 1762	L-6	279
Delia, d. [Capt.] Enoch & Hester, b. Jan. 17, 1796	2	13
Easther, see under Esther		
Edwin, s. [John & Anne], b. July 25, 1801	2	55
Elias, [s. William & Mary], b. Nov. 27, 1723	L-2	326
Elias, s. Stephen & Mehetable, b. Sept. 25, 1747	1	24
Elisha, [s. Thomas & Elizabeth], b. Mar. 7, 1714	L-2	322
Elisha, m. Hepzibah **LEE**, b. of Lyme, Feb. 25, 1735/6	1	38
Elisha, s. Elisha & Hepzibah, b. Mar. 3, 1740/41	1	38
Elisha, d. Apr. 16, 1747	1	38
Elisha, m. Abigail **MURDOCK**, Oct. 4, 1761, by John Devotion, Saybrook	1	146
Elisha, s. Elisha & Abigail, b. Mar. 18, 1764	1	146
Elisha, s [John & Anne], b. Jan. 25, 1804	2	55
Eliza, m. Daniel **CLARK**, Jr., b. of Lyme, Nov. 25, 1852, by Rev. Thomas Barber	3	245
Eliza Ann, d. Seth & Anna, b. Aug. 20, 1802	2	79
Elizabeth, d. Thomas & Marah, b. Oct. 20, 1681	L-1	145
Elizabeth, [d. John & Elizabeth], b. Apr. 30, 1695	L-2	128
Elizabeth, m. Samuell **PECK**, Dec. 28, 1699	L-2	129
Elizabeth, [d. Thomas & Elizabeth], b. Apr. 8, 1701	L-2	322

	Vol.	Page

LEE, LEES, (cont.)

	Vol.	Page
Elizabeth, [d. John & Elizabeth], b. May 16, 1710	L-2	128
Elizabeth, [d. John & Lydiah], b. Nov. 2, 1724	L-4	48
Elizabeth, [d. Stephen & Abigail], b. Aug. 18, 1736	L-2	413
Elizabeth, m. Abner LEE, b. of Lyme, Aug. 13, 1747, by Rev. George Griswold	1	52
Elizabeth, d. Thomas & Elizabeth, b. Jan. 1, 1757	1	79
Elizabeth, d. Benjamin & Mary, b. May 25, 1757	L-6	279
Elizabeth, m. George **GRISWOLD**, Jr., b. of Lyme, Feb. 7, 1758, by Rev. George Griswold	1	90
Elizabeth, d. Ezra & Deborah, b. Aug. 31, 1774	1	151
Elizabeth, w. Abner, d. Nov. 2, 1781	1	52
Elizabeth, d. Abner & Lucretia, b. Jan. 1, 1783	1	52
Elizabeth S., m. George R. **PECK**, b. of Lyme, Jan. 12, 1825, by Rev. Seth Lee	2	174
Enoch, s. Elisha & Abigail, b. Aug. 7, 1768	1	146
Enoch, Capt., m. Hester **CALKINS**, Jan. 20, 1793	2	13
Est[h]er, [d. Thomas & Elizabeth], b. Aug. 18, 1703	L-2	322
Easther, m. Clement **MINOR**, Oct. 31, 1722	L-2	191
Esther, d. Benjamin & Mary, b. July 27, 1753	L-6	279
Esther, m. Samuel **COMSTOCK**, Feb. 2, 1769, by Benjamin Lee	1	169
Esther, m. Samuel **COMSTOCK**, Feb. 2, 1769	2	16
Esther, of Lyme, m. John **WOOD**, Nov. 16, 1824, by Rev. Seth Lee	2	170
Eunice, [d. Thomas & Elizabeth], b. Sept. 18, 1711	L-2	322
Eunice, m. John **LEE**, Feb. 17, 1731/2	L-4	48
Eunice, w. John, d. Apr. 20, 1741	L-4	48
Eunice, d. John & Abigail, b. Jan. 14, 1742/3	1	1
Eunice, d. Jason & Abiah, b. Jan. 28, 1769	1	166
Eunice, m. Richard **SILL**, b. of Lyme, Nov. 14, 1776, by Benjamin Lee, Esq.	1	105
Ezra, [s. William & Mary], b. Jan. 7, 1716/7	L-2	326
Ezra, m. Rebecka **SOUTHWORTH**, Oct. 9, 1740	1	31
Ezra, s. Abner & Elizabeth, b. Jan. 21, 1748/9	1	52
Ezra, m. Deborah **MATHER**, b. of Lyme, Nov. 14, 1771, by Rev. Stephen Johnson	1	151
Fanny, d. Elisha & Abigail, b. Mar. 25, 1781	1	146
Frances B., of Bozrah, m. Mary G. **HUNTLEY**, of Lyme, Apr. 27, 1834, by Rev. Frederick Wightman	3	20
Frederick, [s. Stephen & Abigail], b. Nov. 14, 1728	L-2	413
George, s. Benjamin, Jr. & Mary, b. Aug. 23, 1767	1	130
George Dudley, s. [Lemuel & Sarah], b. Sept. 1, 1798	1	37
George Washington, s. Elisha & Abigail, b. June 25, 1775	1	146
Gils, [s. John & Eunice], b. July 27, 1737	L-4	48
Han[n]ah, [d. Thomas & Marah], b. Feb. 25, 1694/5	L-1	145
Hannah, m. John **GRISWOLD**, June 23, 1713	L-2	195
Hannah, [d. Stephen & Abigail], b. Sept. 21, 1720	L-2	413
Hannah, m. John **LAY**, 3d, b. of Lyme, Jan. 27, 1736/7, by Rev. Jonathan Parsons	L-6	71
Hannah, m. John **LAY**, 3d, b. of Lyme, Jan. 27, 1736/7, by Rev. Jonathan Parsons	1	3

	Vol.	Page
LEE, LEES, (cont.)		
Harris, s. Jason & Abiah, b. May 29, 1775	1	166
Harris, s. Jason & Abiah, d. June 26, 1783	1	166
Henry, m. Julia **MILLER**, b. of [Lyme], Oct. 8, 1823, by J.R. St.John	2	179
Hepzibah, m. Elisha **LEE**, b. of Lyme, Feb. 25, 1735/6	1	38
Hepzibah, m. John **SILL**, of Lyme, Apr. 9, 1752	1	63
Hepzibah, d. Seth & Betsey, b. Feb. 10, 1772	1	73
Hepzibah, w. John, d. Mar. [ ], 1783 (Perhaps "Sill")	1	63
Hester, [d. Jospeh & Mary], b. Oct. 22, 1735	L-2	406
Hiram, s. [Capt.] Enoch & Hester, b. May 12, 1805	2	13
Irving, s. [Capt.] Enoch & Hester, b. Aug. 19, 1801	2	13
James, s. Elisha & Abigail, b. Sept. 18, 1770	1	146
James, s. Lemuel & Sarah, b. May 13, 1792	1	37
Jane, twin with Thomas, [d. Stephen & Abigail], b. Aug. 26, 1734	L-2	413
Jason, [s. Joseph & Mary], b. Aug. 20, 1740	L-2	406
Jason, of Lyme, m. Abiah **BROWN**, Jan. 21, 1762, by Rev. Lord, of Norwich. Witnesses: Samuel Griswold, Mary Griswold	1	166
Jason, s. Jason & Abiah, b. Jan. 26, 1771	1	166
Jason, Jr., m. Jane **GRISWOLD**, b. of Lyme, Feb. 18, 1795	2	31
Jeane, [d. John & Elizabeth], b. May 20, 1701	L-2	128
Jean, m. Nathan **LATIMER**, b. of New London, May 6, 1753	1	73
Joanna, [d. John & Elizabeth], b. Apr. 28, 1715	L-2	128
John, [s. Thomas & Ann], b. Sept. 21, 1670	L-1	10
John, alias **LAIGH**, [s. Thomas], b. Sept. 21, 1670	L-2	121
John, m. Elizabeth **SMITH**, Feb. 8, 1692	L-2	128
John, [s. John & Elizabeth], b. May 17, 1703	L-2	128
John, m. Lydiah **ALLEN**, Mar. 14, 1723	L-4	48
John, m. Eunice **LEE**, Feb. 17, 1731/2	L-4	48
John, s. [John & Eunice], b. July 25, 1733	L-4	48
John, Capt., of Lyme, m. Abigail **TULLEY**, of Saybrook, Oct. 7, 1741, by William Hart	1	1
John, Capt., of Lyme, m. Abigail **TULLY**, of Saybrook, Oct. 7, 1741, by William Hart	L-7	222
John, s. Stephen & Mehitable, b. July 10, 1745	1	24
John, Capt., d. Aug. 26, 1745	1	1
John, s. Stephen & Mehetable, d. Sept. 26, 1745	1	24
John, s. Benjamin & Mary, b. May 14, 1755	L-6	279
John, s. Abner & Elizabeth, b. Apr. 6, 1759; d. Apr. 26, 1760	1	52
John, m. Lucy **PECK**, Sept. 22, 1783 (John Sill?)	1	63
John, s. John & Anne, b. Nov. 21, 1793	2	55
John, d. Oct. 17, 1796, ae 87 y. (John Sill?)	1	63
John, m. Lydia **ALLEN**, [ ]	L-2	209
John Allen, s. Abner & Elizabeth, b. May 26, 1765	1	52
John M., m. Anne **BECKWITH**, Feb. 3, 1788	2	55
John Murdock, s. Elisha & Abigail, b. May 7, 1766	1	146
John Murdock, m. Anne **BECKWITH**, Feb. 3, 1788, by Jason Lee, Elder	1	25
Jonathan, s. Elisha & Abigail, b. Feb. 26, 1772	1	146
Joseph, [s. Thomas & Marah], b. May 14, 1688	L-1	145
Joseph, alias **LAIGH**, [s. Thomas], b. May 14, 1688	L-2	121

130 BARBOUR COLLECTION

	Vol.	Page
LEE, LEES, (cont.)		
Joseph, d. Jan. 19, 1705	L-2	31
Joseph, [s. John & Elizabeth], b. Nov. 24, 1705	L-2	128
Joseph, [s. Stephen & Abigail], b. Sept. 2, 1726	L-2	413
Joseph, m. Mary **ALIN**, Aug. 21, 1727	L-2	406
Joseph, [s. Stephen & Abigail], d. Feb. 10, 1736/7	L-2	413
Joseph, [s. Joseph & Mary], b. Jan. 27, 1737/8	L-2	406
Joseph, [s. Stephen & Abigail], b. May 23, 1738	L-2	413
Joseph, s. Jason & Abiah, b. Jan. 26, 1763; d. Dec. 4, 1763	1	166
Joseph, 2d, s. Jason & Abiah, b. Sept. 30, 1764; d. Jan. 25, 1768	1	166
Joseph, s. Benjamin, Jr. & Mary, b. Mar. 13, 1774	1	130
Joseph, m. Sally **CHAMPION**, b. of Lyme, Mar. 30, 1795	2	33
Joseph Woodbridge, s. Jason & Jane, b. Jan. 28, 1796	2	31
Julia, d. John & Anne, b. Apr. 7, 1799	2	55
Lemuel, s. [Joseph & Mary], b. Nov. 7, 1728	L-2	406
Lemuel, s. Benjamin & Mary, b. May 3, 1760	L-6	279
Lemuel, of Lyme, m. Sarah **STARLIN**, of Lyme, Sept. 28, 1783, by Ezra Selden, J.P.	1	37
Lemuel, s. Lemuel & Sarah, b. Nov. 27, 1794	1	37
Lous, d. Cyrus & Mary, b. Apr. 18, 1766	1	125
Lucia, d. Benjamin & Mary, b. Jan. 17, 1745/6	L-6	279
Lucinda, d. Abner & Elizabeth, b. Jan. 16, 1752	1	52
Lucinda, m. Elias **MATHER**, b. of Lyme, Oct. 17, 1771, by Rev. Stephen Johnson	1	151
Lucretia, d. Martin & Sabra, b. Mar. 7, 1777	1	79
Luci, [d. John & Elizabeth], b. June 20, 1699	L-2	128
Lucy, m. Amos **TINKER**, Jan. 17, 1716/17	L-2	46
Lucy, d. Benjamin, Jr. & Mary, b. July 23, 1769	1	130
Luce, d. Ezra & Deborah, b. May 8, 1777; d Oct. 25, 1778	1	151
Lucy Mather, d. Ezra & Deborah, b. Nov. 10, 1779	1	151
Lurana, d. Dan & Lurana, b. July 2, 1782	1	60
Lurana, w. Dan, d. May 14, 1783	1	60
Lidia, [d. Thomas & Marah], b. Feb. 18, 1701	L-1	145
Lydia, [d. William & Mary], b. Mar. 2, 1718/9	L-2	326
Lydia, d. John & Lydia, b. Aug. 13, 1727	L-2	209
Lydia, [d. John & Lydiah], b. Aug. 13, 1727	L-4	48
Lydiah, w. John, d. Oct. 25, 1731	L-4	48
Lydia, m. Uriah **ROLAND**, b. of Lyme, Oct. 13, 1737, by Rev. Jonathan Parsons	L-6	182
Lydia, m. Uriah **ROLAND**, b. of Lyme, Oct. 13, 1737, by Rev. Jonathan Parsons	1	4
Lydia, [d. Stephen & Abigail], b. Apr. 20, 1740 (twin with Silas)	L-2	413
Lydiah, [twin with Silas & d. Stephen & Abigail], d. Mar. 6, 1741/2	L-2	414
Lydia, d. Abner & Elizabeth, b. Aug. 1, 1754; d. Mar. 15, 1755	1	52
Lydia, d. Cyrus & Mary, b. Nov. 5, 1761	1	125
Lydia, d. Benjamin, Jr. & Mary, b. Feb. 24, 1779	1	130
Lydia, m. Lebbeus **PECK**, b. of Lyme, June 17, 1784	1	171
Margaret Stoughtonburg, d. [Ezra & Deborah], b. Nov. 11, 1794	1	151
Martain, [s. John & Eunice], b. July 26, 1735	L-4	48
Martin, s. Benjamin & Mary, b. June 14, 1748	L-6	279

	Vol.	Page

LEE, LEES, (cont.)

	Vol.	Page
Martin, m. Sabra **MINOR**, b. of Lyme, Dec. 23, 1771, by Benjamin Lee	1	79
Martin, s. Lemuel & Sarah, b. May 10, 1786	1	37
Mary, [d. Thomas & Elizabeth], b. Oct. 22, 1698	L-2	322
Mary, [d. John & Elizabeth], b. Jan. 30, 1707/8	L-2	128
Mary, d. [Capt.] Enoch & Hester, b. Dec. 2, 1793	2	13
Mary, d. Seth & Anna, b. Aug. 14, 1811	2	79
Mary A., of Lyme, m. Henry **BREWER**, of Cortland, N.Y., June 4, 1839, by Rev. Chester Colton	3	97
Mary Ann, [d. Benjamin & Mary], b. Nov, 13, 1738	L-6	279
Mary Ann, d. Benjamin, Jr. & Mary, b. May 9, 1765	1	130
Matthew Griswold, s. [Jason & Jane], b. June 4, 1799	2	31
Molle, d. Ezra & Rebecka, b. Aug. 19, 1741	1	31
Molly, d. Cyrus & Mary, b. Dec. 21, 1759	1	125
Nabbe, d. Ezra & Rebecka, b. Apr. 28, 1743	1	31
Nabby, d. Cyrus & Mary, b. Sept. 29, 1768	1	125
Nabby, d. [Seth & Betsey], b. Aug. 6, 1781	1	73
Nancy, d. John & Anne, b. Nov. 18, 1790	2	55
Orlando E., s. [John & Anne], b. June 8, 1807	2	55
Orlando E., m. Lydia A. **MILLER**, b. of Lyme, Jan. 1, 1834, by Rev. Herman L. Vaill	3	15
Parthenia, d. [John & Lydia], b. Oct. 15, 1730	L-2	209
Parthenia, [d. John & Lydiah], b. Oct. 15, 1730	L-4	48
Phebe, [d. Thomas & Marah], b. Apr. 14, 1677	L-1	10
Phebe, [d. John & Elizabeth], b. Mar. 2, 1696	L-2	128
Phebe, d. Elisha & Hepzibah, b. Dec. 19, 1736	1	38
Phebe, d. Elisha & Abigail, b. May 23, 1762	1	146
Phebe, d. Ezra & Deborah, b. June 6, 1783	1	151
Polly, d. Jason & Abiah, b. Jan. 17, 1767	1	166
Polly, d. Ezra & Deborah, b. Apr. 16, 1782; d. May 7, 1782	1	151
Polly, d. [Seth & Betsey], b. Sept. 21, 1786	1	73
Polly, m. Capt. Thomas **WAY**, Jr., Oct. 11, 1787	2	6
Richard, s. Elisha & Abigail, b. Sept. 26, 1783	1	146
Richard, s. [Seth & Betsey], b. Oct. 16, 1783	1	73
Richard, s. Seth & Anna, b. Oct. 30, 1806	2	79
Richard Theodore, s. [John & Anne, b. June 7, 1810	2	55
Richard W., m. Betsey **CHAPMAN**, b. of Lyme, June 19, 1840, by Rev. Oliver Brown	3	153
Roxana H., of East Lyme, m. John B. **WELLES**, of Auburn, N.Y., Oct. 18, 1841, by Rev. Oliver Brown	3	156
Sabra, d. Martin & Sabra, b. Sept. 29, 1774	1	79
Sabra, m. Jedediah **LEWIS**, Nov. 24, 1793, by Elder Jason Lee	2	26
Sally Maria, d. [Lemuel & Sarah], b. Nov. 3, 1803	1	37
Samuell, [s. Thomas & Elizabeth], b. July 7, 1708	L-2	322
Samuel, [s. Joseph & Mary], b. Oct. 15, 1730	L-2	406
Samuell, s. Joseph & Mary, d. Jan. 4, 1748/9	L-2	406
Samuel, s. Jason & Abiah, b. Aug. 8, 1780; d. Mar. 9, 1782	1	166
Samuel Holden, s. Ezra & Deborah, b. Aug. 5, 1772	1	151
Samuel Sterling, s. [Lemuel & Sarah], b. Sept. 5, 1797	1	37
Sarah, [d. Thomas & Ann], b. Jan. 14, 1674	L-1	10

	Vol.	Page

LEE, LEES, (cont.)
- Sarah, [d. John & Elizabeth], b. Nov. 12, 1693 — L-2, 128
- Sarah, m. John **LAY**, Dec. 21, 1712 — L-2, 339
- Sarah, [d. Joseph & Mary], b. Aug. 9, 1733 — L-2, 406
- Sarah, d. Benjamin, Jr. & Mary, b. Dec. 1, 1762 — 1, 130
- Savelion, s. John & Anne, b. Oct. 13, 1795 — 2, 55
- Seth, s. Elisha & Hepzibah, b. July 25, 1743 — 1, 38
- Seth, m. Bettey **SMITH**, Feb. 19, 1769 — 1, 73
- Seth, s. Seth & Betsey, b. Sept. 6, 1777 — 1, 73
- Seth, m. Anna **HILL**, Mar. 22, 1798 — 2, 79
- Seth, s. Seth & Anna, b. Oct. 17, 1800 — 2, 79
- Silas, [s. Stephen & Abigail & twin with Lydia], b. Apr. 20, 1740 — L-2, 413
- Silas, [twin with Lydia & s. Stephen & Abigail], d. Apr. 27, 1741 — L-2, 414
- Silas Champlin, s. Dan & Luranie, b. Aug. 9, 1780; d. June 16, 1781 — 1, 60
- Sollomon, s. Jason & Abiah, b. Oct. 13, 1783 — 1, 166
- Stephen, m. Abigail **LORD**, d. Richard, of Lyme, Dec. 24, 1719 — L-2, 413
- Stephen, [s. Stephen & Abigail], b. May 4, 1724 — L-2, 413
- Stephen, Capt., of Lyme, m. Wid. Mary **PICKETT**, of New London, Jan. 25, 1742/3 — L-7, 345
- Stephen, Jr., m. Mehitable **MARVIN**, 3d, b. of Lyme, Sept. 25, 1744, by Rev. Jonathan Parsons — 1, 24
- Stephen, s. Benjamin, Jr. & Mary, b. Oct. 4, 1761 — 1, 130
- Steven, [s. Thomas & Marah], b. June 27, 1686 — L-1, 145
- Steven, [s. Thomas & Marah], d. Dec. 5, 1694 — L-1, 145
- Steven, [s. Thomas & Marah], b. Jan. 19, 1698 — L-1, 145
- Susan[n]ah, [d. Thomas & Marah], b. Apr. 25, 1679 — L-1, 10
- Thomas, [s. Thomas & Ann], b. Dec. 10, 1672 — L-1, 10
- Thomas, alias **LAIGH**, [s. Thomas], b. Dec. 10, 1672 — L-2, 121
- Thomas, m. Marah **DeWOLFE**, July 13, [1676(?)] — L-1, 10
- Thomas, m. Elizabeth [   ], Jan. 24, 1695 — L-2, 322
- Thomas, Ensign, d. Jan. 5, 1704 — L-2, 31
- Thomas, [s. Thomas & Elizabeth], b. Dec. 19, 1705 — L-2, 322
- Thomas, Jr., d. Oct. 13, 1733 — L-2, 211
- Thomas, [s. Stephen & Abigail & twin with Jane], b. Aug. 26, 1734 — L-2, 413
- Thomas, of Lyme, m. Elizabeth **GILBERT**, of Lyme, Apr. 6, 1756 — 1, 79
- Thomas, of Lyme, m. Mehetable **PECK**, of Lyme, July 14, 1757 — 1, 79
- William, [s. Thomas & Marah], b. Apr. 7, 1684 — L-1, 145
- William, alias **LAIGH**, [s. Thomas], b. Apr. 7, 1684 — L-2, 121
- William, m. Mary **GRIFFING**, Nov. 1, 1715 — L-2, 326
- William, s. Benjamin & Mary, b. Apr. 8, 1743 — L-6, 279
- William, s. Cyrus & Mary, b. Oct. 24, 1763 — 1, 125
- William Richard Henry, s. Ezra & Deborah, b. Sept. 17, 1787 — 1, 151
- Zenas, s. Benjamin, Jr. & Mary, b. Aug. 31, 1771 — 1, 130
- ----------, child of Lemuel & Sarah, b. Aug. 2, 1784; d. same day — 1, 37

LEECH, [see under **LEACH**]

LEET, Susannah, of G[u]ilford, m. Abijah **BECKWITH**, of Lyme, Aug. 14, 1742 — 1, 8

LEONARD, Charity, m. Ebenezer **STAPLES**, b. of Lyme, Jan. 30,

	Vol.	Page
LEONARD, (cont.)		
1755, by Rev. Stephen Johnson	1	87
LESHURE, Hannah C., of Pomfret, m. Griswold **CHAPPELL**, of Lyme, Nov. 9, 1835, by Rev. Chester Colton	3	46
LESTER, Alfred, m. Lucy **PECK**, b. of [Lyme], Mar. 29, 1835, by Rev. Harvey Bushnell	3	32
Champlain, b. Mar. 16, 1785	2	113
Champlain, m. Sally **MINER**, Apr. 9, 1807	2	113
Charles, s. [Champlain & Sally], b. June 29, 1815	2	113
Charles Chauncey, s. Champlain & Sarah, b. July 1, 1809; d. July 28, 1809	2	113
Crandle, s. Timothy & Judeth, b. Mar. 24, 1802	1	139
Enoch, 2d, m. Mary **LESTER**, b. of Lyme, Jan. 19, 1834, by John Dwyer, J.P.	3	17
Eunice, of Lyme, m. Elias **SMITH**, of Waterford, Jan. 6, 1828, by Joseph Chadwick, J.P.	2	215
Ezra N., m. Nancy **OTIS**, b. of Lyme, Nov. 25, 1840, by Rev. E. Loomis	3	107
Frances S., m. William C. **WAY**, b. of [Lyme], Jan. 21, 1838, by Rev. Harvey Bushnell	3	78
Giles, of Norwich, m. Joanna **MAYNARD**, of Lyme, Apr. 1, 1849, by Rev. Joseph B. Damon	3	208
Hannah, of New London, m. George **WADE**, Jr., of Lyme, Apr. 15, 1742	1	30
Hannah, d. Timo[thy] & Judeth, b. Oct. 4, 1790	1	139
Henry Miner, s. [Champlain & Sally], b. May 21, 1819	2	113
Horace Bissell, s. [Champlain & Sally], b. Aug. 6, 1817; d. Oct. 24, 1819	2	113
Jeremiah, s. Timothy & Judeth, b. Feb. 21, 1784	1	139
Jesse, s. Timothy & Judeth, b. Sept. 24, 1788	1	139
Joseph Hitchcock, s. [Timothy & Judeth], b. Apr. 7, 1797; d. Nov. [ ], 1799	1	139
Martin, m. Abby C. **ROWLAND**, b. of Lyme, Apr. 7, 1828, by Josiah Hawes	2	217
Mary, m. Enoch **LESTER**, 2d, b. of Lyme, Jan. 19, 1834, by John Dwyer, J.P.	3	17
Mary Ann, m. Lester **CLARK**, 2d, b. of Lyme, Sept. 7, 1829, by Herman L. Vaill	2	237
Mary Ann, d. Champlain & Sally, b. Feb. 1, 1813	2	113
Mary Anne, m. Abel **BECKWITH**, b. of Lyme, Sept. 1, 1840, by Phillips Payson	3	111
Mary J., m. William G. **ROWLAND**, b. of Lyme, Mar. 6, 1842, by Amos D. Watrous	3	121
Nathan, s. Timothy & Judeth, b. Jan. 19, 1782	1	139
Parthena, d. [Timothy & Judeth], b. Apr. 18, 1792; d. Nov. [ ], 1799	1	139
Patty, d. Timothy & Judeth, b. May 21, 1786	1	139
Phebe S., of Lyme, m. Elihu H. **PALMER**, of Salem, July 19, 1846, by Rev. Samuel Griswold	3	168
Polly, d. Timothy & Judeth, b. Mar. 31, 1799	1	139
Silas, m. Mary O. **HUNTLEY**, b. of Lyme, Mar. 18, 1823, by		

LESTER, (cont.)

	Vol.	Page
Lothrop Rockwell, Clerk	2	155
Timothy, m. Judeth **ROGERS**, Apr. 25, 1781	1	139
William, s. Champlain & Sally, b. Jan. 20, 1808	2	113
Zerviah, d. [Timothy & Judeth], b. Mar. 7, 1795; d. Sept. [ ], 1796	1	139
----------, s. [Champlain & Sarah], b. & d. Sept. 24, 1811	2	113

LEVERETT, Abigail, of Roxbury, m. Rev. Stephen **JOHNSON**, of

Lyme, May 28, 1775, by Rev. William Gordon, of Roxbury	1	156

LEWIS, Benjamin, s. George & Mary, b. Oct. 16, 1765; d. Feb. 8, 1770

	1	93
Benjamin, s. George & Mary, d. Feb. 8, 1770	1	93
Betsey, of Lyme, m. Stephen **WHITE**, of Haddam, Mar. 6, 1836, by Rev. George Carrington, of Hadlyme	3	54
Borden, [s. William & Elizabeth], b. Jan. 14, 1725	L-2	222
Clarissa, of Lyme, m. Hammond **POWERS**, of Saybrook, Dec. 15, 1828, by Rev. Abel McEwen, of New London	2	224
Cyrus, [s. James & Phebe], b. Feb. 2, 1738/9	L-6	65
Eber, of Lyme, m. Jemima **HUNTLEY**, May 26, 1754, by Stephen Gorton, Elder	1	17
Eber, s. George & Mary, b. Nov. 29, 1767	1	93
Elizabeth, [d. William & Elizabeth], b. Feb. 12, 1722	L-2	222
Elizabeth, m. Thomas **WAITE**, Apr. 21, 1731	L-2	285
Ely, [s. William & Elizabeth], b. Mar. 9, 1729/30	L-2	222
Est[h]er, d. James & Phebe (Mack), b. May 22, 1741	L-6	64
George, of Lyme, m. Mary **REED**, of [Lyme], Feb. 17, 1757, by Rev. George Beckwith	1	93
George Reed, s. George & Mary, b. July 25, 1757	1	93
Hannah, [d. William & Elizabeth], b. Nov. 26, 1716	L-2	222
Hannah, m. Jonathan **BEEBE**, Mar. 12, 1731/2	1	22
James, m. Phebe **MACK**, b. of Lyme, Feb. 5, 1735/6, by George Beckwith, Clerk	L-6	65
Jane, [s. William & Elizabeth], b. Feb. 10, 1720	L-2	222
Jean, m. Jonathan **SMITH**, Dec. 10, 1741	1	13
Jedediah, m. Sabra **LEE**, Nov. 24, 1793, by Elder Jason Lee	2	26
Johanna, [d. James & Phebe (Mack)], b. Mar. 4, 1742/3	L-6	64
John, Jr., b. June 30, 1728	1	5
John, of Lyme, m. Martha **COOPER**, of [Bridgehampton], Nov. 1, 1748, by James Brown. Witness: John Cooper, Jr.	1	58
John, Jr., d. Aug. 24, 1750	1	58
John, s. George & Mary, b. Dec. 25, 1758	1	93
John Mack, s. James & Phebe (Mack), b. Nov. 9, 1751	L-6	64
Jonathan G., m. Sarah P. **STRICKLAND**, Jan. 22, 1828, by Tho[ma]s W. Strickland, J.P.	2	107
Joseph, [s. William & Elizabeth], b. [ ] 1, 1718	L-2	222
Lucy, m. Daniel **TILLITSON**, Oct. 22, 1790	2	54
Lydia, m. Nathan **MARVIN**, b. of Lyme, May 17, 1743, by Rev. George Griswold	1	30
Lydia, d. Eber & Jemima, b. Oct. 28, 1770	1	17
Martha, d. John, Jr. & Martha, b. Mar. 14, 1749/50	1	58
Mary, m. John **LAY**, 2d, May 14, 1733	L-6	252
Mary, d. George & Mary, b. Feb. 15, 1761	1	93

	Vol.	Page

LEWIS, (cont.)
  Morgan, m. Sarah Ann **CHAPMAN**, Mar. 27, 1836, by Lodowick Bill, J.P. — 3 — 53
  Nehemiah, s. James & Phebe (Mack), b. June 20, 1745 — L-6 — 64
  Phebe, d. James & Phebe, b. Jan. 8, 1736/7 — L-6 — 65
  Phebe, m. Joseph **STRICKLAND**, Mar. 1, 1792 — 2 — 59
  Sarah, of Haddam, m. Thomas **BECKWITH**, of Lyme, Nov. 16, 1725 — L-6 — 116
  Seth, s. James & Phebe (Mack), b. Feb. 15, 1747/8 — L-6 — 64
  Thomas, of Norwich, Chenango Cty, N.Y., m. Mary **MOORE**, of Lyme, June 19, 1834, by Peter Comstock, J.P. — 3 — 23
  William, m. Elizabeth **BORDEN**, Feb. 23, 1715 — L-2 — 222
  William, [s. William & Elizabeth], b. June 11, 1727 — L-2 — 222
  William, s. George & Mary, b. May 19, 1763 — 1 — 93

LITTLEFIELD, Lucy E., m. John C. **BOGUE**, b. of Lyme, Nov. 3, 1839, by Sam[ue]l S. Warner, J.P. — 3 — 100

LOMBARD, Clementine, of Lyme, m. Edwin **SWEETZER**, of Philadelphia, Mar. 10, 1844, by Rev. Pierpont Brockett — 3 — 144
  James, m. Margaret O. **SALTER**, b. of Lyme, Mar. 30, 1845, by Rev. Pierpont Brockett — 3 — 151

LONERGAN, Alles, d. Thomas & Fanny, b. [   ] — 2 — 25
  Polly, d. Thomas & Fanny, b. [   ] — 2 — 25
  Thomas, m. Fanny **BOURNS**, Oct. 4, 1790 — 2 — 25

LONGWORTH, George F., of Stonington, m. Julia Ann **CHADWICK**, of Lyme, Sept. 9, 1834, by J.S. Anderson — 3 — 30

LOOMER, Martha, m. Jacob **SAYER**, June 22, 1710 — L-2 — 92

LOOMIS, LOMIS, Almena, m. Henry K. **CLARK**, b. of Lyme, Nov. 19, 1828, by Rev. Nathan Wildman — 2 — 229
  Cordelia, of E. Lyme, m. Seth **SMITH**, of Victor, N.Y., Apr. 1, 1839, at home of Joel Loomis, E. Lyme, by W[illia]m Palmer, V.D.M. — 3 — 95
  Ellis, m. Elisha **PALMER**, Nov. 30, 1837, by Rev. Frances Darrow — 3 — 85
  Emma A., of Lyme, m. Orrin F. **SMITH**, of New London, Nov. 3, 1831, by Nathan Wildman — 2 — 267
  James, m. Eliza H. **COMSTOCK**, b. of Lyme, Oct. 8, 1826, by Nathan Wildman — 2 — 201
  Nelson Gay, or Guy, of Salem, Conn., m. Laura Ann **GORTON**, of Lyme, Oct. 19, 1835, by Rev. Charles Thompson, of Salem — 3 — 52
  Sarah, m. Osmund **DARROW**, Oct. 26, 1825, by Rev. Francis Darrow — 2 — 184
  ----------, of Colchester, m. Reynold **LORD**, Apr. 23, 1802 — 2 — 68

LOPIRE, Eliza Ann, of Lyme, m. Samuel **WOODS**, of Ashburnham, Mass., June 10, 1834, by Rev. Frederick Wightman — 3 — 23

LORD, Abigail, [d. Thomas & Mary], b. May [   ], 1708 — L-2 — 334
  Abigail, d. Richard, of Lyme, m. Stephen **LEE**, Dec. 24, 1719 — L-2 — 413
  Abigail, d. [Joseph & Abigail], b. Feb. 3, 1725/26 — L-2 — 6
  Abigail, [d. Joseph & Abigail (Comstock)], b. Feb. 3, 1725/6 — L-7 — 366
  Abigail, m. Zachariah **MARVIN**, Mar. 29, 1732 — L-2 — 67
  Abigail, m. Daniel **PECK**, Nov. 8, 1744 — 1 — 33

	Vol.	Page
LORD, (cont.)		
Abigail, d. Dan[ie]ll & Elizabeth, b. Nov. 14, 1773	1	117
Abner, [s. Thomas, Jr. & Esther], b. Mar. 9, 1733	L-2	98
Abner, m. Temperance **COULT**, b. of Lyme, Feb. 3, 1757, by Rev. Stephen Johnson	1	97
Abner, s. Abner & Temperance, b. Aug. 24, 1760	1	97
Abner, Jr., Capt., m. Mary **SELDEN**, Nov. 7, 1782	2	5
Abner, Capt., d. Nov. 12, 1790, ae 58 y.	1	97
Abner, Col., had servant Sharp Freeman, b. Nov. 1, 1790	1	111
Abner, s. Abner & Mary, b. Aug. 6, 1792	2	5
Andrew, s. John, Jr. & Sarah, b. Mar. 8, 1780	1	112
Ann, [d. Richard & Elizabeth], b. Dec. 22, 1729	L-3	258
Ann, d. Enoch & Hepzebah, b. Dec. 4, 1754	1	44
Anna, d. John & Hannah, b. Apr. 4, 1736	1	49
Anna, m. Capt. Zebulon **BUTTLER**, Dec. 23, 1760, by Samuel Ely, J.P.	1	108
Anna, m. Stephen **JOHNSON**, Jr., b. of Lyme, Sept. 1, 1774, by Rev. Stephen Johnson	1	157
Anne, m. John **McCURDY**, Jan. 16, 1752	1	111
Anne, m. James **BILL**, b. of Lyme, Sept. [ ], 1839, by Phillips Payson	3	108
Barnabus, s. Dan[ie]ll & Elizabeth, b. Dec. 12, 1764	1	117
Barnabus Tuthil, [s. Thomas, Jr. & Esther], b. the last day of Mar. 1743/4	L-2	98
Benjamin, [s. Joseph & Abigail (Comstock)], b. Jan. 3, 1728/9	L-7	366
Betsey, d. [Capt.] Abner & Mary, b. July 16, 1784	2	5
Betsey, d. Marvin & Emelia, b. Aug. 11, 1794	1	150
Betsey, m. Jonathan **HALL**, b. of Lyme, Apr. 8, 1800	2	63
Betsey G., d. Enoch & Esther, b. Nov. 27, 1802	2	1
Carolina, m. Marvin **HUNTLEY**, Apr. 9, 1789	2	8
Caroline, m. Joseph **SELDEN**, b. of Lyme, Sept. 4, 1845, by Rev. Stephen Alonzo Loper, of Hadlyme	3	160
Catharine, m. Enock **NOYES**, b. of Lyme, Dec. 10, 1840, by Rev. Chester Colton	3	108
Daniell, [s. Thomas & Mary], b. Dec. 19, 1703	L-2	334
Daniel, [s. Joseph & Abigail (Comstock)], b. Oct. 12, 1736	L-7	366
Dan[ie]ll, m. Elizabeth **LORD**, b. of Lyme, [June?] 10, 1764, by Rev. Stephen Johnson	1	117
Dan[ie]ll, s. Dan[ie]ll & Elizabeth, b. Aug. 9, 1766	1	117
David, [s. Thomas & Mary], b. June 9, 1715	L-2	334
David Ely, s. [William & Harriet], b. Feb. 5, 1807	2	83
Deborah, of Lyme, m. Nathan **JEWITT**, of Rowley, Mass., Dec. 23, 1729, by Stephen Whittlesey, J.P.	L-2	422
Deborah, [d. Theophilus & Deborah], b. Nov. 26, 1730	L-2	22
Deborah, m. Abraham **EMMERSON**, b. of Lyme, Nov. [ ], 1750, by George Beckwith	1	158
Elijah, [s. Joseph & Abigail (Comstock)], b. Jan. 1, 1730/31	L-7	366
Elizabeth, [d. Richard & Elizabeth], b. Oct. 28, 1683	L-1	60
Elizabeth, [d. Thomas & Mary], b. Oct. 1, 1701	L-2	334
Elizabeth, [d. Richard & Elizabeth], b. Nov. 14, 1727	L-3	258
Elizabeth, [d. Joseph & Abigail (Comstock)], b. Aug. 19, 1732	L-7	366

	Vol.	Page
LORD, (cont.)		
Elizabeth, [d. Richard & Elizabeth], b. Nov. 9, 1735	L-3	258
Elizabeth, [d. Theophilus & Deborah], b. July 5, 1739	L-2	22
Elizabeth, m. Timothy **TIFFANY**, b. of Lyme, Dec. 20, 1753, by Rev. Stephen Johnson	1	86
Elizabeth, d. Sylvanus & Huldah, b. June 3, 1759; d. July 17, 1759	1	97
Elizabeth, d. Sylvanus & Huldah, b. Aug. 13, 1760	1	97
Elizabeth, m. Dan[ie]ll **LORD**, b. of Lyme, [June?] 10, 1764, by Rev. Stephen Johnson	1	117
Elizabeth E., of Lyme, m. Ulyssus **HAYDEN**, of Essex, June 2, 1835, by Rev. Harvey Bushnell	3	36
Emelia, d. Marvin & Emelia, b. Feb. 5, 1780	1	150
Enoch, [s. Richard & Elizabeth], b. Dec. 15, 1725	L-3	258
Enoch, m. Hepsibah **MARVIN**, Mar. 31, 1748	1	44
Enoch, s. Enoch & Hepzibah, b. July 28, 1760	1	44
Enoch, Jr., m. Esther **DURFEY**, of New London, June 3, 1790	2	1
Esther, [d. Thomas, Jr. & Esther], b. Jan. 19, 1728/9	L-2	98
Esther, d. Daniel & Elizabeth, b. Dec. 4, 1776	1	117
Esther A., of Lyme, m. Richard L. **LORD**, Jan. 31, 1837, by Rev. Chester Colton	3	62
Eunice, of Lyme, m. David **RICH**, of Utica, N.Y., July 15, 1833, by Rev. Chester Colton	3	9
Eunice Noyes, d. [Enoch & Esther], b. Dec. 6, 1804	2	1
Gamwell*, [s. Thomas & Mary], b. Dec. 22, 1705 (*Handwritten correction, "Gamwell" deleted, changed to "Samuel")	L-2	334
George W., m. Emily E. **MOORE**, b. of Lyme, Mar. 5, 1839, by Rev. Chester Colton	3	93
George W. Lee, s. [Enoch & Esther], b. Sept. 13, 1808	2	1
Hannah, d. John, Jr. & Sarah, b. Feb. 11, 1778	1	112
Harriet A., m. Enoch F. **BURR**, Aug. 12, 1851, by L.B. Bull, of Weston, Ct.	3	232
Harriet Ely, d. [William & Harriet], b. Apr. 8, 1805	2	83
Hephsabeth, [d. Theophilus & Deborah], b. June 22, 1737	L-2	22
Hepzibah, d. Enoch & Hepzibah, b. June 30, 1770	1	44
Hester, Jr., of Lyme, m. Nehemiah **MARVIN**, of Lyme, Jan. 9, 1746, by Rev. George Beckwith	1	37
Huldea, [d. Theophilus & Deborah], b. July 16, 1735	L-2	22
Jabez, s. [Samuell & Catharine], b. Apr. 16, 1745	L-6	182
Jane, m. Joseph **NOYES**, b. of Lyme, July 26, 1784, by Rev. Stephen Johnson	1	74
Jean, d. Enoch & Hepzibah, b. Aug. 13, 1764	1	44
John, of Lyme, m. Hannah **ROGERS**, d. Lieut. Joseph & Sarah, of Milford, Nov. 12, 1734, by Samuel Gann, J.P.	1	49
John, s. John & Hannah, b. May 19, 1740	1	49
John, Jr., of Lyme, m. Sarah **WAY**, of New London, July 1, 1764	1	112
John, Jr., of Lyme, m. Sarah **WAY**, of New London, July 1, 1764	1	113
John, s. John, Jr. & Sarah, b. Apr. 30, 1773	1	112
John, had negro servant Jona, b. May 15, 1781; Curredon, b. Oct. 22, 1783; Freedon, b. Mar. 18, 1789	1	111
John Mitchell, s. [Richard & Nancy], b. Nov. 18, 1802	2	4
Joseph, d. Nov. 25, 1687	L-2	8

	Vol.	Page
LORD, (cont.)		
Joseph, [s. Thomas & Mary], b. Oct. 17, 1697	L-2	334
Joseph, m. Abigail **COMSTOCK**, Mar. 11, 1724/25	L-2	6
Joseph, [s. Joseph & Abigail (Comstock)], b. Mar. 11, 1726/7	L-7	366
Joseph, d. July 25, 1736	L-7	366
Joseph, of Lyme, m. Sarah **WADE**, of Lyme, May 11, 1749	1	75
Joseph, s. Enoch & Hepzibah, b. June 3, 1757	1	44
Josephine, of Lyme, m. Alexander L. **McCURDY**, Mar. 17, 1834, by Rev. Chester Colton	3	18
Judah, m. Mary L. **BECKWITH**, b. of Lyme, Mar. 18, 1846, by Rev. Samuel Griswold	3	165
Linde, see under Lynde		
Lucia, d. Samuel & Katharine, b. Aug. 1, 1751	1	23
Luce, d. John & Hannah, b. Apr. 24, 1749	1	49
Lucy, d. John, Jr. & Sarah, b. Nov. 8, 1768	1	112
Lucy, m. Zadock **DARROW**, b. of Lyme, June 25, 1791	2	52
Lydia, [d. Theophilus & Deborah], b. Mar. 19, 1728/9	L-2	22
Linde, s. [Richard & Elizabeth], b. Feb. 2, 1732/3	L-3	258
Ly[n]de, s. Enoch & Hepzibah, b. July 17, 1767	1	44
Martha, m. Benony **HILLIARD**, July 6, 1740	L-7	332
Martha, [d. Thomas & Mary], b. [ ]	L-2	334
Marvin, of Lyme, m. Emelia **WOOLCOT**, of East Windsor, Ct., May 30, 1771, by Rev. Joseph Perry, of East Windsor	1	150
Marvin, s. Marvin & Emelia, b. Jan. 29, 1784; d. Feb. 7, 1784	1	150
Marvin, s. Marvin & Emelia, b. Apr. 5, 1788	1	150
Mary, [d. Thomas & Mary], b. Mar. 20, 1695	L-2	334
Mary, [d. Thomas, Jr. & Esther], b. Sept. 27, 1730	L-2	98
Mary, d. Thomas, m. John **COULT**, s. Benjamin, July 16, 1747	1	59
Mary, d. Abner & Temperance, b. May 27, 1764	1	97
Mary, m. John **ELY**, b. of Lyme, Jan. 25, 1791	2	8
Mary, of Lyme, m. Charles M. **TAINTER**, of Shelbourne, Franklin Co., Mass., Aug. 18, 1846, by Rev. Samuel Griswold	3	169
Matilda, m. Dr. John S. **ROGERS**, b. of Lyme, Feb. 10, 1822, at Mr. L. Lord's, by Rev. William Palmer, Colchester	2	141
Mat[t]hew, [s. Thomas, Jr. & Esther], b. [ ] 20, 1734/5; d. Oct. 29, 1736	L-2	98
Mehetabel, m. Griswold **CHAP[P]ELL**, b. of Lyme, Nov. 5, 1848, by Chester Tilden	3	192
Mercy, d. Sam[ue]ll & Katharine, b. Aug. 21, 1749	L-6	182
Nabby, m. Benjamin **MACK**, Jan. 29, 1781, by Rev. Daniel Minor	1	164
Nancy M., d. Enoch & Esther, b. Aug. 26, 1798	2	1
Nathan, [s. Samuell & Catharine], b. Apr. 10, 1741	L-6	182
Nicholas, s. [Samuell & Catharine], b. Jan. 20, 1742/3	L-6	182
Parthena, m. Joseph B. **CHADWICK**, b. of Lyme, June 25, 1832, by Rev. Chester Colton	2	269
Peter, d. [Samuell & Catharine], b. Apr. 9, 1747 (Probably a son)	L-6	182
Phebe, [d. Samuell & Catharine], b. Feb. 24, 1738/9	L-6	182
Phebe, of Lyme, m. Ralph **TAINTER**, of Colchester, June 2, 1834, by Josiah Hawes	3	22

LORD, (cont.)

	Vol.	Page
Phebe W., d. Enoch & Esther, b. Jan. 12, 1794	2	1
Polly, d. Marvin & Emelia, b. Jan. 3, 1786	1	150
Polly, d. [Capt.] Abner & Mary, b. Apr. 19, 1790	2	5
Polly Y., d. Enoch & Esther, b. Sept. 27, 1800	2	1
Renald, see under Reynold		
Reuben, s. Joseph & Sarah, b. June 27, 1750	1	75
Reuben, Jr., of Lyme, m. Sarah **WEAVER**, of Botavia, N.Y., Sept. 23, 1834, by Rev. Chester Colton	3	25
Renald, [s. Thomas, Jr. & Esther], b. Aug. 12, 1739; d. June 29, 1740	L-2	98
Reynold, s. Dan[ie]ll & Elizabeth, b. Sept. 4, 1768	1	117
Reynold, m. [ ] **LOOMIS**, of Colchester, Apr. 23, 1802	2	68
Richard, m. Elizabeth **LYND**, July 11, 1720	L-3	258
Richard, s. [Richard & Elizabeth], b. Apr. 17, 1722	L-3	258
Richard had servant Oxford, negro, who m. Temperance, a mulatto, Jan. 21, 1725/6, by Rev. Moses Noyes	L-4	170
Richard had servants Oxford & Temperance whose children were Zack, b. Oct. 23, 1726; Luke, b. May 14, 1728 and Jordan, b. Oct. 30, 1732	L-4	170
Richard, s. Enoch & Hepzebah, b. Sept. 15, 1752	1	44
Richard, s. John, Jr. & Sarah, b. Jan. 14, 1765	1	112
Richard, d. Aug. 26, 1776, ae 86 y.	1	44
Richard, m. Nancy **MITCHELL**, of Saybrook; Dec. 9, 1790	2	4
Richard L., m. Esther A. **LORD**, of Lyme, Jan. 31, 1837, by Rev. Chester Colton	3	62
Richard Lynde, s. Rich[ar]d & Nancy, b. Dec. 5, 1793	2	4
Roger Woolcott, s. Marvin & Emelia, b. Jan. 13, 1778	1	150
Sally, m. Elijah **MATHER**, b. of Lyme, Oct. 5, 1797	2	72
Sally Read, d. Enoch & Esther, b. Feb. 12, 1796	2	1
Salvanus, see under Sylvanus		
(*Handwritten correction inserts "Gamwell" [see above] here)		
Sam[ue]ll, m. Katharine **RANSOM**, June 26, 1735	L-6	182
Sam[ue]ll, s. Sam[ue]ll & Catharine, b. July 16, 1737	L-6	182
Sarah, [d. Theophilus & Deborah], b. Feb. 20, 1732/3	L-2	22
Sarah, d. John & Hannah, b. Jan. 19, 1738	1	49
Sarah, d. Joseph & Sarah, b. May 18, 1752	1	75
Sarah, d. Sam[ue]ll & Katharine, b. July 1, 1753	1	23
Sarah, m. William **BUTLER**, b. of Lyme, Nov. [ ], 1770, by Rev. George Beckwith	1	68
Sarah, m. William **BUTTLER**, b. of Lyme, Nov. [ ], 1770, by Rev. George Beckwith	1	111
Sarah, d. John, Jr. & Sarah, b. Oct. 14, 1770	1	112
Sarah Ann, d. Rich[ar]d & Nancy, b. June 15, 1799	2	4
Sarah Ann, m. Charles J. **McCURDY**, b. of Lyme, May 22, 1822, by Lothrop Rockwell, Clerk	2	146
Sarah Ann, of Lyme, m. Philip **MORGAN**, of Waterford, Sept. 19, 1822, by Josiah Hawes	2	151
Sarah E., m. Allen **GRIFFIN**, b. of Lyme, June 13, 1839, by Phillips Payson	3	109
Sarah R., m. Matthew **MARVIN**, b. of Lyme, May 28, 1822, by		

	Vol.	Page

LORD, (cont.)

	Vol.	Page
Lathrop Rockwell, Clerk	2	145
Sarah W., of Lyme, m. Edward G. **HYDE**, of New Orleans, La., Sept. 2, 1847, by Rev. Samuel Griswold	3	178
Silas, s. Dan[ie]ll & Elizabeth, b. Feb. 7, 1771	1	117
Similius, m. Lucy **ROGERS**, b. of Lyme, Aug. 3, 1826, by Josiah Hawes	2	198
Sophas, d. Marvin & Emelia, b. Mar. 17, 1782	1	150
Sophia, d. [Capt.] Abner & Mary, b. May 19, 1788	2	5
Stephen J., m. Sarah A. **McCURDY**, b. of Lyme, Aug. 24, 1829, by Rev. Chester Colton	2	236
Stephen Johnson, s. Rich[ar]d & Nancy, b. Mar. 26, 1797	2	4
Susannah, [d. Richard & Elizabeth], b. Jan. 16, 1724	L-3	258
Salvanus, [s. Joseph & Abigail (Comstock)], b. Aug. 21, 1734	L-7	366
Sylvanus, m. Huldah **BROCKWAY**, b. of Lyme, May 11, 1758, by Richard Lord, J.P.	1	97
Sylvanus, s. Sylvanus & Huldah, b. Aug. 27, 1762	1	97
Sylvanus, d. Nov. 29, 1762	1	97
Taphenia, [d. Thomas, Jr. & Esther], b. June 5, 1741	L-2	98
Tempe, d. [Capt. Abner & Mary], b. Apr. 3, 1786	2	5
Theophilus, [s. Thomas & Mary], b. Dec. 19, 1698	L-2	334
Theophilus, m. Deborah **MACK**, May 8, 1728	L-2	22
Theophilus, s. Samuel & Katharine, b. Sept. 16, 1756	1	23
Thomas, m. Mary [ ], Dec. 22, 1693	L-2	334
Thomas, [s. Thomas & Mary], b. Sept. 22, 1694	L-2	334
Thomas, Jr., m. Esther **MARVIN**, Dec. 28, 1726	L-2	98
Tho[ma]s, d. June 22, 1730	L-2	196
Thomas, [s. Thomas, Jr. & Esther], b. Apr. 7, 1737	L-2	98
Thomas, s. Abner & Temperance, b. Dec. 29, 1757	1	97
Thomas, s. John, Jr. & Sarah, b. Feb. 2, 1767	1	112
Thomas D., m. Caroline **BULKLEY**, b. of Lyme, July 16, 1826, by Rev. Josiah Hawes	2	197
Thomas Durfey, s. Enoch & Esther, b. Feb. 17, 1792	2	1
Ursula, d. Marvin & Emelia, b. Jan. 7, 1792	1	150
William, s. Joseph & Sarah, b. Apr. 22, 1754	1	75
William, s. Enoch & Hepzibah, b. July 16, 1762	1	44
William, Dr., m. Anna **MATHER**, b. of Lyme, Sept. 4, 1790	2	1
William, m. Harriet **ELY**, May 20, 1802	2	83
William J., m. Mehetabel S. **SLATE**, b. of Lyme, Nov. 29, 1837, by Rev. Chester Colton	3	75
William Marvin, s. [Enoch & Esther], b. Dec. 21, 1806	2	1
William Mitchell, s. Rich[ar]d & Nancy, b. Nov. 9, 1791	2	4
William Russell, s. [William & Harriet], b. Aug. 27, 1803	2	83
LOVELAND, Samuel, m. Wid. Susannah **ROULIN**, Mar. 6, 1735	L-5	307
Sam[ue]ll, s. [Samuel & Susannah], b. Dec. 12, 1735	L-5	307
LOVITT, Molley, of New Shoreham, m. George **DORR**, Jr., of Lyme, Dec. last day 1769, by George Dorr, J.P.	1	134
LUTHER, Cornelia, see under Cornelia **BUCKINGHAM**		
Cornelia, of Lyme, m. Arnold **BUCKINGHAM**, of East Haddam, Nov. 26, 1835, by Rev. George Carrington, of Hadlyme	3	47
Frances A., m. Charles H. **BROCKWAY**, b. of Hadlyme, Ct.,		

	Vol.	Page
LUTHER, (cont.)		
May 28, 1837, at her father's house in H[ad]l[yme], by William Palmer, V.D.M., of Chester	3	71
Hannah, m. Noah **BEEBE**, June 9, 1805	1	151
Harriet N., of Lyme, m. William H. **MINOR**, of East Haddam, Dec. 9, 1839, by Rev. Hiram Walden	3	101
Joseph, of Lyme, m. Lydia Ann **CONE**, of East Haddam, Apr. 2, 1848, by Chester Tilden	3	189
Laura E., of Lyme, m. Aaron **WATROUS**, of Saybrook, Dec. 30, 1827, by Rev. Simeon Shaler, of Haddam	2	215
Linus A., m. Jane A. **BROCKWAY**, b. of Lyme, Oct. 25, 1852, by Rev. E.F. Burr, of N. Lyme	3	242
Lovica B., m. Edgar **BROCKWAY**, Oct. 24, 1847, by Rev. Chester Tilden, of N. Lyme	3	179
Mary, m. Silvanus **AVERY**, June 6, 1782	1	174
Mary Ann, of Lyme, m. Ambrose **BURDICK**, of East Haddam, [ ], by Rev. Alvan Ackley	2	236
Mattie G., d. Orin M. & Catharine C., b. Feb. 21, 1858. Certified to Jan. 18, 1868, by Charlotte B. Banning	3	262
Or[r]in, m. Catharine **BANNING**, [Oct.] 11, [1846], by Rev. D.S. Brainard	3	169
Sarah R., of Lyme, m. Edward J. **WILCOX**, of Killingworth, Ct., May 27, 1853, by Rev. L. Williams Wheeler	3	253
----------, d. Orin M. & Catharine C., b. Apr. 1, 1851. Certified to Jan. [ ], 1868, by Clarissa Minor, w. of Calvin Minor	3	262
----------, d. Orin M. & Catharine C., b. Jan. 6, 1853. Certified to Jan. [ ], 1868, by Clarissa Minor, w. of Calvin Minor	3	262
LYNDE, LYND, Elizabeth, m. Richard **LORD**, July 11, 1720	L-3	258
Hannah, of Saybrook, m. George **GRISWOLD**, June 22, 1725	L-2	216
Susannah, of Saybrook, m. Thomas **GRISWOLD**, Dec. 17, 1741	1	11
MACINTOSH, Duncan, s. Duncan & Rachal, b. Mar. 4, 1757	1	92
Guy, s. Duncan & Rachel, b. May 2, 1758	1	92
Jemima, d. Duncan & Rachal, b. Oct. 3, 1759	1	92
Joseph, s. Duncan & Rachal, b. Aug. 18, 17[*] (*Illegible in original)	1	92
Laughlin, s. Duncan & Rachal, b. Aug. 7, 1762	1	92
Rachal, d. Duncan & Rachal, b. June 1, 1767	1	92
Rhoda, d. Duncan & Rachal, b. Jan. 3, 1764	1	92
Timothy, s. Duncan & Rachal, b. Jan. 27, 1761	1	92
MACK, MACKE, Abigail, [d. Ebenezer , Jr. & Abigail], b. Mar. 14, 1740	L-6	78
Abigail, m. William **GEE**, b. of Lyme, Jan.1, 1761	1	154
Abigail, d. William & Ruth, b. Nov. 2, 1770	1	131
Abigail, m. Reu **HUNTLEY**, Sept. 18, 1788	2	9
Abijah, s. Jonathan & Sarah, b. Sept. 30, 1746	L-2	7
Abijah, m. Eunice **ROGERS**, b. of Lyme, Sept. 19, 1773, by Rev. George Beckwith	1	146
Ambrose, s. Abigail, b. Aug. 11, 1804; d. Nov. 3, 1804	2	9
Asenath, d. Ezra & Lydia, b. Jan. 19, 1780	1	136
Azuba, d. Ebenezer & Hannah, b. Nov. 28, 1748	1	35
Azubah, m. Jasper **HUNTLEY**, Dec. 31, 1768	2	49

	Vol.	Page

MACK, MACKE, (cont.)

	Vol.	Page
Benjamin, s. Nehemiah & Eunice, b. Sept. 15, 1756	1	163
Benjamin, m. Nabby **LORD**, Jan. 29, 1781, by Rev. Daniel Minor	1	164
Benjamin, s. Benjamin & Nabby, b. Dec. 6, 1781	1	164
Chabris, s. Eben[eze]r & Polly, b. Nov. 5, 1797	2	6
Charles, s. Ezra & Lydia, b. Dec. 12, 1777	1	136
Charmis, s. Eb[eneze]r & Polly, b. Mar. 6, 1795	2	6
Cornelius, s. Ebenezer & Polly, b. Mar. 16, 1800	2	6
Cornelius, m. Harriet **WATROUS**, b. of E. Lyme, Mar. 28, 1849, by Rev. Chester Tilden, of N. Lyme	3	196
David, s. Nehemiah & Eunice, b. Jan. 4, 1759	1	163
David, of Lyme, m. Sarah **ROGERS**, of Lyme, Feb. 9, 1783, by Rev. Daniel Minor	1	41
David, s. David & Sarah, b. Nov. 2, 1784	1	41
Debbe, d. Ezra & Lydia, b. May 2, 1782	1	136
Deb[o]rah, [d. John & Sarah], b. Oct. 11, 1706	L-2	166
Deborah, m. Theophilus **LORD**, May 8, 1728	L-2	22
Deborah, d. Ebenezer & Hannah, b. Sept. 16, 1730	1	35
Deborah, m. Nathan **WOODWORTH**, b. of Lyme, June 23, 1756	1	91
Delia, m. John **SMITH**, b. of Lyme, Oct. 2, 1831, by Nathan Wildman	2	262
Delight, d. William & Ruth, b. Feb. 11, 1762	1	131
Dorcas, d. William & Ruth, b. Feb. 16, 1764	1	131
Dorcas, m. John **BELOTE**, Feb. 12, 1787	1	175
Dorcas, d. Elijah & Lydia, b. Feb. 25, 1800	2	68
Dorcas, m. Orrin **MAYNERD**, b. of Lyme, Aug. 14, 1818, by Joel Loomis, J.P.	2	188
Dorithy, [d. John, Jr. & Love], b. Dec. 11, 1729	L-2	166
Ebenezer, [s. John & Sarah], b. Dec. 8, 1697	L-2	166
Ebenezer, [s. John, Jr. & Love], b. Feb. 24, 1716	L-2	166
Ebenezer, m. Hannah **HUNTLEY**, b. of Lyme, Apr. 30, 1728, by Rev. George Griswold	1	35
Ebenezer, Jr., m. Abigail **DEN[N]IS***, Dec. 23, 1736 (*Handwritten correction in original, Dennis is deleted, changed to **DAVIS**)	L-6	78
Ebenezer, m. Sophronia **HARDING**, b. of Lyme, Oct. 17, 1737 [sic], by Rev. Chester Colton (Probably 1837)	3	75
Ebenezer, s. William & Ruth, b. Jan. 26, 1766	1	131
Ebenezer, m. Polly **HARVEY**, Aug. 12, 1787	2	6
Ebenezer, m. Polly Huntley **HARVEY**, Aug. 12, 1787, by Jason Lee	1	171
Elane, d. Ezra & Lydia, b. Oct. 19, 1786	1	136
Elijah, s. William & Ruth, b. July 7, 1778	1	131
Elijah, m. Lydia **TILLITSON**, Apr. 4, 1799, by Elder Lee	2	68
Elisha, s. Ebenezer & Hannah, b. July 16, 1745	1	35
Elishabe, d. Abijah & Eunice, b. May 11, 1774	1	146
Elizabeth, [d. John, Jr. & Love], b. Feb. 4, 1712	L-2	166
Elizabeth, m. Jonathan **REED**, Dec. 24, 1722	L-2	61
Elizabeth, [d. John & Abigail], b. Apr. 21, 1734	L-2	166
Elizabeth, [d. Jonathan & Sarah], b. Dec. 30, 1738	L-2	7
Elizabeth, d. Nehemiah & Eunice, b. July 24, 1770	1	163

	Vol.	Page

MACK, MACKE, (cont.)

	Vol.	Page
Elizabeth, d. Abijah & Eunice, b. Jan. 22, 1783	1	146
Est[h]er, [d. John, Jr. & Love], b. Nov. 30, 1725	L-2	166
Esther, d. Ebenezer & Polly, b. June 10, 1788	1	171
Esther, d. [Ebenezer & Polly], b. June 10, 1788	2	6
Eunice, d. Nehemiah & Eunice, b. Feb. 20, 1761	1	163
Eunice, d. Nehemiah & Eunice, d. July 16, 1780	1	163
Ezra, [s. John, Jr. & Love], b. Apr. 1, 1722	L-2	166
Ezra, m. Lydia **GIBBS**, b. of Lyme, Aug. 21, 1770, by Rev. George Beckwith	1	136
Ezra, s. Ezra & Lydia, b. Aug. 11, 1791	1	136
Hannah, d. Ebenezer & Hannah, b. Oct. 13, 1734	1	35
Hannah, of Lyme, m. Levi **BARTHOLOMEW**, of Saybrook, Oct. 11, 1757, by Rev. Stephen Johnson	1	88
Hepzibah, d. Ebenezer & Hannah, b. May 7, 1740	1	35
Hezekiah, [s. John, Jr. & Love], b. Jan. 20, 1728	L-2	166
Hezekiah, s. Nehemiah & Eunice, b. Jan. 20, 1763	1	163
Jerusha, m. Reynold **HUNTLEY**, [ ], 1780	2	11
Johan[n]a, [d. John & Sarah], b. Sept. 17, 1703	L-2	166
John, Jr., m. Love **BEN[N]ET**, d. Henry, Jan. 13, 1703/4	L-2	166
John, [s. John, Jr. & Love], b. Apr. 26, 1720	L-2	166
John, m. Wid. Abigail **DANIELL**, May 4, 1733	L-2	166
John, [s. Jonathan & Sarah], b. Jan. 15, 1735/6	L-2	7
John, m. Mehetable **SMITH**, Feb. 20, 1740/41	1	20
John, s. Nehemiah & Eunice, b. Oct. 25, 1768	1	163
John, s. Ezra & Lydia, b. Feb. 15, 1773	1	136
Jonathan, m. Sarah **BEN[N]IT**, Aug. 24, 1727	L-2	7
Jonathan, s. [Jonathan & Sarah], b. July 1, 1731	L-2	7
Jonathan, s. Abijah & Eunice, b. Oct. 2, 1780	1	146
Jonathan T., m. Jane D. **RANSOM**, b. of Lyme, Mar. 27, 1831, by Rev. Herman S. Vaill	2	251
Joseph, s. [Jonathan & Sarah], b. July 22, 1729	L-2	7
Joseph, s. Abijah & Eunice, b. Aug. 21, 1785	1	146
Joshua Tillitson, s. [Elijah & Lydia], b. Sept. 16, 1804	2	68
Josiah, [s. Jonathan & Sarah], b. Jan. 25, 1740/1	L-2	7
Loas, m. Mat[t]hew **ROGERS**, of Lyme, June, "the last day," 1767, by Sam[ue]l Ely, J.P.	1	26
Love, w. John, d. Jan. 25, 1732/3	L-2	166
Love, [d. Jonathan & Sarah], b. Apr. 15, 1734	L-2	7
Love J., d. Jonathan & Sarah, b. Nov. 30, 1749	L-2	7
Lucy, m. Martin **WADE**, b. of Lyme, Jan. 30, 1769, by Samuel Ely, J.P.	1	109
Lydia, [d. John, Jr. & Love], b. June 4, 1718	L-2	166
Lydia, m. John **WOOD**, Feb. 8, 1737	1	26
Lydia, d. Ebenezer, Jr. & Abigail, b. June 25, 1746	L-6	78
Lydia, d. Jon[atha]n & Sarah, b. Nov. 12, 1751	L-2	7
Lydia, d. Ezra & Lydia, b. June 10, 1771	1	136
Lydia, m. Neal **COURTNEY**, Sept. 6, [ ]	2	12
Mehetable, d. Nehemiah & Eunice, b. Apr. 4, 1752	1	163
Mehetable, d. Abijah & Eunice, b. Dec. 5, 1775	1	146
Mehetable, d. Nehemiah & Eunice, d. Sept. 16, 1776	1	163

	Vol.	Page
MACK, MACKE, (cont.)		
Molley, d. William & Ruth, b. Feb. 8, 1773	1	131
Molly had s. Daniel Merick **WAY**, b. Jan. 29, 1791. Father was Daniel Shaw **WAY**	1	132
Nabbe, d. Ezra & Lydia, b. Jan. 23, 1775	1	136
Nehemiah, [s. John, Jr. & Love], b. Jan. 5, 1724	L-2	166
Nehemiah, m. Eunice **BECKWITH**, b. of Lyme, Feb. 5, 1749	1	163
Nehemiah, s. Nehemiah & Eunice, b. May 18, 1754	1	163
Patience, [d. John, Jr. & Love], b. Apr. 3, 1714	L-2	166
Paci[e]nce, m. Richard **HAYES**, Apr. 24, 1735	L-2	179
Patience, m. Richard **HASE**, Apr. 24, 1735	L-5	300
Phebe, [d. John, Jr. & Love], b. Jan. 28, 1707	L-2	166
Phebe, d. Ebenezer & Hannah, b. Jan. 20, 1728/9	1	35
Phebe, m. James **LEWIS**, b. of Lyme, Feb. 5, 1735/6, by George Beckwith, Clerk	L-6	65
Phebe, m. Amos **HUNTLEY**, May 21, 1749, by Benjamin Lee, J.P.	1	53
Phebe, m. Martin **HUNTLEY**, Sept. 3, 1787	1	53
Polley, d. Ezra & Lydia, b. Sept. 26, 1789	1	136
Polly, d. [Ebenezer & Polly], b. Aug. 2, 1790	2	6
Polly, m. Ezra **MINOR**, Oct. 13, 1793, by Elder Jason Lee	1	132
Rebecka, [d. John & Sarah], b. Oct. 4, 1701	L-2	166
Rebeckah, m. Caleb **BEN[N]IT**, Jr. [ ]	L-2	15
Salmon, s. Eb[eneze]r & Polly, b. July 20, 1792	2	6
Samuel, s. Ebenezer & Hannah, b. Nov. 15, 1736	1	35
Samuel, [s. Jonathan & Sarah], b. May 3, 1743	L-2	7
Sarah, [d. John & Sarah], b. Nov. 10, 1699	L-2	166
Sarah, [d. John, Jr. & Love], b. Oct. 10, 1704	L-2	166
Sarah, m. Joseph **STARLIN**, July 2, 1730	L-2	464
Sarah, d. Jonathan [& Sarah], b. Apr. 8, 1745	L-2	7
Sarah, d. Abijah & Eunice, b. Aug. 4, 1777	1	146
Silas, s. Nehemiah & Eunice, b. Oct. 4, 1765	1	163
Solomon, s. Ebenezer & Hannah, b. Sept. 15, 1732	1	35
Solomon, of Lyme, m. Lydia **GATES**, of East Haddam, d. Dan[ie]ll, of East Haddam, Jan. 4, 1759	1	92
Sophia, [d. Ebenezer, Jr. & Abigail], b. Feb. 7, 1743/4	L-6	78
Stephen, s. Ebenezer & Hannah, b. June 15, 1742	1	35
William, of Lyme, m. Ruth **GEE**, of Lyme, June 12, 1759	1	131
William, s. William & Ruth, b. Apr. 6, 1775; d. June 18, 1785	1	131
William, s. Elijah & Lydia, b. July 7, 1802	2	68
William Worman, [s. Ebenezer, Jr. & Abigail], b. Jan. 26, 1737/8	L-6	78
MAIN, Gershom, of Windham, Ct., m. Eliza D. **TINKER**, of Lyme, Dec. 27, 1835, by Rev. Frederick Wightman	3	48
MANNING, Mary, m. Rufus **STERTEVANT**, [ ]	2	76
MANWARING, Abby C., m. William D. **DAVISON**, b. of Lyme, July 10, 1831, by Nathan Wildman	2	257
Abby G., d. [Giles & Sophia], b. Sept. 10, 1819	2	143
Adam, Jr., m. Susan **HARDING**, b. of Lyme, Dec. 7, 1824, by J.R. St.John	2	180
Benjamin, m. Freelove **BECKWITH**, b. of Lyme, Jan. 10, 1836, by Rev. Frederick Wightman	3	50

	Vol.	Page
MANWARING, (cont.)		
Bettey, of New London, m. Joseph **WAIT**, Aug. 26, 1770	1	8
Calvin S., m. Nancy **TINKER**, Feb. 12, 1824, by Peter Comstock, J.P.	2	169
Charles D., of East Haddam, m. Elizabeth **HUGHES**, of Lyme, Feb. 17, 1834, by Rev. Chester Colton	3	17
Charles Francis, s. John J. & Harriet, b. May 29, 1830	2	229
Daniel, of Lyme, m. Mary **BEEBE**, of Waterford, Mar. 1, 1835, by Rev. Frederick Wightman	3	31
David H., of Waterford, m. Frances S. **CLARK**, of Lyme, Sept. 14, 1835, by Herman L. Vaill	3	42
Elias, of Lyme, m. Julia H. **SWIFT**, Jan. 16, 1853, by Rev. Harlum Heddan	3	244
Esther Ann B., d. [Giles & Sophia], b. Feb. 25, 1812	2	143
Frances, of Lyme, m. Rufus A. **SMITH**, of New London, Dec. 9, 1824, by J.R. St.John	2	181
Giles, m. Sophia **TINKER**, Jan. 31, 1807	2	143
Giles, s. [Giles & Sophia], b. July 20, 1814	2	143
Harriet Jane, d. [John J. & Harriet], b. Sept. 7, 1833	2	229
Horace B., m. Sophia **HUNTLEY**, b. of Lyme, Dec. 11, 1832, by Rev. Frederick Wightman	3	4
John Anderson, s. [Giles & Sophia], b. Jan. 27, 1823	2	143
John J., m. Harriet **ANDERSON**, b. of Lyme, Nov. 27, 1828, by Rev. Nathan Wildman	2	229
Martha Sophia, d. [Giles & Sophia], b. Oct. 10, 1816	2	143
Mary, of Lyme, m. Nehemiah **HAYNES**, of Waterford, June 19, 1823, by J.R. St.John	2	179
Matilda P., m. Ira A. **BUSH**, Sept. 20, 1832, by Rev. Frederick Wightman	2	272
Ralph Denison, s. Giles & Sophia, b. Feb. 10, 1808	2	143
Sabra, of Lyme, m. Harris **CROCKER**, of Waterford, Jan. 30, 1835, by Rev. Frederick Wightman	3	30
Sarah, of Lyme, m. William **ARMSTRONG**, of New London, Jan. 21, 1836, by Rev. Chester Colton	3	49
Sarah Allen, d. [John J. & Harriet], b. Jan. 9, 1832	2	229
William M., s. [Giles & Sophia], b. Apr. 10, 1810	2	143
MARTIN, David O., m. Roxana J. **BRADBURY**, b. of Lyme, June 24, 1840, by Phillips Payson	3	110
Hannah, m. William **BROCKWAY**, b. of [Lyme], Oct. 22, 1837, by Rev. Harry Bushnell	2	248
Hannah, m. William **BROCKWAY**, b. of [Lyme], Oct. 22, 1837, by Rev. Harvey Bushnell	3	76
Jonathan R., m. Hannah B. **CROCKER**, b. of Lyme, Aug. 16, 1832, by Rev. Frederick Wightman	2	271
Joseph, m. Eliza A. **DICKINSON**, b. of Lyme, May 24, 1840, by Phillips Payson	3	109
MARVIN, Abigail, [d. Samuell & Susannah], b. Sept. 13, 1709	L-2	276
Abigail, m. Samuell **COULT**, Nov. 7, 1734	L-2	462
Abigail, m. Marshfield **PARSONS**, b. of Lyme, Nov. 20, 1766, by Rev. Stephen Johnson	1	85
Abigail, d. Elihu & Anne, b. Aug. 15, 1767	1	99

	Vol.	Page
MARVIN, (cont.)		
Abigail, d. Benj[amin] & Phebe, b. Aug. 29, 1768; d. Dec. 5, 1776	1	123
Abigail, d. Matthew & Elizabeth, b. Dec. 31, 1782	1	167
Abigail, m. Capt. Ichabod **SMITH**, [ ], 179[ ]	2	72
Abigail, d. Thomas & Sarah, b. [ ]	1	40
Adonijah, s. [John & Mehitable], b. Mar. 1, 1731/32	L-2	300
Adonijah, m. Diadama **MILLER**, b. of Lyme, Aug. 20, 1755, by Rev. Stephen Johnson	1	92
Adonijah, d. Apr. 20, 1758	1	92
Adonijah, s. John & Sarah, b. Apr. 16, 1769, in Guilford, N.H.	1	37
Alexander, s. Benjamin & Phebe, b. Jan. 31, 1785	1	123
Ame, w. Zach[aria]h, Jr., d. Mar. 1, 1777	1	40
Ann, twin with Eve, d. Dea. Re[y]nold & Mary, b. Sept. 30, 1748; d. Jan. 9, 1748/9	1	34
Anna, d. Nehemiah & Esther, b. Dec. 29, 1748	1	37
Anna, d. Elihu & Anne, b. May 15, 1765	1	99
Asahel, s. Timothy & Sarah, b. Sept. 16, 1769	1	149
Azubah, d. Benjamin & Deborah, b. Dec. 23, 1748	1	3
Azubah, m. Marshfield S. **PARKER**, b. of Lyme, Apr. 9, 1822, by Josiah Hawes	2	145
Benjamin, s. John & Sarah, b. Mar. 14, 1706	L-2	237
Benjamin, m. Deborah **MATHER**, Nov. 11, 1742	L-7	311
Benjamin, m. Deborah **MATHER**, Nov. 11, 1742	1	3
Benjamin, s. [Benjamin & Deborah], b. Nov. 7, 1743	1	3
Benjamin, Jr., m. Phebe **ROLAND**, b. of Lyme, Oct. 29, 1767, by Rev. Stephen Johnson	1	123
Benjamin, d. Jan. 21, 1775	1	3
Catherine, m. Abner **BROCKWAY**, Sept. 7, 1775	1	155
Clarissa, d. Joseph & Phebe, b. May 5, 1795	1	86
Clarissa, m. Horace **ELY**, b. of Lyme, May 1, 1832, by Josiah Hawes	2	268
Dan, s. [Reynold, Jr. & Wid. Sarah], b. Jan. 2, 1731/30	L-2	420
Dan, m. Mehetable **SELDEN**, b. of Lyme, Oct. 14, 1762, by Rev. George Beckwith	1	158
Dan, s. Dan & Mehetable, b. Oct. 15, 1765	1	158
Dan, Capt., d. Dec. 30, 1776	1	158
Dan, of Lyme, m. Hepzibah **LEACH**, of Lyme, Apr. 22, [ ], by Lothrop Rockwell, Clerk	2	114
Daniell, [s. Renald & Phebe], b. Jan. 24, 1701/2	L-2	168
Daniel, s. Deac. Zachariah & Abigail, b. May 2, 1745; d. Jan. 30, 1750/51	L-2	67
Daniel, s. Moses & Zilpha, b. Feb. 18, 178[ ]	1	161
David, s. Matthew & Elizabeth, b. Nov. 2, 1777	1	167
Di[a]dama, d. Adonijah & Diadama, b. Apr. 1, 1758	1	92
Diadamy, m. Azuriah **BEEBE**, b. of Lyme, Dec. 5, 1776, by Eleazer Mather, J.P.	1	169
Elihu, of Lyme, m. Anne **BEACH**, of Hebron, Dec. 16, 1762, by Benjamin Pomeroy, Clerk, Hebron	1	99
Elihu, s. Elihu & Anne, b. Dec. 13, 1771	1	99
Elisha, [d. Renald & Martha], b. Sept. 26, 1711; d. Nov. 30, 1714	L-2	168
Elisha, 2d, [s. Renald & Martha], b. Mar. 8, 1717	L-2	168

	Vol.	Page
MARVIN, (cont.)		
Elisha, s. [Zachariah & Abigail], b. Feb. 13, 1732/3	L-2	67
Elisha, m. Katharine **MATHER**, May 17, 1739	L-6	228
Elisha, [s. Elisha & Katharine], b. June 19, 1742	L-6	228
Elisha, Capt., d. Dec. 31, 1801	1	54
Elizabeth, d. John & Sarah, b. Nov. 23, 1701	L-2	237
Elizabeth, [d. Samuell & Susannah], b. June 1, 1712	L-2	276
Elizabeth, m. John **TUCKER**, Dec. 28, 1727	L-2	96
Elizabeth, d. Samuell, m. Richard **WAITE**, Nov. 8, 1733	L-2	239
Elizabeth, m. Richard **WAIT**, Nov. 8, 1733	1	10
Elizabeth, [d. John & Mehitable], b. Aug. 21, 1734	L-2	300
Elizabeth, m. Jeremiah **MINOR**, b. of Lyme, Nov. 28, 1749, by Stephen Johnson	1	80
Elizabeth, d. Adonijah & Diadama, b. June 30, 1756	1	92
Elizabeth, of Lyme, m. Rev. Sylvanus **GRISWOLD**, of Springfield, Nov. 17, 1763, by Rev. Stephen Johnson	1	36
Elizabeth, m. Lee **PECK**, b. of Lyme, Aug. 18, 1774, by George Beckwith, Clerk	1	156
Elizabeth, d. Matthew & Elizabeth, b. Nov. 12, 1779	1	167
Elizabeth, wid. Matthew, d. June 22, 1839, ae 92 y.	1	167
Emma S., of Lyme, m. Samuel S. **FOWLER**, of Albany, N.Y., Mar. 18, 1823, by Lothrop Rockwell, Clerk	2	154
Easther, [d. Renald & Phebe], b. Apr. 3, 1707	L-2	168
Esther, m. Thomas **LORD**, Jr., Dec. 28, 1726	L-2	98
Easther, [d. John & Mehitable], b. Apr. 15, 1737	L-2	300
Esther, d. Reynold & Mary, b. Feb. 14, 1755	1	34
Esther, of Lyme, m. Allen **BECKWITH**, of Lyme, Nov. 26, 1755, by John Lay, 2d, J.P.	1	107
Esther, d. John & Sarah, b. Sept. 12, 1756	1	37
Esther, d. John & Sarah, d. Nov. 22, 1759	1	37
Eunice, d. [Mathew & Mary], b. Dec. 2, 1735	L-2	299
Eunice, m. William **ROGERS**, b. of Lyme, Apr. 8, 1756, by Rev. Stephen Johnson	1	133
Eunice, d. Zachary & Ama, b. May 22, 1766	1	40
Eunice, of Harrington, Litchfield Cty., m. Gabriel **ELY**, of Lyme, Aug. 11, 1779. Witnesses: Joseph Hayden, George Marvin, Reuben Barber	1	168
Eunice, m. Smith **WATROUS**, June 2, 1794	2	45
Eve, twin with Ann, d. Dea. Re[y]nold & Mary, b. Sept. 30, 1748	1	34
Fanny, d. Joseph, 2d, & Phebe, b. Oct. 7, 1784	1	86
Frances, of Hartford, m. Dr. Ambrose **NILES**, of Lyme, Apr. 2, 1823, by Josiah Hawes	2	156
Giles, s. John & Sarah, b. Dec. 23, 1751	1	37
Hannah, m. Ezra **SELDEN**, Apr. 13, 1780	1	59
Henry, s. Nathan & Lydia, b. Dec. 21, 1745	1	30
Henry, s. Nathan & Lydia, d. Mar. 15, 1755	1	30
Hepsabeth, d. [Joseph & Jane], b. Mar. 12, 1730/31	L-2	399
Hepzibah, d. John & Sarah, b. Nov. 7, 1747	1	37
Hepsibah, m. Enoch **LORD**, Mar. 31, 1748	1	44
Huldah, [d. James & Ruth], b. June 27, 1740	L-6	15
James, [s. Renald & Martha], b. May 26, 1713	L-2	168

MARVIN, (cont.)

	Vol.	Page
James, m. Ruth **MATHER**, Apr. 26, 1737	L-6	15
James, s. [James & Ruth], b. Mar. 3, 1742/3	L-6	15
James, d. Apr. 3, 1769	L-6	15
James, Lieut., s. James, d. Feb. 19, 1776	L-6	15
James, s. Dan & Mehetable, b. May 16, 1776	1	158
James, s. Dan & Mehetable, d. Nov. 6, 1779	1	158
James, s. Moses & Zilpha, b. Jan. 24, 178[ ]	1	161
Jemima, d. John & Sarah, b. July 20, 1711	L-2	237
Jemimah, m. William **PECK**, Jan. 25, 1731/2	L-2	126
Jemima, d. Joseph & Phebe, b. Mar. 28, 1791	1	86
Jemima, of Lyme, m. Dr. Abraham **BLATCHLEY**, of Guilford, Dec. 14, 1821, by Josiah Hawes	2	140
John, m. Sarah **GRAHAM**, May 7, 1691	L-2	237
John, s. John & Sarah, b. Aug. 9, 1698	L-2	237
John, m. Mehitable **CHAMPEN**, Feb. 24, 1725/6	L-2	300
John, s. [John & Mehitable], b. Jan. 30, 1726/7	L-2	300
John, m. Sarah **BROOKER**, of Saybrook, Feb. 10, 1746/7	1	37
John, s. John & Sarah, b. May 6, 1759; d. June 14, 1759	1	37
John, s. John & Sarah, b. Dec. 15, 1763	1	37
John, s. Benjamin & Phebe, b. June 8, 1772	1	123
Jonathan Deming, s. Matthew & Elizabeth, b. Sept. 11, 1789	1	167
Joseph, s. John & Sarah, b. June 16, 1703	L-2	237
Joseph, m. Jane **LAY**, May 28, 1730	L-2	399
Joseph, s. Deac. Zachariah & Abigail, b. Jan. 8, 1747; d. Jan. 22, 1750/51	L-2	67
Joseph, s. Elisha & Katharine, b. Feb. 14, 1755	L-6	228
Joseph, s. Matthew & Elizabeth, b. Mar. 26, 1772	1	167
Joseph, 2d, m. Phebe **STARLIN**, b. of Lyme, Oct. 16, 1783, by George Beckwith, Clerk	1	86
Joseph, s. Joseph & Phebe, b. Feb. 8, 1793	1	86
Judeth, d. Reynold & Mary, b. Apr. 16, 1757	1	34
Judeth, m. William **PECK**, [ ]	1	173
Junius, m. Adaline C. **RAYMOND**, b. of Lyme, Dec. 2, 1849, by Rev. Stephen A. Loper, of Hadlyme	3	209
Lebbeas, s. Nathan & Lydia, b. Feb. 10, 1752	1	30
Lee, s. Zachariah & Ama, b. Sept. 16, 1768; d. Apr. 21, 1777	1	40
Loas, d. John & Sarah, b. May 12, 1754	1	37
Lucinda, d. Zachariah & Ama, b. Sept. 23, 1773	1	40
Lucy, d. Timothy & Sarah, b. Mar. 14, 1766	1	149
Lucy, d. Benjamin & Phebe, b. May 2, 1781; d. Aug. 16, 1781	1	123
Lucy, d. Benjamin & Phebe, b. July 21, 1782	1	123
Lucy, d. Thomas & Sarah, b. Feb. 11, 1785; d. July 1, 1785	1	40
Lurania, d. Matthew & Elizabeth, b. Apr. 18, 1786	1	167
Lidia, [d. Renald & Phebe], b. Jan. 12, 1703/4	L-2	168
Lydia, d. [Reynold, Jr. & Wid. Sarah], b. Sept. 14, 1733	L-2	420
Lydia, d. John & Sarah, b. Dec. 4, 1760	1	37
Martha, [d. Renald & Martha], b. Apr. 3, 1710	L-2	168
Martha, d. Samuel & Mary, b. May 2, 1743	1	32
Martha, d. James & Ruth, b. May 22, 1748	L-6	15
Martha, m. Reynolds **GILLET**, b. of Lyme, June 9, 1774, by Rev.		

	Vol.	Page
MARVIN, (cont.)		
Stephen Johnson	1	154
Martin, s. Nathan & Lydia, b. May 6, 1750	1	30
Mary, d. John & Sarah, b. Jul;y 23, 1696	L-2	237
Mary, twin with stillborn s., d. [Samuell & Susannah], b. Apr. 15, 1721	L-2	276
Mary, m. Samuel **GRISWOLD**, b. of Lyme, Apr. 13, 1762, by Rev. Stephen Johnson	1	103
Mary, d. Elihu & Anne, b. Feb. 1, 1770, at Hebron; d. May 12, 1774	1	99
Mary, d. Matthew & Elizabeth, b. Nov. 16, 1775	1	167
Mary, m. William **COULT**, Nov. 11, 1807	2	41
Mary, wid. Deac. Reynold, d. Mar. 9, 1812, ae 97 y.	1	34
Mat[t]hew, [s. Samuell & Susannah], b. Nov. 7, 1706	L-2	276
Mat[t]hew, m. Mary **BECKWITH**, Apr. 20, 1732, by Rev. Jonathan Parsons	L-2	299
Matthew, m. Elizabeth **DEMMING**, b. of Lyme, May 30, 1771	1	167
Matthew, m. Sarah R. **LORD**, b. of Lyme, May 28, 1822, by Lathrop Rockwell, Clerk	2	145
Mehetable, d. John & Sarah, b. Sept. 12, 1709	L-2	237
Mehetable, d. [John & Mehitable], b. June 27, 1729	L-2	300
Mehitable, 3d, m. Stephen **LEE**, Jr., b. of Lyme, Sept. 25, 1744, by Rev. Jonathan Parsons	1	24
Mehetable, d. Benj[ami]n & Deborah, b. Oct. 4, 1745	1	3
Mehetable, m. Uriah **HYDE**, b. of Lyme, Oct. 9, 1764, by Rev. Stephen Johnson	1	110
Mehetable, d. Matthew & Elizabeth, b. Oct. 26, 1773	1	167
Merian, [d. Renald & Martha], b. Mar. [ ], 1719	L-2	168
Molly, d. John & Sarah, b. Mar. 2, 1766	1	37
Moses, s. James & Ruth, b. Apr. 14, 1745	L-6	15
Moses, m. Zilpha **GILL[ETT]***, b. of Lyme, Mar. 30, 1780, by Rev. Stephen Johnson (See Marvin Genealogy)	1	161
Nabby, d. Benjamin & Phebe, b. Mar. 27, 1777	1	123
Nathan, [s. Samuell & Susannah], b. Nov. 21, 1714	L-2	276
Nathan, m. Lydia **LEWIS**, b. of Lyme, May 17, 1743, by Rev. George Griswold	1	30
Nathan, s. Nathan & Lydia, b. Feb. 7, 1754	1	30
Nathan, d. Mar. 15, 1755	1	30
Nehemiah, [s. Samuell & Susannah], b. Feb. 20, 1716	L-2	276
Nehemiah, of Lyme, m. Hester **LORD**, Jr., of Lyme, Jan. 9, 1746, by Rev. George Beckwith	1	37
Phebe, [d. Renald & Phebe], b. Dec. 3, 1696	L-2	168
Phebe, d. [Reynold, Jr. & Wid. Sarah], b. Mar. 18, 1727/8	L-2	420
Phebe, d. Nehemiah & Esther, b. Oct. 15, 1746	1	37
Phebe, m. Jonathan **GILLET**, of Lyme, formerly of Colchester, Jan. 11, 1748, by Benj[amin] Lee, J.P.	1	133
Phebe, d. Benjamin & Phebe, b. May 18, 1779	1	123
Phebe, d. Joseph, 2d, & Phebe, b. June 7, 1786	1	86
Phebe, m. Seth **ELY**, Jr., Apr. 14, 1799, by Mr. Higgins	2	53
Phebe S., m. Henry **JONES**, b. of Lyme, July 24, 1831, by Josiah Hawes	2	258

MARVIN, (cont.)

	Vol.	Page
Pickett, [s. Elisha & Katharine], b. Mar. 9, 1739/40	L-6	228
Picket, s. Timothy & Sarah, b. Feb. 5, 1768	1	149
Re[y]nold had servant John **TANER**, Jr., d. Jan. 6, 1704/5	L-2	53
Renald, m. Martha **WATEROUS**, June 30, 1709	L-2	168
Reynold, Jr., m. Wid. Sarah **LAY**, Dec. 23, 1725	L-2	420
Reynold, Jr., m. Wid. Sarah **LAY**, Dec. 23, 1725	L-4	186
Reynold, s. [Reynold, Jr. & Wid. Sarah], b. Oct. 23, 1726	L-2	420
Renald, Capt., d. Oct. 18, 1737	L-2	168
Re[y]nold, of Lyme, m. Mary **KELLOGG**, of Colchester, July 7, 1746, by Nathaniel Foot, J.P., Colchester	1	34
Re[y]nold, Dea., had negro servant C[h]loe d. Jan. 10, 1748/9	1	34
Reynolds, s. Dan & Mehetable, b. July 21, 1763; d. Dec. 10, 1767	1	158
Reynold, s. Dan & Mehetable, b. Mar. 21, 1769	1	158
Rhoda, m. William **MATHER**, b. of Lyme, May 1, 1768, by Rev. Stephen Johnson	1	100
Rosalinda, d. Matthew & Elizabeth, b. Jan. 26, 1785	1	167
Ruth, [d. James & Ruth], b. Apr. 25, 1738	L-6	15
Sally M., m. Stephen **STERLING**, Jr., b. of Lyme, Dec. 9, 1824, by Josiah Hawes	2	171
Samuell, m. Susannah **GRAHAM**, of Hartford, May 5, 1699	L-2	276
Samuell, eldest s. Samuell & Susannah, b. Feb. 10, 1699/1700	L-2	276
Samuel, m. Mary **WEGE**, Apr. 2, 1740	1	32
Samuell, Deac., d. May 15, 1743	L-2	276
Samuel, s. Nathan & Lydia, b. Feb. 14, 1743/4	1	30
Sam[ue]l, d. Apr. 18, 1786	1	32
Sarah, wid., m. Capt. Joseph **SILL**, Feb. 12, 1677	L-1	102
Sarah, d. John & Sarah, b. Feb. 25, 1694	L-2	237
Sarah, [d. Renald & Martha], b. Mar. 8, 1715	L-2	168
Sarah, d. Samuel & Mary, b. Jan. 27, 1740/1	1	32
Sarah, d. John & Sarah, b. June 27, 1749	1	37
Sarah, d. Dan & Mehetable, b. Sept. 21, 1771	1	158
Sarah, d. Timothy & Sarah, b. July 7, 1773	1	149
Sarah, m. Sam[ue]l **SELDEN**, Jr., b. of Lyme, Nov. 24, 1774, by Stephen Johnson	1	134
Selden, s. Dan & Mehetable, b. Nov. 24, 1773	1	158
Selden P., m. Phebe **REED**, b. of Lyme, Sept. 1, 1831, by Rev. Chester Colton	2	261
Seth, s. [Mathew & Mary], b. July 12, 1733	L-2	299
Silas, s. Deac. Zachariah & Abigail, b. July 19, 1750	L-2	67
Susan[n]ah, [d. Zachariah & Abigail], b. Nov. 12, 1738	L-2	67
Thomas, [s. Samuell & Susannah], b. Mar. 4, 1703/4	L-2	276
Thomas, s. Deac. Zachariah & Abigail, b. Oct. 12, 1737; d. Oct. 15, 1737	L-2	67
Thomas, 2d, s. Deac. Zachariah & Abigail, b. May 29, 1742	L-2	67
Thomas, m. Sarah **LAY**, b. of Lyme, May 23, 1784, by Rev. Stephen Johnson	1	40
Thomas, s. Thomas & Sarah, b. July 7, 1787	1	40
Timothy, s. Elisha & Katharine, b. May 23, 1744	L-6	228
Timothy, m. Sarah **PERKINS**, b. of Lyme, May 30, 1765, by Rev. George Beckwith	1	149

	Vol.	Page
MARVIN, (cont.)		
Timothy, s. Timothy & Sarah, b. Aug. 3, 1771	1	149
Uriah, s. Benj[amin] & Phebe, b. Aug. 8, 1770	1	123
William, s. Benjamin, Jr. & Phebe, b. Apr. 5, 1775	1	123
William, s. Joseph, 2d, & Phebe, b. May 12, 1788	1	86
William E., of Greenfield, Pa., m. Catharine F. **SPENCER**, of Lyme, Nov. 2, 1848, in Hadlyme, by Rev. Stephen A. Loper	3	192
Zachariah, [s. Samuell & Susannah], b. Dec. 27, 1701	L-2	276
Zachariah, m. Abigail **LORD**, Mar. 29, 1732	L-2	67
Zac[h]ariah, s. [Zachariah & Abigail], b. Aug. 11, 1735	L-2	67
Zachariah, s. Zachariah & Ama, b. June 5, 1771	1	40
Zephaniah*, Jr., m. Ama **LEE**, b. of Lyme, July 23, 1761, by Rev. Stephen Johnson (*Zachariah. See record of children)	1	40
---------, d. [John & Sarah], b. Apr. 12, 1692; d. [ ]	L-2	237
---------, stillborn s., twin with Mary, [s. Samuell & Susannah], b. Apr. 15, 1721	L-2	276
MASH, Hannah, m. Sam[ue]ll **ELY**, May 20, 1739	1	21
MASON, George J., m. Martha B. **CONDALL**, of Lyme, Sept. 17, 1848, by W[illia]m Marvin, J.P.	3	247
Martha, of Lyme, m. Henry **CAPLES**, of East Haddam, Ct., Dec. 28, 1853, by Rev. L. Williams Wheeler	3	254
Peter, of New London, m. Lois **CHAP[P]EL[L]**, of Lyme, June 10, 1838, by Jared Turner, J.P.	3	82
MATHER, Abigail, d. William & Rhoda, b. Dec. 6, 1775	1	100
Alice, d. Sam[ue]ll & Alice, b. Oct. 4, 1762	1	160
Alice, m. William **ELY**, b. of Lyme, Sept. 8, 1783, by Rev. George Beckwith	1	167
Alice, [w. Dr. Samuel], d. [ ]	1	160
Andrew, s. Elias & Lucinda, b. Sept. 26, 1772	1	151
Ann, [s. Joseph & Phebe], b. Sept. 22, 1733	L-2	229
Anna, d. Benj[ami]n & Irena, b. Mar. 12, 1758	1	73
Anna, d. Frederick & Elizabeth, b. Aug. 24, 1766	1	75
Anna, d. Frederick & Elizabeth, b. Aug. 24, 1766	1	135
Anna, d. Sam[ue]ll & Loas, b. Dec. 11, 1766	1	129
Anna, m. Dr. William **LORD**, b. of Lyme, Sept. 4, 1790	2	1
Aseph, s. Timothy, Jr. & Sarah, b. Aug. 11, 1749	L-5	307
Augustus, s. Eleazer & Anna, b. June 24, 1748	1	5
Benjamin, [s. Joseph & Phebe], b. Sept. 19, 1732	L-2	229
Benjamin, of Lyme, m. Irena **PERSON**, of [Lyme], Aug. 16, 1753, by George Beckwith	1	73
Benjamin, of Lyme, m. Abigail **WORTHINGTON**, of Colchester, Mar. 14, 1763, by Rev. Stephen Johnson	1	73
Bettey Worthington, d. Benj[ami]n & Abigail, b. Dec. 17, 1763	1	73
Catharine, [d. Timothy & Sarah], b. Jan. 11, 1717	L-3	37
Charles, s. Elias & Lucinda, b. June 9, 1787	1	151
Charles, s. Silvanus & Caroline, b. Aug. 19, 1792	1	33
Clarrissa, d. Elias & Lucinda, b. Aug. 10, 1774	1	151
Dan, s. John & Marcy, b. Mar. 24, 1765	1	27
Dan, s. Jehoiada & Eunice, b. Oct. 1, 1774	1	132
Dan, m. Hannah **GIB[B]S***, Sept. 28, 1788 (*Perhaps "Giles"?)	1	33
Dan W., m. Elizabeth **CLARK**, b. of Lyme, Aug. 30, 1829, by		

	Vol.	Page
MATHER, (cont.)		
Rev. Herman L. Vaill	2	237
Dan W., of Lyme, m. Mary Ann M. **NASH**, of Saybrook, June 4, 1843, by Rev. P. Brockett	3	138
David, s. Joseph & Zelinda, b. Oct. 22, 1793	2	26
Deborah, [d. Samuell & Deborah], b. Jan. 15, 1717/18	L-2	408
Deborah, m. Benjamin **MARVIN**, Nov. 11, 1742	L-7	311
Deborah, m. Benjamin **MARVIN**, Nov. 11, 1742	1	3
Deborah, d. Richard & Deborah, b. Oct. 3, 1752	1	1
Deborah, m. Ezra **LEE**, b. of Lyme, Nov. 14, 1771, by Rev. Stephen Johnson	1	151
Elleazer, [s. Joseph & Phebe], b. Nov. 17, 1716	L-2	229
Eleazer, of Lyme, m. Anna **WATEROUSE**, of Lyme, Nov. 5, 1741, by Jonath[an] Parsons	1	5
Eleazer, s. Eleazer & Anna, b. June 22, 1753, N.S.	1	5
Eleazer, Jr., m. Irena **STARLIN**, b. of Lyme, May 29, 1775, by Rev. George Beckwith	1	88
Eleazer, Jr., s. Eleazer, 2d, & Irena, b. Dec. 30, 1775	1	88
Elias, s. Richard & Deborah, b. Feb. 10, 1750, in East Haddam, Hartford County	1	1
Elias, m. Lucinda **LEE**, b. of Lyme, Oct. 17, 1771, by Rev. Stephen Johnson	1	151
Elias, s. Elias & Lucinda, b. June 25, 1776	1	151
Elias, Capt., d. Aug. 30, 1788	1	151
Elijah, s. John & Hepzibah, b. Dec. 17, 1772	1	140
Elijah, s. Stephen & Elizabeth, b. Feb. 14, 1783	1	163
Elijah, m. Sally **LORD**, b. of Lyme, Oct. 5, 1797	2	72
Elijah, s. Elijah & Sally, b. May 22, 1803	2	72
Elisha, s. Eleazer & Anna, b. Mar. 18, 1755	1	5
Elisha Royce, s. [John & Sally], b. Nov. 21, 1806	2	80
Elisha W., m. Mary Ann **SMITH**, b. of Lyme, Nov. 12, 1820, by Lothrop Rockwell, Clerk	2	121
Elizabeth, m. Ebenezer **ROGERS**, b. of Lyme, Nov. 18, 1756, by Rev. Stephen Johnson	1	69
Elizabeth, d. Timothey & Elizabeth, b. Apr. 9, 1764	1	99
Elizabeth, d. Frederick & Elizabeth, b. Dec. 23, 1769	1	75
Elizabeth, d. Frederick & Elizabeth, b. Dec. 23, 1769	1	135
Elizabeth, m. Richard **PECK**, b. of Lyme, Mar. 13, 1783, by Rev. Stephen Johnson	1	62
Elizabeth, [wid. of Timothy], d. Jan. 7, 1813	1	99
Eunice, [d. Timothy, Jr. & Sarah], b. June 3, 1744	L-5	307
Eunice, d. William & Rhoda, b. Dec. 20, 1773	1	100
Eunice, d. Jehoiada & Eunice, b. Oct. 28, 1778	1	132
Eunice, d. Silvanus & Caroline, b. Oct. 18, 1786	1	33
Ezra, s. Richard & Deborah, b. Feb. 25, 1755; d. June 4, 1755	1	1
Ezra, s. Richard & Deborah, b. Apr. 27, 1756	1	1
Ezra, s. Richard & Deborah, d. Nov. 10, 1758	1	1
Ezra, s. Jehoiada & Eunice, b. Jan. 27, 1770	1	132
Ezra, s. William & Rhoda, b. Feb. 4, 1772	1	100
Ezra, m. Phebe **WADE**, Nov. 8, 1795	2	69
Ezra, s. Ezra & Phebe, b. Oct. 11, 1797	2	69

	Vol.	Page
MATHER, (cont.)		
Ezra, d. Feb. 27, 1808	2	69
Fanny, d. Samuel & Lois, b. Dec. 13, 1779	1	129
Fanny, d. Silvanus & Caroline, b. June 20, 1790	1	33
Frances A., of Lyme, m. Richard S. **GRISWOLD**, of New York, May 31, 1841, by Rev. Chester Colton	3	114
Francis William, s. [Nathaniel & Eunice], b. June 30, 1801	2	44
Frederick, s. Eleazer & Anna, b. Apr. 10, 1745; d. May 6, 1745	1	5
Frederick, s. Eleazer & Anna, b. June 1, 1746	1	5
Frederick, m. Elizabeth **PERKINS**, b. of Lyme, Oct. 16, 1765	1	75
Frederick, m. Elizabeth **PERKINS**, b. of Lyme, Oct. 16, 1765, by Rev. George Beckwith	1	135
George, s. [Capt.] Silvester & Betsey, b. Dec. 24, 1791	2	10
George E., m. Mary J. **BOGUE**, b. of Lyme, Oct. 10, 1847, by Samuel S. Warner, J.P.	3	181
Gibbons, s. Benj[ami]n & Irena, b. May 11, 1756; d. July 10, 1759	1	73
Gibbons, s. Benj[ami]n & Irena, b. June 22, 1760	1	73
Hannah, d. John & Marcy, b. Dec. 25, 1754	1	27
Hannah, of Lyme, m. John **MERROW**, of Lyme, June 4, 1775, by Eleazer Mather, J.P.	1	156
Harriet C., m. John W. **ALLEN**, July 5, 1830, by Rev. Chester Colton	2	243
Henry, s. Samuel & Lois, b. July 31, 1777; d. Aug. 24, 1802	1	129
Henry, s. [Capt. Silvester & Betsey], b. July 8, 1803	2	10
Hepzibah, d. John & Hepzibah, b. Feb. 4, 1776	1	140
Hepzebah, m. Richard **LEECH**, Nov. 27, 1799	2	73
Huldah, d. John & Hepzibah, b. Apr. 16, 1770	1	140
Irena, d. Benjamin & Irena, b. July 8, 1754	1	73
Irena, w. Benj[amin], d. Aug. 22, 1761	1	73
James, s. Samuel & Lois, b. Mar. 14, 1785	1	129
James Gould, s. Joseph & Zelinda, b. Oct. 9, 1795	2	26
Jehoiada, [s. Timothy, Jr. & Sarah], b. Nov. 16, 1740	L-5	307
Jeho[i]ada, m. Eunice **MILLER**, b. of Lyme, Dec. 20, 1764, by Rev. Stephen Johnson	1	132
Jemima, d. John & Marcy, b. Jan. 22, 1767	1	27
Jemimah, d. Silvanus & Caroline, b. Mar. 2, 1788	1	33
Jemimah, m. Roswell **CHAMPION**, Feb. 21, 1788	2	69
Jerusha, [d. Joseph & Phebe], b. Feb. 11, 1725/6	L-2	229
Jerusha, d. John & Marcy, b. Mar. 6, 1753	1	27
Jerusha, d. John & Marcy, d. Mar. 3, 1760	1	27
Jerusha, d. John & Marcy, b. Feb. 25, 1763	1	27
Jerusha, m. Daniel **STEPHENSON**, July 18, 1790	1	43
Joanna, d. Timothy, Jr. & Sarah, b. Mar. 31, 1746; d. Jan. 19, 1746/7	L-5	307
Joanna, d. Joseph & Joanna, b. Oct. 13, 1757	1	109
Joanna, m. John **PARSONS**, b. of Lyme, Feb. 25, 1779, by Rev. Stephen Johnson	1	48
Joanna, d. [Nathaniel & Eunice], b. Dec. 11, 1795	2	44
Joanna, w. Joseph, d. May 29, 1804, ae 76 y.	1	109
Joanna, [d. Nathaniel & Eunice], d. Dec. 17, 1826, ae 31 y.	2	44
John, [s. Joseph & Phebe], b. July 13, 1721	L-2	229

	Vol.	Page

MATHER, (cont.)

	Vol.	Page
John, m. Marcy **HIGGINS**, June 13, 1745	1	27
John, s. John & Marcy, b. Apr. 4, 1746	1	27
John, Jr., m. Hepzibah **PECK**, May 7, 1768, by Sam[ue]l Ely, J.P.	1	140
John, s. John & Hepzibah, b. Sept. 27, 1779	1	140
John, m. Wid. Ruth **ROB[B]INS**, Feb. 25, 1785	1	27
John, Jr., m. Sally Cleveland **ROYCE**, May 9, 1804	2	80
John Noyes, [s. Timothy, Jr. & Sarah], b. Aug. 24, 1742	L-5	307
John Oliver, s. John & Sally, b. Mar. 25, 1805	2	80
John Watrous, s. [Dr. Samuel & Sally], b. Jan. 21, 1807	1	160
Joseph, s. [Timothy & Sarah], b. Feb. 23, 1713	L-3	37
Joseph, [s. Joseph & Phebe], b. Mar. 15, 1715	L-2	229
Joseph, of Lyme, m. Anne **BOOTHE**, of Kensington, Ct., Oct. 26, 1737, by Rev. William Burnham, of Kensington	L-6	144
Joseph, Capt., m. Joanna **MATSON**, b. of Lyme, Dec. 7, 1756, by Rev. Stephen Johnson	1	109
Joseph, s. John & Marcy, b. Jan. 28, 1757	1	27
Joseph, s. Joseph & Joanna, b. July 4, 1766	1	109
Joseph, Capt., d. Feb. 5, 1789	1	109
Joseph, m. Zelinda **GOULD**, b. of Lyme, Dec. 27, 1792, by David Higgins, V.D.M.	2	26
Joseph, s. Joseph & Zelinda, b. May 8, 1800	2	26
Joseph Higgins, s. John & Hepzibah, b. Dec. 3, 1789	1	140
Joseph Higgins, of Saybrook, m. Sarah Selden **JEWETT**, of Lyme, Aug. 9, 1829, by Rev. Tubal Wakefield	2	235
Katharine, m. Elisha **MARVIN**, May 17, 1739	L-6	228
Lay, s. Jehoiada & Eunice, b. Apr. 10, 1768	1	132
Lay, m. Caroline **WADE**, b. of Lyme, Sept. 20, 1792	2	19
Lewey, d. Sam[ue]l & Alice, b. Nov. 21, 1777	1	160
Loas, d. Sam[ue]l & Alice, b. Feb. 8, 1776	1	160
Lois, m. Nathaniel S[haw] **WOODBRIDGE**, May 5, 1796	2	41
Lois, m. Nathaniel Shaw **WOODBRIDGE**, May 5, 1796	2	35
Lois, w. Samuel, d. Nov. 17, 1804	1	129
Lois G., d. [Capt.] Silvester & Betsey, b. July 28, 1794	2	10
Louisa G., of Lyme, m. Richard S. **GRISWOLD**, of New York, May 25, 1835, by Rev. Chester Colton	3	34
Lucy, [d. Samuell & Deborah], b. Dec. 28, 1720	L-2	408
Lucy, m. Nathaniel **PECK**, May 24, 1744	1	19
Lucy, d. Timothy, Jr. & Sarah, b. May 11, 1751	L-5	307
Lucy, d. William & Rhoda, b. Aug. 18, 1768	1	100
Luther Peck, s. John & Hepzibah, b. Feb. 3, 1782; d. May 24, 1783, ae 1 y. 3 m. 21 d.	1	140
Lydia, d. Samuel & Lois, b. Aug. 11, 1790	1	129
Marcy, d. John & Marcy, b. Dec. 11, 1750	1	27
Marcy, w. John, d. Oct. 20, 1782	1	27
Martha, d. Jehoiada & Eunice, b. Apr. 7, 1772	1	132
Martha, m. George **WARD**, Jr., Dec. 4, 1791	2	29
Mary, [d. Samuell & Deborah], b. Nov. 14, 1715	L-2	408
Mary, d. William & Rhoda, b. Dec. 17, 1769	1	100
Mary, m. Rich[ar]d **LAY**, b. of Lyme, Mar. 18, 1773, by Rev. Stephen Johnson	1	142

	Vol.	Page
MATHER, (cont.)		
Mehetable, [d. Samuell & Deborah], b. Dec. 28, 1723	L-2	408
Mehetable, d. Richard & Deborah, b. Mar. 7, 1742/3	1	1
Mehetable, b. Mar. 5, 1743; m. Samuel Holden **PARSONS**, b. of Lyme, Sept. 10, 1761	2	64
Mehetable, m. Samuel Holden **PARSONS**, Sept. 10, 1761, by John Griswold, J.P.	1	100
Mehetabel, d. John & Marcy, b. May 5, 1769	1	27
Mehetable, d. Samuel & Lois, b. Nov. 14, 1774	1	129
Mehetable, m. Capt. Thomas **SILL**, Nov. 6, 1799, by Rev. David Higgins	2	90
Moses, [s. Timothy & Sarah], b. Feb. 23, 1719	L-3	37
Moses, s. Joseph & Joanna, b. July 14, 1764	1	109
Moses, s. Joseph & Zelinda, b. Jan. 3, 1798	2	26
Moses, m. Sally **CHAMPION**, June 24, 1801, by Elder Jason Lee	2	75
Moses, m. Hannah **CHAMPION**, Oct. 12, 1802, by George Atwell, Elder	2	75
Nabby, d. Eleazer & Anna, b. July 30, 1751	1	5
Nabby, d. Benjamin & Abigail, b. Apr. 16, 1765	1	73
Nabby, m. Thomas **MATHER**, b. of Lyme, Nov. 27, 1791	2	14
Nancy, d. [Capt.] Silvester & Betsey, b. May 2, 1790	2	10
Nancy, m. John **HART**, Jr., June 25, 1811	2	131
Nancy Maria, d. [Nathaniel & Eunice], b. Mar. 27, 1804	2	44
Nathaniel, s. Joseph & Joanna, b. May 30, 1759	1	109
Nathaniel, m. Eunice **DeWOLF**, Feb. 19, 1795	2	44
Nathaniel, s. [Nathaniel & Eunice], b. Aug. 12, 1799	2	44
Nath[anie]ll Green, s. Elias & Lucinda, b. Nov. 25, 1784; d. Apr. 4, 1785	1	151
Oliver, s. Thomas & Nabby, b. Oct. 15, 1796	2	14
Orlando, s. Ezra & Phebe, b. May 28, 1802; d. Sept. 5, 1804	2	69
Orlando, s. [Ezra & Phebe], b. Oct. 5, 1807	2	69
Peggy, d. Samuel & Lois, b. July 16, 1787	1	129
Phebe, [d. Joseph & Phebe], b. Mar. 10, 1718/19	L-2	229
Phebe, d. Lieut. Joseph, m. Andrew **SILL**, June 19, 1744	1	60
Phebe, d. Sam[ue]l & Lois, b. July 22, 1772	1	129
Phebe, d. Ezra & Phebe, b. Oct. 27, 1799	2	69
Phebe, m. Dr. Thomas **MINOR**, May 8, 1810	2	132
Polly, m. William **CHAMPLIN**, b. of Lyme, Jan. 13, 1780, by Rev. Stephen Johnson	1	61
Rebeckah, d. John & Marcy, b. Dec. 2, 1748	1	27
R[e]uben, s. Timothy, Jr. & Sarah, b. Dec. 26, 1747	L-5	307
Reuben Lord, s. Elijah & Sally, b. Feb. 15, 1800	2	72
Richard, d. Aug. 17, 1688	L-2	26
Richard, s. [Samuell & Deborah], b. Dec. 22, 1712	L-2	408
Richard, m. Deborah **ELY**, b. of Lyme, May 18, 1742	1	1
Richard, d. Samuel & Lois, b. May 10, 1782; d. Aug. 2, 1805	1	129
Richard, Capt., m. Eunice **MOOR[E]**, b. of Lyme, Oct. 23, 1791	2	20
Richard, s. [Capt.] Silvester & Betsey, b. Oct. 31, 1798	2	10
Robert Miller, s. [Ezra & Phebe], b. Mar. 6, 1804	2	69
Ruth, [d. Timothy & Sarah], b. Dec. 3, 1715	L-3	37
Ruth, m. James **MARVIN**, Apr. 26, 1737	L-6	15

MATHER, (cont.)

	Vol.	Page
Ruth, w. John, d. June 14, 1800	1	27
Sally, d. Moses & Sally, b. May 19, 1802; d. Aug. 19, 1802	2	75
Sally, w. Moses, d. June 14, 1802	2	75
Sally Ann, d. Moses & Hannah, b. Dec. 30, 1803	2	75
Sally M., m. Richard **ROYCE**, Nov. 26, 1829, by Rev. Chester Colton	2	239
Sally Miranda, d. [Elijah & Sally], b. Oct. 18, 1801	2	72
Samuell, m. Deborah [ ], Jan. 1, 1711/12	L-2	408
Samuell, [s. Joseph & Phebe], b. Nov. 10, 1728; d. Oct. 7, 1739	L-2	229
Samuel, s. Eleazer & Anna, b. Feb. 10, 1742/3	1	5
Samuel, s. Richard & Deborah, b. Feb. 22, 1744/5	1	1
Samuel, Dr., m. Ellis **RANSOM**, Oct. 1, 1761, by Ephraim Little, Clericus, Colchester. Recorded Apr. 20, 1780	1	160
Sam[ue]l, Jr., m. Loas **GRISWOLD**, b. of Lyme, Nov. 14, 1765, by Matthew Griswold, Asst.	1	129
Samuel, s. Azuriah & Hannah, b. Apr. 9, 1768	1	90
Samuel, s. Sam[ue]l & Lois, b. Jan. 4, 1771	1	129
Samuel, Jr., had negro servant Jack **HOWARD**, s. Janney, b. Jan. 19, 1795	1	111
Samuel, Dr., m. Sally **ANDERSON**, Jan. 9, 1806	1	160
Sam[ue]l Boerham, s. Sam[ue]l & Alice, b. Sept. 27, 1780	1	160
Samuel W., of Boston, Mass., m. Frances A. **TIFFANY**, of Lyme, May 25, 1852, by Rev. E.F. Burr, of N. Lyme	3	240
Sarah, [d. Timothy, Jr. & Sarah], b. May 7, 1739	L-5	307
Sarah, wid. Capt. Timothy, late of Lyme, d. Aug. 16, 1756, ae 73 y	1	109
Sarah, m. Ezra **MILLER**, b. of Lyme, Feb. 19, 1761, by Rev. Stephen Johnson	1	142
Sarah, d. Jehoiada & Eunice, b. Sept. 21, 1776	1	132
Sarah An[n], d. Sam[ue]l & Alice, b. Sept. 13, 1766; d. Aug. 27, 1767	1	160
Sarah Ann, d. Sam[ue]l & Alice, b. June 19, 1772	1	160
Sarah Huntley, w. Timothy, Jr., d. May 25, 1761	L-5	307
Selvanus, Silvanus, see under Sylvanus		
Simon, [s. Joseph & Phebe], b. Feb. 21, 1736; d. Feb. 26, 1736	L-2	229
Simon, s. John & Marcy, b. Oct. 31, 1747; d. Dec. 25, 1747	1	27
Stephen, s. John & Marcy, b. Feb. 9, 1759	1	27
Stephen, m. Elizabeth **PECK**, b. of Lyme, Sept. 5, 1782, by Rev. Stephen Johnson	1	163
Selvanus, s. John & Marcy, b. Jan. 17, 1761	1	27
Silvanus, m. Caroline **CHADWICK**, May 12, 1785	1	33
Selvester, s. Richard & Deborah, b. Sept. 1, 1758	1	1
Sylvester, s. Elias & Lucinda, b. Feb. 8, 1782	1	151
Sylvester, Capt., m. Betsey **WAIT**, May 22, 1788	1	96
Silvester, Capt., m. Betsey **WAIT**, May 22, 1788	2	10
Sylvester, s. [Capt.] Silvester & Betsey, b. June 29, 1801	2	10
Thomas, s. Joseph & Joanna, b. Aug. 15, 1762	1	109
Thomas, s. Sam[ue]l & Loas, b. Oct. 10, 1768	1	129
Thomas, m. Nabby **MATHER**, b. of Lyme, Nov. 27, 1791	2	14
Thomas, s. Tho[ma]s & Nabby, b. June 10, 1794	2	14
Timothy, s. [Timothy & Sarah], b. Oct. 9, 1711	L-3	37

MATHER, (cont.)

	Vol.	Page
Timothy, Jr., m. Sarah **LAY**, Feb. 12, 1735/6	L-5	307
Timothy, s. [Timothy, Jr. & Sarah], b. Apr. 3, 1737	L-5	307
Timothy, Capt., of Lyme, m. Elizabeth **MATSON**, of Lyme, Oct. 29, 1761	1	99
Timothy, Capt., d. Mar. 11, 1810	1	99
Watrous, s. Eleazer, 2d, & Irena, b. Mar. 11, 1778	1	88
William, s. Richard & Deborah, b. Sept. 15, 1746; d. Sept. 27, 1746	1	1
William, s. Richard & Deborah, b. Nov. 21, 1748	1	1
William, m. Rhoda **MARVIN**, b. of Lyme, May 1, 1768, by Rev. Stephen Johnson	1	100
William, s. [Capt. Silvester & Betsey], b. Aug. 14, 1808	2	10
Will[ia]m Lee, s. Elias & Lucinda, b. Aug. 1, 1779	1	151
MATSON, MALSON, Aaron, s. William & Eunice, b. May 6, 1770	1	152
Abigail, d. Nath[anie]ll, Jr. & Dinah, b. Jan. 16, 1764	1	112
Abigail, m. John **COULT**, b. of Lyme, May 11, 1773, by Stephen Johnson, Pastor	1	59
Abigail, [d. Nathaniel & Dinah], d. Jan. 27, 1813	1	112
Catharine A., see under Catharine A. **WATSON**		
David, s. William & Eunice, b. Jan. 29, 1766	1	152
David, m. Lois **SILL**, Jan. 25, 1797	2	57
David, s. David & Lois, b. Aug. 30, 1812	2	57
Dinah, d. Nathaniel & Dinah, b. Oct. 1, 1767; d. Apr. 6, 1770	1	112
Dinah, w. Nathaniel, d. Dec. 21, 1781	1	112
Elizabeth, of Lyme, m. Capt. Timothy **MATHER**, of Lyme, Oct. 29, 1761	1	99
Ely, s. William & Eunice, b. Feb. 11, 1768	1	152
Eunice, d. William & Eunice, b. Nov. 27, 1774; d. Sept. 22, 1803	1	152
Eunice, d. David & Lois, b. Dec. 15, 1805	2	57
Eunice, wid. William, d. Dec. 19, 1814	1	152
George, s. David & Lois, b. July 27, 1799	2	57
Israel, s. Nathaniel & Dinah, b. Apr. 6, 1770	1	112
Israel, m. Phebe **ELY**, Feb. 12, 1821, by Rev. Josiah Hawes	2	124
Joanna, m. Capt. Joseph **MATHER**, b. of Lyme, Dec. 7, 1756, by Rev. Stephen Johnson	1	109
Joanna, d. Nathaniel & Dinah, b. Jan. 25, 1777	1	112
Johannah, of Lyme, m. Samuel **BUCKINGHAM**, 3d, of Saybrook, Mar. 8, 1798	2	70
John Sill, s. David & Lois, b. Nov. 15, 1797	2	57
Lois, d. Nathaniel & Dinah, b. Apr. 30, 1772	1	112
Mary, m. Joseph **SMITH**, Jr., Feb. 26, 1761	1	114
Nathaniel, Jr., of Lyme, m. Dinah **NEWTON**, of Colchester, Jan. 15, 1761, by John Watrous, J.P., Colchester	1	112
Nath[anie]ll, s. Nath[anie]ll, Jr. & Dinah, b. Sept. 13, 1765	1	112
Nathaniel, d. Aug. 27, 1787	1	112
Nathaniel, m. Polly **SILL**, Oct. 8, 1791	2	23
Nathaniel, m. Anna **ELY**, b. of Lyme, Sept. 25, 1806, by Rev. David Huntington	2	23
Polly, d. David & Lois, b. July 29, 1801	2	57
Polly, w. Nath[anie]l, d. Jan. [ ], 1802	2	23

	Vol.	Page
MATSON, MALSON, (cont.)		
Richard, s. David & Lois, b. Sept. 29, 1803; d. Dec. 16, 1807, at Albany	2	57
Richard, [s. David & Lois], b. Jan. 18, 1810	2	57
Ruth, m. Joseph **SILL**, 2d, b. of Lyme, Dec. 31, 1747, by Rev. Stephen Johnson	1	83
Susannah, d. Nath[anie]ll, Jr. & Dinah, b. Dec. 10, 1761	1	112
William, of Lyme, m. Eunice **SKINNER**, of Colchester, June 9, 1763	1	152
William, s. William & Eunice, b. Apr. 8, 1764; d. Aug. 30, 1774	1	152
William, s. W[illia]m & Eunice, b. Apr. 19, 1780	1	152
William, d. Oct. 24, 1804	1	152
William, of Lyme, m. Rhoda **NEWTON**, of Colchester, Apr. 30, 1807	2	100
William Newton, s. [William & Rhoda], b. Oct. 22, 1811	2	100
----------, d. William & Eunice, b. Jan. 1, 1773; d. Jan. 6, 1773	1	152
MAT[T]HEWS, Nathaniel, of New London, m. Betsey **BRAMBLE**, of Lyme, Nov. 2, 1829, by Josiah Hawes	2	238
MAXON, MAXSON, Amos, m. Sally **CLARK**, b. of Lyme, Dec. 29, 1825, by Lothrop Rockwell, Clerk	2	195
Amos C., b. May 3, 1783; m. Elizabeth **TINKER**, Aug. [ ], 1807	2	135
Amos C., m. Phebe **PIERSON**, [Feb.] 7, 1850, by Rev. D.S. Brainard	3	214
Amos Champlen, s. [Tory & Betsey], b. May 3, 1783	2	40
Amos Champlain, s. [Amos C. & Elizabeth], b. Feb. 8, 1821	2	135
Betsey, d. Tory & Betsey, b. June 19, 1792	2	40
Elizabeth, d. [Amos C. & Elizabeth], b. June 15, 1812	2	135
Elizabeth A., m. Joseph H. **LAY**, Feb. 4, 1838, by Rev. Chester Colton	3	77
Fabius Beckwith, s. [Amos C. & Elizabeth], b. Oct. 6, 1816	2	135
John P., s. Amos [C.] & Elizabeth, b. May 12, 1808	2	135
Nancy, d. [Amos C. & Elizabeth], b. June 16, 1810	2	135
Nathan, s. Tory & Betsey, b. Apr. 16, 1785	2	40
Nathan Tinker, s. [Amos C. & Elizabeth], b. July 31, 1814	2	135
Phebe Peck, twin with Sally Latimer, d. [Tory & Betsey], b. Mar. 16, 1796	2	40
Sally Latimer, twin with Phebe Peck, [d. Tory & Betsey], b. Mar. 16, 1796	2	40
Tory, m. Betsey **CHAMPLIN**, Aug. 3, 1782	2	40
MAYNARD, MAYNERD, Abby A., m. Jason **ROGERS**, Nov. 24, 1825, by Nathan Wildman	2	191
Almira, m. Samuel **GILBERT**, b. of Lyme, Mar. 7, 1833, by Elijah Willard	3	7
Anson, m. Augusta **APPLEBY**, [Apr.] 11, [1852], by Rev. D.S. Brainard	3	239
Betsey, m. Charles **SLEUMAN**, b. of Lyme, Mar. 21, 1830, by Rev. Nathan Wildman	2	240
Charlotte, d. [John, Jr. & Lydia], b. Mar. 7, 1794	2	84
Charlotte, m. Ezra **MAYNARD**, Jr., b. of Lyme, [ ], by Rev. George W. Appleton	2	117

	Vol.	Page
MAYNARD, MAYNERD, (cont.)		
David, m. Nancy **PAGE**, Apr. 19, 1829, by Rev. Tubal Wakefield	2	231
Eliza, m. Joseph **MILLER**, b. of Lyme, Feb. 13, 1823, by Charles Smith, J.P.	2	153
Emeline E., of Waterford, m. Christopher B. **CHAPMAN**, of New London, Nov. 15, 1840, by Rich[ar]d L. Lord, J.P.	3	106
Ezra, s. [Ezra], b. June 16, 1799	2	6
Ezra, Jr., m. Charlotte **MAYNARD**, b. of Lyme, [ ], by Rev. George W. Appleton	2	117
Fanny, d. [John, Jr. & Lydia], b. Oct. 8, 1792	2	84
Gurdon L., of E. Lyme, m. Betsey N. **RANSOM**, of Lyme, Nov. 30, 1848, by Rev. Oliver Brown	3	211
Hannah, of Lyme, m. James **CHAP[P]EL[L]**, of East Lyme, Jan. 22, 1843, by Rev. Thomas Dowling, N. Lyme	3	136
Harriet, d. [John, Jr. & Lydia], b. Dec. 20, 1806	2	84
Harriet, m. W[illia]m **MAYNARD**, b. of Lyme, Mar. 14, 1847, by Roger Albiston	3	182
James Henry, s. [Watrous & Elizabeth], b. Aug. 9, 1833	2	108
Jane M., m. Horace **CHAMPION**, b. of Lyme, July 6, 1843, by Rev. P. Brockett	3	140
Jerusha, d. [John, Jr. & Lydia], b. Sept. 2, 1798	2	84
Jerusha, m. Nathan **SANDERS**, b. of Lyme, Jan. 12, 1815, by Charles Griswold, J.P.	2	97
Joanna, of Lyme, m. Giles **LESTER**, of Norwich, Apr. 1, 1849, by Rev. Joseph B. Damon	3	208
John, Jr., m. Lydia **HAVENS**, Nov. 23, 1791	2	84
John, s. [Watrous & Elizabeth], b. Aug. 9, 1833	2	108
John, m. Mary **DANIELS**, of Lyme, Apr. 16, 1837, by Rev. Chester Colton	3	70
John Beebe, s. [John, Jr. & Lydia], b. Dec. 15, 1796	2	84
Lester H., m. Mahala **BROOKS**, b. of Waterford, Ct., May 28, 1838, by Rev. Chester Colton	3	81
Lydia, d. [John, Jr. & Lydia], b. Jan. 15, 1803	2	84
Lydia, m. Selden **MAYNERD**, b. of Lyme, Nov. 10, 1819, by Joel Loomis, J.P.	2	187
Lydia, m. Calvin **HAVENS**, b. of Lyme, Feb. 5, 1849, by Rev. Joseph B. Damon	3	206
Mary, m. Harvey **TOOKER**, b. of Lyme, June 12, 1831, by Josiah Hawes	2	257
Mary E., m. Gurdon **CLARK**, b. of E. Lyme, Feb. 13, 1850, by Rev.Oliver Brown	3	216
Mary Louisa, d. Ezra, Jr. & Charlotte, b. Jan. 13, 1822	2	117
Nancy, d. [John, Jr. & Lydia], b. Dec. 4, 1793	2	84
Orran, s. [Ezra], b. Mar. 29, 1797	2	6
Orrin, m. Dorcas **MACK**, b. of Lyme, Aug. 14, 1818, by Joel Loomis, J.P.	2	188
Polly, d. [John, Jr. & Lydia], b. May 7, 1800	2	84
Roxana, m. Alexander **KEABLES**, b. of Lyme, June 29, 1830, by Rev. Nathan Wildman	2	245
Selden, s. [Ezra], b. May 5, 1795	2	6
Selden, m. Lydia **MAYNERD**, b. of Lyme, Nov. 10, 1819, by		

	Vol.	Page

MAYNARD, MAYNERD, (cont.)

	Vol.	Page
Joel Loomis, J.P.	2	187
Watrous, m. Elizabeth **CLARK**, Oct. 31, 1816	2	108
Whitman, s. [Ezra], b. Oct. 4, 1804	2	6
W[illia]m, m. Harriet **MAYNARD**, b. of Lyme, Mar. 14, 1847, by Roger Albiston	3	182
M[c]COY, Mary, m. William **BARTMAN**, b. of Lyme, June 10, 1822, by Joseph Vail, Minister	2	148
McCRACKIN, James, m. Elizabeth **SMITH**, [ ], Neziah Bliss, J.P.	1	160
Thomas, s. James & Elizabeth, b. Sept. 12, 1782	1	160
William, s. James & Elizabeth, b. Apr. 5, 1784	1	160
McCRARY, MACRARY, McCREARY, McCRERY, Aggness, d. W[illia]m & Elizabeth, b. Nov. 10, 1763	1	112
Chapman, s. W[illia]m & Elizabeth, b. June 23, 1775	1	112
Elijah, s. William & Elizabeth, b. Aug. 15, 1778	1	112
Elizabeth, m. John **MUNSELL**, Jr., Dec. 24, 1761, by Samuel Ely, J.P.	1	101
Elizabeth, d. W[illia]m & Elizabeth, b. Sept. 7, 1772	1	112
John, s. W[illia]m & Elizabeth, b. Aug. 9, 1770	1	112
John, of Lyme, m. Mary Ann **ROWLAND**, of Lyme, Aug. 22, 1821, by Lothrop Rockwell, Clerk	2	135
Nancy Maria, m. Noah **HARDING**, b. of Lyme, Mar. 9, 1845, by Rev. Oliver Brown	3	159
Russell, s. W[illia]m & Elizabeth, b. Apr. 27, 1768	1	112
Samuel, s. W[illia]m & Elizabeth, b. Jan. 10, 1761	1	112
Susa, d. William & Elizabeth, b. Feb. 20, 1780	1	112
Ulyssus, m. Lydia **ROWTH**, b. of Lyme, Jan. 6, 1833, by Thomas L. Vaill	3	3
William, m. Elizabeth [ ], Aug. 28, 1760, by Samuel Ely, J.P.	1	112
William, s. W[illia]m & Elizabeth, b. Feb. 8, 1766	1	112
----------, twin sons, [William & Elizabeth], b. Sept. 30, 1762; one d. the same day; other d. Oct. 1, 1762	1	112
McCURDY, Alexander L., m. Josephine **LORD**, of Lyme, Mar. 17, 1834, by Rev. Chester Colton	3	18
Alexander Lynde, s. Rich[ar]d & Ursula, b. July 19, 1804	2	36
Anne, d. John & Anne, b. Mar. 14, 1760	1	111
Charles J., m. Sarah Ann **LORD**, b. of Lyme, May 22, 1822, by Lothrop Rockwell, Clerk	2	146
Charles Johnson, s. Richard & Ursula, b. Dec. 7, 1797	2	36
Elizabeth, d. John & Anne, b. July 13, 1757	1	111
Jeanet, d. John & Anne, b. Jan. 19, 1765	1	111
John, m. Anne **LORD**, Jan. 16, 1752	1	111
John, had negro servant Jordon, b. Apr. 4, 1757; Ezelphie, negro maid, b. Oct. 1, 1759; C[h]lo[e], b. Apr. 15, 1761; Ceazer, b. Nov. 17, 1762; Shambow, b. Apr. 19, 1764	1	111
John, s. John & Anne, b. Mar. 2, [ ]	1	111
John Griswold, s. Richard & Ursula, b. Nov. 28, 1795	2	36
Lynde, s. John & Anne, b. Apr. 4, 1755	1	111
Lynde, of Lyme, merchant, m. Ursula **GIFFORD**, of Lyme, Nov.		

	Vol.	Page
McCURDY, (cont.)		
20, 1777, by Rev. Joseph Perry, East Windsor	1	119
Richard, s. John & Anne, b. Mar. 2, 1769	1	111
Richard, m. Ursula Wolcott **GRISWOLD**, d. John, Sept. 10, 1794, by Rev. Lathrop Rockwell	2	36
Richard Lord, s. Richard & Ursula, b. May 29, 1802	2	36
Robert Henry, s. Richard & Ursula, b. Apr. 24, 1800	2	36
Sarah, d. John & Anne, b. Aug. 25, 1762	1	111
Sarah A., m. Stephen J. **LORD**, b. of Lyme, Aug. 24, 1829, by Rev. Chester Colton	2	236
Saryann, d. [Richard & Ursula], b. May 25, 1807	2	36
Ursula, d. Lynde & Ursula, b. Aug. 20, 1778	1	119
McDONALD, McDONALDS, Andrew, of Richmond, Va., m. Caroline **CLARK**, of Lyme, Dec. 6, 1824, by Samuel B. Mather, J.P.	2	176
Caroline, w. Andrew, d. Feb. 11, 1826	2	176
Roxanna, d. [Andrew & Caroline], b. Oct. 7, 1825	2	176
McKNIGHT, Allen, m. Esther **COMSTOCK**, b. of Lyme, Nov. 5, 1772, by Rev. Stephen Johnson	1	7
Esther, m. Reynold **HUNTLEY**, Aug. 26, 1787	2	11
John, s. Allen & Esther, b. May 24, 1774	1	7
MEIGS, Cornelia, of Lyme, m. Nathan **HOWARD**, of E. Lyme, June 25, 1843, by Rev. P. Brockett	3	139
MELONEY, Harriet, of Lyme, m. Francis A. **PORTER**, of Waterford, Sept. 4, 1837, by Rev. Frederick Wightman	3	63
MENTOR, MENTA, Abigail, m. Benjamin **JONES**, a mulatto, Dec. 10, 1728	L-2	230
Abigail, [d. Robert & Abigail], b. Feb. 26, 1733	1	12
Anna, [d. Robert & Abigail], b. June 4, 1742	1	12
Elijah Bennett, s. Robert & Abigail, b. Mar. 29, 1746/7	1	12
Felix, s. Robert & Abigail, b. July 17, 1751	1	12
Gabriel, s. Robert & Abigail, b. Sept. 18, 1745	1	12
Jane, [d. Robert & Abigail], b. Jan. 10, 1737	1	12
Jane, d. Robert & Abigail, d. Jan. 20, 1750/1	1	12
Mary, d. [Robert & Abigail], b. June 29, 1730	1	12
Patience, [d. Robert & Abigail], b. Apr. 15, 1741	1	12
Reuben, [s. Robert & Abigail], b. Jan. 5, 1739	1	12
Robert, m. Abigail **BENNIT**, d. John, Sept. 11, 1729	1	12
Robert, [s. Robert & Abigail], b. Dec. 17, 1735	1	12
Ruth, d. Robert & Abigail, b. Mar. 15, 1748/9	1	12
MERCHANT, Anne, m. Eusebus **DODGE**, Feb. 2, 1794, by Matthew Griswold, Jr., J.P.	2	27
MERRICK, Ame, m. Thomas **WAY**, Jr., Sept. 1, 1753	2	2
MERRETT, Ama, w. Thomas, d. Feb. 27, 1760	1	101
Amos, s. Thomas & Ama, b. Feb. 18, 1760	1	101
Anson, of Stonington, m. Betsey **TINKER**, of Lyme, Mar. 27, 1826, by Charles Smith, J.P.	2	194
Thomas, of Lyme, m. Ama **AVERY**, of Lyme, Jan. [ ], 1759, by Benjamin Lee, J.P.	1	101
Virginia, of N.Y., m. Diadate **TOOKER**, of Lyme, June 22, 1852, by Rev. E.F. Burr, of N. Lyme	3	241

	Vol.	Page
MERROW, Abigail, d. Elisha & Mary, b. Feb. 14, 1768	1	79
Anner, d. Elisha & Mary, b. Nov. 17, 1764	1	79
Cate, d. Elisha & Mary, b. Nov. 28, 1773	1	79
Elisha, m. Mary **MUNSELL**, Oct. 20, 1751, by Joshua Rogers, Elder	1	79
Elisha, s. Elisha & Mary, b. June 21, 1753	1	79
Elisha, Jr., m. Elizabeth **JORAM**, b. of Lyme, Nov. 6, 1777, by John Lay, 2d, J.P.	1	137
Elizabeth, d. Elisha & Mary, b. Sept. 2, 1762	1	79
John, s. Elisha & Mary, b. July 21, 1755	1	79
John, of Lyme, m. Hannah **MATHER**, of Lyme, June 4, 1775, by Eleazer Mather, J.P.	1	156
John Oliver, s. John & Hannah, b. Aug. 26, 1775	1	156
Molley, d. Elisha & Mary, b. June 9, 1760	1	79
Nathan, s. Elisha & Mary, b. Mar. 4, 1758	1	79
Sarah, d. Elisha & Mary, b. Mar. 3, 1770	1	79
MILLARD, Louisa, of Lyme, m. James **KELSEY**, Jr., of Saybrook, June 23, 1825, by Henry Stanwood	2	182
MILLER, Ammasa, s. Elisha & Lydia, b. Jan. 25, 1774	1	32
Anna, m. Elisha **TUBBS**, July 31, 1738	1	20
Asa, s. W[illia]m & Irena, b. July 8, 1773	1	120
Ashel, m. Juliann **BROCKWAY**, b. of Lyme, July 6, 1826, by Nathan Wildman	2	196
Ashel, m. Julian **BROCKWAY**, b. of Lyme, July 6, 1826, by Nathan Wildman	2	201
Bethueal (?), s. Nicodemus & Phebe, b. Sept. 19, 1751	1	27
Billey, [s. Noah & Mary], b. Jan. 27, 1743/4	1	16
Cate, d. [Noah & Sarah], b. Apr. 11, 1783	1	159
Charles Pinkney on Feb. 26, 1803, requested that his name be changed from Joseph **MILLER** to that above. He was b. Joseph, s. Elisha & Lydia, on Feb. 24, 1782	1	32
Deborah S., of Lyme, m. Thomas J. **HILL***, of N. Kingston, L.I., N.Y., Jan. 23, 1828, by Josiah Hawes (*Perhaps Hitt)	2	213
Deadaymea, d. [Noah & Mary], b. Sept. 12, 1736	1	16
Diadama, m. Adonijah **MARVIN**, b. of Lyme, Aug. 20, 1755, by Rev. Stephen Johnson	1	92
Elias, s. Noah & Mary, b. Sept. 24, 1752	1	16
Elias, s. William & Irena, b. July 8, 1767	1	120
Eliphalet, [s. Robert], b. Oct. 4, 1718	L-2	167
Elisha, [s. Robert], b. Mar. 6, 1716	L-2	167
Elisha, m. Elizabeth **LAY**, Feb. 25, 1739/40	1	29
Elisha, s. Noah & Mary, b. Sept. 14, 1748	1	16
Elisha, 3d, m. Hannah **CHAMPION**, b. of Lyme, July 23, 1772, by John Lay, 2d, J.P.	1	92
Elisha, 3d, m. Hannah **CHAMPION**, b. of Lyme, July 23, 1772, by John Lay, 2d, J.P.	1	137
Elisha, Jr., m. Lydia **BECKWITH**, Jr., b. of Lyme, May 24, 1773, by George Dorr, J.P	1	32
Elisha, s. Elisha & Lydia, b. Mar. 10, 1780	1	32
Elisha, d. Aug. 4, 1782	1	32
Elisha, Jr., m. Caroline **PAGE**, July 8, 1829, by Tubal Wakefield	2	235

	Vol.	Page
MILLER, (cont.)		
Eliza, m. Gerrish **BRACY**, b. of Lyme, Nov. 30, 1830, by Joseph Chadwick, J.P.	2	247
Elizabeth, d. Noah & Mary, b. Sept. 22, 1750	1	16
Elizabeth, d. Elisha, 3d, & Hannah, b. Aug. 10, 1775	1	92
Elizabeth M., of [Lyme], m. Samuel M. **BIRDSEYE**, of Middletown, June 1, 1835, by Rev. Harvey Bushnell	3	35
Epaphroditus, m. Catharine **ROGERS**, b. of Lyme, Apr. 29, 1838, by Daniel Stewart, J.P.	3	80
Esther, d. Nicodemus & Pheby, b. July 1, 1744	1	27
Eunice, d. Robert & Martha, b. Jan. 30, 1743	1	124
Eunice, m. Jehoada **MATHER**, b. of Lyme, Dec. 20, 1764, by Rev. Stephen Johnson	1	132
Eunice, d. Ezra & Sarah, b. Feb. 19, 1771	1	142
Ezra, s. Robert & Martha, b. Mar. 10, 1737	1	124
Ezra, m. Sarah **MATHER**, b. of Lyme, Feb. 19, 1761, by Rev. Stephen Johnson	1	142
Ezra, s. Elisha & Lydia, b. Dec. 7, 1775	1	32
Ezra W., m. Sally **TERRY**, Aug. 15, 1809	2	87
George, s. Robert & Martha, b. Apr. 18, 1747	1	124
George, m. Jerusha Ann **COBB**, July 8, 1829, by Tubal Wakefield	2	234
George, m. Sarah **WAY**, b. of [Lyme], Mar. 22, 1840, by Rev. Nathaniel Minor, of East Haddam	3	101
Hannah, [d. Robert], b. Feb. 15, 1705	L-2	167
Hannah, d. [Noah & Mary], b. Nov. 5, 1741	1	16
Hannah, m. Lemuel **ROGERS**, b. of Lyme, Dec. 10, 1760, by Rev. Stephen Johnson	1	127
Hannah, m. Eleazer **HUDSON**, b. of Lyme, Feb. 23, 1766, by John Lay, 2d, J.P.	1	147
Hepzibah, d. Robert & Martha, b. Feb. 1, 1749	1	124
Hepzibah, [d. Robert & Martha], d. Aug. 6, 1763	1	124
Hepzibah, d. Ezra & Sarah, b. June 4, 1769	1	142
Hepzibah, m. John **MURDOCK**, Feb. 20, 1793	2	78
Ide A., m. Franklin M. **BROWN**, b. of Lyme, July 15, 1827, by Josiah Hawes	2	209
Jacob, m. [ ], Apr. 26, 1711	L-3	318
Jacob, s. [Jacob], b. July 19, 1712	L-3	318
Jane, m. Martin **WADE**, Dec. 8, 1797	1	109
Jeremiah, s. Elisha & Lydia, b. Jan. 29, 1778	1	32
Jerusha, m. Samuel **DANIELS**, Aug. 11, 1821, by Josiah Hawes	2	133
Joanna, d. Nicodemus & Patience, b. July 3, 1737	1	27
John, [s. Robert], b. Aug. 6, 1713	L-2	167
John, s. Noah & Sarah, b. June 7, 1780	1	159
Joseph, s. Robert & Martha, b. Mar. 13, 1740	1	124
Joseph, [s. Robert & Martha], d. Oct. 20, 1759	1	124
Joseph, s. Robert & Martha, b. May 24, 1760	1	124
Joseph, s. Elisha & Lydia, b. Feb. 24, 1782. On Feb. 26, 1803, he requested that his name be changed to Charles Pinkney **MILLER** and thereafter was so known	1	32
Joseph, m. Eliza **MAYNARD**, b. of Lyme, Feb. 13, 1823, by Charles Smith, J.P.	2	153

	Vol.	Page
MILLER, (cont.)		
Julia, m. Henry **LEE**, b. of [Lyme], Oct. 8, 1823, by J.R. St.John	2	179
King, of Saybrook, m. Mehetabel **DART**, of Lyme, Nov. 29, 1827, by Charles Smith, J.P.	2	210
Laura A., of Lyme, m. Frederick **BIRDSEY**, of Middletown, Jan. 16, 1849, by Rev. Samuel Griswold	3	196
Laura Ann, m. John **BAKER**, July 9, 1854, in S. Lyme, by Rev. A.L. Chittenden	3	255
Loas, d. Noah & Mary, b. May 4, 1757	1	16
Loas, m. Latham **SMITH**, b. of Lyme, Mar. 3, 1776, by Rev. Stephen Johnson	1	56
Louis, of Lyme, m. Joseph **CLARK**, of East Haddam, July 7, 1826, by Ezra Pratt, J.P., "they having been previously published in Pleasant Valley Meeting House"	2	207
Lucia, m. Maj. Ezra **WAIT**, Feb. 23, 1792	2	19
Lucinda, d. Robert & Martha, b. Jan. 3, 1758	1	124
Lucinda, d. Silas & Loas, b. Nov. 9, 1773	1	155
Lucinda, m. Amos **SMITH**, b. of Lyme, Mar. 12, 1778, by Rev. Stephen Johnson	1	78
Lucinda, m. Elias **HUDSON**, June 25, 1799	2	55
Lucy, d. Ezra & Sarah, b. July 8, 1774	1	142
Lydia, of Lyme, m. George H. **ARMSTRONG**, of Norwich, July 18, 1824, by Christopher Comstock, J.P.	2	167
Lydia A., m. Orlando E. **LEE**, b. of Lyme, Jan. 1, 1834, by Rev. Herman L. Vaill	3	15
Marth[a], [d. Jacob], b. Mar. 3, 1718	L-3	318
Martha, d. Robert & Martha, b. Apr. 23, 1751	1	124
Martha, m. Reuben **CHADWICK**, b. of Lyme, Dec. 11, 1767, by Rev. Stephen Johnson	1	126
Martha, d. Ezra & Sarah, b. Apr. 24, 1777	1	142
Mary, d. [Robert], b. Dec. 15, 1703	L-2	167
Mary, d. [Noah & Mary], b. Dec. 14, 1738	1	16
Mary, d. William & Irena, b. Feb. 23, 1769	1	120
Mary, m. Mather **TINKER**, Sept. 19, 1811, by Asa Wilcox, Elder	2	96
Mary, m. Richard **RANSOM**, b. of Lyme, July 18, 1825, by Wanton A. Weaver, J.P.	2	183
Mary, of Lyme, m. Benjamin **BARTON**, of New London, July 29, 1831, by Rev. Nathan Wildman	2	260
Mary, m. Horace **HUNTLEY**, July 4, 1853, by Rev. E.F. Burr	3	255
Mary A., m. Adin **TOOKER**, Dec. 29, 1830, by Josiah Hawes	2	248
Munsell, s. Silas & Loas, b. Jan. 12, 1781; d. Nov. 12, 1782	1	155
Munsell, s. Silas & Loas, b. Nov. 1, 1783	1	155
Nancy, m. David **PHELPS**, b. of Lyme, Aug. 11, 1822, by Rev. George W. Appleton	2	147
Nathan, s. Silas & Loas, b. Sept. 15, 1775; d. Sept. 24, 1775	1	155
Nathan, s. Silas & Loas, b. Apr. 5, 1777	1	155
Nathan Beebe, s. Thompson, b. Dec. 13, 1782	1	132
Nicodemas, [s. Robert], b. Feb. 16, 1715	L-2	167
Nicodemus, m. Patience **BATES**, Feb. 21, 1736/7	1	27
Noah, [s. Robert], b. Nov. 4, 1710	L-2	167
Noah, m. Mary **WALLER**, July 9, 1733	1	16

	Vol.	Page
MILLER, (cont.)		
Noah, s. Noah & Mary, b. Oct. 5, 1746	1	16
Noah, Jr., m. Welthy **BROCKWAY**, b. of Lyme, Mar. 3, 1767, by Rev. Stephen Johnson	1	120
Noah, of Lyme, m. Sarah **CROCKER**, of New London, Feb. [ ], by Matt[hew] Graves, Minister. Dated Jan. 5, 1777, New London	1	159
Patience, w. Nicodemus, d. Aug. 21, 1738	1	27
Patience, d. Nicodemus & Phebe, b. July 16, 1746	1	27
Phebe, d. Nicodemus & Phebe, b. Jan. 10, 1748/9	1	27
Phebe, d. Ezra & Sarah, b. Apr. 18, 1764	1	142
Phebe, m. Capt. Elisha **CHAMPION**, b. of Lyme, Nov. 27, 1783, by Rev. Stephen Johnson	1	172
Phebe M., m. Lee **COMSTOCK**, Apr. 2, 1811	2	95
Richard H., m. Elizabeth **STEBBINS**, b. of New London, July 8, 1832, by Rev. Chester Colton	2	270
Robert, [s. Jacob], b. Mar. 19, 1714/15	L-3	318
Sally, m. Ebenezer **MORGAN**, Sept. 29, 1793	1	89
Samuel, s. Nicodemus & Pheby, b. June 21, 1742	1	27
Sarah, d. Ezra & Sarah, b. Nov. 13, 1761	1	142
Sarah, d. Noah & Sarah, b. Nov. 9, 1778	1	159
Sarah, m. Joseph **PECK**, b. of Lyme, Dec. 21, 1780, by Rev. Stephen Johnson	1	22
Sarah, m. Elijah **BECKWITH**, Aug. 22, 1784	1	89
Silas, m. Loas **SMITH**, b. of Lyme, Apr. 1, 1773, by John Lay, 2d, J.P.	1	155
Silas, s. Silas & Loas, b. Jan. 20, 1779	1	155
Susannah, d. Elisha, 3d, & Hannah, b. Mar. 13, 1773	1	92
Tamson, [child of Jacob], b. June 24, 1716	L-3	318
Valentine A., m. Mary Ann **ROWLAND**, Aug. 30, 1841, by Rev. D.S. Brainard	3	116
We[a]lthy, d. William & Irena, b. Apr. 14, 1776	1	120
William, s. [Noah & Mary], b. Jan. 27, 1734; d. Mar. 12, 1737/8	1	16
William, m. Irena **BROCKWAY**, b. of Lyme, Aug. 26, 1766, by Rev. Stephen Johnson	1	120
William, s. W[illia]m & Irena, b. Apr. 8, 1771	1	120
MINARD, Anna, w. Jesse & d. Gideon & Martha **WATROUS**, d. Aug. 31, 1767	1	128
Mary, m. Samuel **STORY**, b. of Lyme, Feb. 17, 1774, by Benj[ami]n Lee, J.P.	1	149
MINOR, MINER, Abby Ann Hayden, of Lyme, m. Jewett D. **BAKER**, of East Haddam, Aug. 21, 1845, by Edmund D. Sill, J.P.	3	160
Abigail, of New London, m. Richard **SMITH**, of Lyme, Aug. 1, 1745, by Eliphalet Adams, New London	1	64
Abigail, d. Ebenezer & Bettey, b. Dec. 1, 1755, at New London	1	139
Abigail, d. Daniel & Ama, b. Dec. 2, 1764	1	121
Abner, s. Ezekiel & Margaret, b. Oct. 23, 1771	1	165
Abner, s. Ezekiel & Margaret, b. Oct. 23, 1771	1	89
Allen, s. Stephen & Lydia, b. Sept. 18, 1791	2	60
Ama, d. Daniel & Ama, b. Sept. 26, 1768	1	121

MINOR, MINER, (cont.)

	Vol.	Page
Amy, m. Ezra **GILLETT**, Apr. 30, 1789	2	3
Anderson, s. Ezekiel & Margaret, b. July 9, 1754	1	89
Anderson, s. Ezekiel & Margaret, b. July 9, 1754	1	165
Andrew, [s. Clement & Easther], b. May 26, 1728	L-2	191
Anna, [d. William & Anna], b. May 6, 1710	L-2	132
Az[a]riah, s. Ebenezer & Bettey, b. Aug. 23, 1766	1	139
Benjamin, s. Elias & Esther, b. Aug. 16, 1780	1	85
Bettey, d. Ebenezer & Bettey, b. May 25, 1751, at New London	1	139
Caroline A., of Lyme, m. Milton S. **WINSLOW**, of Sunderland, Mass, Nov. 1, 1847, by Rev. William A. Smith	3	187
Charles, s. Ebenezer & Bettey, b. Jan. 28, 1763	1	139
Charles, s. Stephen & Lydia, b. June 17, 1800	2	60
Charles, m. Huldah **CONDOL**, b. of Lyme, Feb. 4, 1840, by Richard E. Selden, Jr., J.P.	3	102
Christopher, [s. William & Anna], b. Apr. 17, 1701	L-2	132
Christopher, s. Clement & Easther, b. Feb. 23, 1726	L-2	191
Clarissa, m. Lorenzo **CONGDON**, b. of [Lyme], Apr. 2, 1837, by Rev. Harvey Bushnell	3	69
Clarissa, m. John **WAY**, Jr., b. of Lyme, Dec. 18, 1841, by Rev. Wilson Cogswell	3	120
Clarissa, w. of Calvin **MINOR**, certified on Jan. [ ], 1868, to the births of two daughters of Orin M. & Catharine C. **LUTHER** on Apr. 1, 1851, & Jan. 6, 1853	3	262
Clement, [s. William & Anna], b. Feb. 12, 1695/6	L-2	132
Clement, m. Easther **LEE**, Oct. 31, 1722	L-2	191
Daniel, m. Ama **SMITH**, b. of Lyme, Oct. 21, 1761, by Benjamin Lee	1	121
Daniel, s. Daniel & Ama, b. Mar. 8, 1775	1	121
Daniel, s. Stephen & Lydia, b. Nov. 21, 1785	2	60
Dorcas, d. Daniel & Ama, b. Feb. 25, 1771	1	121
Ebenezer, s. Ebenezer & Bettey, b. Sept. 5, 1764	1	139
Elias, s. Ezekiel & Margaret, b. Feb. 7, 1749	1	89
Elias, s. Ezekiel & Margaret, b. Feb. 7, 1749	1	165
Elias, of Lyme, m. Esther **NOYES**, Nov. 20, 1777, by Samuel Ely, J.P.	1	85
Elias, of Lyme, m. Sarah **ELY**, of Haddam, Aug. 28, 1786, by Israel Spencer, J.P. East Haddam	1	85
Elihue, [s. William & Anna], b. Oct. 16, 1716	L-2	132
Elisha, [s. Clement & Easther], b. Aug. 24, 1730	L-2	191
Elisha, m. Ruth **ROB[B]INS**, b. of Lyme, Oct. 22, 1755, by Rev. George Griswold	1	81
Elisha, of Lyme, m. Fanny **PALMER**, of Salem, Oct. 11, 1847, by Samuel D. Sill, J.P.	3	181
Elizabeth, d. Joseph, m. John **ANDERSON**, Feb. 12, 1740/41	1	36
Elizabeth, d. Daniel & Ama, b. Feb. 26, 1778	1	121
Elizabeth, d. Martin & Elizabeth, b. Apr. 10, 1778	1	152
Elizabeth, d. Stephen & Lydia, b. May 31, 1784	2	60
Elizabeth, of Lyme, m. David **BAKER**, of East Haddam, Dec. 17, 1841, by Rev. Oliver Brown	3	155
Esther, d. Elias & Esther, b. Dec. 21, 1785	1	85

	Vol.	Page
MINOR, MINER, (cont.)		
Esther, w. Elias, d. Jan. 6, 1786	1	85
Esther, d. Joseph & Hannah, b. Aug. 2, 1795	2	95
Eunice, of Lyme, m. William **LATHAM**, of Hebron, Mar. 20, 1821, by Rev. George W. Appleton	2	127
Ezekiel, m. Margaret **WAIT**, b. of Lyme, June 11, 1747, by Rev. Stephen Johnson	1	89
Ezekiel, m. Margaret **WAIT**, b. of Lyme, June 11, 1747, by Rev. Stephen Johnson	1	165
Ezekiel, of Lyme, m. Margaret **REED**, wid. of Thomas, late of Lyme, Nov. 24, 1768, by John Lay, 2d, J.P.	1	89
Ezekiel, of Lyme, m. Margaret **REED**, wid. Ahimer **REED**, late of Lyme, Nov. 24, 1768, by John Lay, 2d, J.P.	1	165
Ezekiel, d. May 20, 1780	1	165
Ezra, s. Ezekiel & Margaret, b. Oct. 2, 1756	1	89
Ezra, s. Ezekiel & Margaret, b. Oct. 2, 1756; d. July 20, 1766	1	165
Ezra, s. Ezekiel & Margaret, b. Sept. 12, 1769	1	89
Ezra, s. Ezekiel & Margaret, b. Sept. 12, 1769	1	165
Ezra, m. Polly **MACK**, Oct. 13, 1793, by Elder Jason Lee	1	132
Fanny, d. Stephen & Lydia, b. Oct. 17, 1793	2	60
Fanny, m. Calvin **SPENCER**, b. of Lyme, May 21, 1820, by Rev. George W. Appleton, of East Society	2	114
Frances S., of Lyme, m. Edmund W. **SMITH**, of Middletown, May 6, 1833, by Rev. Frederick Wightman	3	8
Francis M., of E. Lyme, m. Maria A. **FOX**, of Lyme, Mar. 28, 1847, by Rev. Oliver Brown	3	211
Gilbert, s. Joseph & Hannah, b. Sept. 11, 1793	2	95
Grace Turner, relict of Joseph, d. June 6, 1784	1	165
Hannah, m. Amos **TINKER**, Jr., Jan. 7, 1741/2	1	54
Hannah, d. Ebenezer & Bettey, b. Aug. 1, 1758, at New London	1	139
Harriet B., m. Samuel L. **COMSTOCK**, b. of Lyme, Mar. 17, 1833, by R.S. Crampton, V.D.M.	3	6
Hellen, m. Erastus **BRAMBLE**, Jr., b. of Lyme, Jan. 26, 1849, by John S. Walles, J.P., with the consent of the parents of Helen, she being a minor	3	195
Huldah, d. Ebenezer & Bettey, b. Apr. 20, 1769; d. June 8, 1769	1	139
Huldah, d. Ebenezer & Bettey, b. June 8, 1770	1	139
Isaac, s. Elias & Sarah, b. Feb. 11, 1793	1	85
Jennet, d. Martin & Elizabeth, b. Jan. 13, 1783	1	152
Jeremiah, m. Elizabeth **MARVIN**, b. of Lyme, Nov. 28, 1749, by Stephen Johnson	1	80
Joanna, d. Martin & Elizabeth, b. Jan. 18, 1776	1	152
Joel, s. Clemment & Esther, b. Feb. 25, 1743/4	L-2	189
Joel, m. Mary H. **PECK**, b. of Lyme, Nov. 23, 1840, by Rev. Chester Colton	3	107
John, [s. William & Anna], b. Apr. 15, 1712	L-2	132
John, d. Mar. 25, 1742	L-2	189
John, s. Ezekiel & Margaret, b. Jan. 25, 1761	1	89
John, s. Ezekiel & Margaret, b. Jan. 25, 1761	1	165
John Mack, s. Daniel & Ama, b. Dec. 28, 1772	1	121
Jonathan, s. Ebenezer & Bettey, b. May 19, 1754, at New London	1	139

MINOR, MINER, (cont.)

	Vol.	Page
Joseph, [s. William & Anna], b. Dec. 12, 1698	L-2	132
Joseph, Jr., d. Feb. 23, 1756	1	67
Joseph, s. Elias & Esther, b. Oct. 4, 1778	1	85
Joseph, d. May 30, 1781	1	165
Joseph, m. Hannah **JOHNSON**, Mar. 12, 1786	2	95
Joseph, s. Elias & Esther, d. May 5, 1796	1	85
Laura, m. Enoch **WAID**, b. of Lyme, June 18, 1820, by Lothrop Rockwell, Clerk	2	120
Loas, d. Martin & Elizabeth, b. Jan. 21, 1781	1	152
Lorena, d. Ezekiel & Margaret, b. Apr. 18, 1763	1	165
Lucena, d. Martin & Elizabeth, b. Apr. 20, 1785	1	152
Lucretia, d. Clement & Esther, b. May 22, 1724	L-2	191
Lucretia, d. Charles, ae 17, m. Henry **FOSSET**, of Norwich, colored laborer, ae 21, [Sept.] 10, [1853], by Alpha Miller	3	248
Lucy, d. Ebenezer & Bettey, b. July 24, 1752, at New London	1	139
Lydia, m. Joshua Rogers, Jan. 25, 1753	1	75
Lydia, d. Ebenezer & Bettey, b. Aug. 22, 1760	1	139
Lydia, d. Elias & Sarah, b. Sept. 17, 1791	1	85
Margaret, w. Ezekiel, d. Sept. 13, 1767	1	165
Margaret, w. Ezekiel, d. July 16, 1775	1	165
Martin, s. Ezekiel & Margaret, b. Sept. 1, 1750	1	89
Martin, s. Ezekiel & Margaret, b. Sept. 1, 1750	1	165
Martin, m. Elizabeth **DAVIS**, b. of Lyme, June 11, 1772, by Rev. Stephen Johnson	1	152
Marvin, s. Martin & Elizabeth, b. Feb. 8, 1774	1	152
Mary, d. Daniel & Ama, b. Aug. 18, 1762	1	121
Mary, m. Joseph **GILLETT**, b. of Lyme, Mar. 2, 1780, by Eleazer Mather, J.P.	1	110
Mary F., m. Moses H. **WARREN**, Dec. 25, 1817	2	109
Mehetable, d. Daniel & Ama, b. Aug. 2, 1766	1	121
Mehetable, m. Capt. Nathaniel **CONKLIN**, b. of Lyme, Apr. 15, 1828, by Josiah Hawes	2	217
Mercy, d. Stephen & Lydia, b. Dec. 1, 1787	2	60
Nancy, d. Stephen & Lydia, b. Oct. 28, 1789	2	60
Orlando, m. Belinda **OTIS**, b. of Lyme, Dec. 8, 1829, by Josiah Hawes	2	240
Parnall, m. George **BISSELL**, Aug. 22, 1801, by Elder Jason Lee	2	64
Phebe, w. Dr. Tho[ma]s, d. Feb. 5, 1811	2	132
Polly, d. Stephen & Lydia, b. Jan. 22, 1796	2	60
Prentiss, s. Joseph & Hannah, b. Dec. 14, 1791	2	95
Rebecca, m. Pardon **RYON**, July 19, 1792	2	22
Ruth, m. Ezekiel **HUNTLEY**, Sept. 8, 1803	2	73
Sabra, [d. Clement & Easther], b. Oct. 2, 1732	L-2	191
Sabra, m. Martin **LEE**, b. of Lyme, Dec. 23, 1771, by Benjamin Lee	1	79
Sally, b. Apr. 24, 1786	2	113
Sally, m. Champlain **LESTER**, Apr. 9, 1807	2	113
Samuell, [s. William & Anna], b. July 26, 1708	L-2	132
Samuel, b. Aug. 21, 1738	L-2	189
Sarah, [d. William & Anna], b. July 26, 1704	L-2	132

	Vol.	Page
MINOR, MINER, (cont.)		
Sarah, d. Ezekiel & Margaret, b. July 7, 1752	1	89
Sarah, d. Ezekiel & Margaret, b. July 7, 1752; d. July 18, 1765	1	165
Sarah, d. Ezekiel & Margaret, b. July 13, 1766, at Simsbury	1	165
Sarah, d. Elias & Sarah, b. Nov. 12, 1789	1	85
Sarah A., of Lyme, m. Gad B. **BALDWIN**, of Brooklyn, Nov. 30, 1846, by Rev. D.S. Brainard	3	171
Seldon, s. Elias & Esther, b. Apr. 26, 1783	1	85
Seth, s, Ezekiel & Margaret, b. Oct. 6, 1758	1	89
Seth, s, Ezekiel & Margaret, b. Oct. 6, 1758	1	165
Silvester, see under Sylvester		
Southmayd, m. Sarah **BANNING**, Dec. 9, 1834, by Rev. Benjamin G. Goff	3	29
Stephen, [s. William & Anna], b. Apr. 9, 1706	L-2	132
Stephen, b. Nov. 10, 1756; m. Lydia **ALLEN**, Aug. 28, 1783	2	60
Stephen, s. Stephen & Lydia, b. May 17, 1798	2	60
Susanna, [d. William & Anna], b. Sept. 14, 1699	L-2	132
Silvester, [s. William & Anna], b. June 3, 1714	L-2	132
Thomas, [s. William & Anna], b. Jan. 5, 1702	L-2	132
Thomas, Dr., m. Phebe **MATHER**, May 8, 1810	2	132
William, s. Clement & gd. s. of Thomas, of Stonington, b. Nov. 6, 1670	L-2	132
William, s. [William & Anna], b. Apr. 27, 1694	L-2	132
William, s. Martin & Elizabeth, b. May 25, 1788	1	152
William H., of East Haddam, m. Harriet N. **LUTHER**, of Lyme, Dec. 9, 1839, by Rev. Hiram Walden	3	101
Zenas, [child of Clement & Easther], b. Jan. 10, 1734/5	L-2	191
Zenas, d. Feb. 24, 1737/8	L-2	189
Zenas, s. Elisha & Ruth, b. Dec. 19, 1756	1	81
----------, w. William, d. Nov. 9, 1732	L-2	40
MITCHELL, George, m. Parnal **BECKWITH**, b. of Lyme, Dec. 1, 1827, by Samuel B. Mather, J.P.	2	213
Lydia, of Saybrook, m. John **BOGUE**, of Lyme, July 9, 1837, by Rev. George Carrington, of Haddam	3	73
Nancy, of Saybrook, m. Richard **LORD**, Dec. 9, 1790	2	4
MIXTER, Emerson, of Tolland, m. Frances E. **HUNTLEY**, of Lyme, June 6, 1847, by Rev. A.D. Watrous	3	176
MOODEY, David Jewett, s. David & Neaome, b. Oct. 16, 1794; d. [ ], 1797	2	22
John Griffing, s. [David & Neaome], b. Dec. 2, 1796	2	22
Nancy, d. David & Neaome, b. Apr. 18, 1793; d. Oct. 31, 1793	2	22
Phebe Tabor, d. David & Neaome, b. June 18, 1791	2	22
MOORE, MOOR, Abel, s. John & Temperance, b. Aug. 12, 1796	1	30
Abigail, of New London, m. Peter **TUBBS**, of Lyme, Sept. 1, 1757, by Benjamin Lee, J.P.	1	113
Abigail, d. [John, Jr. & Temperance], b. Sept. 29, 1788	1	30
Avery, s. [John, Jr. & Temperance], b. Feb. 4, 1777	1	30
Betsey, of Lyme, m. Welcome A. **BROWNING**, of Scio, Allegany, Cty., N.Y., Sept. 3, 1837, by Rev. Frederick Wightman	3	73
Edward, m. Mary **CHAPPELL**, b. of Lyme, Mar. 10, 1821, by		

	Vol.	Page
MOORE, MOOR, (cont.)		
Rev. George W. Appleton	2	127
Elias Crane, [s. John, 2d, & Emily], b. Aug. 23, 1817	2	109
Elisha, m. Elizabeth **SMITH**, Nov. 14, 1771; d. Dec. 3, 1773	2	9
Elisha, s. [John, Jr. & Temperance], b. May 21, 1775	1	30
Elizabeth, m. Daniel **CALKINS**, Jan. 1, 1778	2	9
Emily E., m. George W. **LORD**, b. of Lyme, Mar. 5, 1839, by Rev. Chester Colton	3	93
Eunice, d. Elisha & Elizabeth, b. Apr. 3, 1774	2	9
Eunice, d. [John, Jr. & Temperance], b. Sept. 29, 1786	1	30
Eunice, m. Capt. Richard **MATHER**, b. of Lyme, Oct. 23, 1791	2	20
Grace, of New London, m. Richard **SMITH**, of Lyme, Jan. 8, 1756, by Benjamin Lee, J.P.	1	64
Harriet E., m. Leander **KING**, b. of Lyme, June 5, 1842, by Rev. Amos D. Watrous	3	124
John, Jr., m. Temperance **AVERY**, Apr. 2, 1772	1	30
John, s. John, Jr. & Temperance, b. Oct. 14, 1790	1	30
John, 2d, m. Emily **CRANE**, Feb. 22, 1815, at Killingworth	2	109
John Alexander, s. [John, 2d, & Emily], b. Mar. 1, 1816	2	109
Joshua, m. Lois **HAMILTON**, b. of Lyme, Sept. 10, 1827, by Rev. Oliver Wilson, of Montville	2	216
Lucy, d. [John, Jr. &Temperance], b. Oct. 6, 1783	1	30
Lucy, m. Denison **CRANDALL**, Nov. 13, 1832, by Peter Comstock, J.P.	2	95
Mary, m. William **SMITH**, b. of Lyme, Jan. 8, 1772, by Rev. Stephen Johnson	1	142
Mary, d. [John, Jr. & Temperance], b. May 17, 1773	1	30
Mary, of Lyme, m. Thomas **LEWIS**, of Norwich, Chenango Cty., N.Y., June 19, 1834, by Peter Comstock, J.P.	3	23
Polly, m. Asa **JONES**, Apr. [ ], 1791	2	44
Richard, s. [John, Jr. & Temperance], b. Oct. 20, 1778	1	30
Russell, s. [John, Jr. & Temperance], b. Jan. 9, 1781	1	30
William, s. John & Temperance, b. Sept. 15, 1801	1	30
MORGAN, Alva, s. Theop[hilu]s & Mary, b. June 7, 1798	2	89
Asenath, of Lyme, m. Samuel **TALCOTT**, of Hebron, Sept. 7, 1830, by Josiah Hawes	2	245
Augustus W., m. Abby A. **DAMON**, [June] 2, [1850], by Rev. D.S. Brainard	3	221
Carolina, d. [Theophilus & Mary], b. Dec. 22, 1801	2	89
Charlotte Meranda, d. [Theophilus & Mary], b. July 4, 1804	2	89
Corville, d. [Theophilus & Mary], b. June 22, 1806; d. Oct. 10, 1806	2	89
Ebenezer, m. Sally **MILLER**, Sept. 29, 1793	1	89
Giles S., of Lyme, m. Ellen L. **POOL[E]**, of Salem, June 18, 1854, by E.F. Burr	3	257
Henry, s. Theop[hilu]s & Mary, b. Mar. 30, 1797; d. Apr. 18, 1797	2	89
James R., of Waterford, m. Jane Gray **RAYMOND**, of Lyme, May 26, 1846, by Rev. Samuel Griswold	3	166
Jennet, d. [Theophilus & Mary], b. Nov. 23, 1807	2	89
John R., m. Lydia M. **DAY**, [May] 15, [1850], by Rev. D.S. Brainard	3	219

	Vol.	Page
MORGAN, (cont.)		
Josiah P., m. Phebe E. **GRIFFIN**, b. of Lyme, Sept. 29, 1852, by Rev. E.F. Burr, of N. Lyme	3	242
Maria E., m. Ichabod **RYON**, b. of Lyme, Mar. 6, 1836, by Rev. Frederick Wightman	3	51
Mary, d. Theop[hilu]s & Mary, b. Mar. 10, 1796	2	89
Philip, of Waterford, m. Sarah Ann **LORD**, of Lyme, Sept. 19, 1822, by Josiah Hawes	2	151
Sidne[y], s. Theop[hilu]s & Mary, b. Aug. 30, 1800	2	89
Simeon, m. Phebe **CLARK**, b. of Lyme, June 25, 1822, by Joel Loomis, J.P.	2	185
Theophilus, of Groton, m. Mary **HINCKLEY**, of Stonington, May 10, 1795	2	89
Theophilus, s. [Theophilus & Mary], b. Dec. 26, 1809; d. Jan. 11, 1810	2	89
MORRIS, James S., of New York, m. Amelia L. **GULLIVER**, of Lyme, Apr. 3, 1842, by Rev. Amos D. Watrous	3	122
MORRISON, Ann, m. Charles E. **PECK**, b. of Lyme, July 9, 1848, by Rev. Joseph B. Damon	3	205
MORSE, Abigail, m. Hennery **BEN[N]IT**, Jr., Feb. 22, 1732/3	L-6	100
MOSHIER, Phebe, m. Stephen **CHAMPION**, Jan. 28, 1776	2	76
[**MOSS**], MOSE, MOSSE, MOOS, Jeams, m. Marah, Oct. 15, 1707	L-2	181
Jeams, [s. Jeams & Marah], b. Sept. 23, 1711	L-2	181
Marah, [d. Jeams & Marah], b. Sept. 22, 1708	L-2	181
Mary, m. Henry **BEN[N]IT**, Nov. 13, 1718	L-2	51
Mary, m. John **BEN[N]IT**, s. Caleb, Sept. [ ]	L-2	7
Sarah, [d. Jeams & Marah], b. Dec. 7, 1709	L-2	181
MOTT, Annah, of Westerly, R.I., d. Edward, m. John **MOTT**, of Lyme, s. Samuel, Oct. 5, 1732, in Westerly, by John Richmond, Justice	L-2	56
Azariah, s. [Samuell, Jr.], b. Jan. 10, 1726	L-2	251
Deborah, [d. Samuell & Marah], b. June 14, 1710	L-2	6
Ebenezer, s. [Samuell, Jr.], b. July 5, 1718	L-2	251
Experience, [d. Samuell & Marah], b. Mar. 8, 1703/4	L-2	6
Francisca, of Lyme, m. Edward **HEWLET**, of East Haddam, Aug. 29, 1841, by Richard E. Selden, Jr., J.P.	3	263
Han[n]ah, [d. Samuell & Marah], b. Mar. 11, 1696/7	L-2	6
John, [s. Samuell & Marah], b. Dec. 25, 1698	L-2	6
John, of Lyme, s. Samuel, m. Annah **MOTT**, of Westerly, R.I., d. Edward, Oct. 5, 1732, by John Richmond, Justice, in Westerly	L-2	56
Lidia, [d. Samuell & Marah], b. Mar. 22, 1706	L-2	6
Mary, d. [John & Marcy], b. Jan. 5, 1692/3	L-2	90
Mary, [d. Samuell & Marah], b. Mar. 10, 1692/3	L-2	6
Mary, m. Joshuah **CHAMPIAN**, May [ ], 1712	L-2	378
Mary, m. Joshuah **CHAMPION**, "sometime in May", 1712	L-2	266
Mary, d. [Samuell, Jr.], b. Oct. 15, 1722	L-2	251
Nathaniell, [s. Samuell & Marah], b. July 16, 1707	L-2	6
Nathaniel, s. [Samuell, Jr.], b. Apr. 15, 1733	L-2	251
Sally, of Groton, m. Harvey **HALL**, of Colchester, Nov. 25, 1830, by Rich[ar]d E. Selden, Jr., J.P.	2	247

	Vol.	Page

MOTT, (cont.)
Samuel, [s. Samuell & Marah], b. Feb. 1, 1694/5	L-2	6
Samuell, Jr., m. [ ] **SPENCER**, July 31, 1717	L-2	251
Samuell, s. [Samuell, Jr.], b. Aug. 29, 1720	L-2	251
Samuell, 2d, s. [Samuell, Jr.], b. Aug. 10, 1724	L-2	251
Samuell, 3d, s. [Samuell, Jr.], b. Apr. 2, 1731	L-2	251
Samuell, m. Marah **[BROCKWAY*]**, Apr. 6, [1692*] (*Handwritten additions in original; also illegible handwritten note in margin)	L-2	6
Samuel M., of Norwich, m. Frances E. **GILBERT**, of Lyme, Mar. 14, 1847, by Amos D. Watrous	3	172
Sarah, d. [Samuel, Jr.], b. Dec. 13, 1728	L-2	251

MOWRY, LeRoy, of Troy, m. Catharine B. **NOYES**, of Lyme, Apr. 17, 1831, by Rev. Chester Colton   2   253

MULFORD, Thomas T., of New Haven, Ohio, m. Phebe **STEWARD**, of Lyme, Ct., Mar. 25, 1821, by S.G. Thatcher, J.P.   2   129

MULHOLLARD, Elizabeth, of England, m. Henry **SPENCER**, June 26, 1842, by Rev. Amos D. Watrous   3   126

MUMFORD, Eliza, m. Nathaniel Shaw **WOODBRIDGE**, June 24, 1790   2   41

MUNSELL, MUNSEL, MONSEL, MONSELL, MUNSILL,
Abigail, [d. John], b. Nov. 24, 1727	L-6	156
Anna, d. Timothy & Elishaba, b. Sept. 7, 1775; d. June 18, 1777	1	150
Anne, d. John & Mary, b. Feb. 13, 1750	L-6	156
Azubah, d. [John, Jr. & Azubah], b. Sept. 25, 1784	2	46
Betsey, d. [John, Jr. & Azubah], b. Mar. 10, 1791	2	46
Bettey, d. John, Jr. & Elizabeth, b. May 23, 1769; d. Jan. 19, 1774	1	101
Bettey, d. John, Jr. & Elizabeth, b. Sept. 5, 1775	1	101
Bettey, w. John, d. Jan. 15, 1802	1	101
Cattaran, [d. John], b. Sept. 4, 1731	L-6	156
James, s. John, b. Apr. 20, 1743	L-6	156
James, s. Timothy & Elishaba, b. June 28, 1773	1	150
Jane, of Lyme, m. Nathaniel **DICKERSON**, now of Lyme, Sept. 1, 1773, by Benjamin Lee, J.P.	1	95
John, s. Thomas, b. Aug. 19, 1690, by Benjamin Fox	L-7	126
John, [s. John], b. July 16, 1735	L-6	156
John, Jr., of Lyme, m. Sila **HUNTLEY**, Feb. 22, 1759, by Samuel Ely, J.P.	1	101
John, Jr., m. Elizabeth **McCRARY**, Dec. 24, 1761, by Samuel Ely, J.P.	1	101
John, s. John, Jr. & Elizabeth, b. Oct. 14, 1762	1	101
John, d. Jan. 9, 1776	L-6	156
John, Jr., m. Azubah **HUNTLEY**, Dec. 25, 1783	2	46
John, s. [John, Jr. & Azubah], b. Feb. 10, 1793	2	46
John, m. Lydia **HUNTLEY**, Sept. 9, 1802	1	101
John Andross, s. Timothy & Elishaba, b. July 9, 1781	1	150
Joseph, [s. John], b. Feb. 19, 1739/40	L-6	156
Joseph, s. John, Jr. & Elizabeth, b. Feb. 8, 1771	1	101
Joseph, s. [John, Jr. & Azubah], b. Dec. 17, 1796	2	46
Lucinda, d. John, Jr. & Elizabeth, b. Aug. 11, 1774	1	101
Lucinda, m. Joseph **TILLITSON**, Jan. 21, 1795	2	34

	Vol.	Page
MUNSELL, MUNSEL, MONSEL, MONSELL, MUNSILL, (cont.)		
Mary, [d. John], b. Apr. 7, 1729	L-6	156
Mary, m. Elisha **MERROW**, Oct. 20, 1751, by Joshua Rogers, Elder	1	79
Mary, d. James & Esther, b. June 10, 1763	1	108
Mehetable, d. [John, Jr. & Azubah], b. May 5, 1789	2	46
Polley, d. John, Jr. & Elizabeth, b. Sept. 13, 1781	1	101
Sally Anne, d. Timothy & Elishaba, b. Oct. 23, 1784	1	150
Sila, d. John, Jr. & Sila, b. Sept. 17, 1761	1	101
Sila, w. John, Jr., d. Oct. 1, 1761	1	101
Sila, d. John, Jr. & Sila, d. Jan. 15, 1762	1	101
Sila, d. John, Jr. & Elizabeth, b. Aug. 26, 1765	1	101
Sluman, s. John [Jr.] & Azubah, b. Sept. 20, 1799	2	46
Thomas, m. Deborah **ROGERS**, Jan. 10, 1726	L-2	176
Thomas, s. [Thomas & Deborah], b. Dec. 7, 1728	L-2	176
Thomas, [s. John], b. Mar. 23, 1738	L-6	156
Thomas, s. John, Jr. & Elizabeth, b. July 19, 1767	1	101
Thomas, m. Anne **TILLITSON**, b. of Lyme, May 15, 1788	1	50
Thomas, s. Thomas & Anna, b. Sept. 29, 1790	1	50
Timothy, s. John & Mary, b. Nov. 24, 1745	L-6	156
Timothy, s. Timothy & Elishaba, b. Apr. 16, 1778	1	150
William, s. John, Jr. & Sila, b. Feb. 14, 1760	1	101
William, s. John, Jr. & Elizabeth*, d. June 3, 1776 (*Perhaps "Sila"?)	1	101
William, s. Thomas & Anna, b. Nov. 5, 1788	1	50
William Westcott, s. Timothy & Elishaba, b. Jan. 24, 1770, at New London	1	150
MURDOCK, Abigail, m. Elisha **LEE**, Oct. 4, 1761, by John Devotion, Saybrook	1	146
Hannah, wid., of Saybrook, m. Seth **SMITH**, of Lyme, May 17, 1780, by Rev. John Devotion, of Saybrook	1	161
John, m. Hepzibah **MILLER**, Feb. 20, 1793	2	78
John, s. John & Hepzibah, b. May 7, 1796	2	78
Lucy Miller, d. [John & Hepzibah], b. Feb. 27, 1799	2	78
NASH, Mary Ann M., of Saybrook, m. Dan W. **MATHER**, of Lyme, June 4, 1843, by Rev. P. Brockett	3	138
NASON, James F., m. Lydia **TIBBETS**, Sept. 30, 1832, by John S. Rogers, J.P.	2	53
NEBO, Calvin, of Lyme, m. Hannah **GARDNER**, of Preston, May 22, 1831, by Herman S. Vaill	2	254
NELEGAN, Michael, s. [Thomas & Jerusha], b. Oct. 9, 1806	2	105
Thomas, m. Jerusha **BOON**, May 15, 1803	2	105
Thomas, s. [Thomas & Jerusha], b. Feb. 17, 1811	2	105
William H., s. [Thomas & Jerusha], b. Jan. 31, 1809	2	105
NEWTON, NUTON, Dinah, of Colchester, m. Nathaniel **MATSON**, Jr., of Lyme, Jan. 15, 1761, by John Watrous, J.P., of Colchester	1	112
Hannah, m. Stephen **BECKWITH**, May 27, 1747	1	40
Rhoda, of Colchester, m. William **MATSON**, of Lyme, Apr. 30, 1807	2	100
NICHOLS, Ebenezer, of East Haddam, m. Margaret **ELY**, of Lyme,		

	Vol.	Page

NICHOLS, (cont.)

	Vol.	Page
Feb. 10, 1828, by Rev. Tubal Wakefield	2	216
Eliza, of Lyme, m. Elias **ELY**, of New York, Nov. 5, 1832, by Josiah Hawes	3	2
Frances J., of [Lyme], m. John H. **DAYTON**, of Sag Harbor, N.Y., Oct. 18, 1835, by Rev. Harvey Bushnell	3	43
Mariaette A., of Lyme, m. Frances M. **PALMER**, of East Haddam, June 28, 1843, by Rev. Alexander Burgess, of East Haddam	3	139
NILES, Ambrose, Dr., of Lyme, m. Frances **MARVIN**, of Hartford, Apr. 2, 1823, by Josiah Hawes	2	156
Deborah, m. John **REED**, Jan. [ ], 1700	L-2	300
George E., of Prattsburg, N.Y., m. Mary **RUSSELL**, of [Lyme], May 14, 1828, by Rev. Tubal Wakefield	2	218
Neomy, d. Benj[amin], m. William **COMSTOCK**, Sept. 10, 1695	L-2	10
Salome, m. Samuel **BROWN**, b. of Lyme, July 21, 1828, by Josiah Hawes	2	221
William B., m. Julia **ELY**, b. of Lyme, July 27, 1823, by Josiah Hawes	2	159
NORTON, Maria, of Albany, m. Francis J. **LAY**, June 20, 1821	2	133
NOYES, Abigail Leveritt, d. William & Sarah, b. Aug. 17, 1786	1	108
Anna, d. Moses & Hannah, b. Mar. 27, 1758; d. Jan. 1, 1761	1	51
Calvin, s. Moses & Hannah, b. Nov. 19, 1751	1	51
Catharine, d. William & Sarah, b. Feb. 17, 1789	1	108
Catharine, d. [William & Sarah], d. Sept. 12, 1806	1	108
Catharine B., of Lyme, m. LeRoy **MOWRY**, of Troy, Apr. 17, 1831, by Rev. Chester Colton	2	253
Catharine Banks, d. William & Eunice*, b. Sept. 27, 1813 (Perhaps Hannah?)	2	128
Elizabeth, m. Jabez **SILL**, b. of Lyme, Dec. 28, 1749, by Rev. Stephen Johnson	1	105
Elizabeth, d. Moses & Hannah, b. Sept. 3, 1765	1	51
Elizabeth, m. Abraham **AVERY**, Feb. 6, 1785, by Rev. Daniel Minor	1	76
Ellen, m. Daniel **CHADWICK**, Jr., b. of Lyme, Mar. 21, 1848, by Rev. D.S. Brainard	3	188
Enoch, s. Joseph & Jane, b. Aug. 27, 1789	1	74
Enock, m. Catharine **LORD**, b. of Lyme, Dec. 10, 1840, by Rev. Chester Colton	3	108
Esther, d. Moses & Sarah, b. May 16, 1749	1	51
Esther, m. Elias **MINOR**, of Lyme, Nov. 20, 1777, by Samuel Ely, J.P.	1	85
Eunice, d. Moses & Hannah, b. Aug. 16, 1767	1	51
Eunice, d. Joseph & Jane, b. Mar. 21, 1785	1	74
Eunice, d. Joseph & Jane, d. Feb. 28, 1789	1	74
Eunice, d. Joseph & Jane, b. Nov. 20, 1791	1	74
Eunice, m. Israel **ELY**, b. of Lyme, May 15, 1792	2	15
Eunice, m. John Christopher **ELY**, Jan. 5, 1811	2	104
Hannah, d. Moses & Hannah, b. Feb. 17, 1756	1	51
Helena Decay, d. [William, Jr. & Hannah], b. Aug. 7, 1819	2	128
Henry B., of Elmira, N.Y., m. Sarah L. **HOLDREDGE**, of Lyme,		

NOYES, (cont.)

	Vol.	Page
May 14, 1845, by Rev. D.S. Brainard	3	152
Jane Elizabeth, [d. Joseph & Sarah Griswold], b. Feb. 23, 1827	2	177
John, Dr., d. Aug. 5, 1733	L-2	169
John, s. W[illia]m & Eunice, b. Dec. 18, 1756	1	133
John, Dr., d. Aug. 11, 1808	1	133
John, s. [Dr.] Richard & Martha, b. Jan. 22, 1815	2	101
John, m. Ann **COLTON**, b. of Lyme, Feb. 5, 1839, by Rev. Chester Colton	3	93
John, Dr., m. Anna **SILL**, June 21, 1849, by Rev. D.S. Brainard	3	200
Joseph, s. W[illia]m & Eunice, b. Sept. 7, 1758	1	133
Joseph, m. Jane **LORD**, b. of Lyme, July 26, 1784, by Rev. Stephen Johnson	1	74
Joseph, m. Sarah Griswold **GREELEY**, May 14, 1823	2	177
Martha, of Westerly, m. Dr. Richard **NOYES**, of Lyme, Mar. 31, 1814, in R.I., by Jesse Babcock, Elder, of Wester[ly], R.I.	2	101
Mary, d. Moses & Hannah, b. Jan. 22, 1760; d. June 15, 1761	1	51
Mary A., of Lyme, m. Billings P. **LEARNED**, of Lockport, N.Y., Nov. 1, 1836, by Rev. Chester Colton	3	60
Mary Ann, d. [William & Hannah], b. Feb. 1, 1818	2	128
Mary Greeley, d. [Joseph & Sarah Griswold], b. Dec. 13, 1824	2	177
Matthew, s. W[illia]m & Eunice, b. Feb. 26, 1764	1	133
Matthew, s. W[illia]m & Hannah, b. May 31, 1828	2	128
Mindwell, d. Moses & Hannah, b. Apr. 4, 1762	1	51
Moses, [s. Moses], b. Aug. 2, 1678	L-1	33
Moses, m. Mary **ELY**, Jan. 15, 1712/13	L-2	169
Moses, s. [Moses & Mary], b. Sept. 1, 1714	L-2	169
Moses, Rev., d. Nov. 10, 1729	L-3	26
Moses, d. Oct. 10, 1743	L-2	169
Moses, m. Hannah **SELDEN**, b. of Lyme, June 2, 1748, by Stephen Johnson	1	51
Moses, s. Moses & Hannah, b. Dec. 9, 1753	1	51
Richard, s. Joseph & Jane, b. Mar. 12, 1787	1	74
Richard, Dr., of Lyme, m. Martha **NOYES**, of Westerly, Mar. 31, 1814, in R.I., by Jesse Babcock, Elder, of Wester[ly], R.I.	2	101
Ruth, [d. Moses], b. Jan. 6, 1681	L-1	33
Ruth, [d. Moses & Mary], b. Jan. 6, 1716/17; d. Feb. 5, 1719	L-2	169
Ruth, 2d, [d. Moses & Mary], b. Apr. 23, 1722	L-2	169
Sarah B., of Lyme, m. William F. **GRISWOLD**, June 9, 1831, by Rev. Chester Colton	2	256
Sarah Banks, [d. William & Hannah], b. Mar. 3, 1815	2	128
Stephen Lord, s. W[illia]m, [Jr.] & Hannah, b. [ ]	2	128
Thomas, s. William & Sarah, b. Nov. 25, 1787; d. Nov. 29, 1787	1	108
W[illia]m, s. W[illia]m & Eunice, b. Oct. 30, 1760	1	133
William, Jr., of Lyme, m. Sarah **BANKS**, of Newark, N.J., Oct. 2, 1785, by Rev. Stephen Johnson	1	108
W[illia]m had negro servant Jordon, b. Nov. 18, 1787; also negro Harry, b. Dec. 3, 1790	1	114
William, s. William & Sarah, b. May 9, 1792	1	108
William had negro servant Biner, d. Nancy, b. Mar. 15, 1793	1	111
William, d. Feb. 11, 1807	1	133

	Vol.	Page
NOYES, (cont.)		
William, Jr., m. Hannah **TOWNSEND**, Jan. 5, 1812, at Albany	2	128
William James, s. William [Jr.] & Hannah, b. May 31, 1821	2	128
NUTON, (see under **NEWTON**)		
OLIVER, John, m. Sary **COMSTOCK**, Jan. 11, 1714/15	L-2	187
OLMSTED, [see also **ARMSTEAD**], Mary, of Colchester, m. Elisha LAY, of Lyme, Mar. 30, 1783, by Robert Robbins, Colchester	1	170
ORETEL, Alexander, of New York, m. Mary **GREENFIELD**, of Lyme, July 18, 1838, by Rev. Chester Colton	3	83
OSBORN, Edward Josephus, of Saybrook, m. Fanny **PILGRIM**, of Lyme, Dec. 27, 1835, by Rev. George Carrington, of Hadlyme	3	49
Lucy, m. Lothrop **ROCKWELL**, b. of Lyme, Oct. 19, 1820, by Rev. Abel McEwen, of New London	2	120
OTIS, Annas, d. Robert & Marg[a]ret, b. Sept. 25, 1748	1	61
Annas, d. Robert & Polly, b. Aug. 14, 1791	1	100
Belinda, m. Orlando **MINOR**, b. of Lyme, Dec. 8, 1829, by Josiah Hawes	2	240
Charlotte, d. Stephen & Lucy, b. May 29, 1806	2	28
Cordelia, of Lyme, m. Selden **CHADWICK**, Nov. 26, 1848, in Hadlyme, by Rev. Stephen A. Loper	3	194
Datia, m. Gay M. **BEEBE**, Aug. 31, 1834, by Rev. Andrew M. Smith	3	24
David P., of Waterford, m. Hannah R. **COMSTOCK**, of Lyme, Mar. 21, 1832, by Nathan Wildman	2	269
Edward, s. Stephen & Lucy, b. Feb. 6, 1798	2	28
Elizabeth, m. Gurdon **GRAYHAM**, Dec. 23, 1830, by Zebulon Brockway, Jr., J.P.	2	260
George W., m. Desire P. **SLATE**, b. of Lyme, June 22, 1851, by Rev. W.W. Meech	3	231
Hayden, s. Stephen & Lucy, b. Nov. 23, 1794	2	28
Israel, s. Robert & Polly, b. Aug. 4, 1793	1	100
Israel, m. Deborah Maria **BABCOCK**, b. of Lyme, Mar. 4, 1821, by Samuel B. Mather, J.P.	2	126
Lucy Ann, m. Daniel G. **ROGERS**, b. of Lyme, Oct. 12, 1834, by Rev. Frederick Wightman	3	26
Lydia, d. Robert & Polly, b. July 25, 1789	1	100
Lydia, m. Benjamin **ALBEE**, July 17, 1808	2	103
Nancy, m. Ezra N. **LESTER**, b. of Lyme, Nov. 25, 1840, by Rev. E. Loomis	3	107
Polly, d. Robert & Polly, b. Oct. 10, 1795	1	100
Richard, s. Robert & Marg[a]ret, b. June 23, 1745	1	61
Richard, s. Robert & Polly, b. Sept. 6, 1798	1	100
Robert, m. Marg[a]ret **SABINS**, Aug. 8, 1737	1	61
Robert, s. Robert & Marg[a]ret, b. Mar. 18, 1740	1	61
Robert, s. Robert & Lydia, b. May 10, 1764	1	61
Robert, m. Polly **SMITH**, Jan. 10, 1788	1	100
Sally, d. Rob[er]t & Polly, b. May 10, 1803	1	100
Selden, [s. Stephen & Lucy], ?	2	28
Stephen, s. Robert & Marg[a]ret, b. May 14, 1738, in Barrington	1	61

	Vol.	Page
OTIS, (cont.)		
Stephen, m. Lucy **WEDGER**, b. of Lyme, May 1, 1794, by David Higgins, V.D.M.	2	28
Stephen, s. Stephen & Lucy, b. Sept. 27, 1796	2	28
Theadola, d. Robert & Polly, b. Jan. 10, 1801	1	100
PAGE, Caroline, m. Elisha **MILLER**, Jr., July 8, 1829, by Tubal Wakefield	2	235
Jonathan, m. Rachal **WAID**, b. of Lyme, Jan. 27, 1833, by Rev. Frederick Wightman	3	6
Joseph, m. Adaline **WAID**, of Lyme, Apr. 16, 1834, by Rev. Chester Colton	3	21
Nancy, m. David **MAYNARD**, Apr. 19, 1829, by Rev. Tubal Wakefield	2	231
PAINE, PAYNE, Mary Ann, m. Enos **GATES**, Jan. 2, 1825, by Thomas W. Strickland	2	175
Simon R., m. Sary A. **GORTON**, b. of Lyme, Jan. 9, 1834, by Rev. Frederick Wightman	3	16
PALMER, Elihu H., of Salem, m. Phebe S. **LESTER**, of Lyme, July 19, 1846, by Rev. Samuel Griswold	3	168
Elisha, m. Ellis **LOOMIS**, Nov. 30, 1837, by Rev. Frances Darrow	3	85
Elizabeth, formerly of Stoningtown, m. Matthew **DORR**, of Lyme, Nov. 4, 1747, by Rev. George Griswold	1	102
Fanny, of Salem, m. Elisha **MINOR**, of Lyme, Oct. 11, 1847, by Samuel D. Sill, J.P.	3	181
Frances M., of East Haddam, m. Mariaette A. **NICHOLS**, of Lyme, June 28, 1843, by Rev. Alexander Burgess, of East Haddam	3	139
Irene, of Stoningtown, m. Henry **ROLAND**, of Lyme, Mar. 27, 1735, by Rev. Joseph Fish, North Stonington	1	50
Noyes W., of Salem, m. Diadamia P. **ELY**, of Lyme, [Sept. 23, 1850], by Rev. W.W. Meech	3	220
PARKER, Ann Maria, d. [Marshfield S. & Azubah], b. Sept. 16, 1830	2	145
Henry Lord, s. [Marshfield S. & Azubah], b. Jan. 11, 1843	2	145
Jane Louisa, d. [Marshfield S. & Azubah], b. Sept. 27, 1839	2	145
John M., of Sag Harbor, N.Y., m. Lucretia M. **TIFFANY**, of Lyme, Aug. 17, 1845, in the North Lyme Meeting House, by Rev. Nathaniel Minor, of East Haddam	3	161
John Marvin, s. [Marshfield S. & Azubah], b. Apr. 9, 1823	2	145
Marshfield S., m. Azubah **MARVIN**, b. of Lyme, Apr. 9, 1822, by Josiah Hawes	2	145
Marshfield Sterling, s. [Marshfield S. & Azubah], b. Mar. 19, 1826	2	145
Marshfield Sterling, Jr., m. Jane Amelia **BROCKWAY**, b. of Lyme, Sept. 28, 1848, by Samuel Griswold	3	191
Seymour Sandon, s. [Marshfield S. & Azubah], b. Sept. 1, 1845	2	145
William Mather, s. [Marshfield S. & Azubah], b. July 20, 1828	2	145
PARMELEE, Philo, m. Sarah P. **JOHNSON**, Mar. 30, 1834, by Rev. Benjamin G. Goff	3	19
PARSONS, Abigail, d. John & Joanna, b. Aug. 28, 1782; d. Oct. 29, 1784	1	48

	Vol.	Page
PARSONS, (cont.)		
Abigail, d. John & Lois, b. Oct. 12, 1788	1	48
Abigail, d. John & Lois, b. Oct. 12, 1788	2	51
Betsey, of East Hampton, m. William **LAY**, Jr., of Lyme, Oct. 9, 1792	2	45
Deborah, d. John & Joanna, b. Aug. 25, 1784	1	48
Elizabeth, d. John & Lois, b. July 30, 1810	2	51
Enoch, s. Sam[ue]l Holden & Mehetable, b. Nov. 5, 1769	1	100
Enock, s. Sam[ue]l & Mehetable, b. Nov. 5, 1769	2	64
Ezra, [s. Rev. Jonathan & Phebe], b. Jan. 2, 1741/2; d. Jan. 13, 1741/2	L-2	73
George, s. John & Lois, b. Jan. 2, 1808	2	51
Georgeanna L., of Lyme, m. Edward **COVELL**, of Elmira, N.Y., Aug. 23, 1849, by Rev. D.S. Brainard	3	201
Hepsebeth, m. Elijah **PECK**, Apr. 28, 1737	L-6	161
Joanna, w. John, d. Jan. 31, 1786	1	48
Joanna, d. John & Lois, b. July 31, 1787	1	48
Joanna, d. John & Lois, b. July 31, 1787	2	51
John, s. Marshfield & Loas, b. Mar. 9, 1757	1	85
John, m. Joanna **MATHER**, b. of Lyme, Feb. 25, 1779, by Rev. Stephen Johnson	1	48
John, m. Lois **WAIT**, Oct. 1, 1786, by Rich[ar]d Wait, J.P.	1	48
John, m. Lois **WAIT**, Oct. 1, 1786	2	51
John, s. John & Lois, b. Dec. [ ], 1805	2	51
Jonathan, Rev., m. Phebe **GRISWOLD**, d. John Griswold, Esq., Dec. 14, 1731, by Rev. George Griswold	L-2	73
Jonathan, [s. Rev. Jonathan & Phebe], b. Apr. 25, 1735	L-2	73
Jonathan, s. Jonathan, b. Apr. 25, 1735	L-5	29
Loas, w. Marshfield, d. July 6, 1764	1	85
Loas, d. John & Joanna, b. Nov. 25, 1779	1	48
Lois, m. Charles **SMITH**, Mar. 11, 1801	2	71
Luce, d. Samuel Holden & Mehetable, b. Nov. 8, 1764	1	100
Lucy, d. Sam[ue]l & Mehetable, b. Nov. 8, 1764	2	64
Lucy, d. John & Lois, b. July 9, 1793	2	51
Lucy, d. John & Lois, d. May 12, 1818	2	51
Lydia, d. John & Lois, b. July 14, 1795	2	51
Margaret, d. [Samuel Holden & Mehetable], b. June 1, 1785, at Middletown	2	64
Margaret Ann, d. [Samuel Holden & Mehetable], b. Feb. 15, 1780, at Reading; d. Aug. 23, 1783, at Middletown, of Measles	2	64
Marshfield, s. [Rev. Jonathan & Phebe], b. Feb. 17, 1732/3	L-2	73
Marshfield, m. Loas **WAIT**, b. of Lyme, Oct. 9, 1755, by Rev. Stephen Johnson	1	85
Marshfield, m. Abigail **MARVIN**, b. of Lyme, Nov. 20, 1766, by Rev. Stephen Johnson	1	85
Marshfield, s. John & Lois, b. Mar. 11, 1798	2	51
Marshfield, d. Jan. 13, 1813, ae 80 y.	1	85
Mehetable, d. Sam[ue]ll & Mehetable, b. Dec. 24, 1772	1	100
Mehetable, d. Sam[ue]l & Mehetable, b. Dec. 24, 1772	2	64
Phebe, [d. Rev. Jonathan & Phebe], b. Oct. 7, 1743	L-2	73
Phebe, d. Apr. 28, 1746	L-2	73

	Vol.	Page
PARSONS, (cont.)		
Phebe, d. Sam[ue]l & Mehetable, b. Jan. 25, 1775	2	64
Phebe, d. [John & Lois], b. Apr. 15, 1790	1	48
Phebe, d. John & Lois, b. Apr. 15, 1790	2	51
Phebe, m. John **BECKWITH**, Apr. 24, 1820	2	142
Phebe, 2d, m. Charles **SMITH**, b. of Lyme, Mar. 28, 1821, by Lathrop Rockwell, Clerk	2	71
Richard W., m. Clarissa L. **GRIFFING**, b. of Lyme, Feb. 27, 1826, by Henry Stanwood	2	195
Richard Wait, s. John & Lois, b. Aug. 19, 1801	2	51
Sam[ue]l Holden, [s. Rev. Jonathan & Phebe], b. May 14, 1737	L-2	73
Samuel Holden, b. May 14, 1737, O.S.; m. Mehetable **MATHER**, b. of Lyme, Sept. 10, 1761	2	64
Samuel Holden, m. Mehetable **MATHER**, Sept. 10, 1761, by John Griswold, J.P.	1	100
Sam[ue]l Holden, s. Sam[ue]l & Mehetable, b. Dec. 31, 1777	2	64
Sam[ue]l H[olden], Genl., drowned Nov. 17, 1789, near Big Beaver River, ae 52 y. 6 m. 14 d.; bd. on bank of said river near its conflux with the Ohio River	2	64
Thomas, [s. Rev. Jonathan & Phebe], b. Apr. 28, 1739	L-2	73
Thomas, s. Sam[ue]ll Holden & Mehetable, b. Dec. 12, 1767	1	100
Thomas, s. Sam[ue]l & Mehetable, b. Dec. 12, 1767; d. Dec. 8, 1778	2	64
Thomas Griswold, s. [John & Lois], b. Nov. 19, 1803	2	51
William, s. Marshfield & Loas, b. June 17, 1759; d. Aug. 14, 1761	1	85
William, s. Samuel Holden & Mehetable, b. July 5, 1762	1	100
William, s. [John & Lois], b. July 30, 1791	1	48
William, s. John & Lois, b. July 30, 1791	2	51
William Walter, s. Sam[ue]l & Mehetable, b. July 5, 1762	2	64
----------, s. [John & Lois], b. & d. Aug. 19, 1800	2	51
PATHAM, Mary, m. Sylvester W. **FOX**, b. of Lyme, Oct. 11, 1846, by Rev. Samuel Griswold	3	170
PATON, Elizabeth, m. Gurdon **WATROUS**, June 21, 1778. She was his 2d w.	2	56
PATTEN, William, of Salem, m. Louisa **HARRISON**, of Lyme, Mar. 30, 1842, by C.E. Murdock	3	123
PAYNE, [see under **PAINE**]		
PEARSON, [see also **PIERSON**], Aliss, m. Nathan **AVERY**, b. of Lyme, Apr. 9, 1776, by John Lay, 2d, J.P.	1	72
Alice, m. Nathan **AVERY**, b. of Lyme, Apr. 9, 1776, by John Lay, 2d, J.P.	1	155
Elisha, s. W[illia]m & Mehetable, b. May 27, 1785	2	56
Mehetable, m. Josiah **BECKWITH**, Sept. 13, 1770	2	4
Mehetable, d. W[illia]m & Mehetable, b. Dec. 19, 1794	2	56
Reeve, s. W[illia]m & Mehetable, b. May 7, 1792	2	56
Richard, m. Indiana **COMSTOCK**, Dec. 20, 1813	2	99
Sam[ue]ll, of Lyme, m. Mehetable **DUDLEY**, of Saybrook, June 22, 1738	L-6	288
Samuel, s. W[illia]m & Mehetable, b. Oct. 14, 1782	2	56
Sarah, d. W[illia]m & Mehetable, b. July 2, 1788	2	56
William Ely, m. Mehetable **REEVE**, of L.I. [ ]	2	56

	Vol.	Page
PECK, PEECK, Abigail, d. David & Abigail, b. Sept. 1, 1744	1	82
Abigail, d. Mather & Esther, b. Feb. 4, 1781	1	149
Abijah, s. Dan[ie]ll & Abigail, b. Sept. 15, 1745	1	33
Abner, [s. Samuel, Jr. & Aless], b. Sept. 27, 1731	L-2	234
Abner, s. [Reynold & Deborah], b. Oct. 15, 1782	1	86
Abner, m. Caroline **REED**, Nov. 30, 1786	1	116
Andrew, s. Darius & Elizabeth, b. Feb. 2, 1768	1	167
Anna, d. Elijah & Mehepsebeth, b. May 1, 1756	L-6	161
Anna, d. [Reynold & Deborah], b. Jan. 24, 1765	1	86
Anna, d. Jedediah & Tabitha, b. May 27, 1786	1	115
Anne, d. Jasper & Phebe, b. Dec. 20, 1788	1	113
Ansel, s. Dan & Lovina, b. Sept. 23, 1792	1	93
Asenath, d. Dan[ie]ll & Jerusha, b. Aug. 7, 1776	1	147
Azariah, s. David & Abigail, b. Feb. 9, 1764	1	82
Azubah, d. Dan[ie]ll & Abigail, b. Oct. 29, 1747	1	33
Benjamin, [s. Samuel], b. Mar. 6, 1711	L-2	129
Benjamin, m. Sarah **CHAMPION**, Feb. 8, 1733/4	L-2	245
Benjamin, [s. Benjamin & Sarah], b. Apr. 26, 1740	L-2	245
Betsey, d. [Lot & Perry], b. Mar. 9, 1793; d. Feb. 9, 1794	1	148
Betsey, d. Lot & Perry, b. May 26, 1799	1	148
Bettee, d. [Reynold & Deborah], b. Dec. 26, 1771	1	86
Caroline M., m. Jared W. **WATROUS**, b. of Lyme, Dec. 26, 1842, by Rev. Oliver Brown	3	157
Carter, [s. Samuel, Jr. & Aless], b. June 23, 1737	L-2	234
Catharine, d. Lebbeus & Lydia, b. Apr. 20, 1785	1	171
Charles, s. Lot & Polly, b. Feb. 15, 1797	1	148
Charles, s. John & Rebeckah, b. [ ]	1	156
Charles C., s. [Ezra & Eunice], b. Nov. 20, 1811	2	110
Charles E., m. Ann **MORRISON**, b. of Lyme, July 9, 1848, by Rev. Joseph B. Damon	3	205
Charles E.M., [s. Eleazer C. & Eunice H.], b. Oct. 29, 1842	3	120
Clarrissa, d. Dan[ie]ll & Jerusha, b. Jan. 12, 1780	1	147
Clark, s. Jasper & Phebe, b. Jan. 7, 1767	1	113
Clark, of Bloomfield, N.Y., m. Carolina **HALL**, of Lyme, Jan. 18, 1797, by Rev. Lathrop Rockwell	2	37
Clarry, d. John & Rebeckah, b. Mar. 9, 1785	1	156
Cyrus, s. Benjamin & Sarah, b. May 2, 1746	L-2	245
Dan, [s. Benjamin & Sarah], b. May 11, 1735; d. Oct. 1, 1736	L-2	245
Dan, [s. Benjamin & Sarah], b. Apr. 1, 1742; d. Oct. 30, 1746	L-2	245
Dan, m. Lovina **HUNTLEY**, Apr. 19, 1786, by Jason Lee	1	93
Daniel, [s. Samuel, Jr. & Aless], b. Mar. 27, 1742	L-2	234
Daniel, m. Abigail **LORD**, Nov. 8, 1744	1	33
Daniel, d. Mar. 1, 1750/51	1	33
Daniel, s. Daniel & Abigail, b. July 7, 1751	1	33
Daniel, m. Jerusha **YERRINGTON**, of Stoningtown, Dec. 25, 1764, at Presson. Witnesses: Abel Hall, Daniel Hall	1	147
Daniel, s. David & Abigail, b. Oct. 28, 1766	1	82
Daniel, s. Dan[ie]ll & Jerusha, b. Oct. 21, 1769	1	147
Darius, [s. Samuel, Jr. & Aless], b. Sept. 11, 1733	L-2	234
Darius, of Lyme, m. Elizabeth **BECKWITH**, Apr. 19, 1757, by Samuel Ely, J.P.	1	167

	Vol.	Page
PECK, PEECK, (cont.)		
Darius, s. Darius & Elizabeth, b. Feb. 2, 1764	1	167
David, [s. Joseph & Sarah], b. Jan. [ ], 1687	L-2	129
David, m. Abigail **SOUTHWORTH**, June 16, 1743	1	82
David, s. David & Abigail, b. Apr. 24, 1750; d. May 11, 1750	1	82
David, s. David & Abigail, b. June 28, 1751	1	82
David Howell, s. Mather & Rhuhami, b. Aug. 20, 1787	1	149
Deborah, [d. Joseph], b. July 31, 1672 (Arnold Copy gives the name "Deborah Eseeck". See N.E. Register for correction)	L-1	17
Deb[o]rah, [d. Joseph & Sarah], b. July 31, 1672	L-2	129
Deb[o]rah, m. Daniell **SPER[R]Y**, Apr. 3, 1694	L-2	129
Deborah, m. Daniel **SPER[R]Y**, Aug. 3, 16[ ]	L-1	17
Deborah, m. John **HAZEN**, Jr., Mar. 10, 1737	L-6	99
Deborah, m. John **HAZEN**, Jr., Mar. 10, 1754	1	71
Dudley, s. Jasper & Phebe, b. Nov. 30, 1770	1	113
Dudley, s. Jasper & Phebe, d. July 26, 1785	1	113
Edward Chapman, s. Dan & Lovina, b. Oct. 20, 1790	1	93
Eleazer C., s. [Ezra & Eunice], b. Mar. 11, 1816	2	110
Eleazer C., m. Eunice H. **WARREN**, b. of Lyme, Jan. 11, 1842, by Rev. Amos D. Watrous	3	120
Elias, s. Benjamin & Sarah, b. June 20, 1748	L-2	245
Elijah, m. Hepsebeth **PARSON**, Apr. 28, 1737	L-6	161
Elijah, [s. Elijah & Hepsebeth], b. May 28, 1742	L-6	161
Elijah, Jr., s. Elijah & Hepzibah, d. Mar. 31, 1766	1	64
Elijah, d. Aug. 6, 1771	1	64
Elijah, s. Jedediah & Tabitha, b. Aug. 29, 1780; d. Sept. 20, 1780	1	115
Elijah, s. Jedediah & Tabitha, b. Oct. 1, 1781	1	115
Elisha, [s. Samuel, Jr. & Aless], b. Nov. 27, 1739	L-2	234
Elisha, s. Elijah & Mehepsebeth, b. Apr. 3, 1762	L-6	161
Elisha, s. Daniel & Jerusha, b. Feb. 3, 1766	1	147
Elisha, s. Darius & Elizabeth, b. May 16, 1777	1	167
Elisha, s. John & Rebeckah, b. Feb. 25, 1781	1	156
Eliza, m. Silas **WOOD**, b. of Lyme, Mar. 29, 1829, by Josiah Hawes	2	233
Elizabeth, [d. Joseph], b. Sept. 9, 1669. (Arnold Copy gives the name "Elizabeth Eseeck". See N.E. Register for correction)	L-1	17
Elizabeth, [d. Joseph & Sarah], b. Sept. 9, 1669	L-2	129
Elizabeth, w. Deac. [William], d. Dec. 5, 1683	L-1	17
Elizabeth, w. Deac. [William], d. Dec. 5, 1683	L-2	129
Elizabeth, m. Samuell **PRAT[T]**, Dec. [ ], 1686	L-1	17
Elizabeth, m. Samuell **PRATE**, Dec. 8, 1686	L-2	129
Elizabeth, d. Samuel, b. Apr. 26, 1702	L-2	129
Elizabeth, d. Samuel, d. Jan. 15, 1704/5	L-2	129
Elizabeth, [d. Samuel], b. May 14, 1705	L-2	129
Elizabeth, m. Richard **ELY**, Jr., Jan. 23, 1724	L-2	223
Elizabeth, w. Samuel, d. Aug. 29, 1731	L-2	129
Elizabeth, d. William & Jemima, b. Dec. 10, 1736	1	42
Elizabeth, [d. Benjamin & Sarah], b. Mar. 21, 1743/4	L-2	245
Elizabeth, d. William, late of Lyme, decd., m. Joseph **BURTT**, Nov. 4, 1753, by Rev. George Beckwith	1	135
Elizabeth, d. Elijah & Mehepsebeth, b. May 14, 1758; d. Apr. 20,		

PECK, PEECK, (cont.)

	Vol.	Page
1759	L-6	161
Elizabeth, d. Elijah & Mehepsebeth, b. June 5, 1760	L-6	161
Elizabeth, d. Darius & Elizabeth, b. Dec. 10, 1761	1	167
Elizabeth, d. David & Abigail, b. May 1, 1770	1	82
Elizabeth, d. Jasper & Phebe, b. Oct. 21, 1780	1	113
Elizabeth, m. Stephen **MATHER**, b. of Lyme, Sept. 5, 1782, by Rev. Stephen Johnson	1	163
Elizabeth, m. James **HUNTLEY**, b. of Lyme, Feb. 15, 1784, by Rev. Stephen Johnson	1	92
Elizabeth, m. Shadrach **GILLES**, b. of Lyme, Nov. 27, 1792	2	39
Elizabeth, m. James **GILLET**, Nov. 29, 1798, by Lothrop Rockwell	2	74
Elizabeth, [w. Stephen], d. Nov. 7, 1803	2	73
Esther, d. Benjamin & Sarah, b. Oct. 30, 1756	L-2	245
Esther, d. Mather & Esther, b. Oct. 17, 1778	1	149
Esther, w. Mather, d. Sept. 1, 1786	1	149
Esther, m. Giles **TIFFANY**, Oct. 25, 1790	2	4
Ezekiel, s. Dan[ie]ll & Jerusha, b. Dec. 11, 1773	1	147
Ezra, s. David & Abigail, b. Jan. 11, 1747/8	1	82
Ezra, m. Eunice **CLARK**, May [ ], 1808	2	110
Ezra M., d. Sept. 5, 1839, ae 55, in New York City	2	110
Ezra Miller, s. Joseph & Sarah, b. July 4, 1784	1	22
Fanny, d. Joseph & Sarah, b. Apr. 6, 1795	1	22
Frankling, s. Will[ia]m & Judeth, b. Aug. 3, 1781	1	173
George, s. [Reynold & Deborah], b. Mar. 26, 1780	1	86
George R., m. Elizabeth S. **LEE**, b. of Lyme, Jan. 12, 1825, by Rev. Seth Lee	2	174
Han, [child of Joseph, Jr.], b. Mar. 10, 1712	L-2	366
Hananiah, s. David & Abigail, b. Nov. 14, 1758	1	82
Han[n]ah, [d. Joseph], b. Sept. 14, 1674 (Arnold Copy gives name "Hanah Eseeck". See N.E. Register for correction)	L-1	17
Han[n]ah, [d. Joseph & Sarah], b. Sept. 14, 1674	L-2	129
Han[n]ah, m. Thomas **ANDRUESON**, June 25, 1696	L-2	129
Hannah, m. William **CLERK**, Nov. 30, 1731	L-2	281
Hannah, d. Reynold & Deborah, b. Apr. 13, 1767	1	86
Hannah, b. Apr. 13, 1767, m. Allen **SMITH**, Nov. 22, 1786	2	65
Hannah, m. Silas **ROBBINS**, Dec. 13, 1781	2	49
Hannah, wid., m. Joseph **WAIT**, Oct. 19, 1790	1	8
Harriet E., [d. Eleazer C. & Eunice H.], b. Apr. 27, 1849	3	120
Hepzibah, m. Peter **LAY**, b. of Lyme, June 13, 1765, by Rev. Stephen Johnson	1	115
Hepzibah, m. John **MATHER**, Jr., May 7, 1768, by Sam[ue]l Ely, J.P.	1	140
Hepzibah, w. Elijah, d. Oct. 9, 1770	1	64
Hepzibah, d. Jedediah & Tabitha, b. Jan. 21, 1774	1	115
Horace E., s. [Ezra & Eunice], b. May 3, 1813	2	110
Hulda[h], d. Darius & Elizabeth, b. Aug. 31, 1772	1	167
Jane, m. Benjamin **HIGGINS**, b. of Lyme, Nov. 20, 1777, by Rev. Stephen Johnson. Recorded May 17, 1780	1	39
Jasper, [s. Joseph, Jr.], b. Feb. 3, 1707/8	L-2	366

	Vol.	Page

PECK, PEECK, (cont.)

	Vol.	Page
Jasper, m. Sarah **CLARK**, Nov. 24, 1731	L-2	219
Jasper, [s. Jasper & Sarah], b. Jan. 22, 1739/40	L-2	219
Jasper, Jr., m. Phebe **DORR**, Feb. last day, 1765	1	113
Jasper, s. Jasper & Phebe, b. Aug. 5, 1769	1	113
Jasper had servant Ansell, b. Oct. 1, 1792; Prince, b. Jan. 1, 1797	1	111
Jedidiah, m. Tabatha **PERSON**, May 16, 1739, in Westerly, by John Maxson, Elder, of Westerly	L-6	273
Jedediah, s. Elijah & Mehepsebeth, b. Jan. 28, 1747/8	L-6	161
Jedediah, of Lyme, m. Tabitha **ELY**, of [Lyme], Nov. 5, 1772, by Rev. George Beckwith	1	115
Jedediah, s. Jedediah & Tabitha, b. May 19, 1788	1	115
Jemima, wid., m. John **BANNING**, Jr., May 22, 1744	1	42
Jerusha, d. Daniel & Jerusha, b. Jan. 1, 1768	1	147
Jerusha, d. Mather & Azubah, b. June 1, 1791	1	149
Jesse, s. Mather & Azubah, b. Feb. 6, 1794	1	149
John, Jr., m. Rebeckah **SMITH**, b. of Lyme, Nov. 3, 1774, by Rev. Stephen Johnson	1	156
John, s. John & Rebeckah, b. Aug. 8, 1787	1	156
John Moore, s. Darius & Elizabeth, b. Feb. 1, 1779	1	167
John Sears, s. Reynold & Deborah, b. May 13, 1769	1	86
Joseph, b. [ ], 1641; m. Sarah [ ], who was b. 1636	L-2	129
Joseph, [s. Joseph], b. Mar. 12, 1667 (Arnold Copy gives name "Joseph Eseeck". See N.E. Register for correction	L-1	17
Joseph, [s. Joseph & Sarah], b. Mar. 12, 1667; d. Oct. 20, 1677	L-2	129
Joseph, [s. Deac. William & Elizabeth], d. Oct. 10, 1677	L-1	17
Joseph, [s. Deac. William & Elizabeth], b. Mar. 20, 1680	L-1	17
Joseph, [s. Joseph & Sarah], b. Mar. 20, 1680	L-2	129
Joseph, m. Susan[n]a, Oct. 3, 1704	L-2	129
Joseph, gd. s. [Deac. William?], b. Aug. 13, 1705	L-2	129
Joseph, s. Joseph, [Jr.], b. Aug. 13, 1705	L-2	366
Joseph, s. [Nathaniel &Lucy], b. Feb. 4, 1744/5	1	19
Joseph, s. David & Abigail, b. June 10, 1756	1	82
Joseph, s. Mather & Esther, b. Apr. 26, 1776	1	149
Joseph, m. Sarah **MILLER**, b. of Lyme, Dec. 21, 1780, by Rev. Stephen Johnson	1	22
Joseph, s. Joseph & Sarah, b. July 23, 1790	1	22
Joseph, 3d, m. Ann **GILBERT**, b. of Lyme, June 14, 1824, by Lothrop Rockwell, Clerk	2	165
Joshua W., [s. Eleazer C. & Eunice H.], b. Feb. 8, 1846	3	120
Judeth, m. John **SEARS**, b. of Lyme, Jan. 24, 1760, by Rev. Stephen Johnson	1	104
Judeth, d. Will[ia]m & Judeth, b. Dec. 6, 1782	1	173
Laruamy, d. William & Jemima, b. July 12, 1738	1	42
Lebbeus, m. Lydia **LEE**, b. of Lyme, June 17, 1784	1	171
Lee, s. Benjamin & Sarah, b. July 1, 1752	L-2	245
Lee, m. Elizabeth **MARVIN**, b. of Lyme, Aug. 18, 1774, by George Beckwith, Clerk	1	156
Lemuel, s. Dan & Lovina, b. Oct. 29, 1787; d. June 17, 1788	1	93
Lot, m. Polly **KENT**, b. of Lyme, May 13, 1787, by Rev. Daniel Minor	1	148

PECK, PEECK, (cont.)

	Vol.	Page
Louisa M., m. Benajah P. **BILL**, b. of Lyme, Sept. 17, 1850, by Rev. Oliver Brown	3	223
Lovice, m. Dan **HUNTLEY**, Feb. 15, 1780	2	66
Lucy, d. Mather & Esther, b. May 5, 1772	1	149
Lucy, d. John & Rebeckah, b. Aug. 10, 1778	1	156
Lucy, m. John **LEE**, Sept. 22, 1783	1	63
Lucy, m. Alfred **LESTER**, b. of [Lyme], Mar. 29, 1835, by Rev. Harvey Bushnell	3	32
Lucy Burnham, d. [Capt. Matthew & Lois], b. Jan. 11, 1814	2	85
Luther, s. Elijah & Mehepsebeth, b. Mar. 20, 1752	L-6	161
Luther, s. Elijah & Hepzibah, d. Aug. 27, 1771	1	64
Maria E., d. [Ezra & Eunice], b. Aug. 13, 1818	2	110
Maria E., m. William W.J. **WARREN**, b. of [Lyme], Nov. 2, 1841, by Rev. D.S. Brainard	3	118
Martha, d. Samuel & Martha, b. June 4, 1733	L-2	129
Martha, wid., m. Peter **PERSON**, Jan. [ ], 1735/6	L-2	9
Martha, m. Ammi **ELY**, b. of Lyme, Mar. 28, 1754, by Rev. George Beckwith	1	119
Martin, s. Darius & Elizabeth, b. Oct. 8, 1759	1	167
Marvin A., m. Frederick L.C. **BROCKWAY**, b. of Lyme, Apr. 9, 1848, by Rev. Oliver Brown	3	212
Mary, [d. Elijah & Hepsebeth], b. May 14, 1738; d. Mar. 18, 1739	L-6	161
Mary, m. Martin **TINKER**, b. of Lyme, Nov. 2, 1769, by Rev. Stephen Johnson	1	58
Mary Coult, d. Mather & Esther, b. Mar. 12, 1774	1	149
Mary H., m. Joel **MINER**, b. of Lyme, Nov. 23, 1840, by Rev. Chester Colton	3	107
Mary Haines, d. [Capt. Matthew & Lois], b. June 26, 1811	2	85
Mather, m. Esther **COULT**, b. of Lyme, Apr. 25, 1771, by Rev. Stephen Johnson	1	149
Mather, s. Mather & Esther, b. Jan. 12, 1786	1	149
Mather, m. Rhuhama **HOWELL**, Nov. 19, 1786	1	149
Mather, m. Azubah **WATROUS**, Aug. 5, 1790	1	149
Matthew, s. Jasper & Phebe, b. June 4, 1783	1	113
Matthew, Capt., m. Lois **HALL**, Sept. 18, 1808	2	85
Mehetable, [d. Benjamin & Sarah], b. Jan. 12, 1737/8	L-2	245
Mehetable, d. Elijah & Mehepsebeth, b. Mar. 2, 1745	L-6	161
Mehetable, of Lyme, m. Thomas **LEE**, of Lyme, July 14, 1757	1	79
Mehetable, m. Daniel **HALL**, b. of Lyme, Aug. 13, 1767, by Rev. Stephen Johnson	1	27
Mehetable, m. Nath[anie]l **CLARK**, May 28, 1800	2	112
Mirian, d. Mather & Esther, b. Sept. 9, 1783	1	149
Mishail, s. David & Abigail, b. June 6, 1761	1	82
Nath[anie]ll, [s. Jasper & Sarah], b. Mar. 11, 1735	L-2	219
Nathaniel, m. Lucy **MATHER**, May 24, 1744	1	19
Nath[anie]ll, s. Rich[ar]d & Elizabeth, b. Jan. 24, 1784	1	62
Nathaniel, s. [William & Judeth], b. Oct. 14, 1787	1	173
Nathaniel, s. Abner & Caroline, b. Sept. 28, 1788	1	116
Nathaniel, s. Lot & Polly, b. May 15, 1791; d. Jan. 31, 1794	1	148
Nathaniel, s. [Lot & Polly], b. Oct. 19, 1795	1	148

	Vol.	Page

PECK, PEECK, (cont.)

	Vol.	Page
Oliver, s. Jasper, Jr. & Phebe, b. July 20, 1774	1	113
Oliver, Capt., m. Amy **LEE**, b. of Lyme, Aug. 29, 1797	2	53
Oliver, s. Oliver & Amy, b. Nov. 12, 1798	2	53
Or[r]in M. [s. Eleazer C. & Eunice H.], b. May 22, 1844	3	120
Orrin Miller, s. [Ezra & Eunice], b. May 8, 1821; d. Mar. 21, 1848, ae 26, at Charleston, S.C.	2	110
Palmer, s. Jasper & Phebe, b. Dec. 18, 1765; d. May 5, 1768	1	113
Palmer, s. Jasper & Phebe, b. Mar. 27, 1768	1	113
Parnel, d. Elijah & Mehepsebeth, b. May 13, 1754	L-6	161
Parnall, m. Roswell **CLARK**, b. of Lyme, May 9, 1771, by Rev. Stephen Johnson	1	155
Peter, [s. Elijah & Hepsebeth], b. Feb. 1, 1739/40; d. June 3, 1741	L-6	161
Peter, [s. Elijah & Hepsebeth], b. Mar. 22, 1744	L-6	161
Peter, s. Elijah & Hepzibah, d. Aug. 6, 1771	1	64
Peter, s. Jedediah & Tabitha, b. Nov. 12, 1783	1	115
Phebe, m. Enoch **REED**, b. of Lyme, Jan. 7, 1762, by Rev. Stephen Johnson	1	133
Phebe, d. Jasper, Jr. & Phebe, b. Aug. 28, 1778	1	113
Pheby, d. Joseph & Sarah, b. July 26, 1781; d. ae 7 wks.	1	22
Phebe Dorr, d. [Capt. Matthew & Lois], b. Oct. 1, 1809	2	85
Polly, d. Jedediah & Tabitha, b. Nov. 6, 1776	1	115
Polly, d. Lebbeus & Lydia, b. Feb. 4, 1787	1	171
Polly, d. Dan & Lovina, b. June 15, 1801	1	93
Polly, m. David **CAULKINS**, Jan. 1, 1806	2	88
Re[y]nold, [s. Jasper & Sarah], b. Mar. 8, 1742	L-2	219
Reynold, m. Deborah **BECKWITH**, Mar. 8, 1764	1	86
Reynolds Marvin, s. [William & Judeth], b. Mar. 21, 1780	1	173
Richard, m. Elizabeth **MATHER**, b. of Lyme, Mar. 13, 1783, by Rev. Stephen Johnson	1	62
Richard, s. Rich[ar]d & Elizabeth, b. Feb. 5, 1786	1	62
Richard Sears, s. Jasper & Phebe, b. Sept. 22, 1784	1	113
Rhuhamah, d. [Mather & Azubah], b. July 12, 1800	1	149
Ruth, [d. Deac. William & Elizabeth], b. Aug. 19, 1676	L-1	17
Ruth, [d. Joseph & Sarah], b. Aug. 19, 1676	L-2	129
Ruth, m. Jasper **GRIFFEN**, Apr. 29, 1696	L-2	129
Ruth, d. Dan[ie]ll & Jerusha, b. Sept. 19, 1771	1	147
Sally, d. [Reynold & Deborah], b. Aug. 27, 1786	1	86
Sally, m. Nathan **BOON**, June 10, 1795	2	34
Samuel, [s. Deac. William & Elizabeth], b. July 29, 1678	L-1	17
Samuel, [s. Joseph & Sarah], b. July 29, 1678	L-2	129
Samuell, m. Elizabeth **LEE**, Dec. 28, 1699	L-2	129
Samuel, [s. Samuel], b. July 12, 1707	L-2	129
Samuel, Jr., m. Aless **WAY**, Nov. 7, 1728	L-2	234
Samuell, s. [Samuel, Jr. & Aless], b. Sept. 7, 1729	L-2	234
Samuel, m. Wid. Martha **BARBER**, of Killingworth, Jan. 25, 1731/2; d. June 28, 1734/5	L-2	129
Samuel, of Lyme, m. Lucretia **INGRAHAM**, wid. of Francis, of Lyme, Oct. 18, 1781, by Rev. Daniel Minor	1	43
Samuel, m. Lucretia **INGRAHAM**, wid. Francis, Oct. 18, 1781	1	158
Samuel Giles, s. David & Abigail, b. Oct. 25, 1746	1	82

	Vol.	Page

PECK, PEECK, (cont.)

	Vol.	Page
Sarah, d. [Joseph], b. Aug. 4, 1663 (Arnold Copy gives name Sarah Eseeck. See N.E. Register for correction)	L-1	17
Sarah, [d. Joseph & Sarah], b. Aug. 4, 1663	L-2	129
Sarah, m. Mat[t]hew **GILBERT**, May 2, 1684	L-1	17
Sarah, m. Mat[t]hew **GILBERT**, May 2, 1684	L-2	129
Sarah, [d. Joseph, Jr.], b. Mar. 17, 1709/10	L-2	366
Sarah, d. Benjamin & Sarah, b. Feb. 21, 1750; d. Apr. 14, 1775	L-2	245
Sarah, m. Henry **CHAMPION**, Jr., b. of Lyme, Dec. 19, 1751, by Rev. Stephen Johnson	1	76
Sarah Clark, d. [Jasper & Sarah], b. Dec. 24, 1732	L-2	219
Sarah E., [d. Eleazer C. & Eunice H.], b. Apr. 4, 1851	3	120
Seth, s. John & Rebeckah, b. [ ]	1	156
Seth M., m. Sarah **PIERSON**, b. of Lyme, Sept. 1, 1824, by Josiah Hawes	2	171
Silas, m. Elizabeth **CALKINS**, Nov. 3, 1746	1	35
Silas, s. Dan & Lovina, b. May 8, 1789	1	93
Simeon, s. Darius & Elizabeth, b. Jan. 31, 1766	1	167
Stephen, s. John & Rebeckah, b. Dec. 20, 1775	1	156
Stephen, s. Lot & Perry, b. June 5, 1789	1	148
Stephen, m. Elizabeth **JOHNSON**, Aug. 23, 1801	2	73
Susanna, d. Jasper & Sarah, b. Aug. 11, 1744	L-2	219
Thomas, s. Reynold & Deborah, b. May 23, 1774	1	86
Thomas B., m. Hepzibah S. **TOOKER**, b. of [N. Lyme], [Sept.] 16, [1850], by James Noyes	3	224
Thomas J., m. Loura S. **HUNTLEY**, b. of Lyme, [Mar.] 29, [1853], by Rev. D.S. Brainard	3	246
Timothy, s. Darius & Elizabeth, b. Aug. 15, 1779	1	167
Timothy H., m. Irene E. **GILLETT**, b. of Lyme, Sept. 30, 1845, by Rev. Oliver Brown	3	162
Watrous, s. Reynold & Deborah, b. Apr. 14, 1777	1	86
William, Deac., d. Oct. 4, 1694, ae 93 y	L-1	17
William, Deac., d. Oct. 4, 1694, ae 93 y	L-2	129
William, [s. Samuel], b. the last of Aug. 1709	L-2	129
William, m. Jemimah **MARVIN**, Jan. 25, 1731/2	L-2	126
William, s. William & Jemima, b. Feb. 11, 1740	1	42
William, s. William, decd., d. Apr. 20, 1749	1	42
William, s. Elijah & Mehepsebeth, b. Mar. 22, 1750	L-6	161
William, s. David & Abigail, b. Jan. 6, 1754	1	82
William, s. Elijah & Hepzibah, d. July 13, 1771	1	64
William, s. Darius & Elizabeth, b. July 18, 1774	1	167
William, s. Joseph & Sarah, b. Oct. 16, 1792; d. Sept. 3, 1794	1	22
William, m. Eliza **WOOD**, b. of Lyme, Dec. 29, 1833, by Josiah Hawes	3	16
William, m. Judeth **MARVIN**, [ ]	1	173
W[illia]m K.C., s. [Ezra & Eunice], b. Mar. 13, 1807; d. June 17, 1846, ae 37, at Rising Sun, Indiana	2	110

PECKHAM, Experience, of Westerly, R.I., m. James T. **JOSLIN**, of

	Vol.	Page
Ruth, N.Y., Apr. 21, 1851, by Rev. Thomas Barber	3	229
Gardiner C., m. Caroline M. **RAND**, b. of Lyme, July 3, 1853, by Rev. Lewis Pennell	3	247

	Vol.	Page
PECKHAM, (cont.)		
Timothy, Jr., of South Kingstown, R.I., m. Harriet **RAND**, of Lyme, Oct. 17, 1831, by Rich[ar]d E. Selden, Jr., J.P.	2	264
Timothy, of South Kingston, R.I., m. Harriet **RAND**, of Lyme, Oct. 17, 1831, by Richard E. Selden, Jr., J.P.	3	65
PENDAL, Mehetable, of Bolton, m. Moses **TRIM**, of Lyme, Nov. 15, 1737, by John Bissell, J.P.	L-6	148
PEREGO, PEREGOE, PERREGO, Abagall, [d. Robert & Marah], b. July 21, 1681	L-1	58
Anna, [d. Robert & Marah], b. Mar. 31, 1674	L-1	58
Elizabeth, [d. Robert & Marah], b. Oct. 30, 1683	L-1	58
Mary, [d. Robert & Marah], b. Apr. 1, 1677	L-1	58
Norman, of Windham, m. Ann **TUCKER**, of Lyme, Nov. 5, 1848, by Rev. Joseph B. Damon	3	204
Robert, d. Apr. 18, 1683	L-1	58
PERKINS, Abigail, d. Abraham & Elizabeth, b. Feb. 5, 1752; d. Dec. [ ], 1764	1	134
Abigail, d. Abraham & Elizabeth, b. Mar. 27, 1764; d. Aug. 18, 1764	1	134
Abijah, s. James & Margaret, b. Oct. 2, 1743	1	34
Abraham, m. Elizabeth **ELY**, Feb. 28, 1739, by Rev. George Beckwith	1	134
Abraham, s. Abraham & Elizabeth, b. Aug. 7, 1745	1	134
Austin F., m. Mary M. **WAY**, b. of Lyme, Nov. 26, 1833, by Rev. Frederick Wightman	3	13
Benjamin, s. Abraham & Elizabeth, b. June 10, 1762	1	134
Betsey, m. Charles **ELY**, b. of Lyme, Dec. 22, 1796, by David Higgins, V.D.M.	2	40
Dan[ie]ll, s. Abraham & Elizabeth, b. Jan. 15, 1750	1	134
Daniel Champion, s. [John & Hester], b. Oct. 30, 1788	1	131
David, m. Eunice **ROGERS**, Feb. 1, 1797, by Elder Jason Lee	2	38
Eliza Ann, m. William H. **JOHNSON**, b. of Lyme, Jan. 5, 1829, by Josiah Hawes	2	226
Elizabeth, d. James & Margaret, b. Oct. 14, 1737	1	34
Elizabeth, m. William **ELY**, Jr., Nov. 2, 1737	1	32
Elizabeth, d. Abraham & Elizabeth, b. Jan. 4, 1748	1	134
Elizabeth, of Lyme, m. Samuel **STARLIN**, of Lyme, Dec. 2, 1756, by Rev. George Beckwith	1	91
Elizabeth, m. Frederick **MATHER**, b. of Lyme, Oct. 16, 1765	1	75
Elizabeth, m. Frederick **MATHER**, b. of Lyme, Oct. 16, 1765, by Rev. George Beckwith	1	135
Elizabeth, d. John & Esther, b. Dec. 9, 1777	1	131
Elizabeth, w. Abraham, d. [ ]	1	134
Esther, d. John & Esther, b. Jan. 9, 1769	1	131
Francis, s. Abraham & Elizabeth, b. Dec. 14, 1741	1	134
Hannah, d. James & Margaret, b. Aug. 7, 1751; d. Mar. 9, 1752	1	34
Hannah, d. James & Margaret, b. Mar. 21, 1753	1	34
Henry, of New London, m. Mary Shaw **WOODBRIDGE**, of Lyme, Jan. 2, 1810, by Rev. David Huntington	2	91
Isaac, s. James & Margaret, b. June 14, 1749	1	34
James, Jr., s. James & Margaret, b. Feb. 1, 1734/5	1	34

	Vol.	Page
PERKINS, (cont.)		
James, s. James & Margaret, d. Nov. 19, 1760	1	34
John, s. James & Margaret, b. Dec. 1, 1741	1	34
John, m. Hester **AYER**, Dec. 11, 1766, by Rev. George Beckwith	1	131
John Ayer, s. John & Esther, b. Sept. 8, 1774	1	131
Joseph, s. Abraham & Elizabeth, b. May 18, 1760	1	134
Joseph, s. [Samuel & Polly], b. Aug. 7, 1783; d. Mar. 10, 1786	2	29
Joseph, m. Patience **HAYES**, b. of Lyme, Oct. 2, 1783, by Sam[ue]ll Ely. Witness: Jasper P. Sears, William Baker	1	58
Lucretia, d. [Samuel & Polly], b. Jan. 11, 1791; d. Feb. 24, 1791	2	29
Lucy, d. James & Margaret, b. Dec. 27, 1736	1	34
Lucy, d. John & Esther, b. Nov. 29, 1779	1	131
Lydia, d. James & Margaret, b. Aug. 26, 1756	1	34
Margaret, d. James & Margaret, b. June 5, 1745	1	34
Martha N., of Lyme, m. William **BINNIE**, of Springfield, Mass., [Feb.] 11, [1852], by Rev. D.S. Brainard	3	238
Polly, d. Sam[ue]l & Polly, b. Sept. 25, 1781; d. July 18, 1783	2	29
Polly, d. [Samuel & Polly], b. July 14, 1785	2	29
Rogers, s. Sam[ue]l & Polly, b. May 9, 1792	2	29
Ruth, d. James & Margaret, b. July 10, 1760	1	34
Ruth, d. John & Esther, b. Aug. 22, 1772	1	131
Samuel, s. Abraham & Elizabeth, b. Apr. 14, 1754	1	134
Samuel, m. Polly **JEWITT**, b. of Lyme, Dec. 18, 1780	2	29
Samuel, s. [Samuel & Polly], b. May 2, 1787	2	29
Sarah, d. James & Margaret, b. Sept. 1, 1747	1	34
Sarah, d. Abraham & Elizabeth, b. June 20, 1756	1	134
Sarah, m. Timothy **MARVIN**, b. of Lyme, May 30, 1765, by Rev. George Beckwith	1	149
Sarah D., of Lyme, m. John W. **PLATT**, of Milwaukee, Wis., Aug. 22, 1848, by Rev. D.S. Brainard	3	193
Sarah Douglass, d. [Henry & Mary Shaw], b. Dec. 2, 1812	2	91
Seth, s. James & Margaret, b. Sept. 18, 1754	1	34
Seth, s. John & Hester, b. Apr. 30, 1784	1	131
Sophia, d. [Samuel & Polly], b. Mar. 7, 1794	2	29
Stephen, s. James & Margaret, b. Aug. 6, 1739	1	34
Stephen, s. James & Margaret, d. Nov. 13, 1760	1	34
Stephen, s. John & Esther, b. Dec. 18, 1770; d. Apr. 18, 1771	1	131
William, s. Abraham & Elizabeth, b. Oct. 20, 1743	1	134
William J., of Lyme, m. Caroline E. **CHADWICK**, of E. Lyme, Nov. 9, 1851, by Rev. Thomas Barber	3	234
Zip[p]orah, d. [John & Hester], b. Aug. 16, 1786	1	131
PERSON, [see also **PARSONS**], Anna, d. Rich[ar]d & Mary Ann, b. Mar. 24, 1764	1	7
Anna, m. Luther **REIVES**, b. of Lyme, Jan. 31, 1795, by Seth Ely, J.P.	1	170
Elizabeth, d. [Richard & Mary Ann], b. Mar. 29, 1743/4	1	7
Hannah, of G[u]ilford, m. John **HUNTLEY**, Jr., July 22, 1741	1	15
Hephsabah, [d. Peter & Mary], b. May 1, 1719	L-2	9
Irene, [d. Peter & Mary], b. Aug. 24, 1732	L-2	9
Irena, of [Lyme], m. Benjamin **MATHER**, of Lyme, Aug. 16, 1753, by George Beckwith	1	73

	Vol.	Page
PERSON, (cont.)		
Lydia, [d. Peter & Lidia], b. Mar. 26, 1714	L-2	9
Lydia, d. Feb. ye last, 1716	L-2	9
Martha, wid. Peter, late of Lyme, d. Jan. 27, 1770	1	119
Mary, [d. Peter & Mary], b. Aug. 3, 1726	L-2	9
Mary, d. Richard & Mary Ann, b. Feb. 28, 1754	1	7
Mary, w. Peter, d. Apr. 25, [ ]	L-2	9
Mehetable, d. Richard & Mary Ann, b. Feb. 15, 1752	1	7
Mehetable, w. Sam[ue]ll, d. Sept. 9, 1759	L-6	288
Peter, m. Mary **LORD**, Sept. 20, 1716	L-2	9
Peter, [s. Peter & Mary], b. Mar. 29, 1724	L-2	9
Peter, m. Martha **PECK**, wid., Jan. [ ], 1735/6	L-2	9
Peter, s. Richard & Mary Ann, b. Oct. 23, 1756	1	7
Peter, m. Lidia [ ], the last, [ ]	L-2	9
Phebe, [d. Peter & Lidia], b. Mar. 2, 1709/10	L-2	9
Pheby, d. Rich[ar]d & Mary Ann, b. Dec. 14, 1745	1	7
Richard, [s. Peter & Mary], b. Dec. 9, 1717	L-2	9
Richard, m. Mary Ann **ELY**, May 9, 1743	1	7
Richard, s. Richard & Mary Ann, b. Mar. 25, 1749; d. Apr. 28, 1762	1	7
Samuel, [s. Peter & Lidia], b. Nov. 1, 1712	L-2	9
Sarah, d. Richard & Mary Anna, b. Dec. 1, 1747	1	7
Tabitha, [d. Peter & Mary], b. May 6, 1721	L-2	9
Tabatha, m. Jedidiah **PECK**, May 16, 1739, in Westerly, by John Maxson, Elder, of Westerly	L-6	273
William Ely, s. Rich[ar]d & Mary Anna, b. Nov. 4, 1758	1	7
PETER, Marah, [d. John], b. Feb. 18, 1679 (Perhaps Peterson)	L-1	46
PETERSON, PETTERSON, Henery, m. Marah [ ], Apr. 25, 1683	L-1	83
Marah, [d. John], b. Feb. 18, 1679 (Perhaps Peter)	L-1	46
Sarah, [d. Henery & Marah], b. Oct. 20, 1686	L-1	83
Sarah, m. Henry **CHAMPION**, July 11, 1708	L-2	440
PHELPS, Benjamin, s. John Clemment, b. Mar. 6, 1775	1	93
Benjamin, m. Rachel **WAID**, b. of Lyme, Apr. 7, 1824, by Charles Smith, J.P.	2	164
Betsey, d. Nathan & Jerusha, b. Apr. 7, 1779	1	140
Charles, s. John, b. Jan. 22, 1738/9	L-2	73
Charles, s. John, b. Jan. 22, 1738/9	1	11
David, m. Nancy **MILLER**, b. of Lyme, Aug. 11, 1822, by Rev. George W. Appleton	2	147
David L., of Saybrook, m. Delia M. **SLATE**, of Lyme, Sept. 30, 1849, by Rev. Simon Shailer, of Haddam	3	203
Phannie, d. Nathan & Jerusha, b. Nov. 1, 1783	1	140
George Washington, of East Haddam, m. Sally **REED**, of Lyme, Apr. 14, 1830, by Rev. Chester Colton	2	241
Huldah, of Lyme, m. Simon **BAILEY**, of Haddam, Jan. 14, 1823, by Charles Smith, J.P.	2	152
Jerusha, d. Nathan & Jerusha, b. Nov. 15, 1780	1	140
John, m. Dorothy **RATHBUN**, Nov. 10, 1737	L-7	73
John, m. Dorithy **RATHBUN**, Nov. 10, 1737	1	11
John, s. John Clemment, b. Dec. 5, 1777	1	93

	Vol.	Page
PHELPS, (cont.)		
Joseph, s. Nathan & Jerusha, b. July 31, 1775	1	140
Nancy, m. Horace **WAY**, b. of Lyme, Sept. 23, 1845, by Rev. Oliver Brown	3	162
Nathan, m. Jerusha **WADE**, b. of Lyme, Nov. 4, 1773, by Grindall Rawson, Clerk, East Haddam	1	140
Parnal, m. Gurdon **ELY**, July 30, 1783, by Ezra Selden, J.P.	1	168
Phebe, d. Nathan & Jerusha, b. Oct. 19, 1773	1	140
Rebeckah, d. Nathan & Jerusha, b. June 2, 1777	1	140
Sally, of Lyme, m. Jesse **STANNARD**, of Saybrook, Apr. 25, 1827, by Charles Smith, J.P.	2	206
PHILLIPS, Ruth, of Waterford, m. William H. **COBB**, of Lyme, Aug. 29, 1841, by Rev. D.S. Brainard	3	115
PICKETT, Mary, wid. of New London, m. Capt. Stephen **LEE**, of Lyme, Jan. 25, 1742/3	L-7	345
PICKLES, Lorain, of Killingworth, m. W[illia]m **HUNTLEY**, of Lyme, Dec. 9, 1827, by Rich[ar]d E. Selden, Jr., J.P.	2	212
PIER, Han[n]ah, b. Feb. 16, 1683 (D. of Thomas. See N.E. Reg.)	L-1	46
Marry, b. May 18, 1682 (D. of Thomas. See N.E. Reg.)	L-1	46
Sarah, b. Aug. 25, 1678 (D. of Thomas. See N.E. Reg.)	L-1	46
Thomas, b. Mar. 16, 1689 (S. of Thomas. See N.E. Reg.)	L-1	46
PIERPONT, Samuel, Rev., d. Mar. 15, 1722/3	L-2	125
PIERSON, [see also **PEARSON**], Abijah, m. Meranda **HUNTLEY**, b. of Lyme, Nov. 13, 1825, at Mr. Silas Huntley's, by Rev. Seth Lee	2	192
Mary Ann, of Lyme, m. George N. **SMITH**, of Lyme, Dec. 5, 1853, by Rev. Jacob Gardner	3	249
Peter, m. Betsey **RUSSELL**, b. of Lyme, Nov. 16, 1847, by Rev. Samuel Griswold	3	186
Phebe, m. Amos C. **MAXON**, [Feb.] 7, 1850, by Rev. D.S. Brainard	3	214
Sarah, m. Seth M. **PECK**, b. of Lyme, Sept. 1, 1824, by Josiah Hawes	2	171
PIKE, Abiga[i]l, [d. William], b. May 14, 1683; d. May 26, 1683	L-1	113
Abegail, [d. William & Abbigall], b. May 3, 1690	L-1	113
Abegall, m. Henry **BE[NN]IT**, Jr., Apr. 15, 1713	L-2	51
Daniell, [s. William & Abbigall], b. Oct. 5, 1687	L-1	113
John, [s. William & Abbigall], b. Sept. 9, 1686	L-1	113
John, [s. William & Abbigall], d. Oct. 25, 1686	L-1	113
William, m. Abbigall **COMSTOCK**, June 24, 1679	L-1	113
William, [s. William & Abbigall], b. Sept. 9, 1684	L-1	113
PILGRIM, PILGRAIM, Adaline, of Lyme, m. John C. **WOODSTOCK**, of Killingworth, Oct. 15, 1837, by Rev. Chester Colton	3	74
Benjamin, s. Thomas & Dorcas, b. Feb. 5, 1802	2	64
Charles, of New York, m. Mary **JAMES**, of Lyme, July 18, 1824, by Rev. Nathan Wildman	2	169
Fanny, of Lyme, m. Edward Josephus **OSBORN**, of Saybrook, Dec. 27, 1835, by Rev. George Carrington, of Hadlyme	3	49
Frances A., m. Samuel S. **AL[L]ISON**, b. of Middletown, Oct. 27, 1833, by Rev. Chester Colton	3	13

	Vol.	Page

PILGRIM, PILGRAIM, (cont.)
- James, m. Frances **HUGHES**, b. of Lyme, Apr. 7, 1846, by Amos D. Watrous — 3 — 166
- Lydia, d. [Thomas & Dorcas], b. Nov. 5, 1803 — 2 — 64
- Mehetabel, of Lyme, m. A.W. **RICHARDSON**, of New York, Sept. 17, 1843, by Rev. P. Brockett — 3 — 141
- Sophia, m. Lewis **EMERSON**, b. of Lyme, Aug. 16, 1835, by Rev. George Carrington, of Hadlyme — 3 — 38
- Thomas, m. Dorcas **RANSOM**, May 31, 1801 — 2 — 64
- Thomas J., s. [Thomas & Dorcas], b. Nov. 19, 1805 — 2 — 64

PLATT, John W., of Milwaukee, Wis., m. Sarah D. **PERKINS**, of Lyme, Aug. 22, 1848, by Rev. D.S. Brainard — 3 — 193

POLLY, Amos, s. Amos, b. July 1, 1787 — 2 — 23

POOL[E], Ellen L., of Salem, m. Giles S. **MORGAN**, of Lyme, June 18, 1854, by E.F. Burr — 3 — 257

PORTER, Edward, Rev., m. Dolly **GLEASON**, b. of Farmington, Nov. 26, 17[ ] — 2 — 12
- Francis A., of Waterford, m. Harriet **MELONEY**, of Lyme, Sept. 4, 1837, by Rev. Frederick Wightman — 3 — 63

POST, Ezra Jones, m. Charlotte **RUST**, Sept. 26, 1849, by Rev. Sylvester Nash, of Essex, Ct. — 3 — 203
- Nancy F., m. William **BROCKWAY**, Dec. 15, 1830, by Josiah Hawes — 2 — 248

POWERS, Eunice, m. Gurdon **AVERY**, Jan. 1, 1792 — 2 — 32
- Hammond, of Saybrook, m. Clarissa **LEWIS**, of Lyme, Dec. 15, 1828, by Rev. Abel McEwen, of New London — 2 — 224

PRATT, PRAT, Abigail, of Colchester, m. John **STARLING**, of Lyme, Nov. [ ], 1727 — 1 — 21
- Almas, of Deep River, m. Sally A. **COLLINS**, of Lyme, Oct. 11, 1829, by Rev. Chester Colton — 2 — 238
- Daniel, b. Jan. [ ], 1687 — L-1 — 17
- Desire, m. Joseph **COULT**, Mar. 11, 1756, by Samuel Ely, J.P., of Saybrook — 1 — 95
- Elisha, m. Luranna **ROBBINS**, Nov. 7, 1821, by Josiah Hawes — 2 — 139
- Elizabeth, d. [Petter & Mehitable], b. July 24, 1711 — L-2 — 375
- Henry G., of Saybrook, m. Caroline E. **BROADWAY***, of Lyme, Oct. 30, 1838, by Rev. Erastus Denison (Perhaps Brockway?) — 3 — 89
- James, m. Nancy **JONES**, b. of Saybrook, June 17, 1826, by Charles Smith, J.P. — 2 — 194
- Mehetable, d. [Petter & Mehitable], b. Oct. 3, 1712 — L-2 — 375
- Petter, m. Elizabeth **GRISWOLD**, divorced from John Rogers, Aug. 5, 1679 — L-1 — 63
- Petter, d. Mar. 24, 1688 — L-1 — 63
- Petter, d. Mar. 24, 1688 — L-1 — 137
- Petter, m. Mehitable, Sept. 7, 1709 — L-2 — 375
- Prudence, m. William **BROCKWAY**, Jr., Oct. 3, 1716 — L-2 — 2
- Samuell, m. Elizabeth **PECK**, Dec. [ ], 1686 — L-1 — 17
- Samuell, m. Elizabeth **PECK**, Dec. 8, 1686 — L-2 — 129
- Sarah, m. Isa[a]ck **WATTERAS**, Apr. 20, 1671, by Mr. Chapman — L-1 — 65

	Vol.	Page

PRATT, PRAT, (cont.)
    Timothy, of Saybrook, m. Nancy **SAUNDERS**, of Lyme, Dec. 27,
        1829, by Richard E. Selden, Jr., J.P.   2   239

PRENTICE, Chauncey, m. Caroline **LATHAM**, b. of Lyme, Oct. 18,
        1835, by Rev. Herman S. Vaill   3   44

    Daniel, m. Lucretia **SMITH**, b. of Waterford, Dec. 29, 1823, by
        J.R. St.John   2   178

    Stephen, of East Lyme, m. Mary **CLARK**, of Lyme, Sept. 25,
        1842, by Rev. D.S. Brainard   3   130

    Thomas F., of Waterford, m. Mariette **DWYER**, of E. Lyme, Dec.
        31, 1848, by Rev. Marvin Leffingwell   3   195

PRESTON, Rachel, d. James & Anna, b. Nov. 10, 1748   1   38

PRINCE, Eunice, of New London, m. Andrew **GRISWOLD**, of Lyme,
    Mar. 31, 1768, by Rev. David Jewitt, of New London   1   138

PRINDLE, William W., of White Hall, N.Y., m. Mary E.
    COMSTOCK, of Lyme, [June] 12, [1851], by Rev. D.S.
    Brainard   3   230

PYNE, Caroline C., of Williamsburg, L.I., m. Frederick G.
    RICHARDSON, of New York, Oct. 2, 1847, by Rev.
    Chester Tilden, of N. Lyme   3   178

QUIMBY, David, m. Roxana **SPENCER**, b. of Lyme, Feb. 6, 1842, by
    Rev. Oliver Brown   3   156

QUINN, John W., m. Sarah M. **HAVENS**, b. of Lyme, Nov. 1, 1826,
    by Lothrop Rockwell, Clerk   2   204

RAINER, [see under **RAYNER**]

RAND, Caroline M., m. Gardiner C. **PECKHAM**, b. of Lyme, July 3,
    1853, by Rev. Lewis Pennell   3   247

    Emily, of Lyme, m. Giles **INGRAHAM**, of East Haddam, Apr.
        26, 1840, by Richard E. Selden, Jr., J.P.   3   263

    Harriet, of Lyme, m. Timothy **PECKHAM**, Jr., of South
        Kingstown, R.I., Oct. 17, 1831, by Rich[ar]d E. Selden, Jr.,
        J.P.   2   264

    Harriet, of Lyme, m. Timothy **PECKHAM**, of South
        Kingstown, R.I., Oct. 21, 1831, by Richard E. Selden, Jr.,
        J.P.   3   65

    John W., of Lyme, m. Harriet Maria **BAILEY**, of Chatham,
        Middlesex County, July 28, 1844, by Richard E. Selden, Jr.,
        J.P.   3   146

    Sarah A., of Lyme, m. Eleazer **HILL**, of Hartford, Aug. 28, 1849,
        by Rev. W[illia]m Harris   3   202

RANDALL, Hannah, of Colchester, m. Richard **BROCKWAY**, 3d, of
    Lyme, May 14, 1740   1   17

    Hannah, m. John **STERLING**, b. of Lyme, Nov. 19, 1840, by
        Phillips Payson   3   112

    Lydia, m. Selden **BARTHERICK**, b. of Lyme, May 10, 1824, by
        Joel Loomis, J.P.   2   186

RANSOM, Amasa, s. George & Anna, b. Jan. 31, 1769   1   128

    Amhurst C., s. Edward & Anne, b. Feb. 24, 1789 ("Amhurst
        appeared by self and requested to have the letter C added to
        his name")   1   8

    Anna, d. George & Anna, b. Feb. 1, 1776   1   128

	Vol.	Page
RANSOM, (cont.)		
Anna, d. [Peter & Parnall], b. Feb. 15, 1787	2	31
Azubah, d. George & Anna, b. July 2, 1773	1	128
Benjamin, twin with Joseph, s. [David & Elizabeth], b. July 24, 1786; d. May 3, 1793	1	177
Betsey N., of Lyme, m. Gurdon L. **MAYNARD**, of E. Lyme, Nov. 30, 1848, by Rev. Oliver Brown	3	211
Catharine, [d. Joseph & Jane], b. Mar. 8, 1716/17	L-2	267
Clarrissa, d. [James, Jr. & Elizabeth], b. Mar. 7, 1791	2	96
Clark, s. [James, Jr. & Elizabeth], b July 15, 1794	2	96
Dan[ie]ll, s. Matthew & Sarah, b. May 10, 1760	L-7	41
Daniel, s. Richard & Mary, b. Jan. 21, 1781	1	106
David, m. Elizabeth **TUCKER**, Nov. 30, 1780	1	177
David, s. [David & Elizabeth], b. July 9, 1791	1	177
Dorcas, d. [David & Elizabeth], b. Sept. 11, 1781	1	177
Dorcas, m. Thomas **PILGRAIM**, May 31, 1801	2	64
Edward, b. Feb. 3, 1745; m. Ann **TOOKER**, b. of Lyme, Nov. 25, 1773, by Rev. George Beckwith	1	8
Elias, s. [James, Jr. & Elizabeth], b. Sept. 6, 1796; d. Dec. 3, 1799	2	96
Elisha, s. Matthew & Sarah, b. Feb. 6, 1746	L-7	41
Elisha, s. Richard & Mary, b. July 27, 1772	1	106
Eliza, d. [Joel & Charlotte], b. Nov. 18, 1803	2	74
Elizabeth, d. Edward & Ann, b. Mar. 9, 1775	1	8
Elizabeth, d. [James, Jr. & Elizabeth], b. May 2, 1804	2	96
Ellis, m. Dr. Samuel **MATHER**, Oct. 1, 1761, by Ephraim Little, Clericus, Colchester. Recorded Apr. 20, 1780	1	160
Esther, wid., m. Matthew **ROGERS**, Feb. 20, 1783	1	26
Francis, d. [James, Jr. & Elizabeth], b. Apr. 17, 1789	2	96
George, s. Matthew & Sarah, b. Apr. 14, 1744	L-7	41
George, m. Anna **TIFFANY**, Mar. 3, 1768, by Sam[ue]l Ely, J.P.	1	128
George Washington, s. George & Anna, b. Nov. 7, 1777	1	128
Hannah, d. Richard & Mary, b. June 27, 1774; d. July 9, 1774	1	106
Hannah, d. Edward & Anne, b. July 10, 1781	1	8
Henry, s. [James, Jr. & Elizabeth], b. Mar. 23, 1787	2	96
Hetty, d. [David & Elizabeth], b. Oct. 1, 1783	1	177
Horace, s. [James, Jr. & Elizabeth], b. July 11, 1798	2	96
Irena, of [Lyme], m. Stephen **SMITH**, 2d, of Lyme, Jan. 12, 1768, by Rev. George Beckwith	1	107
Irena, d. George & Anna, b. Oct. 12, 1770	1	128
Isaac, s. Matthew & Sarah, b. June 4, 1750	L-7	41
Isaac, s. Edward & Anne, b. Mar. 29, 1784	1	8
James, Jr., m. Elizabeth **CLARK**, Feb. 2, 1786	2	96
James, Capt., m. Abigail **COMSTOCK**, Feb. 8, 1810	2	28
Jane, [d. Joseph & Jane], b. June 24, 1714	L-2	267
Jane, m. John **STARLING**, Dec. 30, 1731	1	21
Jane D., m. Jonathan T. **MACK**, b. of Lyme, Mar. 27, 1831, by Rev. Herman S. Vaill	2	251
Joel, m. Charlotte **BENHAM**, Nov. 18, 1798	2	74
Joel Benham, s. Joel & Charlotte, b. Apr. 19, 1805	2	74
John, s. Matthew & Sarah, b. Feb. 23, 1748	L-7	41
John, s. Richard & Mary, b. July 26, 1770	1	106

RANSOM, (cont.)

	Vol.	Page
Joseph, [s. Joseph & Jane], b. July 11, 1719	L-2	267
Joseph, twin with Benjamin, s. [David & Elizabeth], b. July 24, 1786	1	177
Julany, d. [Peter & Parnall], b. Mar. 7, 1793	2	31
Katharine, m. Sam[ue]ll **LORD**, June 26, 1735	L-6	182
Keturah, d. George & Anna, b. Oct. 28, 1774	1	128
Loas, d. Richard & Mary, b. Feb. 16, 1765	1	106
Louisa, d. [Joel & Charlotte], b. Sept. 1, 1800	2	74
Lucy, d. Richard & Mary, b. Sept. 13, 1778	1	106
Lydia, [d. Matthew & Sarah], b. July 3, 1738; d. Mar. 12, 1740	L-7	41
Lydia, [d. Matthew & Sarah], b. June 26, 1742	L-7	41
Lydia, of [Lyme], m. Joseph **STARLIN**, of Lyme, Feb. 2, 1762, by Rev. George Beckwith	1	106
Lydia, d. George & Anna, b. Feb. 19, 1772	1	128
Lydia Clark, d. [James, Jr. & Elizabeth], b. May 22, 1802	2	96
Lynes, s. Richard & Mary, b. May 8, 1762	1	106
Mary, [d. Joseph & Jane], b. May 13, 1709	L-2	267
Mary, m. Peter **HUNTLEY**, Mar. 20, 1729/8	L-2	192
Mary, m. Peter **HUNTLEY**, Mar. 20, 1729	L-2	467
Mary, d. Richard & Mary, b. Feb. 3, 1769	1	106
Mary Ann, m. William T. **BANNING**, b. of Lyme, Apr. 30, 1839, by Rev. Chester Colton	3	96
Mat[t]hew, [s. Joseph & Jane], b. Aug. 23, 1711	L-2	267
Matthew, m. Sarah **WAY**, Dec. 16, 1736	L-7	41
Matthew, s. Matthew & Sarah, b. Sept. 30, 1756	L-7	41
Matthew, of Lyme, d. Oct. 5, 1760, at Swogow (?)	L-7	41
Mehetable, m. Gershom **WATROUS**, b. of Lyme, Apr. 11, 1776, by Rev. Stephen Johnson	1	162
Nathan Tiffany, s. George & Anna, b. July 13, 1779	1	128
Olive, d. [James, Jr. & Elizabeth], b. Mar. 13, 1793	2	96
Orrin, s. [James, Jr. & Elizabeth], b. June 30, 1800	2	96
Patience, d. Richard & Mary, b. Oct. 20, 1775; d. Mar. 10, 1776	1	106
Peter, m. Parnall **CORAH**, Nov. 15, 1781	2	31
Peter, s. [Peter & Parnall], b. Feb. 25, 1789	2	31
Phebe, [d. Joseph & Jane], b. Dec. 24, 1721	L-2	267
Phebe, m. Duran **WADE**, Jan. 3, 1741/2	1	14
Phebe, d. Peter & Parnall, b. Nov. 8, 1784	2	31
Polly, d. Edward & Anne, b. Jan. 4, 1777	1	8
Rachel, d. [Peter & Parnall], b. Jan. 3, 1791	2	31
Rachal, m. Timothy **JOHNSON**, Dec. 5, 1821, by Rev. Seth Lee	2	141
Rich[ar]d, [s. Matthew & Sarah], b. May 13, 1740	L-7	41
Richard, m. Mary **STARLIN**, Nov. 22, 1759, by Rev. George Beckwith	1	106
Richard, s. Richard & Mary, b. Dec. 2, 1766	1	106
Richard, s. Peter & Parnall, b. Jan. 9, 1783	2	31
Richard, s. [David & Elizabeth], b. Aug. 21, 1788	1	177
Richard, m. Mary **MILLER**, b. of Lyme, July 18, 1825, by Wanton A. Weaver, J.P.	2	183
Ruth, m. John **GILES**, Mar. 1, 1778	1	158
Sally, m. Samuel **RUSSELL**, b. of Lyme, Oct. 21, 1819, by Joel		

	Vol.	Page
RANSOM, (cont.)		
Loomis, J.P.	2	186
Sarah, d. Richard & Mary, b. Nov. 14, 1760	1	106
Sarah, d. George & Anna, b. Sept. 1, 1781	1	128
Sarah Ann, d. [James, Jr. & Elizabeth], b. Oct. 27, 1805	2	96
Stephe[n], [s. Joseph & Jane], b. May 8, 1724	L-2	267
Vincent, s. [Joel & Charlotte], b. Mar. 1, 1802	2	74
RATHBONE, RATHBUN, RATHBURN, WRATHBONE, Ann, of Salem, m. David M. **JEWETT**, of Lyme, Mar. 26, 1828, by Josiah Hawes	2	217
Daniel, of Lyme, m. Thankful **HIGGINS**, of Haddam, Mar. 19, 1741	1	5
Diadamey, d. Daniel & Thankful, b. Aug. 30, 1748	1	5
Dorothy, m. John **PHELPS**, Nov. 10, 1737	L-7	73
Dorithy, m. John **PHELPS**, Nov. 10, 1737	1	11
Ebenezer, s. Thomas & Mary, b. Mar. 12, 1766	1	158
Elizabeth, m. John **HARVEY**, 2d, Oct. 19, 1747	1	46
John, s. Thomas & Mary, b. Feb. 1, 1764	1	158
Mary, d. Daniel & Thankfull, b. Jan. 27, 1750/51	1	5
Mary, m. Abraham **EMMERSON**, Aug. 9, 1773, by Sam[ue]l Ely, J.P.	1	158
Norris, of East Haddam, m. Laura L. **SWAN**, of Lyme, Nov. 23, 1835, by Rev. Chester Colton	3	45
Sarah, m. Job **GIDDINGS**, Sept. 5, 1733	1	57
Sarah, d. [Daniel & Thankful], b. Mar. 8, 1743/4	1	5
Sarah, m. Jacob **SAWYER**, Jr., b. of Lyme, Mar. 16, 1769, by Rev. George Beckwith	1	148
Sybal, m. Noah **BEEBE**, Jr., Aug. 26, 1784	2	43
Thomas, m. Mary **WAIT**, b. of Lyme, May 5, 1763, by Rev. Stephen Johnson	1	158
Thomas, s. Thomas & Mary, b. Mar. 19, 1768	1	158
Thomas, of East Haddam, m. Ann **INGRAHAM**, of Lyme, Feb. 8, 1821, by Lothrop Rockwell, Clerk	2	122
William, s. [Daniel & Thankful], b. Jan. 1, 1741/2	1	5
RAY, Prudence, m. Matthew **COOLEY**, Oct. 21, 1798	2	82
RAYMOND, RAYMENT, RAMENT, Adaline C., m. Junius **MARVIN**, b. of Lyme, Dec. 2, 1849, by Rev. Stephen A. Loper, of Hadlyme	3	209
Daniell, m. Rebeckah **LAYE**, Apr. 15, 1684	L-1	129
Jane Gray, of Lyme, m. James R. **MORGAN**, of Waterford, May 26, 1846, by Rev. Samuel Griswold	3	166
Martha, of Lyme, m. Horace **WAIT**, Oct. 12, 1816, at New London, by Rev. Abel McEwen, of New London	2	103
Mary Ann, m. William H. **STARK**, b. of Lyme, Oct. 13, 1834, by Rev. Andrew M. Smith	3	27
Mehetable, d. Edw[ar]d, of New London, m. Moses **WARREN**, Jr., Jan. 18, 1784	1	65
Richard, [s. Daniell & Rebeckah], b. Jan. 9, 1686	L-1	129
RAYNER, RAINER, Diedamia, [d. Josiah & Sarah], b. July 18, 1719	L-2	213
Ebenezer, [s. Josia & Sarah], b. Mar. 13, 1704/5	L-2	213
Elishabe, [s. Josia & Sarah], b. Dec. 4, 1700	L-2	213

	Vol.	Page
RAYNER, RAINER, (cont.)		
John, [s. Josia & Sarah], b. Apr. 19, 1703	L-2	213
Joseph, [s. Josia & Sarah], b. June 10, 1713	L-2	213
Josiah, [s. Josia & Sarah], b. Feb. 8, 1709/10	L-2	213
Sarah, [d. Josia & Sarah], b. Apr. 17, 1715	L-2	213
Siurll (?), [s. Josia & Sarah], b. Sept. 19, 1707	L-2	213
REED, READ, Abigail, d. Joseph & Phebe, b. Dec. 20, 1784	2	70
Anniaus, [s. Jonathan & Elizabeth], b. Dec. 1, 1736	L-6	58
Benjamin, [s. John & Deborah], b. May 10, 1700	L-2	300
Betsey, m. William **WATROUS,** Sept. 16, 1798	2	66
Betsey, of [E. Lyme], m. Charles D. **WILLIAMS,** of Middletown, Feb. 24, 1839, at the Loomis Boarding House in E. Lyme, by Henry R. Knapp, of E. Lyme	3	92
Calvin, of Lyme, m. Deborah **BENJAMIN,** of Preston, Nov. 8, 1844, by Rev. D.S. Brainard	3	149
Cariline, [d. Benjamin & Sarah], b. Jan. 14, 1731/2	L-2	205
Caroline, d. Enoch & Phebe, b. Apr. 1, 1766	1	133
Caroline, m. Abner **PECK,** Nov. 30, 1786	1	116
Caroline, d. Jos[eph] & Phebe, b. Apr. 22, 1789	2	70
Charles Williams, s. [Joseph & Phebe], b. Dec. 18, 1802	2	70
Daniel, [s. Jonathan & Elizabeth], b. Mar. 7, 1735	L-6	58
Elizabeth, d. [John, Jr. & Mary], b. Jan. 18, 1730/31	L-5	346
Elizabeth, w. Jonathan, d. Jan. 18, 173[ ]	L-2	61
Elizabeth, w. John, d. Jan. 18, 1732/3	L-2	300
Elizabeth, [d. Jonathan & Elizabeth], b. Aug. 30, 1738	L-6	58
Emelia, d. Joseph & Phebe, b. Feb. 18*, 1799 (*or Feb. 13?)	2	70
Enoch, [s. Benjamin & Sarah], b. Sept. 26, 1736	L-2	205
Enoch, m. Phebe **PECK,** b. of Lyme, Jan. 7, 1762, by Rev. Stephen Johnson	1	133
Henry, s. Joseph & Phebe, b. May 11, 1796	2	70
Hepzibah, d. Enoch & Phebe, b. Mar. 17, 1764	1	133
James, s. [John, Jr. & Mary], b. Aug. 9, 1734	L-5	346
John, m. Deborah **NILES,** Jan. [ ], 1700	L-2	300
John, [s. John & Deborah], b. Feb. 11, 1705/6	L-2	300
John, Jr., of Lyme, m. Mary **WELSH,** of Colchester, May 12, 1730	L-5	346
John, s. [John, Jr. & Mary], b. Nov. 9, 1732	L-5	346
John, d. Dec. 23, 1732	L-2	300
John, s. Enoch & Phebe, b. July 20, 1768	1	133
John, s. Joseph & Phebe, b. Dec. 18, 1793	2	70
Jonathan, [s. John & Deborah], b. Mar. 30, 1707	L-2	300
Jonathan, m. Elizabeth **MACK,** Dec. 24, 1722	L-2	61
Jonathan, s. [Jonathan & Elizabeth], b. Sept. 17, 1724	L-2	61
Jonathan, m. Wid. Elizabeth **SMITH,** Mar. 14, 1734, by Rev. Jonathan Parsons	L-2	182
Jonathan, m. Wid. Elizabeth **SMITH,** Mar. 14, 1734	L-6	58
Jonathan, m. Abigail **COMSTOCK,** b. of Lyme, Apr. 15, 1756	1	90
Jonathan, s. Jonathan & Abigail, b. Dec. 21, 1757; d. Apr. 8, 1759	1	90
Joseph, s. Enoch & Phebe, b. May 17, 1762	1	133
Joseph, m. Phebe **REED,** [ ]	2	70
Laura, twin with Nancy, d. [Joseph & Phebe], b. June 4, 1791	2	70

	Vol.	Page
REED, READ, (cont.)		
Lydia B., m. Abel L. **HUNTLEY**, b. of Lyme, Mar. 16, 1831, by Rev. Nathan Wildman	2	251
Marah, [d. John & Deborah], b. Apr. 10, 1702	L-2	300
Marg[a]ret, twin with Mindewell, d. [Benjamin & Sarah], b. Mar. 20, 1729/30	L-2	205
Margaret, of [Lyme], m. Capt. Thomas **ANDERSON**, of Lyme, June 5, 1748, by Rev. George Beckwith	1	66
Margaret, wid. of Thomas, late of Lyme, m. Ezekiel **MINOR**, of Lyme, Nov. 24, 1768, by John Lay, 2d, J.P.	1	89
Margaret, wid. of Ahimer **REED**, late of Lyme, m. Ezekiel **MINOR**, of Lyme, Nov. 24, 1768, by John Lay, 2d, J.P.	1	165
Mary, m. Jasper **GRIFFING**, Jan. 7, 1725	1	122
Mary, of [Lyme], m. George **LEWIS**, of Lyme, Feb. 17, 1757, by Rev. George Beckwith	1	93
Mary, d. Enoch & Phebe, b. Nov. 26, 1770	1	133
Mary Ann Phebe, of Lyme, m. Alpheas **THOMPSON**, of Montville, May 4, 1790	2	37
Mary E., m. Joseph W. **HUNTLEY**, b. of [Lyme], Nov. 10, 1835, by Mark Mead, V.D.M.	3	45
Mindewell, twin with Marg[a]ret, d. [Benjamin & Sarah], b. Mar. 20, 1729/30	L-2	205
Nancy, twin with Laura, d. [Joseph & Phebe], b. June 4, 1791	2	70
Nathanyell, [s. John & Deborah], b. Sept. 30, 1711	L-2	300
Nathaniel, [s. Jonathan & Elizabeth], b. June 27, 1743	L-6	58
Pheby, [d. Jonathan & Elizabeth], b. Nov. 25, 1740	L-6	58
Phebe, m. Selden P. **MARVIN**, b. of Lyme, Sept. 1, 1831, by Rev. Chester Colton	2	261
Phebe, m. Joseph **REED**, [ ]	2	70
Rebeckah, d. Enoch & Phebe, b. Jan. 3, 1778	1	133
Ruth A., of Lyme, m. John A. **RUSS**, of Mansfield, Nov. 24, 1836, by Rev. Chester Colton	3	61
Sally, d. Joseph & Phebe, b. Dec. 14, 1786	2	70
Sally, of Lyme, m. George Washington **PHELPS**, of East Haddam, Apr. 14, 1830, by Rev. Chester Colton	2	241
Samuell, [s. John & Deborah], b. Dec. 11, 1709	L-2	300
Sarah, [d. Benjamin & Sarah], b. Aug. 22, 1734	L-2	205
Suse, d. Jonathan & Elizabeth, b. Nov. 4, 1745	L-6	58
REEVES, REEVE, REIVES, Anne, d. Luther, [& Anne] b. Oct. 1, 1799	1	170
Benjamin, s. Luther & Anna, b. Feb. 23, 1787	1	170
Benj[ami]n, m. Patty **SILL**, Nov. 19, 1809, by David Turner, J.P.	2	101
Han[n]ibal, m. Eliza H. **LATTIMER**, b. of Lyme, Apr. 8, 1818, by Rev. John Whittlesey	2	112
Julia Sill, d. [Benjamin & Patty], b. Oct. 31, 1810	2	101
Lucian Bonaparte, [s. Benjamin & Patty], b. Mar. 8, 1813	2	101
Luther, m. Anna **PERSON**, b. of Lyme, Jan. 31, 1785, by Seth Ely, J.P.	1	170
Mehetable, of L.I., m. William Ely **PEARSON** [ ]	2	56
Polly, d. Luther & Anna, b. Apr. 5, 1795	1	170
Ramsey, s. Luther & Anna, b. Apr. 18, 1789	1	170

	Vol.	Page
REEVES, REEVE, REIVES, (cont.)		
Sarah Ann, d. [Benjamin & Patty], b. June 9, 1815	2	101
Sarepta, d. Luther & Anna, b. June 13, 1792	1	170
Stannabee, s. Luther [& Anna], b. Jan. 9, 1797	1	170
REMICK, Mary, m. Capt. Joseph **HIGGINS**, [ ]	1	10
REYNOLDS, RENOLDS, Abigail, m. James **BLAGUE**, Nov. 4, 1743	1	13
Ann Maria, of [Lyme], m. Joseph **SANDERS**, of Lyme, Mar. 4, 1843, by Erastus W. Caulkins, J.P.	3	137
G.P., M.D., m. Mary Ann **ROGERS**, [Apr.] 4, [1852], by Rev. D.S. Brainard	3	240
John J., m. Betsey **WADE**, b. of Lyme, Oct. 12, 1834, by Rev. Andrew M. Smith	3	26
Lydia, m. Seth **ELY**, Mar. 31, 1762, by Hezekiah Huntington, Asst.	1	103
RHODES, Phebe, m. Gideon **WATERHOUS[E]**, Feb. 12, 1803	2	71
Phebe, of Barrington, m. Gideon **WATROUS**, 2d, of Lyme, Feb. 12, 1803	2	88
RICE, Adaline, m. Jonathan **BUCK**, b. of Lyme, June 10, 1844, by Rev. Pierpont Brockett	3	145
Elisha, s. Nehemiah & Abigail, b. Jan. 20, 1748	1	66
Jonathan, s. Nehemiah & Abigail, b. Jan. 18, 1745	1	66
Lydia, d. Nehemiah & Abigail, b. Mar. 13, 1751	1	66
Nehemiah, of Lyme, m. Abigail **GUSTIN**, of [Lyme], Mar. 14, 1739, by George Beckwith	1	66
Rivel, s. Nehemiah & Abigail, b. Feb. 7, 1742	1	66
Ruth, m. Daniell **BECKWITH**, Nov. 4, 1728	L-2	324
Samuel, s. Nehemiah & Abigail, b. May 13, 1740	1	66
RICH, David, of Utica, N.Y., m. Eunice **LORD**, of Lyme, July 15, 1833, by Rev. Chester Colton	3	9
Mary, m. Albert **JAMES**, b. of Lyme, Nov. 7, 1826, by Lothrop Rockwell, Clerk	2	202
William P., m. Mary **CATON**, b. of Lyme, Mar. 24, 1839, by Rev. Chester Colton	3	94
RICHARDSON, A.W., of New York, m. Mehetabel **PILGRIM**, of Lyme, Sept. 17, 1843, by Rev. P. Brockett	3	141
Elizabeth Jane, m. Ezra M. **CHAMPION**, Jan. 20, 1836, by Rev. Frederick Wightman	3	50
Frederick G., of New York, m. Caroline C. **PYNE**, of Williamsburg, L.I., Oct. 2, 1847, by Rev. Chester Tilden, of N. Lyme	3	178
Nancy S., m. Orlando **CHAMPION**, b. of Lyme, May 2, 1842, by Rev. Amos D. Watrous	3	123
ROBBINS, ROBINS, Abby, m. Charles M. **HAVENS**, b. of Lyme, July 2, 1839, by Rev. Chester Colton	3	97
Abigail, d. Elisha & Elizabeth, b. Aug. 30, 1771	1	166
Abner, s. Silas & Hannah, b. Aug. 6, 1786	2	49
Alden, s. Benjamin & Hannah, b. July 26, 1762; d. Jan. 15, 1763	1	106
Benjamin, of Lyme, m. Hannah **BRADFORD**, living in Lyme, Feb. 20, 1745/6, by Rev. George Griswold	1	106
Benjamin, s. Benjamin & Hannah, b. May 25, 1749	1	106

	Vol.	Page
ROBBINS, ROBINS, (cont.)		
Betsey, m. Ezra **INGRAHAM**, b. of Lyme, Jan. 15, 1784, by Rev. Stephen Johnson	1	165
Bettey, d. John & Esther, b. Apr. 28, 1762	1	81
Birnhall, s. William & Esther, b. Apr. 20, 1754	1	14
Bradford, s. Benjamin & Hannah, b. Jan. 17, 1751	1	106
Daniel, s. Ezra & Elizabeth, b. Sept. 30, 1765	1	98
David, s. Benjamin & Hannah, b. Mar. 11, 1748	1	106
Edward, m. Ruth **SMITH**, Oct. 23, 1718	L-2	460
Edward, d. Dec. 5, 1731	L-2	460
Edward, s. John & Esther, b. Jan. 20, 1754	1	81
Elijah, s. Joseph & Mary, b. Mar. 4, 1741	1	67
Elijah, s. Benjamin & Hannah, b. Aug. 12, 1760	1	106
Elijah, s. Elisha & Elizabeth, b. Nov. 10, 1782	1	166
Elisha, s. Joseph & Mary, b. Dec. 25, 1727	1	67
Elisha, m. Elizabeth **TINKER**, Apr. 5, 1761, by Matthew Griswold, Dep. Gov.	1	166
Elisha, s. Elisha & Elizabeth, b. Aug. 8, 1767; d. Dec. 18, 1767	1	166
Elisha, m. Lydia **COOLEY**, Jan. 15, 1784	1	166
Elisha, m. Amanda **HOWARD**, b. of Lyme, Sept. 8, 1822, by Charles Smith, J.P.	2	148
Elisha Sheffield, s. Elisha & Elizabeth, b. Aug. 31, 1774	1	166
Elizabeth, m. Thomas **[SMITH]**, Jan. 12, 1726/7	L-2	175
Elizabeth, d. Joseph & Mary, b. Mar. 14, 1733	1	67
Elizabeth, d. Elisha & Elizabeth, b. Apr. 5, 1764	1	166
Elizabeth, w. Elisha, d. Dec. 11, 1782. She was 43 y. May 16, 1782	1	166
Emeline, m. Richard N. **DENISON**, b. of Lyme, Sept. 30, 1849, at the dwelling house of W[illia]m Marvin, by W[illia]m Marvin, J.P.	3	202
Emily S., m. John **APPLEBY**, b. of Lyme, Aug. 1, 1841, by Rev. D. S. Brainard	3	114
Easter, [d. Joseph & Sarah], b. Feb. 2, 1715	L-2	95
Esther, d. [William, Jr. & Esther], b. Mar. 5, 1743/4	1	14
Esther, d. Elisha & Elizabeth, b. Nov. 30, 1777; d. Nov. 24, 1781	1	166
Eunice, d. Joseph & Mary, b. Oct. 1, 1730	1	67
Eunice, d. Elisha & Elizabeth, b. Nov. 18, 1762	1	166
Evans, s. Benjamin & Hannah, b. Dec. 13, 1758	1	106
Ezra, s. Joseph & Mary, b. Mar. 24, 1736	1	67
Ezra, of Lyme, m. Elizabeth **ANDERSON**, of Lyme, d. John, of Lyme, July 17, 1760, by John Griswold, J.P.	1	98
Ezra, s. Ezra & Elizabeth, b. Sept. 27, 1772; d. Dec. 8, 1774	1	98
Ezra, s. Ezra & Elizabeth, b. Sept. 10, 1780	1	98
Hannah, d. Benjamin & Hannah, b. Mar. 7, 1757	1	106
Henry, m. Sarah M. **CONE**, [Apr.] 7, [1850], by Rev. D.S. Brainard	3	217
Jeane, d. Apr. 15, 1684	L-1	12
Jean Lay, d. Ezra & Elizabeth, b. Nov. 29, 1763	1	98
Jemima, d. William & Esther, b. Apr. 3, 1747	1	14
Jerusha, d. Edward [& Ruth], b. Sept. 11, 1719	L-2	460
Jerusha, m. Jesse **BECKWITH**, b. of Lyme, May 10, 1750, by		

	Vol.	Page
ROBBINS, ROBINS, (cont.)		
Rev. George Griswold	1	69
John, m. Elizabeth [ ], Sept. 20, 1692	L-2	4
John, m. Elizabeth [ ], Sept. 20, [ ]	L-2	58
John, [s. Edward & Ruth], b. Oct. 1, 1726	L-2	460
John, m. Ruth **ALGER**, Nov. 3, 1732	L-2	466
John, s. Benjamin & Hannah, b. Aug. 13, 1752	1	106
John, m. Esther **BECKWITH**, b. of Lyme, Feb. 15, 1753	1	81
John, s. Silas & Hannah, b. Aug. 20, 1794; d. Feb. [ ], 1797	2	49
Joseph, m. Sarah, June 10, 1697	L-2	95
Joseph, Jr., [s. Joseph & Sarah], b. Mar. 30, 1698	L-2	95
Joseph, of Lyme, m. Mary **LAY**, d. Edward, of Lyme, June 1, 1726	1	67
Joseph, s. Ezra & Elizabeth, b. Dec. 4, 1761	1	98
Joseph, s. Elisha & Lydia, b. May 28, 1789	1	166
Joseph, m. Lovisa **DAWES**, b. of Lyme, [Dec.] 21, [1851], by Rev. D.S. Brainard	3	236
Joshua, s. Benjamin & Hannah, b. Feb. 11, 1754	1	106
Lucia, m. Joseph **TUBBS**, Jan. 14, 1735/6	1	45
Lucretia, d. Nathan & Phebe, b. July 20, 1770	1	80
Lucy, [d. Joseph & Sarah], b. Feb. 1, 1718	L-2	95
Lucy, d. Ezra & Elizabeth, b. Sept. 7, 1777	1	98
Lura, d. Silas & Hannah, b. Nov. 19, 1788	2	49
Luranna, m. Elisha **PRATT**, Nov. 7, 1821, by Josiah Hawes	2	139
Lidea, [d. Joseph & Sarah], b. Oct. 9, 1703	L-2	95
Lydia, d. William & Esther, b. Oct. 18, 1756	1	14
Lydia, d. Nathan & Phebe, b. June 27, 1766	1	80
Lydia, d. Elisha & Lydia, b. Oct. 28, 1784	1	166
Lydia, m. John **HUNTLEY**, Jr. [ ]	L-2	112
Mary, d. Elisha & Elizabeth, b. June 8, 1768	1	166
Mehetable, [d. Joseph & Sarah], b. Feb. 3, 1712	L-2	95
Nathan, [s. Edward & Ruth], b. Feb. 3, 1728	L-2	460
Nathan, m. Phebe **BECKWITH**, b. of Lyme, June 19, 1755, by Rev. George Griswold	1	80
Nathan, twin with Phebe, s. Nathan & Phebe, b. Dec. 12, 1760; d. May 12, 1767	1	80
Phebe, d. [William, Jr. & Esther], b. May 27, 1742	1	14
Phebe, twin with Nathan, d. Nathan & Phebe, b. Dec. 12, 1760	1	80
Phebe, d. Ezra & Elizabeth, b. June 29, 1775	1	98
Phebe, d. Silas & Hannah, b. May 10, 1792	2	49
Reuben, s. William & Esther, b. Mar. 10, 1759	1	14
Rufus, s. Nathan & Phebe, b. June 1, 1756	1	80
Rufus, s. Nathan & Phebe, d. Aug. [ ], 1781	1	80
Rufus, s. Silas & Hannah, b. Sept. 27, 1783	2	49
Ruth, [d. Joseph & Sarah], b. Apr. 22, 1705	L-2	95
Ruth, m. Edward **WHITE**, July 7, 1728	L-2	143
Ruth, [d. Edward & Ruth], b. Feb. 17, 1730/31	L-2	460
Ruth, wid., m. John **LAY**, Jan. 10, 1732/3	L-2	339
Ruth, [w. John], d. Apr. 15, 1733	L-2	466
Ruth, m. Elisha **MINOR**, b. of Lyme, Oct. 22, 1755, by Rev.		

LYME VITAL RECORDS 201

	Vol.	Page
ROBBINS, ROBINS, (cont.)		
George Griswold	1	81
Ruth, m. Watrous **BECKWITH**, Feb. 25, 1784, by Jason Lee, Elder	1	67
Ruth, wid., m. John **MATHER**, Feb. 25, 1785	1	27
Ruth, d. John & Esther, b. [ ] 26, [ ]	1	81
Sarah, [d. Joseph & Sarah], b. Apr. 22, 1700	L-2	95
Sarah, [d. Joseph & Sarah], b. Mar. 10, 1709	L-2	95
Sarah, m. Peter **HUNTLEY**, Feb. 14, 1732/3. She was his 2d w.	L-2	467
Sarah, d. Benjamin & Hannah, b. Nov. 4, 1746	1	106
Silas, s. Nathan & Phebe, b. Sept. 20, 1757	1	80
Silas, m. Hannah **PECK**, Dec. 13, 1781	2	49
Susa, w. Daniel, d. Feb. 27, 1813	1	140
Theody, d. Ezra & Elizabeth, b. Mar. 3, 1769; d. June 28, 1770	1	98
Thomas Anderson, s. Elisha & Lydia, b. Mar. 9, 1787	1	166
William, Jr., m. Esther **HUNTLEY**, May 20, 1741	1	14
William, s. William & Esther, b. Sept. 10, 1745	1	14
William, s. Elisha & Lydia, b. July 27, 1792	1	166
Zenas, s. Nathan & Phebe, b. June 17, 1768	1	80
----------, [child of John & Elizabeth], b. June 20, 1693	L-2	4
ROBERSON, ROBESON, Ephandites, s. [Harry & Martha], b. Dec. 1, 1804	2	37
Harry, m. Martha **FELLOWS**, [ ]	2	37
Marah, [d. William], b. Jan. 12, 1680	L-1	73
William, [s. William], b. Oct. 24, 1677	L-1	73
William, [s. William], b. Feb. 19, 1682	L-1	73
William Fellows, s. [Harry & Martha], b. Mar. 6, 1803	2	37
ROBERTS, ROBERT, Ebenezer L., m. Clara R. **BACON**, Oct. 13, 1847, by Amos D. Watrous	3	181
Richard, of Washington, D.C., m. Sarah M. **WARNER**, of Lyme, Oct. 4, 1853, by Rev. Lathrop W. Wheeler	3	251
ROCKWELL, Lothrop, m. Lucy **OSBORN**, b. of Lyme, Oct. 19, 1820, by Rev. Abel McEwen, of New London	2	120
ROGERS, Abel, of Lyme, m. Hannah **ROGERS**, of Lyme, Feb. 19, 1784	1	169
Abel, s. Abel & Hanah, b. May 17, 1801	1	169
Abi, m. Ebenezer **DARROW**, Apr. 17, 1727	L-2	177
Abijah, s. Matthew & Loas, b. Oct. 27, 1768	1	26
Ales, d. [Jonathan & Ales], b. Feb. 20, 1723/4	L-2	331
Alice, wid. Jona[than], d. Jan. 7, 1790	1	44
Betsey, d. Joseph & Deademia, b. June 6, 1764	1	31
Betsey, m. Calvin **HUNTLEY**, b. of Lyme, Oct. 31, 1830, by Rev. Nathan Wildman	2	246
Bettey, d. Ebenezer & Elizabeth, b. June 18, 1765	1	69
Caleb, s. Ezekiel & Phebe, b. Jan. 17, 1771; d. Mar. 27, 1771	1	71
Carolina, d. [Mather & Sally], b. Aug. 19, 1809	2	85
Caroline M., of East Lyme, m. Charles E.S. **BROCKWAY**, of Saybrook, May 16, 1847, by Rev. Chester Tilden, of N. Lyme	3	176
Catharine, m. Epaphroditus **MILLER**, b. of Lyme, Apr. 29, 1838, by Daniel Stewart, J.P.	3	80

BARBOUR COLLECTION

	Vol.	Page
ROGERS, (cont.)		
Charles W., m. Caroline A. **DEAN**, b. of Lyme, July 12, 1846, by A.D. Watrous	3	167
Charlotte A., of Rome, N. Y., m. Thomas S. **SWAN**, of East Haddam, May 12, 1845, by Rev. D.S. Brainard	3	152
Christopher, s. Abel & Hannah, b. Mar. 22, 1793	1	169
Daniel, s. Ezekiel & Phebe, b. June 6, 1761; d. Nov. 8, 1762	1	71
Daniel, s. Ezekiel & Phebe, b. Oct. 1, 1763	1	71
Daniel, s. Jonathan & Lydia, b. Feb. 21, 1773	1	101
Daniel, of Lyme, m. Sarah **FOX**, of East Haddam, Dec. 17, 1789	1	51
Daniel, s. Daniel & Sarah, b. May 20, 1793	1	51
Daniel, s. Rowland & Elizabeth, b. Nov. 13, 1795	1	38
Daniel, s. Susan **THOMPSON**, alias **ROGERS**, b. Dec. 15, 1816	2	113
Daniel G., m. Lucy Ann **OTIS**, b. of Lyme, Oct. 12, 1834, by Rev. Frederick Wightman	3	26
David, s. Ezekiel & Phebe, b. Mar. 25, 1769; d. Jan. 14, 1770	1	71
David, s. Ezekiel & Phebe, b. Nov. 6, 1774	1	71
David, m. Betsey **CHADWICK**, Mar. 22, 1797	2	54
David, s. Susan **THOMPSON**, alias **ROGERS**, b. Apr. 30, 1817	2	113
Deborah, m. Thomas **MONSELL**, Jan. 10, 1726	L-2	176
Deborah, d. Roland & Lucretia, b. Jan. 25, 1756	1	95
Diademia, d. Joseph & Diademia, b. Jan. 24, 1761	1	31
Ebenezer, m. Elizabeth **MATHER**, b. of Lyme, Nov. 18, 1756, by Rev. Stephen Johnson	1	69
Ebenezer, s. Abel & Hannah, b. Mar. 4, 1785	1	169
Ebenezer, m. Elizabeth **HIDE**, Aug. 13, 1793	1	69
Elias, s. Joshua & Phebe, b. Nov. 24, 1766	1	132
Elijah, s. Matthew & Esther, b. Sept. 16, 1786	1	26
Elijah, m. Hannah **BECKWITH**, Oct. 22, 1807	2	87
Elisha, s. Matthew & Esther, b. May 16, 1789	1	26
Elisha, s. Rowland & Elizabeth, b. Jan. 24, 1790	1	38
Elisha, s. Rowland & Eliz[abeth], d. June 4, 1805	1	38
Eliza, d. Rowland & Elizabeth, b. Dec. 10, 1799	1	38
Eliza, m. Gideon **ROGERS**, 2d, Dec. 18, 1828, by Rev. Francis Darrow	2	225
Elizabeth, m. Ezra **SELDEN**, May 6, 1751, by Benj[ami]n Throop, Clerk	1	110
Elizabeth, w. Ebenezer, d. Jan. 1, 1769	1	69
Elizabeth, of Norwich, m. Ezra **SELDEN**, of Lyme, May 6, 1784	1	59
Elizabeth, of Lyme, m. Silas **WOOD**, Aug. 10, 1786, by Seth Ely, J.P.	1	50
Elizabeth, d. Abel & Hannah, b. Jan. 2, 1787	1	169
Elizabeth, w. Rowland, d. Feb. 27, 1825	2	177
Elizabeth, of Lyme, m. Jeremiah **BOLTON**, of E. Lyme, May 7, 1853, by Rev. E.F. Burr, of N. Lyme	3	246
Elizabeth, see Elizabeth **GRISWOLD**		
Emeline, of Lyme, m. Moses **WRIGHT**, of Tecumsah, Mich., June 10, 1840, by Phillips Payson	3	111
Erastus, m. Delight **JUAN**, b. of Lyme, July 16, 1822, by Ezra Pratt, J.P.	2	151
Erastus, m. Anna C. **BEEBE**, b. of Lyme, Jan. 15, 1836, by		

	Vol.	Page
ROGERS, (cont.)		
Rev. Andrew M. Smith	3	53
Esther, d. Mather & Sally, b. Oct. 2, 1804	2	85
Eunice, d. Joshua & Experience, b. Dec. 29, 1733	1	75
Eunice, m. Jasper **GRIFFING**, Jr., b. of Lyme, May 9, 1751	1	88
Eunice, d. Joseph & Deadamy, b. Mar. 15, 1757	1	31
Eunice, m. Abijah **MACK**, b. of Lyme, Sept. 19, 1773, by Rev. George Beckwith	1	146
Eunice, d. Matthew & Loas, b. Dec. 16, 1776	1	26
Eunice, m. David **PERKINS**, Feb 1, 1797, by Elder Jason Lee	2	38
Experience, w. Joshua, d. Aug. 11, 1752	1	75
Ezekiel, s. Jonathan & Ales, b. Nov. 12, 1731	L-2	331
Ezekiel, of Lyme, m. Phebe **BRAMBLE**, Aug. 15, 1753, by Rev. George Beckwith	1	71
Ezekiel, s. Ezekiel & Phebe, b. Jan. 25, 1758	1	71
Ezekiel, Sr., d. Jan. 7, 1789	1	71
Ezekiel, s. David & Betsey, b. Feb. 22, 1798	2	54
Ezekiel, m. Mary **BECKWITH**, Nov. 7, 1819	2	160
Ezra, s. Joshua & Phebe, b. May 6, 1768	1	132
Ezra, s. Lemuel & Hannah, b. Feb. 23, 1776	1	127
Fanny, d. Ezekiel & Phebe, b. Sept. 9, 1765	1	71
Fanna, d. Rowland & Elizabeth, b. Oct. 30, 1787	1	38
Fanny, of Norwich, m. Roger **GRISWOLD**, Oct. 27, 1788	2	78
Fanny, m. Samuel **CHADWICK**, b. of Lyme, Nov. 25, 1810, by Andrew Griswold, J.P.	3	19
Gemiah, of New London, m. Matthew **COOLEY**, of Lyme, Aug. 22, 1734	L-6	53
Gideon, s. Ebenezer & Elizabeth, b. Jan. 14, 1761	1	69
Gideon, m. Lucy **ACKLEY**, of Chatham, Nov. 27, 1788, by Rev. Lemuel Parsons	1	105
Gideon, 2d, m. Eliza **ROGERS**, Dec. 18, 1828, by Rev. Francis Darrow	2	225
Gideon Mather, s. [Abel & Hannah], b. Apr. 3, 1804	1	169
Hannah, d. Lieut. Joseph & Sarah, of Milford, m. John **LORD**, of Lyme, Nov. 12, 1734, by Samuel Gann, J.P.	1	49
Hannah, d. Ebenezer & Elizabeth, b. Dec. 11, 1758	1	69
Hannah, d. Lemuel & Hannah, b. Aug. 6, 1764	1	127
Hannah, wid., m. Robert **SANDERS**, b. of Lyme, Sept. 6, 1779, by John Lay, 2d, J.P.	1	164
Hannah, m. Abel **ROGERS**, b. of Lyme, Feb. 19, 1784	1	169
Hannah, m. Nathaniel **ROLAND**, Nov. 4, 1784	1	108
Hannah, d. Abel & Hannah, b. Mar. 19, 1797	1	169
Hannah, m. Thomas M. **SMITH**, b. of Lyme, Mar. 3, 1822, by Lothrop Rockwell, Clerk	2	144
Henry Newell, s. [Ezekiel & Mary], b. Mar. 8, 1827	2	160
Huldah, d. Matthew & Loas, b. Mar. 11, 1775	1	26
Huldah, m. William Dessent **HOCKRIDGE**, Jan. 8, 1797	2	63
Isaiah, s. Joshua & Experience, b. Jan. 24, 1739	1	75
James Ackley, s. Gideon & Lucy, b. Aug. 16, 1792	1	105
Jarvis, of Michigan, m. Penelope **BUMP**, of Lyme, [Apr.] 21, [1852], by Rev. D.S. Brainard	3	238

BARBOUR COLLECTION

	Vol.	Page
ROGERS, (cont.)		
Jason, m. Abby A. **MAYNARD**, Nov. 24, 1825, by Nathan Wildman	2	191
Jemima, d. Joshua & Lydia, b. Mar. 14, 1755; d. July 26, 1776	1	75
Jemima, d. Jonathan & Lydia, b. Aug. 6, 1775	1	101
Jemima, d. Rowland & Elizabeth, b. Apr. 3, 1785	1	38
Jemimah, m. William **CLARK**, Jan. 22, 1807	2	76
Jemima, [see also Gemiah		
Jerusha, see under Perusha		
John, s. Roland & Lucretia, b. Jan. 1, 1760	1	95
John, s. Ezekiel & Phebe, b. July 23, 1767	1	71
John, s. David & Betsey, b. Apr. 2, 1800	2	54
John, Jr., m. Harriet **HUNTLEY**, b. of Lyme, Sept. 24, 1821, by Rev. Geo[rge] W. Appleton	2	137
John, m. Hannah **CHAPMAN**, b. of Lyme, Mar. 11, 1838, by Daniel Stewart, J.P.	3	80
John E., of Lyme, m. Sarah M. **CHAPEL**, of Lyme, May 9, 1830, by Rev. Nathan Wildman	2	242
John S., Dr., m. Matilda **LORD**, b. of Lyme, Feb. 10, 1822, at Mr. L. Lord's, by Rev. William Palmer, Colchester	2	141
John Sill, s. Gideon & Lucy, b. Apr. 15, 1796	1	105
Jonathan, m. Ales **CHAMPION**, Dec. [ ], 1718	L-2	331
Jonathan, [s. Jonathan & Ales], b. July 11, 1728	L-2	331
Jonathan, d. Feb. 2, 1746/7	L-2	331
Jonathan, s. Joseph & Deadamy, b. Mar. 19, 1751	1	31
Jonathan, m. Lydia **WATROUS**, b. of Lyme, Dec. 13, 1759, by Rev. Stephen Johnson	1	101
Jonathan Mack, s. Matthew & Loas, b. June 22, 1778	1	26
Joseph, s. [Jonathan & Ales], b. Aug. 31, 1719	L-2	331
Joseph, m. Deadomy **BECKWITH**, Mar. 15, 1743/4	1	31
Joseph, s. Joseph & Deadamy, b. June 25, 1749; d. Nov. [ ], 1749	1	31
Joseph, s. Joseph & Diademia, b. Feb. 28, 1768	1	31
Joseph, d. July 14, 1779, in the Continental Service	1	31
Joseph, s. Abel & Hannah, b. Feb. 13, 1799	1	169
Joshua, of Lyme, m. Experience **LAMPHEAR**, of Stoningtown, Feb. 4, 1732	1	75
Joshua, s. Joshua & Experience, b. Mar. 5, 1746	1	75
Joshua, m. Lydia **MINOR**, Jan. 25, 1753	1	75
Joshua, d. Dec. 28, 1756	1	75
Joshua, m. Phebe **FOX**, b. of Lyme, Nov. 18, 1765, by George Dorr, J.P.	1	132
Joshua, [s. Ezekiel & Phebe], d. Apr. 4, 1771	1	71
Joshua, s. Roland & Elizabeth, b. May 1, 1793	1	38
Josiah Nelson, s. [Ezekiel & Mary], b. Jan. 4, 1821	2	160
Judeth, m. Timothy **LESTER**, Apr. 25, 1781	1	139
Lavina, d. Jonathan & Lydia, b. Jan. 20, 1763	1	101
Lemuel, m. Hannah **MILLER**, b. of Lyme, Dec. 10, 1760, by Rev. Stephen Johnson	1	127
Lemuel, s. Lemuel & Hannah, b. June 8, 1769	1	127
Leomy, m. Stephen **CHADWICK**, Dec. 8, 1781	1	177

ROGERS, (cont.)

	Vol.	Page
Leoraamey, m. Stephen **CHADWICK**, Dec. 8, 1781	1	175
Lois, d. Joshua & Experience, b. Jan. 31, 1752	1	75
Loas, d. Matthew & Loas, b. June 22, 1772	1	26
Lois, w. Matthew, d. Dec. 20, 1782	1	26
Lucina, of Lyme, m. Diodate G. **WILSON**, of Hebron, Mar. 14, 1832, by John S. Rogers, J.P.	2	267
Lucretia, [d. Jonathan & Ales], b. Jan. 1, 1724/5	L-2	331
Lucretia, of Lyme, m. Roland **ROGERS**, of New London, May 4, 1750, by Rev. George Griswold	1	95
Lucretia, of Norwich, m. Joseph **JEWIT[T]**, of Lyme, May 18, 1758	1	94
Lucy, m. Similius **LORD**, b. of Lyme, Aug. 3, 1826, by Josiah Hawes	2	198
Lydia, d. Ezekiel & Phebe, b. Oct. 23, 1756	1	71
Lydia, d. Jonathan & Lydia, b. Mar. 5, 1761	1	101
Lydia, d. Rowland & Elizabeth, b. June 27, 1806	1	38
Maria, of Lyme, m. Ebenezer A. **COLEMAN**, of Montville (Chesterfield Society), Apr. 3, 1851, by Rev. Thomas Barber	3	229
Mary, d. Joshua & Experience, b. Mar. 30, 1749	1	75
Mary, d. Ezekiel & Phebe, b. July 2, 1777	1	71
Mary Ann, m. G.P. **REYNOLDS**, M.D., [Apr.] 4, [1852], by Rev. D.S. Brainard	3	240
Mather, m. Sally **WICKES**, Feb. 29, 1800	2	85
Matthew, s. Joseph & Deadomy, b. May 28, 1746	1	31
Mat[t]hew, of Lyme, m. Loas **MACK**, June, "the last day", 1767, by Sam[ue]l Ely, J.P.	1	26
Matthew, s. Matthew & Loas, b. Mar. 26, 1770	1	26
Matthew, m. Wid. Esther **RANSOM**, Feb. 20, 1783	1	26
Molley, d. Jonathan & Lydia, b. Apr. 27, 1771	1	101
Moses, s. Roland & Lucretia, b. May 2, 1751	1	95
Nabba, d. Jonathan & Lydia, b. Apr. 11, 1769	1	101
Nathan, s. Lemuel & Hannah, b. Feb. 21, 1774	1	127
Perusha, [d. Jonathan & Ales], b. Aug. 1, 1730	L-2	331
Peter Beckwith, s. [Ezekiel & Mary], b. Oct. 9, 1822	2	160
Phebe, d. Ezekiel & Phebe, b. Oct. 30, 1759	1	71
Polly, d. Mather & Sally, b. Oct. 24, 1800	2	85
Polly, m. Matthew **GEE**, b. of Lyme, Jan. 14, 1821, by Rev. Geo[rge] W. Appleton	2	119
Rebecca, twin with Rowland, d. [Rowland & Elizabeth], b. May 25, 1803	1	38
Rebecca, of Lyme, m. David **ANDREWS**, of Saybrook, July 2, 1826, by Rev. Oliver Willson	2	198
Rebecca, d. Rowland & Elizabeth, d. Feb. 15, 1838	1	38
Rhoda, d. Joseph & Deadamy, b. Apr. 18, 1758	1	31
Rhoda, d. Matthew & Lois, b. Oct. 3, 1781	1	26
Rhoda, m. Samuel **HUDSON**, b. of Lyme, Apr. 20, 1798, by Daniel Minor	2	53
Richard, s. Ebenezer & Elizabeth, b. Mar. 22, 1757	1	69
Robert, s. Lemuel & Hannah, b. June 5, 1771	1	127
Roland, of New London, m. Lucretia **ROGERS**, of Lyme, May 4,		

ROGERS, (cont.)

	Vol.	Page
1750, by Rev. George Griswold	1	95
Roland, s. Roland & Lucretia, b. Feb. 28, 1754	1	95
Roland, s. Joshua & Lydia, b. Sept. 9, 1756	1	75
Rowland, m. Elizabeth **CHAMPION**, Apr. 8, 1783, by Janson Lee, Elder	1	38
Rowland, twin with Rebecca, s. [Rowland & Elizabeth], b. May 25, 1803	1	38
Sally, d. Mather & Sally, b. Mar. 9, 1807	2	85
Sally M., m. Darius **HARDING**, b. of Lyme, Apr. 17, 1831, by Rev. Nathan Wildman	2	252
Samuel, m. Betsey **CHA[P]PEL**, July 17, 1824, by Rev. Alfred Burnham	2	168
Sarah, m. Mat[t]hew **SMITH**, Feb. 25, 1719	L-3	368
Sarah, d. [Jonathan & Ales], b. Mar. 8, 1721/2	L-2	331
Sarah, d. Ezekiel & Phebe, b. Sept. 2, 1754	1	71
Sarah, d. John, decd., of New London, m. Jonathan **GILBERT**, of Lyme, s. John, decd., June 8, 1758, by Pygan Adams, J.P.	1	116
Sarah, d. Lemuel & Hannah, b. July 9, 1762; d. Feb. 11, 1765	1	127
Sarah, d. Lemuel & Hannah, b. Jan. 30, 1767	1	127
Sarah, d. Jonathan & Lydia, b. Apr. 10, 1767	1	101
Sarah, of Lyme, m. David **MACK**, of Lyme, Feb. 9, 1783, by Rev. Daniel Minor	1	41
Sarah, d. Daniel & Sarah, b. May 6, 1797	1	51
Sarah, of Lyme, m. Watrous B. **SMITH**, of East Haddam, Mar. 7, 1826, by Lathrop Rockwell, Clerk	2	194
Sarah, m. Ezra **ROWLAND**, [ ]	1	108
Selden, s. Gideon & Lucy, b. Nov. 10, 1801	1	105
Selden, m. Betsey **HUNTLEY**, b. of Lyme, Sept. 28, 1823, by John S. Rogers, J.P.	2	160
Seth, s. Gideon & Lucy, b. Sept. 24, 1799	1	105
Silvester, s. Gideon & Lucy, b. Aug. 25, 1789	1	105
Stephen, s. Jonathan & Ales, b. Mar. 15, 1734/5	L-2	331
Susan, alias **THOMPSON**, had s. Daniel & David **ROGERS**, b. Dec. 15, 1816 & Apr. 30, 1817, respectively	2	113
Susannah, d. Abel & Hannah, b. Sept. 28, 1789	1	169
Sylvester, see under Silvester		
Ursula, d. Joshua & Phebe, b. Feb. 4, 1770	1	132
William, m. Eunice **MERVIN**, b. of Lyme, Apr. 8, 1756, by Rev. Stephen Johnson	1	133
William, s. Ezekiel & Phebe, b. Feb. 9, 1773; d. Oct. 15, 1775	1	71
William Ely, s. [Elijah & Hannah], b. Apr. 9, 1809	2	87
William Wanton, s. Jonathan & Lydia, b. June 1, 1766	1	101

ROSS, Esther, of Westerly, R.I., m. William **CHAMPION**, of Lyme, Feb. 15, 1801, by Paul Maxson, J.P., of Westerly — 2, 62

ROWLAND, ROLAND, ROULIN, ROULING, ROULEN, Abby C., m. Martin **LESTER**, b. of Lyme, Apr. 7, 1828, by Josiah Hawes — 2, 217

Abby G., of Lyme, m. Andrew **URE**, Jr., of Patterson, N.J., Jan. 31, 1842, by Rev. D.S. Brainard — 3, 125

Amos, s. Henry, Jr. & Phebe, b. July 16, 1775 — 1, 160

	Vol.	Page
ROWLAND, ROLAND, ROULIN, ROULING, ROULEN, (cont.)		
Anna, d. Rich[ar]d & Jerusha, b. Feb. 15, 1778	1	141
Anne, m. Lynde **CHAMPEN**, June 23, 1788	2	16
Asall, [s. Richard & Rebeckah], b. Aug. 2, 1718	L-2	184
Asel, of Lyme, m. Zipporah **WALLER**, of New London, Dec. 14, 1738	L-7	377
Asa[h]el, of Lyme, m. Anna **WALKER**, of Mid[d]letown, Htfd. Cty., July 15, 1760	1	100
Asa[h]el, m. Wid. Mary **CHAMPION**, Feb. 16, 1778, by Rich[ar]d Wait, J.P.	1	100
Asa[h]el, m. Wid. Mary **CHAMPION**, Feb. 16, [ ], by Rich[ar]d Wait, J.P.	1	125
Asahel, Jr., m. Hannah **GREENFIELD**, Oct. 16, 1791	2	24
Asahel, s. Asahel & Hannah, b. Feb. 11, 1796	2	24
Asahel, m. Abby **GREENFIELD**, b. of Lyme, Jan. 25, 1829, by Rev. Nathan Wildman	2	230
Azubah, m. John **HAYES**, b. of Lyme, Sept. 20, 1764, by Rev. Stephen Johnson	1	139
Benjamin, [s. Richard & Rebeckah], b. Aug. 2, 1716	L-2	184
Benjamin, m. Eunice **WADE**, Mar. 10, 1736	L-6	205
Benjamin, s. George & Freelove, b. Jan. 28, 1777; d. Feb. 13, 1777	1	151
Carolina, d. Asahel & Hannah, b. Dec. 13, 1791	2	24
Caroline, m. Seth **CHADWICK**, b. of Lyme, July 5, 1831, by Nathan Wil[d]man	2	256
Catharine, d. Rich[ar]d & Jerusha, b. Apr. 2, 1769	1	141
Dan[ie]ll, s. Richard & Jerusha, b. Nov. 5, 1780	1	141
Edward, s. Evi, b. Feb. 22, 1778	2	65
Elizabeth, [d. Henery & Temprance], b. Nov. 3, 1714	L-2	270
Elizabeth, [d. John & Hannah], b. Mar. 9, 1737	L-5	340
Elizabeth, d. [Asel & Zipporah], b. Jan. 7, 1744/5; d. Sept. 5, 1746	L-7	377
Elizabeth, d. Asel & Zipporah, b. July 26, 1747	L-7	377
Elizabeth, d. Henry & Irene, b. July 30, 1747	1	50
Elizabeth, m. William **DeWOLF**, b. of Lyme, Dec. 6, 1764, by John Lay, 2d, J.P.	1	126
Eunice, d. Benja[min] & Eunice, b. Sept. 20, 1745	L-6	205
Eunice, d. Rich[ar]d & Jerusha, b. Dec. 29, 1766	1	141
Ezra, m. Lucy **CHAMPION**, Mar. 25, 1788	1	108
Ezra, m. Sarah **ROGERS**, [ ]	1	108
Fanny, d. Nath[anie]ll & Hannah, b. Nov. 8, 1789	1	108
Francis, [child of Henery & Temprance], b. Sept. 11, 1703; d. Dec. 17, 1714	L-2	270
George, s. Benjamin & Eunice, b. Apr. 18, 1742	L-6	205
George, s. Benja[min] & Eunice, d. Jan. 16, 1745/6	L-6	205
George, s. Benjamin & Eunice, b. Sept. 29, 1749	L-6	205
George, m. Freelove **DAVISS**, b. of Lyme, Dec. 4, 1770, by John Lay, 2d, J.P.	1	151
George, s. George & Freelove, b. July 25, 1781	1	151
Han[n]ah, [d. Richard & Rebeckah], b. Dec. 20, 1701	L-2	184
Hannah, m. John **HUDSON**, [ ], 1721	L-2	253
Hannah, [d. John & Hannah], b. Jan. 17, 1730/1; d. Sept. 4, 1731	L-5	340

ROWLAND, ROLAND, ROULIN, ROULING, ROULEN, (cont.)

	Vol.	Page
Hannah, [d. John & Hannah], b. May 4, 1735	L-5	340
Hannah, d. Asel & Zipporah, b. Apr. 22, 1755	L-7	377
Hannah, relict of Rich[ar]d, d. Nov. 24, 1773	1	65
Hannah, m. William **YOUNGS**, b. of Lyme, Apr. 7, 1822, by Lothrop Rockwell, Clerk	2	144
Henery, m. Temprance [ ], Sept. 24, 1702	L-2	270
Henry, [s. Henery & Temprance], b. June 5, 1712	L-2	270
Henry, of Lyme, m. Irene **PALMER**, of Stoningtown, Mar. 27, 1735, by Rev. Joseph Fish, North Stonington	1	50
[H]enery, s. Asel & Zipporah, b. Mar. 10, 1739/40	L-7	377
Henry, s. Henry & Irene, b. Oct. 15, 1742	1	50
Henry, Jr., m. Phebe **HUNTLEY**, b. of Lyme, May 28, 1772, by John Lay, 2d, J.P.	1	137
Henry, Jr., m. Phebe **HUNTLEY**, b. of Lyme, May 28, 1772, by John Lay, 2d, J.P.	1	160
Hepzibah, d. Asel & Zipporah, b. Aug. 26, 1750	L-7	377
Irene, d. Henry & Irene, b. June 5, 1745	1	50
Isaac Daviss, s. George & Freelove, b. Feb. 2, 1774	1	151
Jesse, s. Asa[h]el & Mary, b. Nov. 18, 1778	1	100
John, [s. Henery & Temprance], b. May 6, 1706	L-2	270
John, m. Hannah **ANDERSON**, Mar. 27, 1726	L-5	340
John, [s. John & Hannah], b. May 1, 1733; d. same day	L-5	340
John, s. John & Hannah, b. Mar. 5, 1739	L-5	340
John Greenfield, s. Asahel & Hannah, b. Feb. 28, 1799	2	24
Lucretia, m. Abner **HUNTLEY**, June 26, 1768	1	84
Lucy, [d. Asel & Zipporah], b. Feb. 5, 1742/3	L-7	377
Lydia, [d. Uriah & Lydia], b. Dec. 13, 1740	L-6	182
Lydia, [d. Uriah & Lydia], b. Dec. 13, 1740; d. Dec. 28, 1741	1	4
Lydia, 2d, [d. Uriah & Lydia], b. Jan. 20, 1742/3	1	4
Mabell, [d. Richard & Rebeckah], b. Aug. 17, 1709	L-2	184
Mabel, m. Benjamin **HUDSON**, Mar. 26, 1728	L-2	170
Marah, [d. Richard & Rebeckah], b. July 20, 1704	L-2	184
Maria, d. Mat[thew] & Sally, b. July 7, 1798	2	42
Maria, of Lyme, m. Gurdon **HUNGERFORD**, of East Haddam, Nov. 24, 1821, by Lothrop Rockwell, Clerk	2	138
Martha, d. Rich[ar]d & Jerusha, b. June 8, 1773	1	141
Martha, d. Rich[ar]d & Jerusha, d. Dec. 13, 1775	1	141
Martha, d. Ezra & Lucy, b. Jan. 7, 1789	1	108
Mary, d. Benja[min] & Eunice, b. Dec. 13, 1747	L-6	205
Mary, d. George & Freelove, b. Dec. 14, 1771	1	151
Mary A., m. Charles **CHADWICK**, b. of Lyme, Aug. 24, 1830, by Herman L. Vaill	2	244
Mary Ann, of Lyme, m. John **MACRARY**, of Lyme, Aug. 22, 1821, by Lothrop Rockwell, Clerk	2	135
Mary Ann, m. Valentine A. **MILLER**, Aug. 30, 1841, by Rev. D.S. Brainard	3	116
Matthew, b. June 8, 1772	1	118
Matthew, m. Sally **DeWOLF**, b. of Lyme, Apr. 23, 1797	2	42
Nathaniel, m. Hannah **ROGERS**, Nov. 4, 1784	1	108
Nicalus, [s. John & Hannah], b. Mar. 27, 1734; d. Apr. 17, 1734	L-5	340

	Vol.	Page
ROWLAND, ROLAND, ROULIN, ROULING, ROULEN, (cont.)		
Palmer, s. Henry, Jr. & Phebe, b. July 16, 1773	1	160
Parthenia, d. Rich[ar]d & Jerusha, b. July 29, 1775	1	141
Parthena, m. Josiah **SMITH**, Jr., b. of Lyme, Feb. 17, 1779, by Rev. Stephen Johnson	1	63
Pacianes, [d. Henery & Temprance], b. Feb. 24, 1710/11	L-2	270
Pheby, d. [Uriah & Lydia], b. Jan. 24, 1744/5	1	4
Phebe, m. Benjamin **MARVIN**, Jr., b. of Lyme, Oct. 29, 1767, by Rev. Stephen Johnson	1	123
Rebeckah, [d. Richard & Rebeckah], b. Apr. 14, 1699	L-2	184
Rebeckah, m. John **BORDEN**, July 14, 1715	L-2	208
Rebeckah, d. Benja[min] & Eunice, b. Oct. 30, 1739	L-6	205
Rebeckah, d. Asel & Zipporah, b. Apr. 21, 1757	L-7	377
Richard, [s. Richard & Rebeckah], b. Mar. 1, 1707/8	L-2	184
Richard, m. Hannah **GREENFIELD**, May 1, 1736, at or near South Hold. Witnesses: Richard Shaw, John Beckwith	L-6	70
Rich[ar]d, s. Benja[min] & Eunice, b. Sept. 4, 1737	L-6	205
Richard, m. Jerush[a] **CHADWICK**, b. of Lyme, Mar. 27, 1764, by Benjamin Lee, J.P.	1	141
Richard, s. Rich[ar]d & Jerusah, b. July 15, 1771	1	141
Richard, s. Matthew & Sally, b. July 26, 1800	2	42
Sally, d. [Nathaniel & Hannah], b. Mar. 3, 1786; d. June 3, 1784?	1	108
Sally, d. [Ezra & Sarah], b. Oct. 15, 1787	1	108
Sally, w. Ezra, d. [ ]	1	108
Sary, [d. Henery & Temprance], b. Mar. 16, 1717	L-2	270
Sarah, [d. John & Hannah], b. Feb. 19, 1728/9	L-5	340
Shaler, s. Richard & Jerusha, b. Feb. 2, 1783	1	141
Silvester, s. Nath[anie]ll & Hannah, b. May 14, 1787	1	108
Stephen L., m. Lydia E. **HAVENS**, b. of Lyme, Nov. 8, 1832, by Rev. Frederick Wightman	3	1
Susannah, wid., m. Samuel **LOVELAND**, Mar. 6, 1735	L-5	307
Susannah, m. Zephaniah **SILL**, Jr., Nov. 8, 1747 (In the record of the births of the children the father's name is "Zechariah")	1	103
Susannah, d. Asel & Zipporah, b. Apr. 17, 1752	L-7	377
Sylvester, see under Silvester		
Temparance, [d. Henery & Temprance], b. Nov. 11, 1708	L-2	270
Temperance, [d. John & Hannah], b. Feb. 20, 1726/7	L-5	340
Temperance, m. Hue **GRILLEY**, Mar. 8, 1726/7	1	41
Thankfull, [d. John & Hannah], b. June 5, 1732; d. June 18, 1732	L-5	340
Uriah, [s. Richard & Rebeckah], b. Aug. 2, 1712	L-2	184
Uriah, m. Lydia **LEE**, b. of Lyme, Oct. 13, 1737, by Rev. Jonathan Parsons	L-6	182
Uriah, m. Lydia **LEE**, b. of Lyme, Oct. 13, 1737, by Rev. Jonathan Parsons	1	4
William, [s. Uriah & Lydia], b. Dec. 5, 1738	L-6	182
William, [s. Uriah & Lydia], b. Dec. 5, 1738	1	4
William, m. Eunice **TINKER**, b. of Lyme, Aug. 1, 1764, by Rev. Stephen Johnson	1	89
William, s. George & Freelove, b. May 11, 1779	1	151
William G., m. Mary J. **LESTER**, b. of Lyme, Mar. 6, 1842, by Amos D. Watrous	3	121

	Vol.	Page
ROWLAND, ROLAND, ROULIN, ROULING, ROULEN, (cont.)		
Zipporah, w. Asel, d. Apr. 17, 1760	L-7	377
ROWLEY, Abner, b. Sept. 22, 1771	2	51
Abner, m. Anne **WADE**, Dec. 22, 1796	2	51
Abner, m. Anna **WADE**, Dec. 22, 1796	2	66
Anna, d. [Abner & Anne], b. Feb. 3, 1806	2	51
Anna, w. Abner, d. Nov. 21, 1810, ae 36 y.	2	51
Joseph, s. Abner & Anne, b. Apr. 3, 1804	2	51
Lydia, d. [Abner & Anna], b. Oct. 29, 1794	2	66
Lydia, d. Abner & Anne, b. Oct. 29, 1798	2	51
Sarah Ann, m. Watson **CLARK**, b. of East Haddam, Apr. 27, 1827, by Charles Smith, J.P.	2	206
Thomas, s. Abner & Anne, b. May 2, 1800	2	51
Thomas, s. [Abner & Anna], b. May 2, 1800	2	66
ROWTH, Lydia, m. Ulyssus **McCRERY**, b. of Lyme, Jan. 6, 1833, by Thomas L. Vaill	3	3
ROYCE, Albert, of East Lyme, m. Frances Fidelia **BICKNELL**, of Lyme, Jan. 20, 1841, by Phillips Payson	3	113
David, m. Elizabeth **FORSYTH**, Feb. 2, 1831, by Nathan Wildman	2	249
David G., m. Eunice B. **BEEBEE**, b. of Lyme, Sept. 11, 1825, by Rev. Seth Lee	2	193
Harriet D., of Lyme, Ct., m. Thomas M. **CHAMBERLAIN**, of Williamstown, Mass., Oct. 1, 1846, by Rev. Oliver Brown	3	210
Horace B., of East Lyme, m. Lucretia M. **HUGHES**, of Lyme, Apr. 16, 1844, by Rev. Oliver Brown	3	158
Laura A., of East Lyme, m. Andrew **LATHROP**, of Colchester, Apr. 2, 1844, by Rev. Oliver Brown	3	157
Richard, m. Eunice **AMES**, Feb. 12, 1797	2	42
Richard, m. Sally M. **MATHER**, Nov. 26, 1829, by Rev. Chester Colton	2	239
Sally Cleveland, m. John **MATHER**, Jr., May 9, 1804	2	80
RUBEY, Christopher, s. Thomas & Phebe Bennet, b. Jan. 15, 1768	1	99
Rhoda, d. Thomas & Phebe, b. Mar. 19, 1769	1	99
Thomas, m. Phebe Bennet **SAWYER**, Mar. 22, 1767, by Rev. George Beckwith	1	99
Thomas, s. Thomas & Phebe, b. Apr. 11, 1773	1	99
RUSS, [see also **ROSS**], John A., of Mansfield, m. Ruth A. **REED**, of Lyme, Nov. 24, 1836, by Rev. Chester Colton	3	61
RUSSELL, Betsey, m. Peter **PIERSON**, b. of Lyme, Nov. 16, 1847, by Rev. Samuel Griswold	3	186
Elizabeth, m. Elihu **CHADWICK**, Feb. 19, 1815, by Asa Wilcox, Elder	2	115
Mary, of [Lyme], m. George E. **NILES**, of Prattsburg, N.Y., May 14, 1828, by Rev. Tubal Wakefield	2	218
Samuel, m. Sally **RANSOM**, b. of Lyme, Oct. 21, 1819, by Joel Loomis, J.P.	2	186
RUST, Charlotte, m. Ezra Jones **POST**, Sept. 26, 1849, by Rev. Sylvester Nash, of Essex, Ct.	3	203
RYON, Eliza Caroline, d. [Pardon & Rebecca], b. May 1, 1809	2	22
Emmeline, d. [Pardon & Rebecca], b. Feb. 7, 1805	2	22

LYME VITAL RECORDS 211

	Vol.	Page
RYON, (cont.)		
Fanny Almena, d. [Pardon & Rebecca], b. Sept. 7, 1811	2	22
Harriet W., d. Pardon & Rebecca, b. Jan. 8, 1801	2	22
Ichabod, m. Maria E. **MORGAN**, b. of Lyme, Mar. 6, 1836, by Rev. Frederick Wightman	3	51
James, s. Pardon & Rebecca, b. Jan. 5, 1799	2	22
Julia, m. Charles **SPENCER**, b. of Lyme, Oct. 21, 1824, by Rev. Nathan Wildman	2	172
Mary, m. Joseph **BROOKS**, b. of Lyme, Oct. 24, 1824, by Rev. Nathan Wildman	2	173
Maryette, [d. Pardon & Rebecca], b. May 12, 1807	2	22
Mercy Ann, d. Pardon & Rebecca, b. Oct. 2, 1796	2	22
Pardon, m. Rebecca **MINOR**, July 19, 1792	2	22
Pardon, s. Pardon & Rebecca, b. July 8, 1793	2	22
Pardon, d. Mar. 31, 1813	2	22
Rebecca, [w. Pardon], d. Apr. 5, 1813	2	22
SABINS, Marg[a]ret, m. Robert **OTIS**, Aug. 8, 1737	1	61
SALTER, Margaret O., m. James **LOMBARD**, b. of Lyme, Mar. 30, 1845, by Rev. Pierpont Brockett	3	151
SAMPSON, Bartlett P., of N. Lyme, m. Frances C. **CROCKER**, of E. Lyme, Oct. 10, 1847, by Rev. Chester Tilden, of N. Lyme	3	179
Solomon, m. Elizabeth W. **CLARK**, Aug. [ ], 1821, by Samuel B. Mather, J.P.	2	136
SANDERS, [see also **SAUNDERS**], Almira, d. [Nathan & Jerusha], b. Nov. 29, 1823	2	97
Amos, s. William & Mehetable, b. Aug. 9, 1820	2	106
Cha[rle]s Palmer, s. [Nathan & Jerusha], b. Oct. 22, 1817	2	97
Hannah, m. Joseph **WARD**, Aug. 2, 1812	2	82
Hannah, d. [William & Mehetable], b. Feb. 7, 1822	2	106
Harriet, of Lyme, m. Hezekiah **COSFORD**, of England, Aug. 18, 1844, by Rev. Pierpont Brockett	3	146
Jean, d. Robert & Hannah, b. Apr. 5, 1780	1	164
Joseph, of Lyme, m. Ann Maria **REYNOLDS**, of [Lyme], Mar. 4, 1843, by Erastus W. Caulkins, J.P.	3	137
Lydia, d. [Nathan & Jerusha], b. Jan. 25, 1816	2	97
Nathan, m. Jerusha **MAYNARD**, b. of Lyme, Jan. 12, 1815, by Charles Griswold, J.P.	2	97
Phebe, d. [Nathan & Jerusha], b. Sept. 15, 1821	2	97
Robert, m. Wid. Hannah **ROGERS**, b. of Lyme, Sept. 6, 1779, by John Lay, 2d, J.P.	1	164
SANDRIS, John, s. [Samuell, Jr.], b. Dec. 16, 1733	L-2	301
Ruhama, [d. Samuell, Jr.], b. July 8, 1731	L-2	301
SAUNDERS, [see also **SANDERS**], Albert, s. Samuel & Phebe, b. June 10, 1800	1	48
Amelia A., m. Daniel E. **DODGE**, Jr., of Waterford, May 30, 1849, by Rev. D.S. Brainard	3	199
Asa, s. Samuel & Phebe, b. Mar. 31, 1796	1	48
Betsey, of Lyme, m. Eleazer **SPENCER**, of Saybrook, May 4, 1834, by Rich[ar]d E. Selden, Jr., J.P.	3	66
Betsey, of Lyme, m. Eleazer **SPENCER**, of Haddam, May 4, 1834, by Richard E. Selden, Jr., J.P.	3	263

	Vol.	Page
SAUNDERS, (cont.)		
Caroline, of Lyme, m. John A. **KING**, of Southhold, L.I., Nov. 5, 1827, by Rich[ar]d E. Selden, Jr., J.P.	2	212
Caroline, of Lyme, m. John **KING**, of Southhold, L.I., Nov. 5, 1827, by Rich[ar]d E. Selden, Jr., J.P.	2	224
Christopher Palmer, s. Samuel & Phebe, b. Feb. 9, 1804	1	48
Emily, of Lyme, m. Ira **WATROUS**, of Saybrook, June 15, 1834, by Richard E. Selden, J.P.	3	66
Hannah, d. Samuel & Phebe, b. Feb. 28, 1792	1	48
James F., of Lyme, m. Marietta **CRAVELL**, of East Lyme, Sept. 20, 1841, by Rev. Oliver Brown	3	154
Nancy, of Lyme, m. Timothy **PRATT**, of Saybrook, Dec. 27, 1829, by Richard E. Selden, Jr., J.P.	2	239
Nathan, s. Samuel & Phebe, b. Feb. 5, 1794	1	48
Phebe, d. Samuel & Phebe, b. Mar. 27, 1798	1	48
Phebe, d. Samuel & Phebe, b. Mar. 23, 1809	1	48
Sam[ue]ll, so-called s. Sibbel **FOX**, b. Dec. 16, 1767	1	48
Samuel, s. Samuel & Phebe, b. May 10, 1806	1	48
Samuel, Jr., m. Julia Ann **HUNTLEY**, b. of Lyme, Mar. 2, 1828, by Rev. Tubal Wakefield	2	214
Sanford, s. Simeon & Hannah, b. Feb. 2, 1778	1	2
William, s. Samuel & Phebe, b. Oct. 14, 1801	1	48
SAWER, [see also **SAWYER**], James, m. Herediah **BARTLETT**, Apr. 4, 1739	L-7	131
Sarah Ward, [d. James & Herediah], b. July 24, 1740	L-7	131
SAWYER, [see also **SAWER**], Amy, m. Silas **BRAMBLE**, b. of Lyme, Apr. 27, 1823, by Josiah Hawes	2	157
Asa, s. Jacob & Rose, b. July 30, 1756	1	148
Betsey, d. Eph[rai]m & Jemimah, b. Nov. 1, 1775	1	143
Betsey S., m. Samuel S. **SAWYER**, [Apr.] 18, [1852], by Rev. D.S. Brainard	3	239
David, s. Eph[rai]m & Jemimah, b. Feb. 6, 1780	1	143
Desire, d. Jacob & Sarah, b. Mar. 9, 1774	1	148
Diadama, d. Jacob & Sarah, b. Dec. 25, 1769	1	148
Elisha M., of Lyme, m. Ursula **BRAINARD**, of Haddam, Mar. 27, 1842, by Rev. Amos D. Watrous	3	122
Elizabeth A., m. Cha[rle]s W. **HAR[R]ISON**, b. of Lyme, Dec. 21, 1823, by Simon Shalor, Elder	2	163
Ephraim, m. Jemimah **HILL**, Nov. 20, 1774	1	143
Ephraim, twin with Jemimah, s. [Ephraim & Jemimah], b. Feb. 10, 1792	1	143
Hannah C., m. James W. **BOGUE**, b. of Lyme, Dec. 24, 1854, by Rev. Alpha Miller	3	259
Huldah, d. Jesse & Sarah, b. Feb. 22, 1779	1	90
Jacob, m. Rose **BENNET**, b. of Lyme, Jan. 12, 1742/3, by Rev. George Beckwith	1	148
Jacob, s. Jacob & Rose, b. June 12, 1745	1	148
Jacob, Jr., m. Sarah **WRATHBONE**, b. of Lyme, Mar. 16, 1769, by Rev. George Beckwith	1	148
Jemimah, twin with Ephraim, d. [Ephraim & Jemimah], b. Feb. 10, 1792	1	143

	Vol.	Page
SAWYER, (cont.)		
John, s. Jacob & Rose, b. Feb. 8, 1753	1	148
John, s. Eph[rai]m & Jemimah, b. Sept. 14, 1789	1	143
Laura, m. James **BOGUE**, July 23, 1831, by Zebulon Brockway, Jr., J.P.	2	259
Lucy, twin with Sarah, d. Jacob & Sarah, b. July 25, 1776	1	148
Lydia, m. Joseph **HUNTLEY**, b. of Lyme, May 4, 1768, by Benjamin Lee, J.P.	1	127
Martin, m. Eunice A. **TINKER**, b. of Lyme, Mar. 30, 1848, by Chester Tilden	3	188
Matthew, s. Jacob & Rose, b. Jan. 30, 1751	1	148
Phebe, d. Jacob & Rose, b. Feb. 10, 1747	1	148
Phebe Bennet, m. Thomas **RUBEY**, Mar. 22, 1767, by Rev. George Beckwith	1	99
Polly, d. Eph[rai]m & Jemimah, b. Nov. 22, 1777	1	143
Polly, m. Henry **HARRISON**, b. of Lyme, Aug. 5, 1826, by Richard E. Selden, 2d, J.P.	2	199
Samuel S., m. Frances **GULLIVER**, b. of Lyme, June 4, 1837, by M.S. Parker, J.P.	3	231
Samuel S., m. Betsey S. **SAWYER**, [Apr.] 18, [1852], by Rev. D.S. Brainard	3	239
Sarah, m. Ithamer **SMITH**, b. of Lyme, Nov. 11, 1762, by Benjamin Lee, J.P.	1	125
Sarah, twin with Lucy, d. Jacob & Sarah, b. July 25, 1776	1	148
Temperance, d. Eph[rai]m & Jemimah, b. Dec. 30, 1784	1	143
Thankfull, d. Jacob & Sarah, b. Nov. 25, 1771	1	148
Zeruiah, m. David Carpender **SMITH**, b. of Lyme, Dec. 17, 1772	1	113
SAYER, Jacob, m. Martha **LOOMER**, June 22, 1710	L-2	92
James, [s. Jacob & Martha], b. Dec. 7, 1712	L-2	92
Martha, [d. Jacob & Martha], b. May 7, 1711	L-2	92
SCOVELL, SCOVEL, SCOVIL, SCOFEL, SCOFFEL, SCOFFELL, SCOFILL, SCHOFEL, SCHOFELL, SCHOLFELL, SHOFEL, Art[h]er, m. Rachel [ ], Dec. 17, 1689	L-2	7
Art[h]er, [s. Art[h]er & Rachel], b. Jan. 3, 1691/2	L-2	7
Art[h]er, [s. Rachall **HUDSON**, by her 1st husband Arthur **SCOVEL**], b. Jan. 3, 1691/2 [sic] (Infromation regarding relationship supplied by H.W. Brainard)	L-2	252
Art[h]er, d. June 24, 1694	L-2	7
Art[h]er, m. Elizabeth [ ], Feb. [ ], 1710/11	L-2	295
Art[h]er, s. James & Elizabeth, b. Apr. 14, 1752	L-5	177
Elizabeth, [d. Arter & Elizabeth], b. July 26, 1715	L-2	295
Elizabeth, [d. James], b. Dec. 30, 1737	L-5	177
Elizabeth, m. Lemuel **TUBBS**, b. of Lyme, Nov. 17, 1756, by Rev. George Griswold	1	117
Esther, d. John & Sarah, b. Nov. 24, 1743	1	15
Irena, d. James & Elizabeth, b. July 23, 1749	L-5	177
Irane, m. Darius **HARDEN**, Oct. 28, 1802	2	77
Isaac, s. James & Elizabeth, b. May 5, 1756	L-5	177
Jeames, [s. Arter & Rachel], b. Jan. 9, 1693/4; d. Feb. 16, 1693/4	L-2	7
Jeames, s. [Arter & Elizabeth], b. Jan. 18, 1711	L-2	295

	Vol.	Page

SCOVELL, SCOVEL, SCOVIL, SCOFEL, SCOFFEL, SCOFFELL, SCOFILL, SCHOFEL, SCHOFELL, SCHOLFELL, SHOFEL, (cont.)

	Vol.	Page
James, m. [ ], Oct. 10, 1734	L-5	177
John, m. Sarah **ALGER**, Nov. 3, 1742	L-7	308
Luce, m. Benajah **AMES**, b. of East Haddam, Nov. 15, 1762, by Grindall Rawson, Clerk, East Haddam	1	146
Rhoda, [d. James], b. July 9, 1743	L-5	177
Sarah, [d. Stephen & Sarah], b. Sept. 11, 1708	L-2	231
Sarah, m. John **BROCKWAY**, 2d, Mar. 22, 1739	L-2	318
Sebbel, [d. James], b. June 11, 1740	L-5	177
Sebbel, d. James & Elizabeth, [d.] Nov. 9, 1745	L-5	177
Sebbel, d. James & Elizabeth, b. July 12, 1746	L-5	177
Stephen, m. Sarah, Nov. 4, 1705	L-2	231
Stephen, [s. Stephen & Sarah], b. Aug. 20, 1706	L-2	231
Sybil, see under Sebbel		
SCRANTON, Charles, of Madison, m. Louisa **STARK**, of Lyme, May 17, 1854, by E.F. Burr	3	256
SEARS, Bettey, d. John & Judeth, b. Nov. 22, 1765	1	104
Elizabeth, [d. John & Elizabeth], b. Oct. 9, 1741	L-6	248
Jasper Peck, s. John & Judeth, b. July 7, 1763	1	104
John, m. Elizabeth **WATROUS**, June 13, 1734	L-6	248
John, [s. John & Elizabeth], b. Mar. 4, 1734/5	L-6	248
John, m. Judeth **PECK**, b. of Lyme, Jan. 24, 1760, by Rev. Stephen Johnson	1	104
John, d. Dec. 28, 1766	1	104
Mary, d. John & Elizabeth, b. Aug. 24, 1744	L-6	248
Mary, m. John **DENISON**, Jr., b. of Lyme, Aug. 9, 1764, by John Lay, 2d, J.P.	1	116
Rich[ar]d, [s. John & Elizabeth], b. July 30, 1738	L-6	248
Richard, s. John & Judeth, b. Aug. 28, 1761	1	104
Seth, s. John & Elizabeth, b. Oct. 16, 1748	L-6	248
SELDEN, Abigail, d. Ezra & Elizabeth, b. Mar. 30, 1761	1	59
Ame, d. Ezra & Ame, b. Nov. 29, 1770	1	59
Ame, w. Ezra, d. Feb. 26, 1776	1	59
Asenath, d. Rich[ar]d & Desier, b. Dec. 28, 1785	1	14
Calvin, s. Ezra & Elizabeth, b. Mar. 14, 1763	1	59
Calvin, Lt., m. Phebe **ELY**, Sept. 20, 1790	2	5
Charles, s. Samuel & Elizabeth, b. Nov. 23, 1755	1	25
Charles, d*. Elijah & Eunice, b. June 11, 1782 (Probably a son)	1	169
Deborah, d. Sam[ue]l & Elizabeth, b. Dec. 29, 1753, N.S.	1	25
Dorothy, d. Sam[ue]l & Elizabeth, b. Dec. 26, 1766	1	25
Dorothy, m. Silden **WARNER**, b. of Lyme, June 5, 1788	2	17
Elijah, s. Sam[ue]ll & Elizabeth, b. Feb. 21, 1752	1	25
Elijah, m. Eunice **COMSTOCK**, May 12, 1778, by Ezra Selden, J.P.	1	169
Elijah, s. Elijah & Eunice, b. Aug. 26, 1780	1	169
Elijah, m. Hannah **TRACY**, Sept. 25, 1792	1	169
Elisha, s. Ezra & Ame, b. July 31, 1774; d. Dec. 12, 1775	1	59
Eliza P., of Lyme, m. Elihu **GEER**, of E. Hartford, May 16, 1849, in Hadlyme, by Rev. Stephen A. Loper, of Hadlyme	3	198

	Vol.	Page
SELDEN, (cont.)		
Elizabeth, d. Samuel & Elizabeth, b. Apr. 16, 1747	1	25
Elizabeth, d. Ezra & Elizabeth, b. Sept. 14, 1758	1	59
Elizabeth, w. Ezra, d. June 20, 1767	1	59
Erastus, s. Ezra & Ame, b. Oct. 23, 1769	1	59
Erastus, m. Laura **COMSTOCK**, b. of [Lyme], Sept. 21, 1835, by Harvey Bushnell	3	40
Esther, d. Sam[ue]ll & Elizabeth, b. June 22, 1750; d. June 8, 1751	1	25
Eunice, d. Elijah & Eunice, b. July 6, 1788	1	169
Eunice, w. Elijah, d. Oct. 14, 1791	1	169
Ezra, m. Elizabeth **ROGERS**, May 6, 1751, by Benj[ami]n Throop, Clerk	1	110
Ezra, s. Ezra & Elizabeth, b. Mar. 23, 1752	1	59
Ezra, of Lyme, m. Ame **ELY**, of Lyme, Dec. 29, 1768, by Rev. George Beckwith	1	59
Ezra, m. Hannah **MARVIN**, Apr. 13, 1780	1	59
Ezra, of Lyme, m. Elizabeth **ROGERS**, of Norwich, May 6, 1784	1	59
Ezra, s. Elijah & Eunice, b. Aug. 21, 1785	1	169
Ezra, s. Calvin & Phebe, b. Aug. 17, 1793	2	5
George, s. Sam[ue]l & Elizabeth, b. Feb. 27, 1763	1	25
Gurdon, s. Ezra & Elizabeth, b. Aug. 27, 1756; d. June 27, 1759	1	59
Hannah, m. Moses **NOYES**, b. of Lyme, June 2, 1748, by Stephen Johnson	1	51
Jemima, d. Sam[ue]ll & Elizabeth, b. Sept. 3, 1757	1	25
John Erastus, b. Feb. 22, 1829	2	268
Joseph, m. Caroline **LORD**, b. of Lyme, Sept. 4, 1845, by Rev. Stephen Alonzo Loper, of Hadlyme	3	160
Joseph Dudley, s. Sam[ue]l & Elizabeth, b. Dec. 30, 1764	1	25
Julian, d. Richard Ely & Desier, b. July 24, 1784	1	14
Lucretia, d. Ezra & Ame, b. June 24, 1772; d. Feb. 25, 1776	1	59
Lura, d. Elijah & Eunice, b. Apr. 12, 1791	1	169
Maria K., of Lyme, m. Joseph **HOLMES**, of East Haddam, May 21, 1844, by Rev. Stephen Loper, of Hadlyme	3	144
Mary, d. Sam[ue]l & Elizabeth, b. Apr. 22, 1761	1	25
Mary, m. Capt. Abner **LORD**, Jr., Nov. 7, 1782	2	5
Mehetable, m. Dan **MARVIN**, b. of Lyme, Oct. 14, 1762, by Rev. George Beckwith	1	158
Rebeckah, d. Ezra & Ame, b. Feb. 23, [1776]; d. Feb. 26, 1776	1	59
Reynold Marvin, s. Sam[ue]ll & Sarah, b. Jan. 10, 1777; d. Mar. 29, 1777	1	134
Richard Ely, s. Sam[ue]ll & Elizabeth, b. May 25, 1759	1	25
Richard Ely, m. Desier **COULT**, Oct. 2, 1782	1	14
Roger, s. Sam[ue]l & Elizabeth, b. Apr. 16, 1769	1	25
Roxana, d. [Lt.] Calvin & Phebe, b. May 19, 1791	2	5
Samuel, Capt., d. Last day of Feb. 1745	1	22
Samuel, of Lyme, m. Elizabeth **ELY**, of Lyme, May 23, 1745	1	25
Samuel, s. Samuel & Elizabeth, b. Nov. 1, 1748	1	25
Sam[ue]l, Jr., m. Sarah **MARVIN**, b. of Lyme, Nov. 24, 1774, by Stephen Johnson	1	134
Samuel, Col., d. Oct. 11, 1776, "after languishing in prison about		

	Vol.	Page

SELDEN, (cont.)
    one month being taken the 17th day of Sept. 1776, and carried into New York and there kept close prisoner until he expired" — 1, 25

    Samuel Hart, m. Sarah Ann **LAY**, [june] 16, [1853], by Rev. D.S. Brainard — 3, 248

    Samuel Rogers, s. Ezra & Elizabeth, b. Apr. 9, 1765 — 1, 59

    Sarah, w. Samuel, d. Jan. 22, 1777 — 1, 134

    Theophilus Rogers, s. Ezra & Elizabeth, b. Dec. 27, 1753; d. May 9, 1755 — 1, 59

    ----------, s. [Elijah & Eunice], b. June 13, 1779; d. June 24, 1779 — 1, 169

SELF, Jemima, m. William **LANE**, Oct. [ ], 1820, by Eben[eze]r Brockway, J.P. — 2, 123

SHELDON, Asa, Jr., of Hopkinton, R.I., m. Christiana F. **WATERHOUSE**, of Lyme, Apr. 8, 1838, by Rev. George Carrington, of Hadlyme — 3, 84

    Elisha, Capt., m. Elizabeth **ELY**, d. Samuel Ely, decd., Oct. 7, 1735 — 1, 9

    Elisha, s. [Capt. Elisha & Elizabeth], b. Mar. 6, 1739/40 — 1, 9

    Loas, [d. Capt. Elisha & Elizabeth], b. June 24, 1738 — 1, 9

    Mary, d. [Capt. Elisha & Elizabeth], b. June 6, 1737; d. Aug. 28, 1737 — 1, 9

    Mary, d. [Capt. Elisha & Elizabeth], b. Jan. 19, 1741/42 — 1, 9

    Samuel, s. Capt. Elisha & Elizabeth, b. Mar. 9, 1746/7; d. Dec. 20, 1747 — 1, 9

    Samuel, s. Capt. Elisha & Elizabeth, b. Sept. 26, 1750 — 1, 9

    Thomas, s. [Capt. Elisha & Elizabeth], b. Oct. 13, 1743; d. Nov. 5, 1743 — 1, 9

    Thomas, s. Capt. Elisha [& Elizabeth], b. Aug. 5, 1745 — 1, 9

SHEPARD, Daniel A., of Cleveland, Ohio, m. Louisa M. **GATES**, of Lyme, Sept. 12, 1836, by Rev. George Carrington, of Hadlyme — 3, 57

SHIPMAN, Abigail, m. William **BRAMBLE**, [ ] — 2, 31

    Abner, b. Jan. 12, 1759 — 1, 96

    Abner, m. Margary **AVERY**, Oct. 20, 1779 — 1, 96

    Abner, s. Abner & Margary, b. Mar. 20, 1790 — 1, 96

    Bets[e]y, d. Abner & Margary, b. Sept. 20, 1786 — 1, 96

    Betsey, m. Charles **BECKWITH**, Sept. 25, 1828, by John S. Rogers, J.P. — 2, 222

    Charles, s. Abner & Margary, b. June 6, 1802 — 1, 96

    Christopher, s. Abner & Margary, b. June 18, 1781 — 1, 96

    Elijah, s. Abner & Margary, b. Apr. 22, 1785 — 1, 96

    Elisha, s. Abner & Margary, b. Apr. 6, 1788 — 1, 96

    Hallam, s. Abner & Margary, b. Sept. 19, 1782 — 1, 96

    Josiah, s. Abner & Margary, b. Apr. 7, 1793 — 1, 96

    Mehetable A., m. Cyrus **COOK**, Mar. 22, 1827, by Thomas W. Strictland, J.P. — 2, 205

    Molley, of Saybrook, m. Sylvanus **SMITH**, of Lyme, Oct. 14, 1796, by Rev. William Hart, of Saybrook — 1, 136

    Nathaniel, s. Abner & Margary, b. Mar. 21, 1791 — 1, 96

    Parthena, d. Abner & Margary, b. Sept. 6, 1798 — 1, 96

	Vol.	Page
SHIPMAN, (cont.)		
Roswell, s. Abner & Margary, b. Oct. 20, 1794	1	96
Sanford, s. Abner & Margary, b. Dec. 22, 1796	1	96
William, s. Abner & Margary, b. May 19, 1780	1	96
SILL, Abel, s. Andrew & Ellenor, b. Aug. 8, 1774	1	162
Amasa, s. Jabez & Elizabeth, b. Feb. 24, 1767	1	105
Amy, d. Will[ia]m & Jemima, b. Dec. 24, 1789	2	15
Andrew, m. Phebe **MATHER**, d. Lieut. Joseph, June 19, 1744	1	60
Andrew, s. Andrew & Phebe, b. Apr. 9, 1745	1	60
Andrew, m. Ellenor **DORR**, b. of Lyme, June 20, 1773, by Rev. Stephen Johnson	1	162
Andrew, s. Andrew & Ellenor, b. Mar. 31, 1778	1	162
Anna, d. John & Phebe, b. May 14, 1742	1	63
Anna, m. John **LAY**, 4th, b. of Lyme, Feb. 28, 1760, by Rev. Stephen Johnson	1	102
Anna, m. Dr. John **NOYES**, June 21, 1849, by Rev. D.S. Brainard	3	200
Azubah, d. Joseph & Azubah, b. June 10, 1766	1	83
Azubah, w. Joseph, d. Jan. 17, 1771	1	83
Azubah, m. Capt. Calleck **ELY**, Jr., Feb. 2, 1790	2	3
Bettey, d. Zech[aria]h & Susannah, b. Aug. 10, 1748	1	103
Bettey, d. Giles & Lucy, b. July 10, 1774	1	100
Clarissa, d. Zech[aria]h & Susannah, b. Apr. 28, 1752	1	103
Clarrisse, d. W[illia]m & Jemima, b. Mar. 30, 1801	2	15
David, s. [David Fithen & Sarah], b. Jan. 8, 1775; d. June 19, 1775	1	146
David, s. David [F.] & Sarah, b. Jan. 8, 1775; d. June 19, 1795, ae 5 m.	2	1
David F., m. Sarah **GRISWOLD**, May 20, 1768	2	1
David F., Col., d. Jan. 8, 1813, ae 80 y.	2	1
David Fitton, s. John & Phebe, b. Apr. 24, 1733	1	63
David Fithen, m. Sarah **GRISWOLD**, May 1, 1768	1	146
Elijah, [s. Joseph], b. Nov. 6, 1724	L-2	456
Elisha, [s. Joseph], b. Apr. 6, 1730	L-2	456
Elisha, s. Richard & Eunice, b. Jan. 23, 1778	1	105
Elisha Noyes, s. Jabez & Elizabeth, b. Jan. 15, 1761	1	105
Elizabeth [d. Joseph], b. Nov. 20, 1707	L-2	456
Elizabeth, d. Jabez & Elizabeth, b. Oct. 22, 1750	1	105
Elizabeth, d. Samuel & Eunice, b. Nov. 30, 1792	1	157
Enock, s. John & Hepzibah, b. Mar. 15, 1753; d. Aug. [ ], 1777	1	63
Enoch, s. Giles & Lucy, b. May 3, 1778	1	100
Esther, d. Jabez & Elizabeth, b. Dec. 21, 1756	1	105
Fanny, d. Samuel & Eunice, b. Apr. 4, 1796	1	157
Francis, d. [Capt. Thomas & Mehetable], b. July [ ], 1814	2	90
George Griswold, s. [Silas & Hannah], b. Jan. 26, 1791	2	8
Giles, s. Joseph, Jr. & Ruth, b. Nov. 21, 1748	1	83
Gurdon, see under Jurdon		
Henry Mather, s. [Capt. Thomas & Mehetable], b. Oct. 2, 1803	2	90
Hepzibah, w. John, d. Mar. [ ], 1783	1	63
Horace, s. Silas & Hannah, b. Mar. 5, 1794	2	8
Isaac, s. Thomas & Jemima, b. Apr. 20, 1749	1	87
Isaac Worth, m. Mercy Wilcox **BECKWITH**, Feb. 2, 1811	2	92

SILL, (cont.)

	Vol.	Page
Jabez, twin with Richard, [s. Joseph], b. Aug. 4, 1722	L-2	456
Jabez, m. Elizabeth **NOYES**, b. of Lyme, Dec. 28, 1749, by Rev. Stephen Johnson	1	105
Jabez, s. Jabez & Elizabeth, b. Mar. 6, 1763	1	105
Jemima, d. Thomas & Jemima, b. Mar. 30, 1743	1	87
Jemima, wid., of [Lyme], m. Broadstreet **EMMERSON**, of Lyme, Jan. 4, 1758, by Rev. George Beckwith	1	93
Jemima, m. William **STARLIN**, of Lyme, Jan. 3, 1763, by Samuel Ely, J.P.	1	102
Jeriah, s. Andrew & Phebe, b. Apr. 17, 1750	1	60
Jerusha, d. W[illia]m & Jemima, b. June 18, 1795	2	15
John, [s. Joseph], b. Feb. 14, 1709	L-2	456
John, of Lyme, m. Phebe **FITKIN**, of Bridgehampton, Dec. 22, 1731, by Ebenezer White, Minister of Bridgehampton	L-2	424
John, of Lyme, m. Phebe **FITTON***, of Bridgehampton, [L.I.], Dec. 22, 1731, by Rev. Ebenezer White, of Bridgehampton (Should it not be "Fithian"?)	1	63
John, s. John & Phebe, b. Apr. 16, 1744	1	63
John, of Lyme, m. Hepzibah **LEE**, Apr. 9, 1752 (See John Lee)	1	63
John, s. [David Fithen & Sarah], b. June 14, 1773	1	146
John, s. David [F.] & Sarah, b. June 14, 1773; drowned Aug. 26, 1794, ae 21, at Hartford	2	1
John Comstock, s. Zachariah & Prudence, b. Mar. 18, 1782	1	38
John Griswold, s. [Capt. Thomas & Mehetable], b. Sept. 3, 1800	2	90
Jonathan Palmer, s. Andrew & Ellenor, b. Jan. 8, 1776	1	162
Joseph, Capt., m. Sarah, Feb. 12, 1677	L-1	102
Joseph, Capt., m. Wid. Sarah **MARVIN**, Feb. 12, 1677; d. Aug. 6, 1696, ae 60 y.	L-1	102
Joseph, s. Joseph & Sarah, b. Jan. 6, 1678	L-1	102
Joseph, [s. Joseph], b. Apr. 25, 1715	L-2	456
Joseph, s. John & Phebe, b. Feb. 21, 1735	1	63
Joseph, 2d, m. Ruth **MALSON**, b. of Lyme, Dec. 31, 1747, by Rev. Stephen Johnson	1	83
Joseph, m. Azubah **DeWOLF**, b. of Lyme, Apr. 23, 1765, by Rev. Stephen Johnson	1	83
Joseph, d. Nov. 10, 1765, ae 88 y.	L-2	456
Joseph, d. Jan. 20, 1782	1	83
Joseph Lee, s. Joseph & Azubah, b. Jan. [ ], 1768	1	83
Jurdon Goold, s. Giles & Lucy, b. Feb. 9, 1780	1	100
Lois, d. [David Fithen & Sarah], b. Aug. 29, 1771	1	146
Lois, d. David [F.] & Sarah, b. Aug. 29, 1771	2	1
Lois, m. David **MATSON**, Jan. 25, 1797	2	57
Lucia, d. Joseph, Jr. & Ruth, b. May 14, 1754	1	83
Luce, [d. Joseph], b. Dec. 1, 1719	L-2	456
Lucy, d. W[illia]m & Jemima, b. Apr. 20, 1799	2	15
Margaret, d. [Capt. Thomas & Mehetable], b. Sept. 14, 1805	2	90
Margaret, m. John **HART**, b. of Lyme, Aug. 25, 1835, by Rev. Chester Colton	3	39
Mary, d. John & Phebe, b. June 16, 1739	1	63
Mary, d. Jabez & Elizabeth, b. July 11, 1752	1	105

	Vol.	Page
SILL, (cont.)		
Mary, d. [Capt. Thomas & Mehetable], b. Jan. 26, 1812	2	90
Mary, m. Richard **CHADWICK**, 2d, July 20, 1817, by Asa Wilcox, Elder	2	140
Mehetable, d. Thomas & Jemima, b. May 4, 1754	1	87
Mehetable, m. Martin **HUNTLEY**, b. of Lyme, Aug. 26, 1773	1	53
Mica, s. Thomas & Jemima, b. Dec. 25, 1751	1	87
Moses, s. Jabez & Elizabeth, b. Jan. 9, 1765	1	105
Moses, of East Windsor, m. Asenath **COULT**, Jan. 19, 1794	2	24
Nancy, d. [Capt Thomas & Mehetable], b. Dec. 7, 1807	2	90
Naomi, d. Jabez & Elizabeth, b. Nov. 28, 1754	1	105
Nathaniel, s. Joseph, Jr. & Ruth, b. May 19, 1750; d. Aug. 10, 1765	1	83
Nathaniel, s. Giles & Lucy, b. Aug. 6, 1776	1	100
Patty, m. Benj[ami]n **REEVE**, Nov. 19, 1809, by David Turner, J.P.	2	101
Phebe, [d. Joseph], b. Feb. 10, 1712/13	L-2	456
Phebe, d. John & Phebe, b. Mar. 19, 1737	1	63
Phebe, w. John, d. May 23, 1751	1	63
Phebe, m. William **LAY**, b. of Lyme, Dec. 15, 1757, by Rev. Stephen Johnson	1	105
Phebe, d. Joseph & Azubah, b. June 4, 1770	1	83
Phebe, w. Joseph, d. Jan. 4, 1772, ae 86 y.	L-2	456
Phebe, d. Andrew & Ellenor, b. Mar. 26, 1781	1	162
Phebe, m. Dudley **STERLING**, Nov. 16, 1797	2	43
Phebe, of Lyme, m. Capt. Gardner **GALLUP**, of Salem, Apr. 19, 1821, by Josiah Hawes	2	131
Phebe M., m. Charles E. **HART**, b. of Lyme, July 6, 1826, by Lothrop Rockwell, Clerk	2	197
Phebe Mather, d. [Capt. Thomas & Mehetable], b. Nov. 27, 1801	2	90
Polly, d. David Fithen & Sarah, b. June 27, 1768	1	146
Polly, d. David [F.] & Sarah, b. June 27, 1768	2	1
Polly, m. Nathaniel **MATSON**, Oct. 8, 1791	2	23
Polly, d. Silas & Hannah, b. Aug. 10, 1796	2	8
Polly, [d. David F. & Sarah], b. Jan. 9, 1802	2	1
Polly Matson, d. W[illia]m & Jemima, b. May 30, 1797	2	15
Richard, twin with Jabez, [s. Joseph], b. Aug. 4, 1722	L-2	456
Richard, s. Zech[aria]h & Susannah, b. Nov. 19, 1754	1	103
Richard, s. John Hepzibah, b. July 15, 1755; d. June 4, 1790, at Albany	1	63
Richard, m. Eunice **LEE**, b. of Lyme, Nov. 14, 1776, by Benjamin Lee, Esq.	1	105
Richard, s. [Silas & Hannah], b. July 29, 1781; d. Sept. 10, 1809; bd. in family burying ground of Col. Francis Nicol, in Bethlehem, 8 m. below Albany	2	8
Ruhama, d. Joseph, Jr. & Ruth, b. Apr. 5, 1752	1	83
Rhuami, m. David **HOWELL**, Oct. 30, 1783	1	56
Ruth, d. Joseph, Jr. & Ruth, b. Mar. 14, 1756	1	83
Ruth, w. Joseph, Jr., d. Aug. 12, 1762	1	83
Samuel, s. Thomas & Jemima, b. Apr. 4, 1745	1	87
Samuel, s. Andrew & Phebe, b. Jan. 8, 1747	1	60

	Vol.	Page
SILL, (cont.)		
Samuel, m. Eunice **DORR**, Dec. 18, 1788, by Ezra Selden, J.P.	1	157
Samuel Dudley, s. Samuel & Eunice, b. Dec. 25, 1790	1	157
Sarah, [d. Joseph], b. Jan. 2, 1727/8	L-2	456
Sarah, d. John & Phebe, b. Aug. 8, 1746	1	63
Sarah, d. [Silas & Hannah], b. Aug. 5, 1785; d. Jan. 12, 1810, in New York; bd. in Presbyterian Church Yard	2	8
Sarah, m. William **HALL**, of N.Y. City, Dec. 8, 1806	2	63
Sarah, [w. David F.], d. Nov. 20, 1815	2	1
Sarah G., of Lyme, m. Alfred L. **WELLS**, of New York, Apr. 13, 1835, by Rev. Chester Colton	3	33
Sarah Griswold, [d. Capt. Thomas & Mehetable], b. Dec. 25, 1809	2	90
Shadrack, s. Jabez & Elizabeth, b. Aug. 12, 1758	1	105
Shadrach, s. Samuel & Eunice, b. July 15, 1799	1	157
Shadrach, m. Laura **LAY**, b. of Lyme, Sept. 3, 1835, by Rev. Chester Colton	3	39
Silas, s. John & Phebe, b. Nov. 17, 1749	1	63
Silas, m. Hannah **GRISWOLD**, Dec. 9, 1779	2	8
Susannah, d. Zech[ariah] & Susannah, b. Jan. 30, 1750	1	103
Thomas, [s. Joseph], b. Aug. 25, 1717	L-2	456
Thomas, of Lyme, m. Jemima **DUDLEY**, May [ ], 1742	1	87
Thomas, s. Thomas & Jemima, b. Mar. 16, 1747	1	87
Thomas, d*. [David Fithen & Sarah], b. Nov. 26, 1769 (*Probably a son)	1	146
Thomas, s. David [F.] & Sarah, b. Nov. 26, 1769	2	1
Thomas, Capt., m. Mehetable **MATHER**, Nov. 6, 1799, by Rev. David Higgins	2	90
Ursula, d. Samuel & Eunice, b. Oct. 4, 1789	1	157
William, s. Joseph & Ruth, b. Dec. 6, 1760	1	83
William, m. Jemima **STARLING**, Jan. 21, 1789	2	15
William Travis, s. W[illia]m & Jemima, b. Feb. 8, 1792	2	15
Zachariah, s. Joseph & Sarah, b. June 2, 1682	L-1	102
Zechariah, s. Zech[aria]h & Susannah, b. May 19, 1758	1	103
Zachariah, of Lyme, m. Prudence **COMSTOCK**, of New London, Feb. 15, 1781	1	38
Zephaniah*, Jr., m. Susannah **ROLAND**, Nov. 8, 1747 (*Zechariah in the record of the births of the children)	1	103
----------, s. [Andrew & Phebe], b. Nov. 10, 1748; d. same day	1	60
SISSON, Allen M., of Salem, Ct., m. Abby **FOSDICK**, of Lyme, Ct., Nov. 9, 1841, by Rev. Wilson Cogswell	3	119
Elizabeth, d. [Jonathan, Jr.], b. Jan. 7, 1808	2	93
John, of East Haddam, m. Catharine Ann **SLUMAN**, of Lyme, Mar. 2, 1851, by W. Meech	3	227
Jonathan, Jr., m. [ ] **HOLDRIDGE**, Jan. [ ], 1806	2	93
Jonathan, m. Hope **SPENCER**, b. of Lyme, July 14, 1824, by Rev. Nathan Wildman	2	168
Mary, d. [Jonathan, Jr.], b. June 20, 1812	2	93
Nathan H., s. [Jonathan, Jr.], b. Nov. 28, 1809	2	93
SKINNER, SKINER, Aaron E.A., m. Clarissa **GRAHAM**, b. of Lyme, Nov. 20, 1823, by Samuel B. Mather, J.P.	2	163
Abiga[i]ll, [d. Abraham & Abbigale], b. Feb. 2, 1701/2; d. Feb.		

	Vol.	Page
SKINNER, SKINER, (cont.)		
21, 1701/2	L-2	192
Abiga[i]le, [s. Abraham & Abbigale], b. Apr. 9, 1703	L-2	192
Abraham, m. Abigale, June 20, 1699	L-2	192
Abraham, [s. Abraham & Abbigale], b. Apr. 9, 1700	L-2	192
Eunice, of Colchester, m. William **MATSON**, of Lyme, June 9, 1763	1	152
Richard, [s. Abraham & Abbigale], b. Oct. 4, 1705	L-2	192
SLATE, Ann R., m. Calvin B. **CHAMPION**, b. of Lyme, June 30, 1846, by A.D. Watrous	3	167
Delia, m. John **TOOKER**, Jr., b. of Lyme, Nov. 24, 1844, by Richard E. Selden, Jr., J.P.	3	147
Delia M., of Lyme, m. David L. **PHELPS**, of Saybrook, Sept. 30, 1849, by Rev. Simon Shailer, of Haddam	3	203
Desire P., m. George W. **OTIS**, b. of Lyme, June 22, 1851, by Rev. W.W. Meech	3	231
Esther, of Lyme, m. Chauncey **BLISS**, of Marlborough, Mar. 2, 1834, by Rev. Chester Colton	3	18
Lath[r]op E., Jr., m. Mary L. **CHAMPION**, b. of Lyme, Oct. 31, 1843, by Rev. P. Brockett	3	143
Mary A., m. Henry **BRAMBLE**, Apr. 25, 1847, by Rev. Stephen A. Loper, of Hadlyme	3	175
Mehetabel S., m. William J. **LORD**, b. of Lyme, Nov. 29, 1837, by Rev. Chester Colton	3	75
Sylvester W., of Lyme, m. Mary Jane R. **HURLBURT**, of East Lyme. Jan. 1, 1843, by Rev. P. Brockett	3	134
SLUMAN, SLEUMAN, SLEUMON, Betsey Maria, [d. Charles & Betsey], b. Mar. 8, 1852	2	240
Betsey Maynard, [w. Charles], d. May 16, 1889	2	240
Catharine Ann, [d. Charles & Betsey], b. Jan. 13, 1831	2	240
Catharine Ann, of Lyme, m. John **SISSON**, of East Haddam, Mar. 2, 1851, by W. Meech	3	227
Charles, m. Betsey **MAYNARD**, b. of Lyme, Mar. 21, 1830, by Rev. Nathan Wildman	2	240
Charles Alexander, [s. Charles & Betsey], b. Aug. 11, 1836; d. Oct. 28, 1836	2	240
Charles D., d. Nov. 12, 1869	2	240
Charles Henry, [s. Charles & Betsey], b. Sept. 12, 1837	2	240
Evelyn Maria, [d. Charles & Betsey], b. Apr. 7, 1848; d. Apr. 7, 1849	2	240
John Andrew, [s. Charles & Betsey], b. Sept. 19, 1834; d. July 13, 1841	2	240
Joseph Albert, [s. Charles & Betsey], b. Feb. 12, 1846	2	240
Joseph Ely, [s. Charles & Betsey], b. Feb. 10, 1845; d. Oct. 9, 1845	2	240
Mary E., of Lyme, Ct., m. Thomas B. **HOLMES**, of Griswold, Ct., Oct. 6, 1853, by Rev. L. Williams Wheeler	3	253
Mary Eliza, [d. Charles & Betsey], b. Jan. 28, 1833	2	240
Niles Alexander, [s. Charles & Betsey], b. Mar. 28, 1840	2	240
William Eagles, [s. Charles & Betsey], b. Mar. 25, 1842; d. June 5, 1862	2	240

	Vol.	Page
SLUMAN, SLEUMAN, SLEUMON, (cont.)		
----------, s. [Charles & Betsey], b. Apr. 2, 1843; d. Apr. 5, 1843	2	240
SMITH, Abby Carolina, d. [Capt. Joseph & Lucy], b. Mar. 18, 1808	2	80
Abel, m. Polly **GEE**, Aug. [ ], 1798, by M. Warren, Esq.	2	65
Abel, of Preston, N.Y., m. Susan **JEROME**, of Salem, Ct., Jan. 15, 1837, by Daniel Stewart, J.P.	3	61
Abagall, [d. Richard, Jr. & Elizabeth], b. Sept. 8, 1682	L-1	54
Abigail, d. Nathan & Elizabeth, b. Apr. 24, 1749	1	72
Abigail, w. Josiah, Jr., d. May 14, 1751	1	60
Abigail, d. Rich[ar]d & Abigail, b. Dec. 23, 1752	1	64
Abigail, w. Rich[ar]d, d. Aug. 10, 1755	1	64
Abigail, d. Rich[ar]d & Abigail, his 1st w., d. Aug. 21, 1757	1	64
Abigail, d. Joseph & Mary, b. Dec. 20, 1761	1	114
Abigail, d. Rich[ar]d & Grace, b. May 22, 1765	1	64
Abigail, d. Josiah & Parthena, b. Jan. 22, 1784	1	63
Abigail, d. Nehemiah & Betsey, b. Sept. 18, 1800	2	47
Abigail Marvin, d. [Capt. Ich[abo]d & Abigail, b. Apr. 20, 1802	2	72
Alls, [d. Henry & Marah], b. June 9, 1697	L-2	175
Ales, d. [Thomas & Elizabeth], b. Oct. 13, 1731; d. Aug. 9, 1733	L-2	175
Allen, b. July 20, 1762; m. Hannah **PECK**, Nov. 22, 1786	2	65
Almira, d. [Capt.] Joseph & Lucy, b. Feb. 11, 1797	2	80
Almira, m. Ely **TIFFANY**, July 6, 1828, by Rev. Tubal Wakefield	2	220
Alvin, b. Aug. 5, 1809	2	191
Ambrose, s. Josiah & Ama, b. Mar. 5, 1776; d. [ ], 178[ ]	1	60
Ambrose, s. Joseph & Elizabeth, b. Apr. 12, 1788	1	162
Amon, [s. Elijah & Elizabeth], b. Mar. 28, 1741	L-6	267
Amos, s. Rich[ar]d & Grace, b. Oct. 2, 1756	1	64
Amos, s. Josiah & Ama, b. Dec. 19, 1773	1	60
Amos, m. Lucinda **MILLER**, b. of Lyme, Mar. 12, 1778, by Rev. Stephen Johnson	1	78
Amos, s. Amos & Lucinda, b. Aug. 6, 1785	1	78
Ama, m. Daniel **MINOR**, b. of Lyme, Oct. 21, 1761, by Benjamin Lee	1	121
Ame, w. John C[ook], d. Apr. 10, 1805	2	35
Andrew, of Lyme, m. Hester **BECKWITH**, Dec. 17, 1775, by Sam[ue]l Ely, J.P.	1	139
Anna, d. Richard & Abigail, b. Feb. 1, 1746/7	1	64
Anna, d. Sylvanus & Molly, b. Sept. 15, 1774	1	136
Asa, s. Rich[ar]d & Grace, b. Sept. 6, 1762	1	64
Azariah, s. W[illia]m & Marcy*, b. Dec. 25, 1777; d. Mar. 9, 1799, drowned (*Should be "Mary")	1	142
Azubah, m. Elihu **WADE**, b. of Lyme, Sept. 16, 1760, by John Lay, 2d, J.P.	1	109
Azubah, d. Josiah & Ama, b. Apr. 2, 1768	1	60
Beckah, d. Stephen & Lucia, b. Feb. 9, 1755	1	65
Benjamin, [s. Joseph], b. Apr. 17, 1723, in East Haddam	L-2	189
Betsey, m. Daniel **AYERS**, Jan. 6, 1780	1	54
Betsey, d. Joseph & Elizabeth, b. Dec. 4, 1790	1	162
Betsey, m. Capt. John **BURNHAM**, b. of Lyme, Jan. 18, 1792	2	18
Betsey, d. Nehem[ia]h & Betsey, b. Apr. 24, 1795	2	47

	Vol.	Page
SMITH, (cont.)		
Bettey, d. Richard & Abigail, b. Oct. 7, 1748	1	64
Bettey, m. Seth **LEE**, Feb. 19, 1769	1	73
Bettey, d. Zadock & Mary, b. June 22, 1769	1	104
Briant, [s. Mathew & Sarah], b. Apr. 27, 1735	L-3	368
Carlos Adolphus, s. [Capt.] Joseph & Lucy, b. July 10, 1801	2	80
Catee, d. Latham & Loas, b. June 15, 1782	1	56
Charles, s. Nehemiah & Betsey, b. Jan. 24, 1793	2	47
Charles, m. Lois **PARSON**, Mar. 11, 1801	2	71
Charles, m. Phebe **PARSONS**, 2d, b. of Lyme, Mar. 28, 1821, by Lathrop Rockwell, Clerk	2	71
Charles E., of New York, m. Mary E. **BROCKWAY**, of [Lyme], Oct. 11, 1835, by Rev. Harvey Bushnell	3	43
Charles Henry, s. Charles & Phebe, b. May 14, 1822	2	71
Charles Henry, s. [Elisha & Mary], b. Oct. 27, 1828	2	233
Clarinda Funk*, d. [Gilbert T. & Maria], b. May 7, 1822 (*Perhaps Frink)	2	115
Clarissa, d. Stephen & Lucia, b. May 5, 1757	1	65
Clement, s. Rich[ar]d & Grace, b. Jan. 30, 1773	1	64
Dan, s. Will[ia]m & Mary, b. Nov. 18, 1772	1	142
Daniel, m. Elizabeth **SMITH**, Dec. 7, 1726	L-2	182
Daniel, b. Apr. 15, 1692; d. Mar. 22, 1729/30	L-1	54
Daniel, d. Mar. 22, 1729/30	L-2	71
Daniel, s. John [Cook] & Ame, b. Dec. 26, 1798	2	35
David, s. David C[arpender] & Zeruiah, b. Oct. 2, 1790	1	113
David Carpenter, [s. Thomas & Elizabeth], b. Mar. 23, 1741	L-2	175
David Carpender, m. Zeruiah **SAWYER**, b. of Lyme, Dec. 17, 1772	1	113
Deborah, [d. Joseph], b. Apr. 7, 1731, at East Haddam	L-2	189
Deborah, d. Allen & Hannah, b. Dec. 27, 1794	2	65
Dudley, s. Thomas & Lydia, b. May 28, 1767	1	97
Edmund, s. [Elisha & Mary], b. Oct. 31, 1815	2	233
Edmund, of Windham, m. Harriet **COATS**, of Lyme, Jan. 24, 1824, by Rev. Ebenezer Loomis, New London	2	162
Edmund W., of Middletown, m. Frances S. **MINER**, of Lyme, May 6, 1833, by Rev. Frederick Wightman	3	8
Edward, [s. Thomas & Elizabeth], b. Mar. 12, 1737	L-2	175
Edwin, m. Mary E. **TUBBS**, b. of Lyme, July [ ], 1827, by Rev. Nathan Wildman	2	211
Elias, s. Hezekiah & Sarah, b. Sept. 10, 1742	1	82
Elias, s. Stephen & Irena, b. June 17, 1769	1	107
Elias, of Waterford, m. Eunice **LESTER**, of Lyme, Jan. 6, 1828, by Joseph Chadwick, J.P.	2	215
Elihu, m. Mary Ann **APPLEBY**, Dec. 2, 1849, by Rev. D.S. Brainard	3	210
Elijah, m. Elizabeth **BECKWITH**, Nov. 28, 1738	L-6	267
Elijah, s. Andrew & Hester, b. Feb. 24, 1777	1	139
Elisha, s. [Joseph], b. May 28, 1721	L-2	189
Elisha, s. Elijah & Elizabeth, b. July 6, 1745	L-6	267
Elisha, m. Azubah **TINKER**, b. of Lyme, Oct. 15, 1769, by Benjamin Lee, J.P.	1	126

SMITH, (cont.)

	Vol.	Page
Elisha, s. Latham & Loas, b. Feb. 6, 1780	1	56
Elisha, s. Jason & Nabby, b. Sept. 21, 1782; d. Jan. 21, 1783	1	80
Elisha, m. Mary **GORTON**, Dec. 26, 1808	2	233
Elish[a], s. [Elisha & Mary], b. Feb. 2, 1822	2	233
Elisha H., b. Nov. 4, 1805	2	191
Elisha H., m. Maria **BROCKWAY**, b. of Lyme, June 26, 1836, by Rev. Frederick Wightman	3	55
Elishaba, d. Hezekiah & Sarah, b. Feb. 15, 1747	1	82
Eliza, d. Seth & Hannah, b. Dec. 27, 1795; d. Oct. 23, 179[ ]	1	161
Eliza Ann, d. Dr. John L. & Fanny, b. Feb. 22, 1821	2	116
Elizabeth, [d. Richard, Jr. & Elizabeth], b. July 15, 1687	L-1	54
Elizabeth, w. Richard [Jr.], d. Apr. 3, 1690	L-1	54
Elizabeth, m. John **LEE**, Feb. 8, 1692	L-2	128
Elizabeth, m. Daniel **SMITH**, Dec. 7, 1726	L-2	182
Elizabeth, wid., m. Jonathan **REED**, Mar. 14, 1734, by Rev. Jonathan Parsons	L-2	182
Elizabeth, wid., m. Jonathan **REED**, Mar. 14, 1734	L-6	58
Elizabeth, d. [Thomas & Elizabeth], b. Oct. 27, 1744	L-2	175
Elizabeth, d. Nathan & Elizabeth, b. Feb. 22, 1751	1	72
Elizabeth, d. Josiah & Ama, b. Sept. 17, 1757	1	60
Elizabeth, w. Sylvanus, d. May 28, 1768	1	136
Elizabeth, m. Elisha **MOOR[E]**, Nov. 14, 1771	2	9
Elizabeth, d. Sylvanus & Molly, b. Aug. 3, 1772	1	136
Elizabeth, d. Ithamer & Sarah, b. Sept. 16, 1775	1	125
Elizabeth, [d. John & Marah]	L-1	87
Elizabeth, m. James **McCRACKIN**, [ ], Neziah Bliss, J.P.	1	160
Ellen Maria, d. [Gilbert T. & Maria], b. Sept. 28, 1819	2	115
Emelia, d. [Capt.] Joseph & Lucy, b. Oct. 10, 1795	2	80
Enock, of Lyme, m. Eunice **COMSTOCK**, of New London, Mar. 18, 1777, by Rev. Joshua Morse, of New London	1	87
Ephraim, s. Thomas & Lydia, b. Sept. 4, 1762	1	97
Erastus, s. Joseph & Elizabeth, b. Apr. 13, 1783	1	162
Erastus, s. Neh[emiah] & Betsey, b. May 1, 1791	2	47
Esther, d. Jonathan & Jean, b. Feb. 14, 1744	1	13
Esther, d. Thomas & Lydia, b. Apr. 30, 1749	1	97
Esther, d. Nathan & Elizabeth, b. Apr. 10, 1753	1	72
Esther, of New London, North Parish, m. Jesse **BECKWITH**, Jr., of Chesterfield, Mar. 24, 1777, by David Jewitt, Pastor	1	124
Esther, d. Josiah & Parthena, b. Dec. 29, 1781	1	63
Esther, d. Allen & Hannah, b. Jan. 2, 1790	2	65
Eunice, d. W[illia]m & Mary, b. Nov. 3, 1774	1	142
Eunice, d. Josiah & Parthena, b. Apr. 5, 1780	1	63
Eunice, d. David Carpender & Zeruiah, b. July 7, 1786	1	113
Eunice, m. Joseph **SMITH**, b. of Groton, Apr. 4, 1790	2	33
Eunice, m. Capt. Joseph **BURNHAM**, May 10, 1798	2	73
Eunice, formerly w. of Joseph **SMITH**, now w. [ ] **BURNHAM**, d. Aug. 17, 1809	2	33
Eunice Burnham, d. Charles & Lois, b. Sept. 8, 1806	2	71
Ezra, s. Sylvanus & Molley, b. Nov. 2, 1770	1	136

	Vol.	Page
SMITH, (cont.)		
Ezra, s. Amos & Lucinda, b. Oct. 24, 1778	1	78
Ezra, s. Phebe **CHADWICK**, b. May 18, 1787	1	28
Fanny, d. Zadock & Mary, b. July 30, 1784	1	104
Fitch C., m. Lois C. **WATROUS**, [Mar.] 26, [1850], by Rev. D.S. Brainard	3	217
Frances, d. Charles & Lois, b. May 10, 1804	2	71
Frances Elizabeth, d. [Elisha & Mary], b. Mar. 13, 1824	2	233
Francis, s. Zadock & Mary, b. Jan. 9, 1765; d. Jan. 29, 1767	1	104
George N., of Lyme, m. Mary Ann **PIERSON**, of Lyme, Dec. 5, 1853, by Rev. Jacob Gardner	3	249
Gilbert T., of Lyme, m. Maria **SMITH**, of Groton, Feb. 23, 1818	2	115
Gilbert Tenant, s. [Joseph & Eunice], b. Nov. 1, 1791	2	33
Grace, d. Rich[ar]d & Grace, b. Nov. 16, 1758	1	64
Henry, m. Marah [ ], Feb. 15, 1689	L-2	175
Henry, Sr., d. Nov. 10, 1701	L-2	175
Henry, [s. Thomas & Elizabeth], b. Mar. 19, 1739	L-2	175
Henry, s. David Carpender & Zeruiah, b. Aug. 17, 1781	1	113
Henry Bela, s. Nathaniel & Lucinda, b. Dec. 13, 1803	1	79
Hezekiah, of Lyme, m. Sarah **CHADWICK**, of Lyme, Sept. [ ], 1732	1	82
Hibbard, s. Nathaniel & Lucinda, b. Sept. 13, 1787	1	79
Ichabode, s. Hezekiah & Sarah, b. June 10, 1733	1	82
Ichabod, s. Nathaniel & Lucinda, b. Jan. 10, 1796	1	79
Ichabod, d. June 12, 1807, ae 35* (*Handwritten addition in margin of original)		
Ichabod, Capt., m. Abigail **MARVIN**, [*], 179[*] (*Handwritten addition to original gives dates [Oct. 29], 179[7])	2	72
Ithamer, [s. James & Elizabeth], b. July 20, 1734	L-2	175
Ithamer, s. Thomas & Lydia, b. Sept. 4, 1760	1	97
Ithamer, m. Sarah **SAWYER**, b. of Lyme, Nov. 11, 1762, by Benjamin Lee, J.P.	1	125
Jabez, s. Ithamer & Sarah, b. Mar. 2, 1771	1	125
Jeames, [s. Henry & Marah], b. Jan. 15, 1693	L-2	175
James, m. Elizabeth **WAY**, Dec. 16, 1724	L-2	175
James, s. [James & Elizabeth], b. June 17, 1726	L-2	175
James, Jr., m. Mary **HAYES**, Nov. 30, 1748	1	54
James, s. Nehemiah & Betsey, b. Mar. 10, 1799	2	47
James Rogers, twin with Sarah Stevens, s. [Mathew & Sarah], b. Sept. 19, 1733	L-3	368
Jane, [d. Mathew & Sarah], b. Feb. 19, 1725/4	L-3	368
Jean, d. Zadock & Mary, b. May 13, 1773	1	104
Jane Ewens, d. [Thomas & Elizabeth], b. Nov. 2, 1733	L-2	175
Jason, s. Elijah & Elizabeth, b. Apr. 7, 1760	1	80
Jason, m. Nabby **HARRISON**, b. of Lyme, May 23, 1782, by Rev. Dan[ie]ll Minor	1	80
Jemimah, m. Samuell **TINKER**, Jr., Nov. 19, 1721	L-2	103
Jeremiah, [s. John & Marah]	L-1	87
Jerusha, [d. James & Elizabeth], b. Mar. 29, 1731	L-2	175
Jesse, [s. Joseph], b. Sept. 2, 1729, at East Haddam	L-2	189

SMITH, (cont.)

	Vol.	Page
Jessee, s. David Carpender & Zeruiah, b. Mar. 21, 1784	1	113
Johan[n]a, [d. Henry & Marah], b. July 9, 1688	L-2	175
John, m. Marah [ ], Oct. 26, 1685	L-1	87
John, [s. Joseph], b. June 12, 1727, at East Haddam	L-2	189
John, s. John [Cook] & Amey, b. Mar. 27, 1797	2	35
John, m. Delia **MACK**, b. of Lyme, Oct. 2, 1831, by Nathan Wildman	2	262
John Cook, s. Josiah & Ama, b. May 24, 1766	1	60
John Cook, m. Amy **CHAPMAN**, Feb. 25, 1796, by Elder Jason Lee	2	35
John Gorton, s. [Elisha & Mary], b. Sept. 24, 1819	2	233
John L., Dr., m. Fanny **STRICKLAND**, b. of Lyme, May 14, 1820, by George W. Appleton	2	116
John Lay, s. Seth & Hannah, b. Dec. 21, 17[ ]	1	161
John M., b. Dec. 8, 1811	2	191
Jonathan, m. Jean **LEWIS**, Dec. 10, 1741	1	13
Joseph, s. [Josiah & Rhoda], d. Dec. 25, 1728	1	15
Joseph, [s. Joseph], b. Oct. 29, 1733	L-2	189
Joseph, s. Josiah & Ama, b. Oct. 18, 1760	1	60
Joseph, Jr., m. Mary **MATSON**, Feb. 26, 1761	1	114
Joseph, s. Joseph & Mary, b. Oct. 17, 1765	1	114
Joseph, of Lyme, m. Elizabeth **DARBY**, of Hebron, Oct. 31, 1782, by Rev. David Huntington, of Marlborough	1	162
Joseph, m. Eunice **SMITH**, b. of Groton, Apr. 4, 1790	2	33
Joseph, s. Joseph & Elizabeth, b. June 10, 1793	1	162
Joseph, 2d, Capt., m. Lucy **HARRIS**, of New London, Aug. 28, 1794, by Henry Channing	2	80
Joseph, d. Aug. 15, 1797	2	33
Joseph, s. [Josiah & Rhoda], b. Sept. 18, 17[ ]	1	15
Joseph, [s. John & Marah]	L-1	87
Joseph Denison, s. [Joseph & Eunice], b. May 4, 1794	2	33
Josiah, s. [Josiah & Rhoda], b. May 14, 172[ ]	1	15
Josiah, Jr., m. Abigail **TINKER**, b. of Lyme, Apr. 16, 1750, by Rev. Stephen Johnson	1	60
Josiah, s. Josiah, Jr. & Abigail, b. Jan. 16, 1750/51; d. June 10, 1751	1	60
Josiah, Jr., m. his 2d w. Ama **TINKER**, Apr. 20, 1755	1	60
Josiah, s. Josiah, Jr., & Ama, b. May 7, 1756	1	60
Josiah, Jr., m. Parthena **ROLAND**, b. of Lyme, Feb. 17, 1779, by Rev. Stephen Johnson	1	63
Josiah, m. Rhoda [ ], Oct. 8, 17[ ]	1	15
Josiah, [s. John & Marah],	L-1	87
Julia, d. Charles & Lois, b. Oct. 16, 1809	2	71
Latham, m. Loas **MILLER**, b. of Lyme, Mar. 3, 1776, by Rev. Stephen Johnson	1	56
Lee, s. Latham & Loas, b. Jan. 6, 1778	1	56
Leonard Whiting, s. [Capt. Joseph & Lucy], b. Apr. 23, 1810	2	80
Lita, d. Ithamer & Sarah, b. Feb. 7, 1765	1	125
Livingstone H., of Norwich, m. Abby M. **WAIT**, Apr. 14, 1835, by Rev. Chester Colton	3	34

	Vol.	Page
SMITH, (cont.)		
Livingstone Harris, s. [Capt. Joseph & Lucy], b. July 7, 1803	2	80
Loas, d. Hezekiah & Sarah, b. Aug. 25, 1753	1	82
Loas, m. Silas **MILLER**, b. of Lyme, Apr. 1, 1773, by John Lay, 2d, J.P.	1	155
Lois, w. Charles, d. Aug. 24, 1819	2	71
Lucinda, d. Elisha & Azubah, b. Apr. 25, 1772	1	126
Lucinda, d. Allen & Hannah, b. Feb. 4, 1788	2	65
Lucinda, d. Nath[anie]ll & Lucinda, b. Oct. 17, 1798	1	79
Lucretia, d. [Josiah & Rhoda], b. Nov. 9, 1734	1	15
Lucretia, m. James **HUNTLEY**, b. of Lyme, Aug. 21, 1750, by Rev. George Griswold	1	69
Lucretia, m. Daniel **PRENTICE**, b. of Waterford, Dec. 29, 1823, by J.R. St.John	2	178
Luce, m. Nathan **HUNTLEY**, b. of Lyme, Oct. 6, 1746, by Rev. George Griswold	1	46
Luce, d. Jonathan & Jean, b. Mar. 3, 1748	1	13
Luce, d. Ithamer & Sarah, b. Jan. 31, 1767	1	125
Luce, d. Rich[ar]d & Grace, b. Feb. 16, 1770	1	64
Lucy, d. Sylvanus & Molley, b. May 16, 1777	1	136
Lucy, m. Nathan **TINKER**, Mar. 21, 1790	2	48
Lucy, d. John [Cook] & Ame, b. Feb. 25, 1801	2	35
Lucy, of Waterford, m. John **TUBBS**, of Lyme, Oct. 13, 1823, by J.R. St.John	2	180
Lydia, m. Gershom **WATTERAS**, May 5, 1720	L-2	117
Lydia, d. [Josiah & Rhoda], b. Mar. 31, 1731	1	15
Lydia, d. Thomas & Lydia, b. Aug. 18, 1747	1	97
Lydia, m. Jeremiah **BROWN**, b. of Lyme, Apr. 3, 1749, by Rev. Stephen Johnson	1	51
Lydia, d. Hezekiah & Sarah, b. Sept. 1, 1750	1	82
Lydia, d. Rich[ar]d & Abigail, b. Nov. 20, 1754	1	64
Lydia, w. Stephen, Jr., d. Feb. 27, 1766	1	107
Lydia, d. Stephen & Irena, b. May 6, 1776	1	107
Marah, [d. Henry & Marah], b. Dec. 24, 1695	L-2	175
Marg[a]ret, [d. Joseph], b. May 22, 1725, at East Haddam	L-2	189
Margaret, d. Zadock & Mary, b. Mar. 11, 1770	1	104
Maria, of Groton, m. Gilbert T. **SMITH**, of Lyme, Feb. 23, 1818	2	115
Martha, [d. John & Marah], b. Aug. 8, 1686	L-1	87
Mary, d. Zadock & Mary, b. Feb. 13, 1767	1	104
Mary, d. Charles & Lois, b. Dec. 25, 1801	2	71
Mary, m. Charles W. **WAITE**, b. of Lyme, Dec. 19, 1820, by Lothrop Rockwell, Clerk	2	122
Mary, of Waterford, m. Lay **AYER**, of Lyme, May 31, 1835, by John Dwyer, J.P.	3	36
Mary Ann, d. [Thomas & Azubah], b. Dec. 3, 1803	2	67
Mary Ann, m. Elisha W. **MATHER**, b. of Lyme, Nov. 12, 1820, by Lothrop Rockwell, Clerk	2	121
Mary Gorton, d. [Elisha & Mary], b. Mar. 10, 1812	2	233
Mat[t]hew, m. Sarah **ROGERS**, Feb. 25, 1719	L-3	368
Mat[t]hew, [s. Mathew & Sarah], b. Feb. 26, 1722/3	L-3	368
Mehetable, m. John **MACK**, Feb. 20, 1740/41	1	20

	Vol.	Page
SMITH, (cont.)		
Molly, d. Elijah & Elizabeth, b. July 4, 1747	L-6	267
Nabby, d. Nath[anie]l & Lucinda, b. Mar. 24, 1793	1	79
Nancy, d. Nath[anie]ll & Lucinda, b. Oct. 22, 1806	1	79
Nancy H., of Lyme, m. Isaac **STANTON**, of Stonington, Jan. 15, 1826, by Nathan Wildman	2	192
Nathan, of Lyme, m. Elizabeth **STARLIN**, of [Lyme], Apr. 7, 1748, by Rev. George Beckwith	1	72
Nathan, m. Hannah **STARK**, b. of Lyme, Mar. 14, 1828, by Asa Wilcox, Elder	2	176
Nathaniel, s. Hezekiah & Sarah, b. Oct. 8, 1739	1	82
Nathaniel, [s. James & Elizabeth], b. Aug. 4, 1745	L-2	175
Nathaniel, of Lyme, m. Lucinda **ARMSBY**, of Norwich, Nov. 1, 1784, by John Nott, Clerk	1	79
Nathaniel, s. Allen & Hannah, b. May 24, 1791	2	65
Nathaniel, s. Nathaniel & Lucinda, b. Feb. 13, 1801	1	79
Nehemiah, Capt., m. Betsey **GEE**, June 22, 1788	2	47
Nelson Hamilton, s. Joseph & Lucy, b. Apr. 5, 1806	2	80
Noah, s. Thomas, 3d & Lydia, b. Sept. 2, 1785	1	61
Olive, d. Rich[ar]d & Grace, b. Feb. 2, 1776	1	64
Oliver Comstock, s. Enock & Eunice, b. June 2, 1782	1	87
Orrin F., of New London, m. Emma A. **LOOMIS**, of Lyme, Nov. 3, 1831, by Nathan Wildman	2	267
Parnal, [s. James & Elizabeth], b. July 30, 1736	L-2	175
Parnal, d. James, Jr. & Mary, b. Sept. 26, 1749	1	54
Peter, s. Jonathan & Jean, b. Dec. 26, 1746	1	13
Phebe, d. [Josiah & Rhoda], b. Oct. 18, 1737	1	15
Phebe, m. Jonathan **BROCKWAY**, b. of Lyme, Oct. 20, 1757, by Rev. Stephen Johnson	1	118
Phebe, d. Elisha & Azubah, b. Sept. 29, 1768	1	126
Phebe, m. Reynold **JOHNSON**, Feb. 12, 1789	2	7
Phinehas, s. Hezekiah & Sarah, b. Feb. 1, 1735	1	82
Polly, d. Sylvanus & Molly, b. Feb. 20, 1780	1	136
Polly, d. Joseph & Elizabeth, b. July 30, 1785	1	162
Polly, m. Robert **OTIS**, Jan. 10, 1788	1	100
Polly, m. Peter Peck **CLARK**, b. of Lyme, Oct. 2, 1793, by David Higgins, V.D.M.	2	20
Polly, m. Asa **HOLT**, b. of Waterford, Aug. 7, 1836, by Rev. Frederick Wightman	3	56
Preserved, of New London, m. Jonathan **AVERY**, of Lyme, Nov. 9, 1760, by Rev. George Griswold	1	157
Quarles, [s. John & Marah]	L-1	87
Rachal, [d. Mathew & Sarah], b. Mar. 17, 1729	L-3	368
Rachal, d. Thomas & Lydia, b. Mar. 6, 1752	1	97
Rane, d. Hezekiah & Sarah, b. Aug. 21, 1745	1	82
Rebeckah, m. John **PECK**, Jr., b. of Lyme, Nov. 3, 1774, by Rev. Stephen Johnson	1	156
Rebecca, m. Henry **BOON**, Nov. 1, 1775	1	81
Rebecca, see also Beckath		
Reuben, s. John [Cook] & Ame, b. May 5, 1803	2	35
Reuben, m. Nancy **HARDING**, b. of Lyme, Feb. 28, 1831, by		

	Vol.	Page
SMITH, (cont.)		
Nathan Wildman	2	254
Rhoda, d. [Josiah & Rhoda], b. Mar. 2, 1729	1	15
Rhoda, m. Phinehas **WATROUSE**, b. of Lyme, Mar. 3, 1747/8, by Rev. Stephen Johnson	1	52
Rhoda, d. Josiah & Ama, b. Feb. 18, 1759; d. Apr. 1, 1794	1	60
Rhoda, d. Thomas & Lydia, b. June 15, 1770	1	97
Rhoday, d. Josiah & Parthena, b. Oct. 27, 1787	1	63
Richard, Jr., m. Elizabeth [ ], Nov. 17, 1677	L-1	54
Richard, [s. Richard, Jr. & Elizabeth], b. Aug. 29, 1678	L-1	54
Richard, d. Mar. 8, 1701/2	L-2	71
Richard, s. [Daniel & Elizabeth], b. Dec. 28, 1728	L-2	182
Richard, Sr., d. June 24, 1745	1	10
Richard, of Lyme, m. Abigail **MINOR**, of New London, Aug. 1, 1745, by Eliphalet Adams, New London	1	64
Richard, s. Richard & Abigail, b. Nov. 25, 1750	1	64
Richard, of Lyme, m. Grace **MOORE**, of New London, Jan. 8, 1756, by Benjamin Lee, J.P.	1	64
Richard Ransom, s. Stephen & Irena, b. Oct. 5, 1773	1	107
Rufus, s. Josiah & Ama, b. June 27, 1764; d. July 5, 1770	1	60
Rufus A., of New London, m. Frances **MANWARING**, of Lyme, Dec. 9, 1824, by J.R. St.John	2	181
Russell, s. Richard & Grace, b. May 24, 1767	1	64
Ruth, m. Edward **ROB[B]INS**, Oct. 23, 1718	L-2	460
Ruth, d. Nath[anie]ll & Lucinda, b. June 4, 1785	1	79
Ruth, [d. John & Marah]	L-1	87
Samuel, [s. John & Marah]	L-1	87
Sarah, [d. Henry & Marah], b. Mar. 4, 1689	L-2	175
Sarah, d. [Thomas & Elizabeth], b. Nov. 13, 1728	L-2	175
Sarah, d. [Jonathan & Jean], b. Oct. 6, 1742	1	13
Sarah, d. Thomas & Lydia, b. Sept. 28, 1764	1	97
Sarah, d. Nath[anie]l & Lucinda, b. Aug. 14, 1790; d. Sept. 13, 1793	1	79
Sarah Stevens, twin with James Rogers, d. [Mathew & Sarah], b. Sept. 19, 1733	L-3	368
Sarah Stevens, m. Jonathan **HUNTLEY**, Aug. 22, 1754, by Benjamin Lee, J.P.	1	57
Sears Peck, s. Allen & Hannah, b. July 3, 1798	2	65
Seth, s. Stephen & Lucia, b. Jan. 14, 1753	1	65
Seth, s. Josiah & Ama, b. July 30, 1762	1	60
Seth, of Lyme, m. Hannah **MURDOCK**, wid., of Saybrook, May 17, 1780, by Rev. John Devotion, of Saybrook	1	161
Seth, s. [Dr.] John L. & Fanny, b. Oct. 14, 1823	2	116
Seth, of Victor, N.Y., m. Cordelia **LOOMIS**, of E. Lyme, Ct., Apr. 1, 1839, at home of Joel Loomis, E. Lyme, by W[illia]m Palmer, V.D.M.	3	95
Seth, Dr., of New London, m. May E. **LAY**, of Lyme, [Dec.] 15, [1846], by Rev. D.S. Brainard	3	172
Simeon, s. Ithamer & Sarah, b. Mar. 26, 1769	1	125
Simon, [s. James & Elizabeth], b. July 14, 1740	L-2	175
Sophronia, d. [Capt.] Joseph & Lucy, b. Jan. 18, 1799	2	80

SMITH, (cont.)

	Vol.	Page
Stephen, s. Hezekiah & Sarah, b. Mar. 30, 1737	1	82
Stephen, of Lyme, m. Lucia **LAY**, of Lyme, May 11, 1749	1	65
Stephen, s. Thomas & Lydia, b. Apr. 4, 1756	1	97
Stephen, Jr., m. Lydia **ALGER**, b. of Lyme, Nov. 22, 1764, by John Lay, 2d, J.P.	1	107
Stephen, 2d, of Lyme, m. Irena **RANSOM**, of [Lyme], Jan. 12, 1768, by Rev. George Beckwith	1	107
Stephen Sawyer, s. David Carpender & Zeruiah, b. Dec. 14, 1775	1	113
Sukey, d. Nehem[ia]h & Betsey, b. Aug. 13, 1796	2	47
Susan[n]a, [d. Richard, Jr. & Elizabeth], b. Feb. 4, 1684	L-1	54
Susannah, m. Gershom **GARDNER**, Dec. 17, 1741	1	24
Sylvanus, m. Elizabeth **WAIT**, b. of Lyme, Oct. 1, 1767, by Rev. Stephen Johnson	1	136
Sylvanus, of Lyme, m. Molley **SHIPMAN**, of Saybrook, Oct. 14, 1769, by Rev. William Hart, of Saybrook	1	136
Sylvanus, s. Sylvanus & Molley, b. Dec. 4, 1784	1	136
Theode, d. Ithamer & Sarah, b. Mar. 20, 1773	1	125
Theodia, [d. James & Elizabeth], b. Aug. 30, 1738	L-2	175
Thomas, s. [Mathew & Sarah], b. Nov. 28, 1720	L-3	368
Thomas, m. Elizabeth **ROB[B]INS**, Jan. 12, 1726/7	L-2	175
Thomas, Jr., m. Lydia **FOOT**, June 15, 1746, by Ephraim Little, Clerk, Colchester	1	97
Thomas, s. Thomas & Lydia, b. May 7, 1758	1	97
Thomas, m. Azubah **WADE**, Jan. 30, 1799	2	67
Thomas M., m. Hannah **ROGERS**, b. of Lyme, Mar. 3, 1822, by Lothrop Rockwell, Clerk	2	144
Thomas Merrett, s. Tho[ma]s & Azubah, b. Nov. 11, 1799	2	67
Tinker, s. Josiah & Ama, b. June 27, 1771; d. Oct. 11, 1783	1	60
Tinker, s. Josiah & Parthena, b. June 15, 1790	1	63
Tubel, d. [Josiah & Rhoda], b. Nov. 8, 1739	1	15
Union, of Lyme, m. Richard **SPENCER**, of Harrison Cty., Va., May 13, 1798, by Rav. Lathrop Rockwell	2	47
Uriah, s. Stephen & Irena, b. Feb. 4, 1771	1	107
Watrous B., of East Haddam, m. Sarah **ROGERS**, of Lyme, Mar. 7, 1826, by Lathrop Rockwell, Clerk	2	194
William, s. [Josiah & Rhoda], b. July 23, 1745	1	15
William, m. Mary **MOORE**, b. of Lyme, Jan. 8, 1772, by Rev. Stephen Johnson	1	142
William, s. Zadock & Mary, b. Sept. [ ], 1778	1	104
William, m. Hannah M. **ELY**, b. of Lyme, Dec. 28, 1828, by Josiah Hawes	2	227
William A., m. Mary Ann **GORTON**, b. of Lyme, Apr. 5, 1836, by Rev. Frederick Wightman	3	54
William Angers, s. [Elisha & Mary], b. Oct. 8, 1809	2	233
William D., m. Eunice M. **DAVIS0N**, b. of [Lyme], Oct. 28, 1838, at her father's in Lyme, by William Palmer, V.D.M., of E. Lyme	3	89
William Lay, s. Seth & Hannah, b. May 1, [ ]	1	161
William Moore, s. W[illia]m & Mary, b. Dec. 13, 1782	1	142
W[illia]m Parsons, s. Charles & Lois, b. June 2, 1813	2	71

	Vol.	Page
SMITH, (cont.)		
Zadock, m. Mary **GOOLD**, Aug. 20, 1763, in Southold, L.I., by Ben[jam]in Brown, J.[P.] Witnesses: Clark Trueman, Jonathan Trueman, Gershom Brown	1	104
Zadock, s. Zadock & Mary, b. Sept. 14, 1780	1	104
Zeruiah, d. Thomas & Lydia, b. May 16, 1754	1	97
Zeruiah, d. David Carpender & Zeruiah, b. Aug. 25, 1778	1	113
Zilla, d. [Daniel & Elizabeth], b. Oct. 15, 1727	L-2	182
Zillah, m. John **TERRIL**, Jr., July 31, 1746	1	40
----------, s. [Dr.] John L. & Fanny, b. June 16, 1836	2	116
----------, two children of Capt. Ichabod & Abigail, b. [ ], one died, the other lived	2	72
SOBUCK, Joseph A., m. Sally **WARHEAD**, Apr. 28, 1829, by Peter Comstock, J.P.	2	232
SOUTHWORTH, Abigail, twin with Amos, [d. Samuel], b. Mar. 15, 1724	L-2	133
Abigail, m. David **PECK**, June 16, 1743	1	82
Amos, twin with Abigail, [s. Samuel], b. Mar. 15, 1724; d. June 14, 1725	L-2	133
Constant, [s. Joseph], b. Apr. 21, 1715	L-2	99
Elihu B., m. Lydia **LAY**, of Lyme, Oct. 1, 1848, by Rev. Joseph B. Damon	3	205
Elizabeth, [d. Joseph], b. Feb. 13, 1711/12	L-2	99
Mary, [d. Samuel], b. May 15, 1727	L-2	133
Rebecka, m. Ezra **LEE**, Oct. 9, 1740	1	31
Samuell, [s. Samuell], b. May 5, 1723	L-2	133
SPARROW, Mary H., m. George Hazard **CHADWICK**, Dec. 19, 1830, by Rev. Chester Colton	2	249
SPENCER, Amelia D., of Lyme, m. Benjamin H. **CATLIN**, of Haddam, Sept. 14, 1834, by Rev. George Carrington, Jr., of Hadlyme	3	42
Austin, m. Charlotte C. **SPENCER**, b. of Lyme, Nov. 12, 1827, by Rev. Joseph Vail, of Hadlyme	2	214
Calvin, m. Mehetable **BRAINARD**, Nov. 1, 1789	2	18
Calvin, s. Calvin & Mehetable, b. Apr. 7, 1796	2	18
Calvin, m. Fanny **MINER**, b. of Lyme, May 21, 1820, by Rev. George W. Appleton, of East Society	2	114
Catharine F., of Lyme, m. William E. **MARVIN**, of Greenfield, Pa., Nov. 2, 1848, in Hadlyme, by Rev. Stephen A. Loper	3	192
Charles, s. Calvin & Mehetable, b. Nov. 20, 1800	2	18
Charles, m. Julia **RYON**, b. of Lyme, Oct. 21, 1824, by Rev. Nathan Wildman	2	172
Charlotte C., m. Austin **SPENCER**, b. of Lyme, Nov. 12, 1827, by Rev. Joseph Vail, of Hadlyme	2	214
Daniel Washington, s. [Daniel & Maria], b. Feb. 17, 1826	2	155
Eleazer, of Haddam, m. Betsey **SAUNDERS**, of Lyme, May 4, 1834, by Richard E. Selden, Jr., J.P.	3	263
Eleazer, of Saybrook, m. Betsey **SAUNDERS**, of Lyme, May 4, 1834, by Rich[ar]d E. Selden, Jr., J.P.	3	66
Elijah, s. Calvin & Mehetable, b. Dec. 26, 1798	2	18
Hannah Maria, d. [Daniel & Maria], b. Aug. 12, 1829	2	155

	Vol.	Page
SPENCER, (cont.)		
Haughton, m. Amelia Sarah **STREET**, [ ], 1807	2	113
Henry, m. Elizabeth **MULHOLLARD**, of England, June 26, 1842, by Rev. Amos D. Watrous	3	126
Henry Selden, s. Daniel & Maria, b. June 30, 1822	2	155
Hopey, d. Calvin & Mehetable, b. Jan. 16, 1793	2	18
Hope, m. Jonathan **SISSON**, b. of Lyme, July 14, 1824, by Rev. Nathan Wildman	2	168
Jedediah, s. Calvin & Mehetable, b. Aug. 29, 1794	2	18
Jedidah, m. Zadock D. **BECKWITH**, b. of Lyme, Sept. 5, 1824, by Rev. Nathan Wildman	2	170
John Harvey, s. Daniel & Maria, b. Feb. 26, 1824	2	155
John Ward, s. Haughton & Amelia Sarah, b. Oct. 11, 1817, at Lynn	2	113
Lorillard, of West Chester, N.Y., m. Sarah J. **GRISWOLD**, of Lyme, June 30, [1847], by Rev. D.S. Brainard	3	177
Mary Howland, d. Richard & Union, b. Mar. 7, 1799	2	47
Nancy, d. Calvin & Mehet[a]ble, b. Apr. 20, 1791	2	18
Penelope, m. Lynde L. **TINKER**, Nov. 11, 1804	2	108
Polly, m. Stephen D. **SELLARD**, Apr. 15, 1802	2	70
Richard, of Harrison Cty., Va., m. Union **SMITH**, of Lyme, May 13, 1798, by Rev. Lathrop Rockwell	2	47
Roxana, m. David **QUIMBLY**, b. of Lyme, Feb. 6, 1842, by Rev. Oliver Brown	3	156
Sarah, formerly the w. John **HOLTUM**, d. Jan. 21, 1704/5	L-2	117
Sarah S., of Lyme, m. Amasa **DAY**, of East Haddam, Nov. 27, 1845, by Rev. Stephen Alonzo Loper, of Hadlyme	3	164
----------, m. Samuell **MOTT**, Jr., July 31, 1717	L-2	251
[**SPERRY**], **SPERY**, Daniell, m. Deb[o]rah **PECK**, Apr. 3, 1694	L-2	129
Daniel, m. Deborah **PECK**, Aug. 3, 16[ ]	L-1	17
STACK, [see also **STARK**], Lucretia, m. Nathan **JEWETT**, Jr., Feb. 7, 1837, by Rev. Andrew M. Smith, of Colchester	3	62
STAMMERS, Mary, of Lyme, m. William **STAMMERS**, of Kingsbridge, N.Y., May 5, 1825, by Lathrop Rockwell, Clerk	2	189
William, of Kingsbridge, N.Y., m. Mary **STAMMERS**, of Lyme, May 5, 1825, by Lathrop Rockwell, Clerk	2	189
STANNARD, Jesse, of Saybrook, m. Sally **PHELPS**, of Lyme, Apr. 25, 1827, by Charles Smith, J.P.	2	206
Maria Anne, of Guilford, m. Similius **ELY**, of Lyme, Mar. 2, 1824, by Josiah Hawes	2	164
STANTON, Isaac, of Stonington, m. Nancy H. **SMITH**, of Lyme, Jan. 15, 1826, by Nathan Wildman	2	192
STAPLES, Asa, s. Ebenezer & Charity, b. Sept. 8, 1755	1	87
Ebenezer, m. Charity **LEONARD**, b. of Lyme, Jan. 30, 1755, by Rev. Stephen Johnson	1	87
Lucy, d. Ebenezer & Charity, b. July 17, 1759	1	87
Parthena, d. Ebenezer & Charity, b. Dec. 25, 1757	1	87
STAPLINS, Giles, m. Harriet **HARDING**, Oct. 23, 1842, by Rev. D.S. Brainard	3	132
STARK, [see also **STACK**], Abiel, Jr., of Lyme, m. Jane Alice **ELY**,		

LYME VITAL RECORDS 233

	Vol.	Page
STARK, (cont.)		
of Pleasant Valley, N.Y., Apr. 3, 1831, by Josiah Hawes	2	253
Abial, 3d, m. Juliaette **JOHNSON**, b. of Lyme, Mar. 18, 1851, by Rev. W.W. Meech	3	228
Hannah, m. Nathan **SMITH**, b. of Lyme, Mar. 14, 1828, by Asa Wilcox, Elder	2	176
Louisa, of Lyme, m. Charles **SCRANTON**, of Madison, May 17, 1854, by E.F. Burr	3	256
Lucy, m. Frederick **FOSDICK**, b. of Lyme, Nov. 25, 1847, by Rev. Chester Tilden, of N. Lyme	3	185
Phebe P., m. John G. **JEWETT**, b. of Lyme, Jan. 16, 1821, at Nathan Stark's, by Rev. W[illia]m Palmer	2	119
Sarah Anne, of Lyme, m. Timothy **ELY**, of Middletown, Ct., Apr. 27, 1841, by Phillips Payson, of N. Lyme	3	113
William H., m. Mary Ann **RAYMOND**, b. of Lyme, Oct. 13, 1834, by Rev. Andrew M. Smith	3	27
STARKEY, Charles F., of Essex, m. Frances M. **CONGDON**, of Lyme, Nov. 20, 1832, by Rev. Frederick Wightman	3	1
Sybel, of Saybrook, m. Joel **BECKWITH**, of Lyme, Mar. 3, 1831, by Rev. Chester Colton	2	250
STARLING, STARLIN, Abigail, d. [Capt. Daniel & Mary], b. Sept. 9, 1709	1	10
Abigail, d. [John & Abigail], b. Jan. 25, 1730/1	1	21
Abigail, w. John, d. May 10, 1731	1	21
Abigail, [d. John & Jane], d. Apr. [ ], 1734	1	21
Abigail, d. [John & Jane], b. May 12, 1742	1	21
Abigail, d. Jacob & Edey, b. Aug. 30, 1773; d. Aug. 24, 1775	1	117
Abigail, d. Jacob & Edey, b. Dec. 16, 1775	1	117
Abigail, d. Jacob & Edey, d. Mar. 27, 1777	1	117
Allis, d. Jacob & Edey, b. Sept. 10, 1782	1	117
Annah, w. Sam[ue]ll, d. [ ], 179[ ]	1	91
Anne, twin with Esther, [d. Daniel, Jr. & Ester], b. Oct. 19, 1736	L-2	199
Ansell, s. William & Jemima, b. Feb. 3, 1782	1	102
Clarissa, d. William & Jemima, b. Feb. 18, 1780	1	102
Daniel, Capt., m. Mary **ELY**, relict of Richard **ELY**, decd., June 6, 1699	1	10
Daniel, s. [Capt. Daniel & Mary], b. Oct. 28, 1702	1	10
Daniel, Jr., m. Est[h]er **COULT**, May 14, 1730	L-2	199
Daniel, s. [John & Jane], b. June [ ], 1740	1	21
Daniel, Capt., m. Wid. Mary **BECKWITH**, May 16, 1745	1	10
Daniel, Capt., d. June 30, 1747	1	10
Daniel, s. Dan[ie]ll & Demiss, b. Apr. 27, 1768, in East Haddam	1	55
Deborah, d. Jacob & Edey, b. Oct. 3, 1778	1	117
Dudley, s. W[illia]m & Jemima, b. Apr. 11, 1774; d. Sept. 18, 1775	1	102
Dudley, s. William & Jemima, b. Apr. 24, 1776	1	102
Edey, d. Jacob & Edey, b. Aug. 19, 1771	1	117
Edey, d. Jacob & Edey, d. Mar. 16, 1777	1	117
Elijah, s. Joseph & Lydia, b. Nov. 24, 1775	1	106
Elisha, s. William & Jemima, b. Nov. 5, 1765	1	102
Elizabeth, d. [Capt. Daniel & Mary], b. Apr. 18, 1700	1	10

STARLING, STARLIN, (cont.)

	Vol.	Page
Elizabeth, d. [John & Abigail], b. July 15, 1729	1	21
Elizabeth, of [Lyme], m. Nathan **SMITH**, of Lyme, Apr. 7, 1748, by Rev. George Beckwith	1	72
Elizabeth, m. W[illia]m Rufus **HYDE**, b. of Lyme, Oct. 3, 1773, by John Lay, 2d, J.P.	1	143
Elizabeth, w. Sam[ue]ll, d. Mar. 18, 1777	1	91
Elizabeth, m. Zelophead **ELY**, Nov. 5, 1793	2	25
Elizabeth Ann, d. Stephen & Elizabeth, b. May 3, 1777	1	71
Elizabeth Marvin, d. Jacob & Edey, b. July 4, 1769	1	117
Erastus, s. William & Jemima, b. Mar. 8, 1778	1	102
Esther, twin with Anne, [d. Daniel, Jr. & Ester], b. Oct. 19, 1736; d. Apr. 14, 1750	L-2	199
Esther, d. John & Jane, b. July 4, 1751	1	21
Esther, d. Stephen & Elizabeth, b. Sept. 16, 1773	1	71
Hannah, d. Joseph & Sarah, b. Apr. 5, 1741	L-2	464
Hannah, d. Joseph & Lydia, b. Sept. 21, 1764	1	106
Hannah, d. Sam[ue]ll & Annah, b. Sept. 8, 1782	1	91
Hepzibah, d. Jacob & Edey, b. Feb. 19, 1767	1	117
Irene, d. Samuel & Elizabeth, b. Oct. 17, 1758	1	91
Irena, m. Eleazer **MATHER**, Jr., b. of Lyme, May 29, 1775, by Rev. George Beckwith	1	88
Isaac, s. Stephen & Elizabeth, b. Feb. 8, 1772; d. Feb. 10, 1772	1	71
Jacob, s. [John & Jane], b. Mar. 3, 1744	1	21
Jacob, m. Edey **TUCKER**, b. of Lyme, Oct. 14, 1765, by John Lay, 2d, J.P.	1	117
James, s. Dan[ie]ll & Demiss, b. May 17, 1770, in East Haddam	1	55
James, s. Sam[ue]ll & Elizabeth, b. Dec. 25, 1770	1	91
Jane, d. John & Jane, b. Apr. 23, 1746	1	21
Jemima, d. W[illia]m & Jemima, b. July 3, 1772	1	102
Jemima, m. William **SILL**, Jan. 21, 1789	2	15
John, s. [Capt. Daniel & Mary], b. Oct. 28, 1704	1	10
John, of Lyme, m. Abigail **PRATT**, of Colchester, Nov. [ ], 1727	1	21
John, m. Jane **RANSOM**, Dec. 30, 1731	1	21
John, s. [John & Jane], b. Dec. 10, 1732	1	21
John, s. [Stephen & Polly], b. Oct. 16, 1803	2	57
Joseph, [s. Capt. Daniel & Mary], b. June 30, 1707	1	10
Joseph, m. Sarah **MACK**, July 2, 1730	L-2	464
Joseph, [s. Joseph & Sarah], b. Mar. 8, 1739	L-2	464
Joseph, d. Sept. 19, 1748, ae 42 y.	L-2	464
Joseph, of Lyme, m. Lydia **RANSOM**, of [Lyme], Feb. 2, 1762, by Rev. George Beckwith	1	106
Joseph, s. Joseph & Lydia, b. Nov. 28, 1770	1	106
Joseph, s. William & Jemima, b. Nov. 25, 1786	1	102
Lina, d. Samuel & Elizabeth, b. May 21, 1764	1	91
Lizza, d. Sam[ue]ll & Elizabeth, b. Nov. 3, 1768	1	91
Lord, s. Sam[ue]ll & Annah, b. Apr. 3, 1780	1	91
Lucia, d. John & Jane, b. Mar. 13, 1753	1	21
Lucy, d. Sam[ue]ll & Elizabeth, b. Dec. 9, 1775	1	91
Lydia, d. Joseph & Sarah, b. Apr. 1, 1747	L-2	464

	Vol.	Page
STARLING, STARLIN, (cont.)		
Lydia, d. Joseph & Lydia, b. Nov. 6, 1773	1	106
Marian, d. John & Jane, b. May 8, 1755	1	21
Marshfield, s. Stephen & Elizabeth, b. Mar. 13, 1769	1	71
Mary, [d. Joseph & Sarah], b. July 18, 1736	L-2	464
Mary, w. Capt. Daniel, d. Oct. 16, 1744	1	10
Mary, d. John & Jane, b. Sept. 18, 1757	1	21
Mary, m. Richard **RANSOM**, Nov. 22, 1759, by Rev. George Beckwith	1	106
Mary, d. Dan[ie]ll & Demiss, b. Nov. 3, 1772, in East Haddam	1	55
Micah, s. William & Jemima, b. Nov. 5, 1784	1	102
Nathan, [s. John & Jane], b. Dec. 12, 1736	1	21
Phebe, d. Joseph & Sarah, b. Apr. 26, 1745	L-2	464
Phebe, d. William & Jemima, b. Oct. 15, 1763	1	102
Phebe, m. Joseph **MARVIN**, 2d, b. of Lyme, Oct. 16, 1783, by George Beckwith, Clerk	1	86
Rachal, d. Daniel & Demiss, b. Dec. 29, 1764, in East Haddam	1	55
Ruth Perkins, d. Sam[ue]ll & Elizabeth, b. Sept. 27, 1773	1	91
Samuell, s. [Joseph & Sarah], b. Oct. 14, 1732	L-2	464
Samuel, of Lyme, m. Elizabeth **PERKINS**, of Lyme, Dec. 2, 1756, by Rev. George Beckwith	1	91
Sam[ue]ll, s. Samuel & Elizabeth, b. Sept. 1, 1766	1	91
Sam[ue]ll, of Lyme, m. Anna **DUDLEY**, of Saybrook, Feb. 2, 1779, by Rev. William Hart, of Saybrook	1	91
Samuel, m. Lucretia **CHAMPION**, Mar. 12, 1795	1	91
Sarah, [d. Joseph & Sarah], b. July 22, 1734	L-2	464
Sarah, of Lyme, m. Ezra **ELY**, of Lyme, Aug. 8, 1751, by George Beckwith	1	83
Sarah, d. Samuel & Elizabeth, b. Dec. 30, 1761	1	91
Sarah, [w. Joseph], d. Aug. 6, 1762	L-2	464
Sarah, d. Joseph & Lydia, b. Aug. 23, 1766	1	106
Sarah, d. [Dan[ie]ll & Demiss, b. Nov. 4, 1774	1	55
Sarah, of Lyme, m. Lemuel **LEE**, of Lyme, Sept. 28, 1783, by Ezra Selden, J.P.	1	37
Seth, s. Joseph & Lydia, b. Mar. 18, 1763	1	106
Simon, s. John & Jane, b. July 25, 1749	1	21
Stephen, s. John & Jane, b. Aug. 3, 1738	1	21
Stephen, of Lyme, m. Elizabeth **TUCKER**, May 15, 1766, by Sam[ue]ll Ely, J.P.	1	71
Stephen, s. Stephen & Elizabeth, b. Mar. 22, 1767	1	71
Stephen, d. Mar. 1, 1777	1	71
Stephen, m. Polly **BROWN**, Sept. 24, 1798	2	57
Stephen, s. [Stephen & Polly], b. May 5, 1801	2	57
Thomas Sill, s. W[illia]m & Jemima, b. Apr. 10, 1770	1	102
William, d. Jan. 22, 1719, ae 87 y. (Inscription upon headstone)	L-2	269
Willaim, s. [Daniel, Jr. & Ester], b. Aug. 19, 1732; d. Nov. 30, 1736	L-2	199
William, s. Joseph & Sarah, b. May 28, 1743	L-2	464
William, of Lyme, m. Jemima **SILL**, Jan. 3, 1763, by Samuel Ely, J.P.	1	102
William, s. William & Jemima, b. May 16, 1768	1	102

	Vol.	Page
STARLING, STARLIN, (cont.)		
----------, child of Stephen & Polly, st. b. Oct. 1, 1799	2	57
----------, 1st child & d. [Joseph & Sarah], d. [ ]	L-2	464
STARTNIS, ----------, w. John, d. May 10, 1731	L-2	166
STATEN, Sarah, m. Roger **ALGER**, Jr., Feb. 8, 1708	L-2	231
STEBBINS, Elizabeth, m. Richard H. **MILLER**, b. of New London, July 8, 1832, by Rev. Chester Colton	2	270
STEEL, Joel, of Bloomfield, N.Y., m. Caroline **ELY**, of Lyme, May 26, 1826, by Rev. Josiah Hawes	2	203
STEPHENS, James F., of Windham, m. Betsey J. **HAYNES**, of Lyme, Jan. 6, 1832, by Rev. Chester Colton	3	5
STEPHENSON, Daniel, m. Jerusha **MATHER**, July 18, 1790	1	43
Daniel, s. [Daniel & Jerusah], b. Apr. 14, 1791; d. Nov. 4, 1792	1	43
Daniel, s. Daniel & Jerusha, b. May 12, 1794	1	43
STERLING, Dudley, m. Phebe **SILL**, Nov. 16, 1797	2	43
Georgiana, m. Henry **STEWARD**, b. of Lyme, Dec. 20, 1832, by Josiah Hawes	3	3
Jerusha Lay, d. [William & Jerusha], b. May 25, 1803	2	80
John, m. Hannah **RANDALL**, b. of Lyme, Nov. 19, 1840, by Phillips Payson	3	112
Phebe, m. John **ELMORE**, Feb. 15, 1821, by Rev. Josiah Hawes	2	125
Robert, d. Mar. 7, 1806	2	80
Robert Ely, s. W[illia]m & Jerusha, b. Mar. 20, 1796; d. Mar. 7, 1806	2	80
Stephen, Jr., m. Sally M. **MARVIN**, b. of Lyme, Dec. 9, 1824, by Josiah Hawes	2	171
Thomas Sill, s. W[illia]m & Jerusha, b. Apr. 5, 1798	2	80
William, Maj., m. Jerusha **ELY**, of Saybrook, Sept. 11, 1794	2	80
William Erastus, s. W[illia]m & Jerusha, b. June 9, 1801	2	80
STERTEVANT, Anna, d. [Rufus & Mary], b. Sept. 5, 1795	2	76
George Foster, s. [Rufus & Mary], b. Mar. 4, 1805	2	76
Harriet, d. [Rufus & Mary], b. Jan. 28, 1798	2	76
Josiah, s. [Rufus & Mary], b. May 12, 1800	2	76
Mary, d. [Rufus & Mary], b. May 10, 1802	2	76
Rufus, m. Mary **MANNING**, [ ]	2	76
STEWARD, Calvin M., s. Calvin & Sarah, b. Apr. 2, 1832	2	184
Daniel, m. Sarah **TINKER**, b. of Lyme, Sept. 11, 1825, by Nathan Wildman	2	184
Henry, m. Georgiana **STERLING**, b. of Lyme, Dec. 20, 1832, by Josiah Hawes	3	3
Lucy Ann, of Lyme, m. Ezra **BROCKWAY**, of Lebanon, Sept. 14, 1826, by Nathan Wildman	2	200
Phebe, of Lyme, Ct., m. Thomas T. **MULFORD**, of New Haven, Ohio, Mar. 25, 1821, by S.G. Thatcher, J.P.	2	129
STILL, Eliza, d. Pember [W.] & Susannah, b. July 31, 1804	2	67
Hannah, d. [Pember W. & Susannah], b. Dec. 9, 1807	2	67
Hiram, s. Pember W., b. Nov. 26, 1802	2	67
STILLMAN, Clark G., of Westerly, R.I., m. Electa **HOWARD**, of Lyme, Oct. 30, 1828, by Rev. Nathan Wildman	2	228
STOCKER, Edward, [s. Edward & Marah], b. May 10, 1701	L-2	198
Edward, m. Wid. Abigail **HARV[E]Y**, Dec. 25, 1733	L-2	198

	Vol.	Page
STOCKER, (cont.)		
Exper[i]ence, [d. Edward & Marah], b. Mar. 13, 1699	L-2	198
John, [s. Edward & Marah], b. Apr. 19, 1704	L-2	198
Marah, w. Edward, d. Dec. 28, 1704	L-2	198
Martha, 2d w. Edward, d. Oct. 31, 1732	L-2	198
Mary, [d. Edward & Martha], b. Apr. 3, 1707	L-2	198
William, [s. Edward & Martha], b. Oct. 6, 1708	L-2	198
STODDARD, Sarah S., m. Henry **JOHNSON**, b. of Lyme, [Nov.] 27, [1851], by James Noyes	3	235
STONE, William, m. Mary Ann **SWAN**, b. of Lyme, Oct. 28, 1850, by Rev. W. Meech	3	226
STORY, STOREY, Samuel, m. Mary **MINARD**, b. of Lyme, Feb. 17, 1774, by Benj[ami]n Lee, J.P.	1	149
William, s. Sam[ue]l & Mary, b. Nov. 12, 1774	1	149
STOW, Sarah, of Saybrook, m. Adriel **ELY**, of Lyme, Nov. 14, 1780, by Rev. William Hart, of Saybrook	1	29
STREET, Amelia Sarah, m. Haughton **SPENCER**, [ ], 1807	2	113
STRICKLAND, STRICTLAND, Charles William, s. [Joseph & Phebe], b. May 27, 1795	2	59
Eliza, d. Joseph & Phebe, b. June 26, 1799	2	59
Fanny, d. Joseph & Phebe, b. June 13, 1797	2	59
Fanny, m. Dr. John L. **SMITH**, b. of Lyme, May 14, 1820, by George W. Appleton	2	116
James L., m. Mary Ann **COMSTOCK**, b. of Lyme, Sept. 30, 1827, by Rev. Nathan Wildman	2	211
James Lewis, s. Joseph & Phebe, b. Oct. 3, 1801	2	59
Joseph, m. Phebe **LEWIS**, Mar. 1, 1792	2	59
Mariette, d. Joseph & Phebe, b. June 11, 1804	2	59
Nancy, d. Joseph & Phebe, b. Feb. 16, 1793	2	59
Nancy, m. James **FITCH**, Feb. 1, 1815, by Asa Wilcox, Elder	2	98
Polly, m. Stephen **TINKER**, Apr. 28, 1796	2	72
Ruel R., m. Harriet **TINKER**, Apr. 6, 1823, by Tho[ma]s W. Strickland, J.P.	2	156
Sarah P., m. Jonathan G. **LEWIS**, Jan. 22, 1828, by Tho[ma]s w. Strickland, J.P.	2	107
Thomas W., m. Freelove **FITCH**, Sept. 8, 1813, by Asa Wilcox, Elder	2	94
STRONG, Elihu, m. Christiana **BECKWITH**, Apr. 4, 1830, by John S. Rogers, J.P.	2	242
SULLARD, SELLARD, Calvin Spencer, s. [Stephen D. & Polly], b. Feb. 28, 1803	2	70
Elles, d. James & Lydia, b. May 30, 1783	1	176
James, m. Lydia **DeWOLF**, Apr. 13, 1780	1	176
Lucy, d. James & Lydia, b. Nov. 16, 1787	1	176
Stephen D., m. Polly **SPENCER**, Apr. 15, 1802	2	70
Stephen DeWolf, s. James & Lydia, b. Dec. 13, 1780	1	176
SUMMERS, Samuel, s. Dolly **HIGGINS**, b. Jan. [ ], 1803	2	90
SUMNER, John H., of Middletown, m. Betsey **CONKLING**, of Lyme, Feb. 9, 1823, by Lothrop Rockwell, Clerk	2	152
SWAN, Frederick L., of East Haddam, m. Laura A. **TIFFANY**, of Lyme, Oct. 9, 1845, by Rev. Stephen A. Loper, of Hadlyme	3	161

	Vol.	Page

SWAN, (cont.)
    Jabez, of Lyme, m. Laura **GRIFFIN**, of East Haddam, Jan. 13,
        1823, by George W. Appleton, Elder   2   153
    Laura L., of Lyme, m. Norris **RATHBUN**, of East Haddam, Nov.
        23, 1835, by Rev. Chester Colton   3   45
    Mary Ann, m. William **STONE**, b. of Lyme, Oct. 28, 1850, by
        Rev. W. Meech   3   226
    Thomas S., of East Haddam, m. Charlotte A. **ROGERS**, of Rome,
        N.Y., May 12, 1845, by Rev. D.S. Brainard   3   152
SWANEY, George Bigelow, b. July 4, 1774   2   46
SWEETZER, Edwin, of Philadelphia, m. Clementine **LOMBARD**, of
    Lyme, Mar. 10, 1844, by Rev. Pierpont Brockett   3   144
SWIFT, Julia H., m. Elias **MANWARING**, of E. Lyme, Jan. 16, 1853,
    by Rev. Harlum Heddan   3   244
TABOR, Phebe, of New London, m. John **GRIFFING**, of Lyme, June
    11, 1761, by Rev. Mather Biles (Giles?), of New London   1   166
TAGGERS, John H., of Boston, m. Lucretia **DART**, of Lyme, Jan. 15,
    1827, by Lothrop Rockwell, Clerk   2   204
TAINTER, Charles M., of Shelbourne, Franklin Co., Mass., m. Mary
    LORD, of Lyme, Aug. 18, 1846, by Rev. Samuel Griswold   3   169
    Ralph, of Colchester, m. Phebe **LORD**, of Lyme, June 2, 1834, by
        Josiah Hawes   3   22
TALCOTT, Samuel, of Hebron, m. Asanath **MORGAN**, of Lyme,
    Sept. 7, 1830, by Josiah Hawes   2   245
TALLMAN, Deliverance, m. Isaac **WILLY**, Jr., May 12, 1727   L-5   351
TAYLOR, George, m. Polly **WOOD**, [   ], 18[   ]   2   106
    John, [s. George & Polly], b. Mar. 26, 1826   2   106
    Joseph, [s. George & Polly], b. July 18, 1823   2   106
    Marcy, m. Javitt **INGRAHAM**, Oct. 27, 1729   L-2   96
    Niles, of Norwich, m. Eliza **BAILEY**, of Lyme, July 8, 1838, by
        Rev. Chester Colton   3   84
    Phebe, [d. George & Polly], b. Jan. 23, 1821   2   106
    William, s. George & Polly, b. Dec. 23, 1816   2   106
    William, of Lyme, m. Betsey **JONES**, of Saybrook, Sept. 1, 1848,
        by Chester Tilden   3   190
TEFFT, Mary, m. John D. **CLARK**, Aug. 21, 1842, by Rev. D.S.
    B[r]ainerd   3   129
TERRILL, TERRIL, Anna, m. Simeon **BEEBE**, Aug. 1, 1750   1   58
    Elizabeth, d. John & Zillah, b. Sept. 4, 1756   1   40
    Gardiner, s. John & Zillah, b. Feb. 18, 1754   1   40
    Hannah, m. Benjamin **HUDSON**, Jan. 20, 1749   1   74
    John, Jr., m. Zillah **SMITH**, July 31, 1746   1   40
    John, s. John & Zillah, b. Feb. 21, 1749; d. June 15, 1740 (sic)
        [1749?]   1   40
    Joseph, s. John & Zillah, b. June 24, 1747   1   40
    Susannah, d. John & Zillah, b. Apr. 21, 1751   1   40
    Zilla, d. John & Zillah, b. June 4, 1759   1   40
TERRY, James P., of Somers, m. Catharine A. **WATSON***, of Lyme,
    Aug. 16, 1842, by Rev. D.S. Brainard (*Perhaps "Matson")   3   129
    Sally, m. Ezra W. **MILLER**, Aug. 15, 1809   2   87
THOMAS, TOMMAS, George, of Norwich, m. Matilda L.

	Vol.	Page
THOMAS, TOMMAS, (cont.)		
BANNING, of Lyme, Nov. 3, 1839, at the house of Prentice Comstock, by W[illia]m Palmer, V.D.M.	3	99
Mary, m. Samuel **GASTIN**, Jr., Jan. 1, 1740/41	1	6
Rebecca, m. Samuel **WALLER**, of Lyme, Dec. 20, 1744	1	39
THOMPSON, THOMSON, TOMSON, Alpheas, of Montville, m. Mary Ann Phebe **REED**, of Lyme, May 4, 1790	2	37
Ciladelpha, [d. William & Silla [Delfa]], b. June 23, 1683	L-1	81
Erastus, s. [Alpheas & Phebe], b. June 5, 1803	2	37
Fanny, d. Alpheas & Phebe, b. May 31, 1791	2	37
George, s. [John & Susannah], b. Oct. 17, 1802	2	55
Hannah, d. Deac. William, [of] Chebacks (?), in Ipswich, m. William **ELY**, [ ], by Rev. John Wise	L-2	234
Isaac, s. [Alpheas & Phebe], b. June 7, 1794	2	37
Jeane, [d. William & Silla [Delfa]], d. Jan. 30, 1681	L-1	81
John, m. Susannah **WILLSON**, [ ]	2	55
Lynd, d. [Alpheas & Phebe], b. Oct. 23, 1796	2	37
Mary Ann, d. [John & Susannah], b. Mar. 15, 1810	2	55
Mary Ann Phebe, w. Alpheas, d. May 19, 1805	2	37
Rachell, [d. William & Silla [Delfa]], b. Oct. 18, 1679	L-1	81
Susan, alias **ROGERS**, had s. Daniel **ROGERS**, b. Dec. 15, 1816	2	113
Susan, alias **ROGERS**, had s, David, b. Apr. 30, 1817	2	113
William, m. Silla [Delfa] **TILLSON**, July 19, 1678	L-1	81
TIBBETS, TIBBETTS, TIBBITTS, John, of East Win[d]sor, m. Lydia **JOHNSON**, of Lyme, Dec. 30, 1823, at Wid. Johnson's, by Seth Lee	2	162
Lydia, m. James F. **NASON**, Sept. 30, 1832, by John S. Rogers, J.P.	2	53
Whitman, m. Julia Ann **CHADLOCK**, Apr. 8, 1827, by Jonathan Comstock, J.P.	2	207
TIFFANY, Anna, m. George **RANSOM**, Mar. 3, 1768, by Sam[ue]l Ely, J.P.	1	128
Charles, of Williston, Vt., m. Naomi **JEWETT**, of Lyme, June 16, 1823, at Wid. Naomi Jewett's, by Rev. William Palmer, Colchester	2	158
Charles E., of Williston, Vt., m. Francis M. **JEWETT**, of Lyme, Sept. 22, 1835, by Rev. A.M. Smith	3	40
Consider, m. Neomey **COMSTOCK**, Nov. 26, 1731	L-6	316
Consider, [s. Consider & Neomey], b. Mar. 15, 1732/3	L-6	316
Consider, of Lyme, m. Mary **DAVIS**, of New London, Jan. 23, 1753	1	67
Elizabeth, m. Richard **BROCKWAY**, May 5, 1720. She was his 2d w.	L-2	294
Elizabeth A., of Lyme, m. Josiah W. **CROCKER**, of Waterford, Apr. 14, 1845, by Rev. Stephen A. Loper, of Hadlyme	3	151
Ely, m. Almira **SMITH**, July 6, 1828, by Rev. Tubal Wakefield	2	220
Frances A., of Lyme, m. Samuel W. **MATHER**, of Boston, Mass., May 25, 1852, by Rev. E.F. Burr, of N. Lyme	3	240
Giles, m. Esther **PECK**, Oct. 25, 1790	2	4
Hepzibah, of [Lyme], m. William **HARRISON**, of Lyme, Dec. 29, 1762, by George Beckwith	1	116

	Vol.	Page

TIFFANY, (cont.)

[H]umphrey, [s. Consider & Neomey], b. Mar. 2, 1743	L-6	316
Laura A., of Lyme, m. Frederick L. **SWAN**, of East Haddam, Oct. 9, 1845, by Rev. Stephen A. Loper, of Hadlyme	3	161
Lucretia M., of Lyme, m. John M. **PARKER**, of Sag Harbor, N.Y., Aug. 17, 1845, in the North Lyme Meeting House, by Rev. Nathaniel Minor, of East Haddam	3	161
Luther, [s. Consider & Neomey], b. Apr. 15, 1734	L-6	316
Nab[b]e Lord, d. Timothy & Elizabeth, b. Sept. 26, 1754	1	86
Neomey, [d. Consider & Neomey], b. Dec. 28, 1737	L-6	316
Naomey, w. Consider, d. May 29, 1743	L-6	316
Sam[ue]ll, [s. Consider & Neomey], b. July 13, 1740	L-6	316
Timothy, s. Consider & Mary, b. Nov. 24, 1752	1	67
Timothy, m. Elizabeth **LORD**, b. of Lyme, Dec. 20, 1753, by Rev. Stephen Johnson	1	86
Titus, s. Consider & Mary, b. May 9, 1754	1	67

TILLOTSON, TILLITSON, TILLSON, TILLETSON, TILESON, Abigail, d. James & Elizabeth, b. Feb. 15, 1751

TILESON, Abigail, d. James & Elizabeth, b. Feb. 15, 1751	1	33
Abigail, d. Nath[anie]l & Elizabeth, b. May 17, 1775	1	152
Ame, d. W[illia]m & Susanna, b. Mar. 24, 1758	1	70
Anna, d. W[illia]m & Susannah, b. Aug. 11, 1770	1	70
Anne, m. Thomas **MUNSILL**, b. of Lyme, May 15, 1788	1	50
Azubah, d. William & Susanna, b. Mar. 18, 1756	1	70
Bela, s. William & Susannah, b. Mar. 13, 1762	1	70
Betsey, d. Nath[anie]l & Elizabeth, b. Nov. 28, 1782	1	152
Betsey, m. Joseph **DOWSETT**, Nov. 4, 1810, by Andrew Griswold, J.P.	3	260
Charlotte, d. Nath[anie]l & Elizabeth, b. Feb. 14, 1785	1	152
Chauncey, s. [Isaac & Content], b. Aug. 25, 1793	2	30
Damarius, d. W[illia]m & Susannah, b. Nov. 21, 1768	1	70
Daniel, s. Simeon & Martha, b. July 29, 1764	1	76
Dan[ie]ll, s. James & Elizabeth, b. May 5, 1765	1	33
Daniel, m. Lucy **LEWIS**, Oct. 22, 1790	2	54
David, [s. Jonathan & Marahe], b. Nov. 17, 1694	L-1	70
David, [s. David], b. Jan. 25, 1715	L-2	250
David, s. Levi & Mary, b. Jan. 28, 1753	1	77
Deborah, [d. David], b. June 26, 1721	L-2	250
Deborah, d. Levi & Mary, b. Jan. 4, 1751	1	77
Delfa, see under Silla		
Delight, d. Levi & Mary, b. Nov. 28, 1764	1	77
Eleazer, [s. Samuell & Lydia], b. Oct. 22, 1727	L-2	338
Eleazer, s. Levi & Mary, b. Oct. 15, 1749	1	77
Eleazer, s. Simeon & Martha, b. June 9, 1773	1	76
Elijah, s. Simeon & Martha*, b. June 9, 1770 (*Mary in original. J.N.A.)	1	76
Elizabeth, d. James & Elizabeth, b. July 2, 1748	1	33
Elizabeth, m. Nathaniel **TILLITSON**, b. of Lyme, Mar. 1, 1770, by Benjamin Lee, J.P.	1	152
Elizabeth, d. [Daniel & Lucy], b. Mar. 4, 1792	2	54
Ephraim, s. [Daniel & Lucy], b. Dec. 5, 1796	2	54
Eunis, [d. David], b. July 18, 1730	L-2	250

TILLOTSON, TILLITSON, TILLSON, TILLETSON, TILESON, (cont.)

	Vol.	Page
Eunice, d. James & Elizabeth, b. June 12, 1743	1	33
Eunice, d. James & Elizabeth, d. June 5, 1748	1	33
Eunice, d. James & Elizabeth, b. Mar. 28, 1753	1	33
Eunice, d. Nath[anie]l & Elizabeth, b. Mar. 7, 1772	1	152
Ezra, s. Levi & Mary, b. Mar. 14, 1770	1	77
George, s. William & Susanna, b. Nov. 14, 1754	1	70
George Franklin, of Lyme, m. Loura E. **CAULKINS**, of E. Lyme, Dec. 7, 1849, by Rev. Oliver Brown	3	213
Ira, m. Betsey M. **LAY**, b. of Lyme, Sept. 20, 1835, by Rev. Chester Colton	3	41
Isaac, s. W[illia]m & Susannah, b. May 26, 1765	1	70
Isaac, m. Content **FOX**, of New London, Aug. 29, 1789	2	30
Isaac, s. Isaac & Content, b. Apr. 12, 1790	2	30
Isaiah, s. Levi & Mary, b. Aug. 3, 1767	1	77
Jacob, [s. David], b. Dec. 15, 1737	L-2	250
Jeames, m. Elizabeth [ ], Apr. 20, 1692	L-2	96
Jeames, d. May 30, 1694	L-2	96
Jeames, [s. Jonathan & Marah], b. July 23, 1697	L-2	186
James, [s. David], b. Apr. 20, 1717	L-2	250
James, m. Elizabeth **DAVIS**, Feb. 4, 1741/2, by Rev. George Beckwith	1	33
James, s. James & Elizabeth, b. Apr. 14, 1760	1	33
James, s. Daniel & Lucy, b. Sept. 13, 1794	2	54
Jemima, d. James & Elizabeth, b. Nov. 3, 1757	1	33
Johanna, [d. Jeames & Elizabeth], b. Jan. 9, 1692/3	L-2	96
Jobe, s. [Joseph & Lucinda], b. Jan. 16, 1796	2	34
John, s. Jonathan & Marahe, b. May 30, [16]86	L-1	70
John, [s. Jonathan & Marahe], b. Mar. 29, 1692	L-1	70
Jonathan, [Jr.], m. Rebeka **CHAMBERLIN**, Aug. 19, 1707	L-2	351
Jonathan, Sr., d. Oct. 3, 1709	L-2	186
Jonathan, [s. David], b. July 22, 1726	L-2	250
Jonathan, s. James & Elizabeth, b. Apr. 6, 1746	1	33
Jonathan, s. Nath[anie]l & Elizabeth, b. Jan. 23, 1779	1	152
Joseph, [s. Samuell & Lydia], b. Oct. 4, 1726	L-2	338
Joseph, s. Nath[anie]l & Elizabeth, b. May 28, 1773	1	152
Joseph, m. Lucinda **MUNSELL**, Jan. 21, 1795	2	34
Joseph, s. Joseph & Lucinda, b. Apr. 5, 1798	2	34
Julia E., m. Albert L. **CHAPPELL**, b. of Lyme, June 28, 1836, by Rev. Frederick Wightman	3	56
Levi, m. Mary **DAVIS**, b. of Lyme, Aug. 16, 1748	1	77
Levi, s. Levi & Mary, b. Oct. 25, 1754	1	77
Lewis, twin with Simeon, [s. David], b. May 2, 1719	L-2	250
Lina, d. W[illia]m & Susannah, b. Jan. 26, 1775	1	70
Lois, d. Simeon & Martha, b. Mar. 27, 1779	1	76
Lucy, d. Simeon & Martha, b. Jan. 22, 1776	1	76
Lydia, d. Nath[anie]l & Elizabeth, b. Jan. 7, 1777	1	152
Lydia, m. Elijah **MACK**, Apr. 4, 1799, by Elder Lee	2	68
Mary, [d. Jonathan & Marah], b. Mar. 21, 1700	L-2	186
Mary, [d. David], b. Mar. 29, 1723	L-2	250

	Vol.	Page
TILLOTSON, TILLITSON, TILLSON, TILLETSON, TILESON, (cont.)		
Mary, d. Simeon & Martha, b. Jan. 9, 1762	1	76
Mary, w. Jacob, testified on Dec. 20, 1780, with Mary, w. Lee Tillitson, to the age of Bersheba **CHAPMAN**, d. Samuel, of Lyme, as 18 y. in Nov. [1780]	1	161
Mary, w. Lee, testified on Dec. 20, 1780, with Mary, w. Jacob Tillitson, to the age of Bersheba **CHAPMAN**, d. Samuel, of Lyme, as 18 y. in Nov. [1780]	1	161
Mercy, d. Simeon, b. Aug. 26, 1787	1	75
Morehouse, s. W[illia]m & Susannah, b. Sept. 5, 1763	1	70
Nathan, [s. Samuell & Lydia], b. June 24, 1733	L-2	338
Nathan, s. Nath[anie]l & Elizabeth, b. Sept. 20, 1770	1	152
Nathaniell, [s. Samuell & Lydia], b. Aug. 20, 1724	L-2	338
Nathaniel, m. Elizabeth **TILLITSON**, b. of Lyme, Mar. 1, 1770, by Benjamin Lee, J.P.	1	152
Nathaniel, s. Nath[anie]l & Elizabeth, b. Jan. 22, 1781	1	152
Nathaniel, d. Sept. 14, 1785	1	152
Phebe, d. Levi & Mary, b. Jan. 29, 1757	1	77
Rane, d. Levi & Mary, b. Dec. 30, 1761	1	77
Reuben, s. [Isaac & Content], b. Mar. 26, 1795	2	30
Rhoda, d. Levi & Mary, b. Mar. 5, 1759	1	77
Richard, s. W[illia]m & Susannah, b. Dec. 14, 1766; d. Dec. 10, 1767	1	70
Salome, d. James & Elizabeth, b. Nov. 6, 1767	1	33
Salome, d. [Daniel & Lucy], b. Aug. 2, 1799	2	54
Samuell, [s. Jonathan & Marah], b. Sept. 20, 1698	L-2	186
Samuell, m. Lydia **CHADWICK**, Sept. 5, 1718	L-2	338
Samuell, [s. Samuell & Lydia], b. Sept. 14, 1722	L-2	338
Sarah, d. Nov. 22, 1687	L-1	41
Sila, m. Russell **BOGUE**, Apr. 2, 1822, by Samuel B. Mather	2	272
Silla [Delfa], m. William **T[H]OM[P]SON**, July 19, 1678	L-1	81
Simeon, twin with Lewis, [s. David], b. May 2, 1719	L-2	250
Simeon, of Lyme, m. Martha **WELCH**, of Ashford, Jan. 9, 1755	1	76
Simeon, s. Simeon & Martha, b. Dec. 10, 1755	1	76
Susa, d. William & Susannah, b. May 27, 1773	1	70
Susannah, w. William, d. Sept. 4, 1786	1	70
Temperance, [d. Jonathan & Marah], b. Aug. 23, 1704	L-2	186
Temperance, b. Aug. 15, 1704; m. John **ALGER**, Dec. 13, 1722	L-2	140
Temprance, d. [Samuell & Lydia], b. Apr. 18, 1730	L-2	338
Temp[e]rance, d. Simeon & Martha, b. Apr. 4, 1758	1	76
Thomas, s. Simeon & Martha, b. Apr. 4, 1767	1	76
William, [s. David], b. Oct. 29, 1728	L-2	250
William, of Lyme, m. Susanna **CHAPMAN**, Mar. 7, 1754	1	70
TINKER, Abigail, d. [Samuell, Jr. & Jemimah], b. Oct. 25, 1732	L-2	103
Abigail, m. Josiah **SMITH**, Jr., b. of Lyme, Apr. 16, 1750, by Rev. Stephen Johnson	1	60
Allen, s. Nathan & Mehetable, b. Dec. 30, 1781	1	163
Amos, m. Sarah **DUREN**, June 1, 1682	L-1	95
Amos, m. Lucy **LEE**, Jan. 17, 1716/17	L-2	46
Amos, s. [Amos & Lucy], b. Feb. 17, 1719/20	L-2	46

TINKER, (cont.)

	Vol.	Page
Amos, Jr., m. Hannah **MINOR**, Jan. 7, 1741/2	1	54
Amos, m. [ ] **TUCKER**, [ ]	2	78
Ama, m. Josiah **SMITH**, Jr., Apr. 20, 1755. She was his 2d w.	1	60
Anna, d. Nathan & Mehetable, b. June 12, 1788	1	163
Anne, d. Nathan & Lucy, b. July 4, 1791; d. Sept. 6, 1793	2	48
Arribella, d. Stephen & Lovina, b. Jan. 22, 1789	1	78
Azubah, d. Amos & Hannah, b. Sept. 6, 1746	1	54
Azubah, m. Elisha **SMITH**, b. of Lyme, Oct. 15, 1769, by Benjamin Lee, J.P.	1	126
Benjamin, [s. Amos & Lucy], b. May 6, 1728	L-2	46
Betsey, of Lyme, m. Anson **MERRETT**, of Stonington, Mar. 27, 1826, by Charles Smith, J.P.	2	194
Bettey, [d. Amos & Lucy], b. Feb. 4, 1744/5	L-2	46
Catharine C., d. [Silvanus & Joanna], b. Oct. 24, 1813	2	50
Charles, s. Nathan & Lucy, b. Oct. 26, 1795; d. same day	2	48
Charles, s. [Nathan & Lucy], d. July 17, 1796	2	48
Charles, s. Allen, b. Dec. 17, 1803	2	91
Charles, m. Mahala **BECKWITH**, b. of Lyme, Oct. 28, 1821, by Rev. Geo[rge] W. Appleton	2	138
Dan, m. Orrina **AUSTIN**, b. of Lyme, Jan. 30, 1833, by Joshua R. Warren, J.P.	3	4
Daniel, s. [Allen], b. Jan. 17, 1811	2	91
Eliza Ann S., d. [Mather & Mary], b. June 2, 1812	2	96
Eliza B., d. [Silvanus & Joanna], b. Oct. 25, 1808	2	50
Eliza D., of Lyme, m. Gershom **MAIN**, of Windham, Ct., Dec. 27, 1835, by Frederick Wightman	3	48
Elizabeth, m. Elisha **ROB[B]INS**, Apr. 5, 1761, by Matthew Griswold, Dep. Gov.	1	166
Elizabeth, d. Nathan & Mehetable, b. July 18, 1783	1	163
Elizabeth, b. July 18, 1783; m. Amos C. **MAXSON**, Aug. [ ], 1807	2	135
Elizabeth, d. Harris & Elizabeth, b. Aug. 24, 1793	2	61
Elizabeth, d. Lynde [L.] & Penelope, b. Nov. 4, 1806	2	108
Elizabeth B., m. William P. **BROCKWAY**, b. of Lyme, Aug. 23, 1840, by Rev. E. Loomis	3	105
Emely, d. Step[he]n & Polly, b. Apr. 23, 1801	2	72
Eunice, [d. Amos & Lucy], b. Mar. 31, 1737	L-2	46
Eunice, m. William **ROLAND**, b. of Lyme, Aug. 1, 1764, by Rev. Stephen Johnson	1	89
Eunice A., m. Martin **SAWYER**, b. of Lyme, Mar. 30, 1848, by Chester Tilden	3	188
Evelin B., of Lyme, m. Roswell W. **TINKER**, of New London, Oct. 30, 1849, by Rev. Joseph B. Damon	3	209
Fanny C., d. [Silvanus & Joanna], b. Oct. 27, 1805	2	50
Fanny C., m. Job **TUBBS**, b. of Lyme, Jan. 17, 1827, by Rev. Nathaniel Minor, Chesterfield Society, Salem	2	220
Frederick Augustus, s. Lynde L. & Penelope, b. Aug. 24, 1805	2	108
George, s. [Lynde L. & Penelope], b. Nov. 10, 1811	2	108
Harriet, d. [Harris & Elizabeth], b. Apr. 1, 1803	2	61
Harriet, m. Ruel R. **STRICKLAND**, Apr. 6, 1823, by Tho[ma]s		

	Vol.	Page
TINKER, (cont.)		
W. Strickland, J.P.	2	156
Harris, m. Elizabeth **DESHON**, Nov. 15, 1792	2	61
Harris, s. Harris & Elizabeth, b. June 5, 1797	2	61
Henry Mather, s. [Amos], b. Jan. 8, 1799	2	78
Jane, d. Amos & Hannah, b. Jan. 18, 1744/5	1	54
Jane R., of Lyme, m. Dudley R. **CHESEBRO[UGH]**, of Stonington, Sept. 24, 1843, by Rev. P. Brockett	3	142
Jeheil, [s. Amos & Lucy], b. Nov. 11, 1741	L-2	46
Joanna, d. Silv[anu]s & Joanna, b. Feb. 22, 1801	2	50
John, [s. Amase & Sarah], b. Feb. 12, 1685	L-2	64
Jonathan, s. Nathan & Mehetable, b. June 14, 1785	1	163
Joseph, s. [Amos & Lucy], b. Nov. 5, 1717	L-2	46
Joseph, s. Amos & Hannah, b. Jan. 27, 1742/3	1	54
Joseph, of New Hampshire, m. Betsey **CHAP[P]EL[L]**, of Lyme, Sept. 22, 1834, by Rev. Frederick Wightman	3	24
Joseph Deshon, s. Harris & Elizabeth, b. Aug. 4, 1800	2	61
Julia, d. [Lynde L. & Penelope], b. Sept. 16, 1813	2	108
Juliaette, m. Oliver **CLOSON**, b. of Lyme, Nov. 28, 1833, by Rev. Fr[e]derick Wightman	3	14
Lebbeus Peck, s. Martin & Mary, b. Aug. 20, 1770	1	58
Lucretia*, m. Francis **INGRAHAM**, b. of Lyme, Nov. 24, 1773, by Rev. Stephen Johnson (*Married Samuel **PECK**, Oct. 18, 1781)	1	158
Lucy, [d. Amos & Lucy], b. Feb. 9, 1725/6	L-2	46
Lucy, m. Seabury **CHAMPION**, Sept. 1, 1811	2	99
Lucy, of Lyme, m. William **BRADDICK**, of Essex, Dec. 30, 1850, by Rev. E.F. Burr	3	226
Lucy Smith, d. Silv[anu]s & Joanna, b. Jan. 16, 1798	2	50
Lurena, d. Nathan & Mehetable, b. Aug. 24, 1780	1	163
Luraney, d. Nathan & Lucy, b. Jan. 6, 1797	2	48
Lydia, [d. Amos & Lucy], b. Nov. 5, 1723	L-2	46
Lydia, d. [Capt. William, 2d & Elizabeth], b. June 25, 1792	2	21
Lyndia, d. Step[he]n & Polly, b. Feb. 20, 1799	2	72
Lynde, s. [Amos], b. Dec. 25, 1785	2	78
Lynde L., b. Dec. 25, 1785	2	108
Lynde L., m. Penelope **SPENCER**, Nov. 11, 1804	2	108
Lynde L., s. [Lynde L. & Penelope], b. Mar. 8, 1815	2	108
Mahala, m. Frederick **CHAMPION**, b. of Lyme, Mar. 29, 1839, by Rev. Chester Colton	3	94
Marah, [d. Amase & Sarah], b. June 2, 1692	L-2	64
Maria, d. Step[he]n & Polly, b. Mar. 26, 1797	2	72
Maria, d. Lynde [L.] & Penelope, b. Feb. 8, 1809	2	108
Martain, [s. Amos & Lucy], b. June 28, 1739	L-2	46
Martin, m. Mary **PECK**, b. of Lyme, Nov. 2, 1769, by Rev. Stephen Johnson	1	58
Mary, d. [Samuell, Jr. & Jemimah], b. Dec. 1, 1724	L-2	103
Mary, m. David **HUNTLEY**, Oct. 27, 1742	1	68
Mary, d. Nathan & Mehetable, b. Dec. 3, 1790	1	163
Mary, d. [Lynde L. & Penelope], b. June 11, 1817	2	108
Mary, m. Elisha M. **HUNTLEY**, b. of Lyme, May 24, 1824, by		

LYME VITAL RECORDS 245

	Vol.	Page

TINKER, (cont.)

	Vol.	Page
Nathan Wildman	2	183
Mary, of Lyme, m. Henry H. **HESS**, 2d of this month, by William Noyes, Jr., J.P. (No date given)	2	125
Mary Ann, d. [Allen], b. Nov. 17, 1806	2	91
Maryette, m. Nathan **BURDICK**, June 3, 1838, by Rev. Francis Darrow	3	81
Mather, m. Mary **MILLER**, Sept. 19, 1811, by Asa Wilcox, Elder	2	96
Matthew, s. Will[ia]m & [Elizabeth], b. July 27, 1790	2	21
Morris, s. Stephen & Lovina, b. Aug. 11, 1787; d. Feb. 9, 1788	1	78
Nancy, m. William B. **TOOKER**, Oct. 19, 1818	2	134
Nancy, m. Calvin S. **MANWARING**, Feb. 12, 1824, by Peter Comstock, J.P.	2	169
Nathan, m. Mehetable **BECKWITH**, b. of Lyme, Feb. 17, 1780, by Rev. Stephen Johnson	1	163
Nathan, m. Sarah **GEE**, Dec. 2, 1784	2	48
Nathan, s. Nathan & Sarah, b. Apr. 31, [sic], 1785	2	48
Nathan, m. Lucy **SMITH**, Mar. 21, 1790	2	48
Nathan, d. Apr. [ ], 1792	1	163
Nathan, s. Nathan & Mehetable, b. Sept. 30, 1792	1	163
Nehemiah D., m. Roxana **BECKWITH**, b. of Lyme, Dec. 25, 1842, by Rev. P. Brockett	3	134
Partheny, [d. Amos & Lucy], b. Nov. 25, 1732	L-2	46
Phebe, d. Martin & Mary, b. July 21, 1772	1	58
Phinehas, [s. Amos & Lucy], b. Feb. 6, 1734/5	L-2	46
Polly, d. [Amos], b. Mar. 10, 1791	2	78
Polly, d. Sil[vanu]s & Joanna, b. Apr. 27, 1794	2	50
Rachal, d. [Amos], b. Oct. 21, 1787	2	78
Reuben C., m. Almira **WAID**, of Lyme, Mar. 28, 1837, by Rev. Chester Colton	3	70
Roswell W., of New London, m. Evelin B. **TINKER**, of Lyme, Oct. 30, 1849, by Rev. Joseph B. Damon	3	209
Sabra, d. [Capt.] W[illia]m & Elizabeth], b. Aug. 18, 1794	2	21
Sally, m. William **GEE**, Jr., Nov. 27, 1788	2	21
Sally, d. [Silvanus & Joanna], b. Aug. 26, 1791	2	50
Sally, d. Nathan & Lucy, b. Feb. 2, 1793	2	48
Sally, d. [Amos], b. Oct. 11, 1803	2	78
Salmon, s. Nathan & Sarah, b. Nov. 22, 1788	2	48
Salmon, s. Nathan & Sarah, d. Jan. 15, 1789	2	48
Samuell, Jr., m. Jemimah **SMITH**, Nov. 19, 1721	L-2	103
Sam[ue]ll, s. [Samuell, Jr. & Jemimah], b. June 18, 1727	L-2	103
Sarah, [d. Amase & Sarah], b. July 19, 1689	L-2	64
Sarah, w. Nathan, d. Dec. 14, 1788	2	48
Sarah, m. Silas **BROWN**, Jan. 2, 1803	2	66
Sarah, m. Daniel **STEWARD**, b. of Lyme, Sept. 11, 1825, by Nathan Wildman	2	184
Seth, s. [Samuell, Jr. & Jemimah], b. Nov. 5, 1730	L-2	103
Silas, s. Amos & Hannah, b. Nov. 25, 1748	1	54
Silvanus, [s. Amos & Lucy], b. Dec. 9, 1730	L-2	46
Silvanus, m. Joanna **DISHON**, Oct. 22, 1789	2	50
Sophia, d. Esther **BECKWITH**, b. Feb. 20, 1787	1	107

	Vol.	Page
TINKER, (cont.)		
Sophia, m. Giles **MANWARING**, Jan. 31, 1807	2	143
Stephen, m. Lovina **WADE**, b. of Lyme, July 11, 1786, by Rev. Stephen Johnson	1	78
Stephen, m. Polly **STRICKLAND**, Apr. 28, 1796	2	72
Stephen, s. Step[he]n & Polly, b. July 23, 1803	2	72
Tamor, d. [Samuell, Jr. & Jemimah], b. Aug. 4, 1722	L-2	103
T[h]eressa, d. [Harris & Elizabeth], b. Oct. 14, 1807	2	61
William, 2d, Capt., m. Elizabeth **TURNER**, of Montville, Nov. 30, 1786	2	21
William, s. [Amos], b. Apr. 15, 17[9]5	2	78
William, 3d, s. Mather & Mary, b. Apr. 2, 1816	2	96
William, of Westfield, Mass., m. Eleonor Jane **BILL**, of Lyme, Ct., July 6, 1837, by Rev. Harvey Bushnell	3	72
TOMPKINS, Edward, m. Juliaette E. **CHADWICK**, May 29, 1838, by Rev. Frances Darrow	3	87
TOOKER, TOOCKER, [see also **TUCKER**], Adin, m. Mary A. **MILLER**, Dec. 29, 1830, by Josiah Hawes	2	248
Anna, b. Dec. 28, 1754; m. Edward **RANSOM**, b. of Lyme, Nov. 25, 1773, by Rev. George Beckwith	1	8
Diadate, of Lyme, m. Virginia **MERRETT**, of N.Y., June 22, 1852, by Rev. E.F. Burr, of N. Lyme	3	241
Dorkis, d. Noah, b. Sept. 29, 1727	L-2	53
Frances A., m. Harvey **HALL**, Jr., b. of Lyme, May 28, 1854, by Samuel S. Warner, J.P.	3	260
Harvey, m. Mary **MAYNARD**, b. of Lyme, June 12, 1831, by Josiah Hawes	2	257
Hepzibah S., m. Thomas B. **PECK**, b. of [N. Lyme], [Sept.] 16, [1850], by James Noyes	3	224
Jane E., of Lyme, m. Richard **CLARK**, of Salem, Nov. 18, 1838, by Rev. Hiram Walden	3	90
John, Jr., m. Delia **SLATE**, b. of Lyme, Nov. 24, 1844, by Richard E. Selden, Jr., J.P.	3	147
John, m. Nancy Ann **HALL**, b. of Lyme, Feb. 23, 1854, by Sam[ue]l S. Warner, J.P.	3	252
Niles H., m. Lucy **DARROW**, Oct. [ ], 1826, by Ebenezer Brockway, J.P.	2	123
Olive, of Lyme, m. Joel **CLARK**, of Salem, Dec. 2, 1838, by Rev. Hiram Walden	3	91
Philip, m. Anna **ELY**, Dec. 2, 1779	1	96
Rhoda, m. Horace **ELY**, b. of Lyme, Jan. 3, 1827, by Josiah Hawes	2	206
Samuel W., s. [William B. & Nancy], b. July 3, 1820	2	134
Sophia, m. James **CLARK**, b. of Lyme, June 23, 1839, by Rev. Hiram Walden	3	98
Tabor, [d. Noah], b. Dec. 16, 1729	L-2	53
William B., m. Nancy **TINKER**, Oct. 19, 1818	2	134
TOPLIFF, Abigail, of Lyme, m. Bulkeley **EDWARDS**, of Middletown, Apr. 10, 1834, by Rev. Frederick Wightman	3	20
TOWNER, Caroline, of Middletown, Ct., m. Christopher C. **CARROLL**, of Springfield, Mass., Dec. 17, 1854, by Rev.		

LYME VITAL RECORDS 247

	Vol.	Page
TOWNER, (cont.)		
Jacob Gardner	3	258
TOWNSEND, Hannah, m. William **NOYES**, Jr., Jan. 5, 1812, at Albany	2	128
TOZER, Elishame, [child of Thomas & Deborah], b. July 3, 1741	L-7	34
Susannah, m. John **GIDDINGS**, Sept. 27, 1739	1	55
Thomas, of Lyme, m. Deborah **BATE[S]**, of Saybrook, May 23, 1740	L-7	34
TRACY, Hannah, m. Elijah **SELDEN**, Sept. 25, 1792	1	169
TRIBBLE, Mary L., m. Amasa S. **BUCKINGHAM**, [Sept.] 2, [1850], by Rev. D.S. Brainard	3	222
Mary L., m. Amasa S. **BUCKINGHAM**, Sept. 17, 1850, by Rev. D.S. Brainard	3	222
TRIM, Moses, of Lyme, m. Mehetable **PENDAL**, of Bolton, Nov. 15, 1737, by John Bissell, J.P.	L-6	148
TRUMAN, Dimmis, of [Lyme], m. Christopher **LATHROP***, of Boston, Jan. 19, 1825, by J.R. St.John (*Or Lothrop?)	2	181
TUBBS, TUBS, TUBES, Abigail, d. Peter & Abigail, b. July 10, 1764	1	113
Abigail, d. John & Eliza[beth], b. May 19, 1786	2	79
Abner, [s. Isaac & Marah], b. Mar. 8, 1725	L-2	423
Ahimaz, s. [Elisha & Anna], b. Jan. 13, 1743/4	1	20
Alpheas, [s. Isaac & Marah], b. June 30, 1723	L-2	423
Amos, s. [Elisha & Anna], b. Oct. 8, 1741	1	20
Ame, d. Joseph & Lucia, b. Oct. 9, 1752	1	45
Clement, s. William & Rebeckah, b. June 22, 1733	1	53
Dan, s. Joseph & Lucia, b. June 1, 1743; d. Aug. 22, 1748	1	45
Elisha, [s. Isaac & Marah], b. Mar. 16, 1718	L-2	423
Elisha, m. Anna **MILLER**, July 31, 1738	1	20
Elisha, s. Joseph & Lucia, b. June 16, 1740	1	45
Eliza, d. John & Eliza, b. Dec. 13, 1805	2	79
Elizabeth, m. Simeon **WOOD**, Aug. 12, 1760, by Rev. George Griswold. Witnesses: James Huntley, Jason Lee	1	129
Elizabeth, d. Lemuel & Elizabeth, b. Mar. 23, 1762	1	117
Elizabeth, w. John, d. Apr. 12, 1822	2	79
Ezeckell, [s. Isaac & Marah], b. July 13, 1727	L-2	423
Frederick, s. Joseph & Lucia, b. July 4, 1748	1	45
Hannah, d. John & Elizabeth, b. Sept. 25, 1788	2	79
Hepzibah, d. Joseph & Lucia, b. Mar. 11, 1737/8	1	45
Isaac, [s. Isaac & Marah], b. Apr. 22, 1716	L-2	423
Isaac, d. Mar. 27, 1748/9	L-2	423
Isaac, s. Isaac & Sarah, b. June 8, 1753	1	150
Isaac, s. Lemuel & Elizabeth, b. Apr. 2, 1760	1	117
Israel, s. William & Rebeckah, b. Aug. 1, 1737	1	53
Israel, s. Lemuel & Elizabeth, b. Oct. 9, 1757	1	117
Jemima, d. John & Eliza, b. July 2, 1791	2	79
Job, s. John & Eliza, b. Apr. 23, 1797	2	79
Job, m. Fanny C. **TINKER**, b. of Lyme, Jan. 17, 1827, by Rev. Nathaniel Minor, Chesterfield Society, Salem	2	220
John, s. Peter & Abigail, b. Nov. 9, 1759	1	113
John, m. Elizabeth **BUSH**, June 13, 1785	2	79
John, of Lyme, m. Lucy **SMITH**, of Waterford, Oct. 13, 1823, by		

	Vol.	Page
TUBBS, TUBS, TUBES, (cont.)		
J.R. St.John	2	180
John G., s. John & Eliza, b. Dec. 26, 1794	2	79
John Miller, s. [Elisha & Anna], b. May 5, 1739	1	20
Jonathan, s. William & Rebeckah, b. Sept. 8, 1746	1	53
Joseph, [s. Isaac & Marah], b. Feb. 15, 1714	L-2	423
Joseph, m. Lucia **ROB[B]INS**, Jan. 14, 1735/6	1	45
Judeth, [d. William & Rebeckah], b. Apr. 13, 1748	1	53
Leana, d. Lemuel & Elizabeth, b. May 6, 1766	1	117
Lemuel, s. William & Rebeckah, b. Oct. 8, 1734	1	53
Lemuel, m. Elizabeth **SCOVEL**, b. of Lyme, Nov. 17, 1756, by Rev. George Griswold	1	117
Lucia, d. Joseph & Lucia, b. Apr. 16, 1750	1	45
Lucy, d. Joseph & Lucy, b. Dec. 31, 1762	1	45
Lydia, m. Nath[anie]ll **HUDSON**, Nov. 15, 1721	L-6	37
Lydia, [d. Peter & Sarah], b. Dec. 16, 1727	L-2	398
Lydia, d. William & Rebeckah, b. Apr. 15, 1742	1	53
Lydia, d. Joseph & Lucia, b. June 28, 1756	1	45
Lydia, d. Lemuel & Elizabeth, b. Feb. 16, 1764	1	117
Martha, d. Isaac & his 1st w. Martha, b. Nov. 11, 1712	L-2	423
Mary, d. Isaac & Martha, b. Apr. 2, 1710	L-2	423
Mary, d. Peter & Abigail, b. Sept. 15, 1761	1	113
Mary E., m. Edwin **SMITH**, b. of Lyme, July [ ], 1827, by Rev. Nathan Wildman	2	211
Peter, m. Sarah **BROCKWAY**, Mar. 10, 1723	L-2	398
Peter, of Lyme, m. Abigail **MOORE**, of New London, Sept. 1, 1757, by Benjamin Lee, J.P.	1	113
Phebe, of Lyme, m. Stephen **HUNTLEY**, of Lyme, Apr. 2, 1764, by Benj[amin] Lee, J.P.	1	127
Rebeckah, d. William & Rebeckah, b. Mar. 31, 1744	1	53
Richard, s. [Peter & Sarah], b. Mar. 16, 1724/25	L-2	398
Richard, [s. Peter & Sarah], d. Sept. 22, 1730	L-2	398
Samuell, [s. Samuell & Elizabeth], b. Sept. 15, 1699	L-2	206
Sarah, [d. Peter & Sarah], b. Apr. 22, 1729	L-2	398
William, m. Rebeckah **DANIELS**, Oct. 23, 1729	1	53
William, s. William & Rebeckah, b. May 1, 1740	1	53
Zephaniah, s. Joseph & Lucia, b. Jan. 6, 1745/6; d. Sept. 3, 1748	1	45
Zepponiah, [s. Isaac & Marah], b. Aug. 18, 1720	L-2	423
TUCKER, [see also **TOOKER**], Ann, of Lyme, m. Norman **PERREGO**, of Windham, Nov. 5, 1848, by Rev. Joseph B. Damon	3	204
Atwell, s. [Stephen & Elizabeth], b. Feb. 17, 1772	1	164
Atwell, Jr., m. Hannah **CHADWICK**, alias **GULLIVER**, Apr. 20, 1829, by Joshua R. Warren, J.P.	2	231
Atwell, m. Lucy **WAID**, Apr. 26, 1829, by Ezra Pratt, J.P.	2	232
Catharine, m. William A. **BANTA**, b. of Lyme, Dec. 6, 1846, by Rev. D.S. Brainard	3	171
Catharine M., m. Simeon **WHIPP**, b. of Lyme, Aug. 9, 1822, by Lothrop Rockwell, Clerk	2	150
Clarice B., m. George **APPLEBY**, Jan. 26, 1815, by Nath[anie]ll Matson, J.P.	2	38

	Vol.	Page
TUCKER, (cont.)		
Ed, [s. John & Elizabeth], b. June 12, 1740 (Perhaps daughter)	L-2	96
Edey, m. Jacob **STARLIN**, b. of Lyme, Oct. 14, 1765, by John Lay, 2d, J.P.	1	117
Elizabeth, [d. John & Elizabeth], b. Mar. 17, 1735	L-2	96
Elizabeth, m. Stephen **STARLIN**, of Lyme, May 15, 1766, by Sam[ue]ll Ely, J.P.	1	71
Elizabeth, m. David **RANSOM**, Nov. 30, 1780	1	177
Esther, d. [Stephen & Elizabeth], b. May 8, 1775	1	164
George, m. Lucy **WAY**, b. of Lyme, Oct. 15, 1849, by Rev. Oliver Brown	3	213
Hannah, d. [John & Elizabeth], b. Aug. 30, 1732	L-2	96
Hannah B., of Lyme, m. Frederick B. **BANTA**, of New York, Jan. 8, 1843, by Rev. P. Brockett	3	135
James, s. [Stephen & Elizabeth], b. May 25, 1769	1	164
Jane E., of Lyme, m. John D. **CLARK**, of East Haddam, Apr. 14, 1833, by Rev. Chester Colton	3	8
John, m. Elizabeth **MARVIN**, Dec. 28, 1727	L-2	96
John, s. [John & Elizabeth], b. Nov. 29, 1730	L-2	96
Joseph, m. Lucy **EMERSON**, b. of Lyme, Jan. 26, 1789	1	2
Joshua, d. Oct. 2, 1731	L-2	96
Lucy Ann, of Lyme, m. Enoch L. **CHAPPELL**, of Lyme, Sept. 23, 1821, by Lothrop Rockwell, Clerk	2	134
Nancy A., certified on Dec. 24, 1867, to the births of Alden **BOGUE**, s. Eliza, wid. Samuel M. **BOGUE**, b. May 7, 1856, & Willis S. **BOGUE**, s. Eliza, wid. Samuel M. **BOGUE**, b. Sept. 27, 1860. Witnesses: Wanton A. Shippel, Reuben A. Taft	3	262
Sarah, m. George **WADE**, Apr. 13, 1726	L-2	138
Silas, m. Lucy **HAVENS**, b. of Lyme, July 3, 1831, by Rev. Chester Colton	2	258
Stephen, m. Elizabeth **WADE**, June 24, 1767	1	164
Stephen, s. [Stephen & Elizabeth], b. Dec. 6, 1780; d. Mar. 13, 1792	1	164
Stephen, m. Catharine **HAVENS**, b. of Lyme, Oct. 20, 1820, by Joel Loomis, J.P.	2	188
William, m. Mary Ann **BANTA**, July 23, 1843, by Rev. P. Brockett	3	141
----------, m. Amos **TINKER**, [ ]	2	78
TULLY, TULLEY, Abigail, of Saybrook, m. Capt. John **LEE**, of Lyme, Oct. 7, 1741, by William Hart	L-7	222
Abigail, of Saybrook, m. Capt. John **LEE**, of Lyme, Oct. 7, 1741, by William Hart	1	1
TURNER, Elizabeth, of Lyme, m. Harris **COULT**, of Lyme, Apr. 7, 1757	1	98
Elizabeth, m. Harris **COULT**, b. of Lyme, Apr. 7, 1757	1	114
Elizabeth, of Montville, m. Capt. William **TINKER**, 2d, Nov. 30, 1786	2	21
TUTTLE, TUTHILL, Abia, relict of Barnabus, d. Aug. 1, 1776	1	90
Barnabus, m. Elizabeth **LORD**, Sept. 13, 1726. Entered Oct. 8, 1737	L-6	146

	Vol.	Page
TUTTLE, TUTHILL, (Cont.)		
Barnabus, of Lyme, d. Mar. 7, 1773	1	90
TWIST, Thomas, Jr., of Windham, Ct., m. Harriet **BECKWITH**, of Lyme, Nov. 27, 1835, by Rev. Frederick Wightman	3	47
URE, Andrew, Jr., of Patterson, N.J., m. Abby G. **ROWLAND**, of Lyme, Jan. 31, 1842, by Rev. D.S. Brainard	3	125
UTLEY, Lydia M., of Lyme, m. Josiah **KELLOGG**, of Wilmington, N.C., Aug. 2, 1830, by Herman L. Vaill	2	244
VAILL, T.S., Rev., of Mercer County, Ill., m. Elizabeth S. **COMSTOCK**, of Lyme, Aug. 1, 1844, in Hadlyme, by Rev. Stephen Alonzo Loper, of Hadlyme	3	147
VAUG[H]N, VOAN, Patience, b. Dec. 1, 1722; m. Jabez **HUNTLEY**, s. Moses & Rachal, b. of Lyme, Mar. 27, 1746, by George Beckwith	1	8
Patience, m. Jabez **HUNTLEY**, b. of Lyme, Mar. 27, 1746, by George Beckwith	1	35
VERGASON, George C., of Norwich, m. Jane B. **HOLT**, of Preston, May 13, 1847, by Rev. Chester Tilden, of N. Lyme	3	175
VOAN, [see under **VAUG[H]N**]		
WADE, WAID, WAIDE, Adaline, of Lyme, m. Joseph **PAGE**, Apr. 16, 1834, by Rev. Chester Colton	3	21
Almira, of Lyme, m. Reuben C. **TINKER**, Mar. 28, 1837, by Rev. Chester Colton	3	70
Ann, b. Dec. 13, 1718	L-7	85
Anna, d. [Duran & Phebe], b. Jan. 27, 1742/3	1	14
Anna, d. Martin & Lucy, b. Sept. 6, 1774	1	109
Anna, m. Abner **ROWLEY**, Dec. 22, 1796	2	66
Anne, m. Abner **ROWLEY**, Dec. 22, 1796	2	51
Asenath, [d. George & Sarah], b. Jan. 20, 1734/5	L-2	138
Azubah, d. Elihu & Azubah, b. May 5, 1773	1	109
Azubah, m. Thomas **SMITH**, Jan. 30, 1799	2	67
Betsey, m. John J. **REYNOLDS**, b. of Lyme, Oct. 12, 1834, by Rev. Andrew M. Smith	3	26
Carolina, d. Elihu & Azubah, b. Sept. 3, 1769	1	109
Caroline, m. Lay **MATHER**, b. of Lyme, Sept. 20, 1792	2	19
Dan, s. Elihu & Azubah, b. May 28, 1767	1	109
Durant, b. Apr. 7, 1716	L-7	85
Duran, m. Phebe **RANSOM**, Jan. 3, 1741/2	1	14
Elether, d. Martin & Lucy, b. Apr. 13, 1786	1	109
Elihu, [s. George & Sarah], b. July 11, 1737	L-2	138
Elihu, m. Azubah **SMITH**, b. of Lyme, Sept. 16, 1760, by John Lay, 2d, J.P.	1	109
Elisha, [s. George & Sarah], b. July 20, 1740	L-2	138
Elisha, m. Mary **JONES**, of Saybrook, Apr. 11, 1765	1	122
Elizabeth, w. John, d. Dec. 6, 1704	L-2	139
Elizabeth, [d. George & Elizabeth], b. Mar. 16, 1714/5	L-2	138
Elizabeth, w. George, d. Dec. 11, 1725	L-2	138
Elizabeth, d. George & Hannah, b. July 14, 1743	1	30
Elizabeth, m. Stephen **TUCKER**, June 24, 1767	1	164
Elizabeth, d. Martin & Lucy, b. Oct. 6, 1775	1	109
Enoch, m. Laura **MINOR**, b. of Lyme, June 18, 1820, by Lothrop		

	Vol.	Page
WADE, WAID, WAIDE, (cont.)		
Rockwell, Clerk	2	120
Enoch, m. Maria **FOX**, [Oct.] 22, [1829], by William Noyes, Jr., J.P.	2	120
Esther, m. Robert **DENISON**, b. of Lyme, Feb. 6, 1777, by Rev. Stephen Johnson	1	160
[E]unice, [d. George & Elizabeth], b. Dec. 31, 1715	L-2	138
Eunice, m. Benjamin **ROULIN**, Mar. 10, 1736	L-6	205
Eunice B., of Lyme, m. Thomas **GRUMLEY**, of Saybrook, [ ], by Rev. D.S. Brainard. Recorded Aug. 30, 1841	3	115
Ezekiel, m. Lydia **WAY**, [ ]	2	74
Fanny, d. Elisha & Mary, b. July 27, 1780; d. Sept. 27, 1782, ae 2 y. 2 m.	1	122
G[e]orge, m. Elizabeth [**DURANT***], July 14, 1708 (*Durant is handwritten correction to original.)	L-2	138
George, [s. George & Elizabeth], b. Jan. 17, 1721/20	L-2	138
George, m. Sarah **TUCKER**, Apr. 13, 1726	L-2	138
George, m. Wid. Sarah **DOWEY**, Aug. 31, 1727	L-2	138
George, Jr., of Lyme, m. Hannah **LESTER**, of New London, Apr. 15, 1742	1	30
George, d. Apr. 28, 1762	L-2	138
George, s. Elihu & Azubah, b. Mar. 4, 1763	1	109
George, s. Martin & Lucy, b. Oct. 13, 1770	1	109
Hannah, [d. Gorge & Elizabeth], b. May 2, 1712	L-2	138
Hannah, m. Samuel **BENNET**, Aug. 3, 1732	1	18
Hannah, m. Samuel **BENNET**, Aug. 3, 1733	L-2	442
Huldah, m. William W.S. **GILLETT**, b. of Lyme, Jan. 18, 1829, by Joshua R. Warren, J.P.	2	225
James, s. Ezekiel & Lydia, b. Oct. 29, 1801	2	74
Jerusha, d. Joseph & Esther, b. Oct. 18, 1750	1	56
Jerusha, m. Nathan **PHELPS**, b. of Lyme, Nov. 4, 1773, by Grindall Rawson, Clerk, East Haddam	1	140
John, Sr., d. Mar. 24, 1728	L-2	138
John, s. Duran & Phebe, b. June 9, 1749	1	14
Jonathan, b. Feb. 15, 1720/1	L-7	85
Joseph, [s. Gorge & Elizabeth], b. Oct. 28, 1723	L-2	138
Joseph, m. Esther **CHADWICK**, June 2, 1748	1	56
Joseph, s. Elihu & Azubah, b. Dec. 14, 1765; d. Jan. 4, 1766	1	109
Joseph, [twin with Martin], s. [Martin & Lucy], b. Sept. 24, 1791	1	109
Loas, d. Joseph & Esther, b. Mar. 16, 1749	1	56
Lovina, d. Elisha & Mary, b. May 30, 1770	1	122
Lovina, m. Stephen **TINKER**, b. of Lyme, July 11, 1786, by Rev. Stephen Johnson	1	78
Leucy, b. Oct. 27, 1727	L-7	85
Lucy, m. Greenfield **ALGER**, b. of Lyme, Mar. 26, 1778, by Rev. Stephen Johnson	1	20
Lucy, d. Martin & Lucy, b. Jan. 10, 1784; d. July 8, 1785	1	109
Lucy, d. Martin & Lucy, b. June 28, 1789	1	109
Lucy, w. Martin, d. Dec. 24, 1796	1	109
Lucy, m. Atwell **TUCKER**, Apr. 26, 1829, by Ezra Pratt, J.P.	2	232

	Vol.	Page

WADE, WAID, WAIDE, (cont.)

	Vol.	Page
Lydia, d. Martin & Lucy, b. Nov. 4, 1779	1	109
Maria, m. George **APPLEBY**, Mar. 12, 1837, by Rev. Alvin Ackley	3	64
Maria, m. George **APPLEBY**, b. of Lyme, Oct. 19, 1851, by Rev. Thomas Barber	3	233
Martha, [d. Gorge & Elizabeth], b. Apr. 16, 1718	L-2	138
Martha A., of Lyme, m. Morris **HINSDALE**, of LeRoy, N.Y., Oct. 21, 1834, by Rev. Chester Colton	3	27
Martin, s. George & Hannah*, b. Mar. 22, 1745 (*Written Anna)	1	30
Martin, m. Lucy **MACK**, b. of Lyme, Jan. 30, 1769, by Samuel Ely, J.P.	1	109
Martin, [twin with Joseph], s. [Martin & Lucy], b. Sept. 24, 1791	1	109
Martin, d. Apr. 6, 1792	1	109
Martin, m. Jane **MILLER**, Dec. 8, 1797	1	109
Mary, [d. Gorge & Elizabeth], b. Jan. 25, 1710	L-2	138
Mary, [d. George & Elizabeth], b. Sept. 10, 1727	L-2	138
Mary, d. George & Sarah, b. Nov. 1, 1729	L-2	138
Nancy, m. Benjamin Franklin **CHAP[P]EL[L]**, b. of Lyme, May 12, 1840, by Rev. Chester Colton	3	104
Pheby, d. [Duran & Phebe], b. Mar. 18, 1744/5	1	14
Phebe, m. Ezra **MATHER**, Nov. 8, 1795	2	69
Polly, d. Elisha & Mary, b. Aug. 4, 1772	1	122
Polly, m. Richard **WAIT**, Jr., Jan. 29, 1794	2	23
Rachel, m. Benjamin **PHELPS**, b. of Lyme, Apr. 7, 1824, by Charles Smith, J.P.	2	164
Rachal, m. Jonathan **PAGE**, b. of Lyme, Jan. 27, 1833, by Rev. Frederick Wightman	3	6
Sally, d. Elisha & Mary, b. Mar. 1, 1768	1	122
Sally Maria, of Lyme, m. Ezra B. **FOX**, of East Haddam, May 25, 1823, by Elder Geo[rge] W. Appleton	2	158
Sarah, w. George, d. Dec. 22, 1726	L-2	138
Sarah, [d. George & Sarah], b. May 28, 1732	L-2	138
Sarah, of Lyme, m. Joseph **LORD**, of Lyme, May 11, 1749	1	75
Sarah, d. Ezekiel & Lydia, b. Apr. 7, 1804	2	74
Stephen, b. Dec. 13, 1724	L-7	85
Thomas, s. Duran & Phebe, b. Apr. 1, 1747	1	14
Thomas, s. Martin & Lucy, b. Aug. 17, 1772; d. [ ], 1792	1	109
William, s. Martin & Lucy, b. Sept. 22, 1781	1	109
----------, s. Elihu & Azubah, b. Feb. 11, 1762; d. Mar. 1, 1762	1	109

WAIT, WAITE, WAIGHT, Abby Eliza, of Lyme, m. George Miller **AVERY**, of Waterford, May 18, 1830, by Rev. Chester Colton

	Vol.	Page
	2	243
Abby M., of Lyme, m. Livingstone H. **SMITH**, of Norwich, Apr. 14, 1835, by Rev. Chester Colton	3	34
Betsey, m. Capt. Sylvester **MATHER**, May 22, 1788	1	96
Betsey, m. Capt. Sylvester **MATHER**, May 22, 1788	2	10
Bettey, d. Joseph & Bettey, b. Oct. 14, 1780	1	8
Bettey, w. Joseph, d. [ ], 17[ ]	1	8
Carlos Adolphos, s. [Maj. Ezra & Lucia], b. Feb. 12, 1794	2	19
Charles W., m. Mary **SMITH**, b. of Lyme, Dec. 19, 1820, by		

	Vol.	Page
WAIT, WAITE, WAIGHT, (cont.)		
Lothrop Rockwell, Clerk	2	122
Charlottey, d. Joseph & Luraney, b. Mar. 10, 1767	1	8
C[h]loe, [d. Thomas & Elizabeth], b. June 20, 1738	L-2	285
C[h]loe, m. Alexander **BUSHNELL**, b. of Lyme, Feb. 12, 1761, by John Lay, 2d, J.P.	1	107
Daniel, s. Richard & Elizabeth, b. Feb. 2, 1751	L-2	239
Daniel, s. Richard & Elizabeth, b. Feb. 2, 1751	1	10
Daniel, s. Richard & Lucia, b. Jan. 10, 1786	1	123
David, s. Rich[ar]d & Lucia, b. Feb. 12, 1780	1	123
David, m. Sophia Eliza **WOOD**, Apr. 20, 1806	2	83
Diodate, s. Joseph & Hannah, b. Apr. 30, 1795	1	8
Elizabeth, [d. Thomas & Mary], b. Feb. 25, 1714	L-2	166
Elizabeth, d. [Thomas & Elizabeth], b. [ ], 1731	L-2	285
Elizabeth, d. Rich[ar]d & Elizabeth, b. Aug. 12, 1741	L-2	239
Elizabeth, d. Richard & Elizabeth, b. Aug. 12, 1741	1	10
Elizabeth, w. Richard, d. May 27, 1755	L-2	239
Elizabeth, w. Richard, d. May 27, 1755	1	10
Elizabeth, m. Sylvanus **SMITH**, b. of Lyme, Oct. 1, 1767, by Rev. Stephen Johnson	1	136
Elizabeth, d. Richard & Lucia, b. Mar. 30, 1768	1	123
Elizabeth, d. Lowen & Zeruiah, b. Apr. 4, 1772	1	110
Elizabeth Hale, d. [David & Sophia Eliza], b. Aug. 14, 1811	2	83
Emile, d. [Capt. Tho[ma]s & Hannah, b. Apr. 15, 1795	2	14
Emily Maria, d. [David & Sophia Eliza], b. July 3, 1813	2	83
Esther, d. Thomas & Elizabeth, b. Apr. 16, 1746	L-2	285
Esther, d. Lowen & Zeruiah, b. May 22, 1765	1	110
Esther, m. John **DANIELS**, Sept. 19, 1786, by Rich[ar]d Wait, J.P.	1	173
Ezra, s. Richard & Rebecca, b. May 31, 1763	1	10
Ezra, Maj., m. Lucia **MILLER**, Feb. 23, 1792	2	19
Ezra Smith, s. [Maj.] Ezra & Lucia, b. Nov. 9, 1795; d. Oct. 5, 1796	2	19
Fanney, d. Joseph & Bettey, b. Feb. 10, 1785	1	8
Hannah, d. Joseph & Bettey, b. Feb. 25, 1774	1	8
Horace, m. Martha **RAYMOND**, of Lyme, Oct. 12, 1816, at New London, by Rev. Abel McEwen, of New London	2	103
James, s. Rich[ar]d & Lucia, b. Mar. 10, 1777	1	123
Johannah, [d. Thomas & Elizabeth], b. Oct. 29, 1733	L-2	285
John, [s. Thomas & Mary], b. Dec. 1, 1707	L-2	166
John, s. Rich[ar]d & Elizabeth, b. Jan. 21, 1749	L-2	239
John, s. Richard & Elizabeth, b. Jan. 21, 1749	1	10
John E., m. Lucy Ann **DOWSICK**, b. of Lyme, Sept. 24, 1848, by Rev. D.S. Brainard	3	193
Joseph, [s. Thomas & Mary], b. Nov. 25, 1715	L-2	166
Joseph, m. Luranah **CHADWICK**, b. of Lyme, June 3, 1766, by Matthew Griswold, Asst.	1	8
Joseph, m. Bettey **MANWARING**, of New London, Aug. 26, 1770	1	8
Joseph, s. Joseph & Bettey, b. Dec. 20, 1772	1	8
Joseph, m. Wid. Hannah **PECK**, Oct. 19, 1790	1	8

WAIT, WAITE, WAIGHT, (cont.)

	Vol.	Page
Lee, s. Thomas & Elizabeth, b. Aug. 20, 1743	L-2	285
Lou[i]s, d. Rich[ar]d & Elizabeth, b. Dec. 3, 1735	L-2	239
Lois, d. Richard & Elizabeth, b. Dec. 3, 1735	1	10
Loas, m. Marshfield **PARSON**, b. of Lyme, Oct. 9, 1755, by Rev. Stephen Johnson	1	85
Lois, d. Richard & Lucia, b. Aug. 1, 1766	1	123
Lois, m. John **PARSONS**, Oct. 1, 1786, by Rich[ar]d Wait, J.P.	1	48
Lois, m. John **PARSONS**, Oct. 1, 1786	2	51
Lois, d. [Capt.] Tho[ma]s & Hannah, b. Apr. 15, 1793	2	14
Lowen, m. Zeruiah **CALKINS**, b. of Lyme, Nov. 3, 1761, by John Lay, 2d, J.P.	1	110
Lucia, w. [Maj.] Ezra, d. Nov. 24, 1796	2	19
Lucy, d. Lt. Richard & Lucia, b. June 17, 1773	1	123
Lucy*, w. Richard, d. Nov. 25, 1795 (*Lucia)	1	123
Luranah, d. Joseph & Luranah, b. Nov. 22, 1769	1	8
Luraney, w. Joseph, d. Dec. 30, 1769	1	8
Lynde, s. Lt. Richard & Lucia, b. Nov. 16, 1769	1	123
Marcy A., m. Silas C. **BEEBE**, b. of Lyme, Nov. 28, 1830, by Rev. Nathan Wildman	2	246
Margaret, m. Ezekiel **MINOR**, b. of Lyme, June 11, 1747, by Rev. Stephen Johnson	1	89
Margaret, m. Ezekiel **MINOR**, b. of Lyme, June 11, 1747, by Rev. Stephen Johnson	1	165
Maria d. [Capt. Thomas G. & Hannah], b. Sept. 10, 1791	2	14
Maria, m. Peter F. **BERDAN**, of Toledo, Ohio, [Nov.] 21, [1852], by Rev. D.S. Brainard	3	243
Martin, s. Lowen & Zeruiah, b. Feb. 15, 1775	1	110
Marvin, s. Richard & Elizabeth, b. Dec. 16, 1746	L-2	239
Marvin, s. Rich[ar]d & Elizabeth, b. Dec. 16, 1746	1	10
Mary, [d. Thomas & Mary], b. Dec. 6, 1718	L-2	166
Mary, [w. Thomas?], d. May 7, 1731	L-2	166
Mary, [d. Thomas & Elizabeth], b. Aug. 20, 1740	L-2	285
Mary, m. Thomas **RATHBONE**, b. of Lyme, May 5, 1763, by Rev. Stephen Johnson	1	158
Mary Lay, d. [David & Sophia Eliza], b. Feb. 25, 1807	2	83
Morrison R., of Maumee, Ohio, m. Amelia C. **WARNER**, of Lyme, Sept. 21, 1840, by Rev. Frederick Gridley, of E. Lyme	3	105
Nancy, m. Daniel **CHADWICK**, b. of Lyme, Aug. 22, 1820, by Lothrop Rockwell, Clerk	2	121
Nathaniel M., m. Mehetable **CHADWICK**, b. of Lyme, Oct. 14, 1828, by Rev. Chester Colton	2	223
Phebe, d. [Richard & Elizabeth], b. Sept. 21, 1734	L-2	239
Phebe, d. Richard & Elizabeth, b. Sept. 31, [sic] 1734	1	10
Phebe, d. Lowen & Zeruiah, b. Dec. 23, 1778	1	110
Phebe, d. Richard & Lucia, d. Sept. 16, 1786	1	123
Phebe, d. Rich[ar]d & Lucia, b. Jan. 20, 1782	1	123
Phebe, d. Richard & Lucia, b. Jan. 19, 1788	1	123
Rebecca, w. Richard, d. May 17, 1785	1	10
Remmick, s. Richard & Rebecca, b. Apr. 10, 1758	1	10
Richard, [s. Thomas & Mary], b. June 1, 1711	L-2	166

	Vol.	Page
WAIT, WAITE, WAIGHT, (cont.)		
Richard, m. Elizabeth **MARVIN**, d. Samuell, Nov. 8, 1733	L-2	239
Richard, m. Elizabeth **MARVIN**, Nov. 8, 1733	1	10
Richard, s. Rich[ar]d & Elizabeth, b. Nov. 28, 1739	L-2	239
Richard, s. Richard & Elizabeth, b. Nov. 28, 1739	1	10
Richard, m. Rebecca **HIGGINS**, Jan. 13, 1757	1	10
Richard, Jr., m. Lucia **GRISWOLD**, b. of Lyme, May 1, 1764, by Matthew Griswold, Asst.	1	123
Rich[ar]d, s. Lt. Richard & Lucia, b. June 18, 1771	1	123
Richard, Jr., m. Polly **WADE**, Jan. 29, 1794	2	23
Richard, s. [Capt.] Tho[ma]s & Hannah, b. Aug. 8, 1800	2	14
Rich[ar]d, m. Mary **WOOD**, Apr. 27, 1801	1	123
Richard, s. David & Sophia [Eliza], b. July 6, 1808; Oct. 10, 1808	2	83
Richard, s. David & Sophia [Eliza], b. Sept. 1, 1809	2	83
Samuel A., m. Marcy A. **CHADWICK**, b. of Lyme, Nov. 24, 1831, by Rev. Chester Colton	2	266
Sarah, [d. Thomas & Mary], b. June 9, 1705	L-2	166
Sarah, [d. Thomas & Mary], b. July 3, 1717	L-2	166
Sarah, d. Rich[ar]d & Elizabeth, b. Feb. 25, 1745	L-2	239
Sarah, d. Rich[ar]d & Elizabeth, b. Feb. 25, 1745	1	10
Sarah, d. Lowen & Zeruiah, b. Mar. 24, 1763	1	110
Sarah, m. Daniel **DANIELS**, Jr., Nov. 28, 1782, by Richard Wait, Jr., J.P.	1	45
Sarah, d. Joseph & Bettey, b. Jan. 14, 1788	1	8
Seth Henry, s. John J. & Mary Ann, b. Apr. 11, 1833	3	9
Stephen, s. Lowen & Zeruiah, b. Apr. 11, 1770	1	110
Susannah, d. Rich[ar]d & Lucia, b. Apr. 29, 1775	1	123
Tabitha, d. Thomas & Elizabeth, b. Mar. 15, 1748	L-2	285
Tabitha, m. Gideon **WATROUS**, Mar. 29, 1778, by Richard Wait, J.P.	1	46
Thomas, m. Mary, "his new wife", Aug. 16, 1704	L-2	166
Thomas, [s. Thomas & Mary], b. Oct. 9, 1706	L-2	166
Thomas, d. June 27, 1725	L-2	166
Thomas, m. Elizabeth **LEWIS**, Apr. 21, 1731	L-2	285
Thomas, [s. Thomas & Elizabeth], b. Feb. 25, 1735/6	L-2	285
Thomas, s. Lowen & Zeruiah, b. Feb. 20, 1768	1	110
Thomas G., Capt., m. Hannah **CALKINS**, July 4, 1790	2	14
Thomas Griswold, s. Richard & Lucia, b. Feb. 14, 1765	1	123
Thomas Griswold, s. Tho[ma]s & Hannah, b. Sept. 30, 1798	2	14
William, m. Rebecca **AVERY**, Jan. 24, 1805	2	77
----------, triplets, s. Richard [& Lucia], b. Dec. 5, 1778; d. the same day	1	123
----------, s. [Richard & Lucia], b. Oct. 8, 1783; d. same day	1	123
WALKER, Amos, s. Joseph & Selah, b. June 6, 1791	1	167
Anna, of Mid[d]letown, Htfd Cty., m. Asa[h]el **ROLAND**, of Lyme, July 15, 1760	1	100
James, s. Joseph & Selah, b. Oct. 25, 1795	1	167
John Cooley, s. Joseph & Selah, b. Oct. 11, 1789	1	167
Joseph, m. Selah **COOLEY**, [ ]	1	167
Walter, s. Joseph & Selah, b. June 11, 1787	1	167
WALLER, Edey, m. Noah **BEEBE**, May 2, 1750	1	55

256   BARBOUR COLLECTION

	Vol.	Page
WALLER, (cont.)		
Elizabeth, d. Rich[ar]d & Elizabeth Brockway, d. Mar. 30, 1742	L-2	294
Elizabeth, d. Sam[ue]l & Rebecca, b. May 10, 1746	1	39
John, m. Mary **DURINS**, Dec. 28, 1678, by Mr. Chapman	L-1	95
John, [s. John & Mary], b. Nov. 11, 1679	L-1	95
Mary, m. Noah **MILLER**, July 9, 1733	1	16
Mary, d. Samuel, decd. & Rebecca, b. June 19, 1749	1	39
Samuel, of Lyme, m. Rebecca **THOMAS**, Dec. 20, 1744	1	39
Samuel, d. Dec. 2, 1748	1	39
Zeruiah, d. Samuel & Rebecca, b. Aug. 10, 1745	1	39
Zipporah, of New London, m. Asel **ROULING**, of Lyme, Dec. 14, 1738	L-7	377
WALLIS, Esther, of Lyme, m. Jedediah **EDGORTON**, of Norwich, Mar. 11, 1788, by Rev. Daniel Minor	1	87
WARD, Dan, s. George & Martha, b. Aug. 10, 1794	2	29
Eunice, d. Geo[rge] & Martha, b. Sept. 19, 1802	2	29
George, Jr., m. Martha **MATHER**, Dec. 4, 1791	2	29
Harriet, d. George & Martha, b. Aug. 22, 1800	2	29
Joseph, m. Hannah **SANDERS**, Aug. 2, 1812	2	82
WARHEAD, Sally, m. Joseph A. **SOBUCK**, Apr. 28, 1829, by Peter Comstock, J.P.	2	232
WARMAN, Abegall, [d. William & Abegall], b. July 7, 1692	L-2	41
William, m. Abegall, d. Mr. **LEE**, decd., Aug. 3, 1687	L-2	41
WARNER, Amelia C., of Lyme, m. Morrison R. **WAITE**, of Maumee, Ohio, Sept. 21, 1840, by Rev. Frederick Gridley, of E. Lyme	3	105
Andrew, s. Selden & Dorothy, b. Dec. 29, 1790	2	17
Caroline, m. Walter H. **WILKIE**, b. of [Lyme], May 31, 1836, by Rev. Harvey Bushnell	3	58
Chapman, m. Sarah **COMSTOCK**, Dec. 27, 1787	1	56
Charles, of Ellington, m. Marietta **DIMMOCK**, of Lyme, Dec. 24, 1851, by Rev. Thomas Barber	3	237
Elizabeth, d. Chapman & Sarah, b. Oct. 26, 1788	1	56
Joseph, s. Selden & Dorothy, b. Dec. 3, 1792	2	17
Mary E., d. Samuel A. **WARNER**, of Lyme, m. Joel M. **GLOYD**, of Maumee City, Ohio, Sept. 1, 1859, in Hadlyme, by Rev. Amos S. Cheesebrough	3	223
Matthew Griswold, s. Selden & Dorothy, b. Mar. 6, 1799	2	17
Richard, s. Selden & Dorothy, b. Oct. 19, 1794	2	17
Samuel S. m. Abby **CHAMPLAIN**, Feb. 23, 1819	2	111
Sarah M., of Lyme, m. Richard **ROBERT**, of Washington, D.C., Oct. 4, 1853, by Rev. Lathrop W. Wheeler, in Lyme	3	251
Silden, m. Dorothy **SELDEN**, b. of Lyme, June 5, 1788	2	17
Selden, s. Selden & Dorothy, b. Mar. 15, 1789	2	17
William Henry, s. Selden & Dorothy, b. Feb. 18, 1797	2	17
Willys, Rev., of Yale College, m. Elizabeth A. **HART**, of Lyme, Oct. 9, 1833, by Rev. Chester Colton	3	11
WARREN, Caleb R., s. Moses & Mehetable, d. June 19, 1823	1	65
Caleb Raymond, s. [Joshua R. & Harriet], b. June 25, 1829	2	111
Edward Raymond, s. Moses & Mehetable, b. June 13, 1787	1	65
Eliza, d. Moses & Mehetable, b. Aug. 24, 1803 or 1805?	1	65
Eliza R., m. William G. **GORTON**, b. of Lyme, Mar. 3, 1830, by		

	Vol.	Page
WARREN, (cont.)		
Rev. Nathan Wildman	2	241
Eliza W., of Waterford, m. Ebenezer R. **BACON**, of Lyme, May 7, 1837, by Rev. Chester Colton	3	71
Ellen E., d. [Joshua R. & Harriet], b. July 27, 1833	2	111
Eunice H., m. Eleazer C. **PECK**, b. of Lyme, Jan. 11, 1842, by Rev. Amos D. Watrous	3	120
Eunice Harriet, d. [Joshua R. & Harriet], b. June 16, 1823	2	111
Hetty, d. Moses & Mehetable, b. May 14, 1794	1	65
Hetty, m. Job **HAMILTON**, Dec. 15, 1817	2	107
Jane, d. [Joshua R. & Harriet], b. May 5, 1835	2	111
John, s. [Joshua R. & Harriet], b. Apr. 21, 1821	2	111
Joshua, s. Moses & Mehetable, b. Oct. 24, 1789	1	65
Joshua R., m. Harriet **WAY**, May 12, 1816	2	111
Joshua R., 2d, [s. William W.J. & Maria E.], b. Mar. 5, 1850	3	118
Lois, d. Moses & Mehetable, b. Aug. 28, 1800	1	65
Maria, d. Moses & Mehetable, b. Jan. 31, 1792	1	65
Maria, m. Peter **COMSTOCK**, b. of Lyme, Oct. 27, 1831, by Nathan Wildman	2	262
Maria E., twin with William W.J., Jr., [d. William W.J. & Maria E.], b. Apr. 13, 1844	3	118
Mehetable, w. Moses, d. May 9, 1803 (?)	1	65
Mehetable, d. [Joshua R. & Harriet], b. July 22, 1817; d. Apr. 7, 1821	2	111
Moses, s. Moses & Mehetable, b. June 6, 1796	1	65
Moses, Jr., m. Mehetable **RAYMOND**, d. Edw[ar]d, of New London, Jan. 18, 1784	1	65
Moses H., m. Mary F. **MINOR**, Dec. 25, 1817	2	109
Robert, s. Moses & Mehetable, b. Apr. 24, 1803; d. Feb. 25, 1828	1	65
Sally, d. Moses & Mehetable, b. Dec. 11, 1784	1	65
Sarah Mehetable, d. [Joshua R. & Harriet], b. Jan. 10, 1825	2	111
Thomas Jefferson, s. [Joshua R. & Harriet], b. Apr. 7, 1831	2	111
Walter S., [s. William W.J. & Maria E.], b. July 31, 1842	3	118
William W.J., m. Maria E. **PECK**, b. of [Lyme], Nov. 2, 1841, by Rev. D.S. Brainard	3	118
William, W.J., Jr., twin with Maria E. [s. William W.J. & Maria E.], b. Apr. 13, 1844	3	118
William Watts Jones, s. [Joshua R. & Harriet], b. Apr. 14, 1819	2	111
WATERMAN, Anna, m. Josiah **DeWOLF**, Nov. 4, 1713	L-2	90
Catharine C., of Saybrook, formerly w. of Orin M. **LUTHER**, certified on Nov. 29, 1867, to the birth of Charles D. **BOGUE**, s. Samuel M. & Eliza, Feb. 1, 1858	3	261
WATROUS, WATEROUSE, WATTERUS, WATTERAS, WATROUSE, WATERHOUS, Aaron, of Saybrook, m. Laura E. **LUTHER**, of Lyme, Dec. 30, 1827, by Rev. Simeon Shaler, of Haddam	2	215
Abner, s. Isaac, Jr. & Sarah, b. Aug. 19, 1727	L-2	144
Allen, s. Gideon & Martha, b. Nov. 15, 1759	1	128
Allen, s. Gurdon & Lucy, b. Apr. 3, 1795	2	11
Amos Huntley, s. Gurdon & Lucy, b. Oct. 11, 1792	2	11
Andrew, [s. Isaac & Elizabeth], b. June 26, 1717	L-2	389

**WATROUS, WATEROUSE, WATTERUS, WATTERAS,
WATROUSE, WATERHOUS**, (cont.)

	Vol.	Page
Andrew, of Lyme, m. Dinah **WESTCOT**, of New London, Dec. 22, 1743, by Eliphalet Adams	1	7
Andrew, s. Phinehas & Rhoda, b. Sept. 4, 1771	1	52
Anna, d. Gideon & Martha, b. Nov. 15, 1739	1	128
Anna, of Lyme, m. Eleazer **MATHER**, of Lyme, Nov. 5, 1741, by Jonath[an] Parsons	1	5
Anna, d. Andrew & Dinah, b. Feb. 23, 1751; d. Aug. 2, 1752	1	7
Anna, [d. Gideon & Martha], w. Jesse **MINARD**, d. Aug. 31, 1767	1	128
Anne, [d. Isaac & Elizabeth], b. Dec. 31, 1723	L.-2	389
Asa, s. Gideon & Martha, b. Apr. 15, 1751	1	128
Asa, s. Gurdon & Elizabeth, b. July 28, 1781; d. Sept. 14, 1785	2	56
Azubah, d. Phinehas & Rhoda, b. July 18, 1766; d. Jan. 12, 1769	1	52
Azubah, m. Mather **PECK**, Aug. 5, 1790	1	149
Benjamin, s. Gurdon & Elizabeth, b. Dec. 21, 1796	2	56
Bettey, d. Andrew & Dinah, b. Sept. 17, 1744	1	7
Billey, s. Gideon & Martha, b. June 6, 1765	1	128
Christiana F., of Lyme, m. Asa **SHELDON**, Jr., of Hopkinton, R.I., Apr. 8, 1838, by Rev. George Carrington, of Hadlyme	3	84
Christopher, s. Gershom & Mehetable, b. Dec. 17, 1782	1	162
Dan Huntley, s. Gurdon & Lucy, b. Apr. 25, 1797	2	11
Daniel, s. Gurdon & Theody, b. Apr. 27, 1769	2	56
Daniel, s. Gurdon & Lucy, b. Oct. 29, 1791; d. Oct. 30, 1792	2	11
Dorcas H., m. Frederic W. **COMSTOCK**, b. of Lyme, Apr. 30, 1843, by Rev. Stephen Alonzo Loper, of Hadlyme	3	137
Edward Allen, s. Andrew & Dinah, b. Sept. 11, 1753, in Milford	1	7
Eleazer, s. [Elijah], b. Apr. 27, 1807	2	42
Elias, s. Jabez & Hester, b. Oct. 8, 1765; d. Dec. 14, 1768	1	141
Elisha, s. Jabez & Hester, b. Jan. 9, 1769	1	141
Elisha, m. Martha **GRISWOLD**, b. of Lyme, Dec. 5, 1795, by William Williams, J.P.	2	39
Elizabeth, [d. Isack & Sarah], b. Mar. 22, 1671	L-1	65
Elizabeth, [d. Isaac & Elizabeth], b. Dec. 26, 1708	L-2	389
Elizabeth, m. John **SEARS**, June 13, 1734	L-6	248
Elizabeth, d. Gurdon & Elizabeth, b. Feb. 25, 1793	2	56
Erastus, s. Gurdon & Lucy, b. Apr. 27, 1802	2	11
Eunice, d. Smith & Eunice, b. May 26, 1795	2	45
Fanne, d. Gideon & Tabitha, b. May 21, 1786	1	46
Gamwell, [child of Isack & Sarah], b. July 22, 1685	L-1	65
George Payton, s. [Gideon, 2d, & Phebe], b. May 25, 1807	2	88
Gershom, [s. Isack & Sarah], b. Mar. 30, 1696	L-1	65
Gershom, s. Isaac & Sarah, b. July [ ], 1716	L-2	144
Gershom, m. Lydia **SMITH**, May 5, 1720	L-2	117
Gershom, s. Phinehas & Rhoda, b. Nov. 28, 1754	1	52
Gershom, m. Mehetable **RANSOM**, b. of Lyme, Apr. 11, 1776, by Rev. Stephen Johnson	1	162
Gideon, m. Martha **BECKWITH**, b. of Lyme, Sept. 23, 1737, by Rev. George Griswold	1	128
Gideon, s. Gideon & Martha, b. Apr. 22, 1742	1	128

WATROUS, WATEROUSE, WATTERUS, WATTERAS, WATROUSE, WATERHOUS, (cont.)

	Vol.	Page
Gideon, m. Tabitha **WAIT**, Mar. 29, 1778, by Richard Wait, J.P.	1	46
Gideon, s. Gurdon & Elizabeth, b. June 28, 1779	2	56
Gideon, s. Gideon & Tabitha, b. Dec. 15, 1780	1	46
Gideon, m. Phebe **RHODES**, Feb. 12, 1803	2	71
Gideon, 2d, of Lyme, m. Phebe **RHODES**, of Barrington, Feb. 12, 1803	2	88
Gilbert, s. Gurdon & Elizabeth, b. Oct. 16, 1785	2	56
Gurdon, s. Gideon & Martha, b. Feb. 3, 1738	1	128
Gurdon, m. Theody **BECKWITH**, Nov. 16, 1762	2	56
Gurdon, s. Gurdon & Theody, b. May 5, 1764	2	56
Gurdon, m. 2d w. Elizabeth **PATON**, June 21, 1778	2	56
Gurdon, Jr., m. Lucy **HUNTLEY**, Nov. 1, 1787	2	11
Hannah, [d. Isaac & Elizabeth], b. Dec. 1, 1725	L-2	389
Harriet, m. Cornelius **MACK**, b. of E. Lyme, Mar. 28, 1849, by Rev. Chester Tilden, of N. Lyme	3	196
Harry, s. William & Betsey, b. Oct. 17, 1799	2	66
Huldah, d. Gurdon & Theody, b. Apr. 15, 1766	2	56
Ira, of Saybrook, m. Emily **SAUNDERS**, of Lyme, June 15, 1834, by Richard E. Selden, J.P.	3	66
Irena, d. Gideon & Martha, b. Oct. 15, 1757	1	128
Isa[a]ck, m. Sarah **PRATT**, Apr. 20, 1671, by Mr. Chapman	L-1	65
Isa[a]ck, [s. Isack & Sarah], b. Jan. 29, 1680	L-1	65
Isaac, s. Isaac, carpenter, was 21 y. old Oct. 31, 1722	L-2	441
Jabez, [s. Isack & Sarah], b. Mar. 16, 1682/83	L-1	65
Jabez, m. Sarah [ ], Dec. 30, 1713	1	16
Jabez, s. [Jabez & Sarah], b. Jan. 20, 1718	1	16
Jabez, of Lyme, m. Hester **JONES**, of Saybrook, Aug. 20, 1763, by Rev. William Hart, of Saybrook	1	141
Jabez, d. May 6, 1784	1	141
Jacob, s. Gideon & Martha, b. Mar. 26, 1744	1	128
Jane, [d. Isaac & Elizabeth], b. Aug. 17, 1719	L-2	389
Jared, s. Gideon & Tabitha, b. Dec. 21, 1778	1	46
Jared, m. Phebe **CHAMPLAIN**, b. of Lyme, Nov. 26, 1816, by Seth Smith, J.P.	2	107
Jared, m. Mary **DENISON**, Nov. 23, 1825, by Nathan Wildman	2	190
Jared W., m. Caroline M. **PECK**, b. of Lyme, Dec. 26, 1842, by Rev. Oliver Brown	3	157
Jedi[di]ah, s. [Samuell & Frances], b. Aug. 8, 1717	L-2	181
Jerusha, d. [Jabez & Sarah], b. Aug. 15, 1720	1	16
Jerusha, m. Stephen **BECKWITH**, Dec. 16, 1742	1	40
John, s. [Jabez & Sarah], b. Feb. 17, 1726	1	16
John Rhodes, s. [Gideon, 2d, & Phebe], b. Apr. 12, 1804	2	88
Joshua M., s. [Elijah], b. Aug. 22, 1800	2	42
Lee Marvin, s. [Smith & Eunice], b. Oct. 28, 1796	2	45
Lois C., m. Fitch C. **SMITH**, [Mar.] 26, [1850], by Rev. D.S. Brainard	3	217
Lucretia, d. Phinehas & Rhoda, b. Aug. 21, 1752	1	52
Lucretia, m. John **DANIELS**, Apr. 21, 1776, by Rev. Stephen Johnson	1	173

WATROUS, WATEROUSE, WATTERUS, WATTERAS, WATROUSE, WATERHOUS, (cont.)

	Vol.	Page
Lucy, m. Benjamin **BECKWITH**, Feb. 12, 1805	2	79
Lydia, [d. Isack & Sarah], b. Aug. 20, 1678	L-1	65
Lydia, m. Jonathan **ROGERS**, b. of Lyme, Dec. 13, 1759, by Rev. Stephen Johnson	1	101
Martha, m. Renald **MARVIN**, June 30, 1709	L-2	168
Mary Ann, d. Andrew & Dinah, b. Oct. 12, 1758	1	7
Mehetable, d. Gershom & Mehetable, b. May 20, 1786	1	162
Naomi, d. Andrew & Dinah, b. Oct. 9, 1746	1	7
Naoma, d. Gideon & Martha, b. Apr. 8, 1753	1	128
Oliver, s. Gideon & Martha, b. Aug. 17, 1746	1	128
Oliver, s. Gurdon & Lucy, b. Mar. 20, 1800	2	11
Parnal, d. [Gershom & Lydia], b. July 9, 1725	L-2	117
Patience, d. [Gershom & Lydia], b. Feb. 10, 1729/30	L-2	117
Patience, d. Temperance, of Lyme, now decd, b. July 13, 1740	1	39
Patience, d. Phinehas & Rhoda, b. Jan. 25, 1748/9	1	52
Phinious, s. [Gershom & Lydia], b. July 1, 1722	L-2	117
Phinehas, m. Rhoda **SMITH**, b. of Lyme, Mar. 3, 1747/8, by Rev. Stephen Johnson	1	52
Phineas, s. Gershom & Mehetable, b. July 12, 1778	1	162
Polly, d. Gershom & Mehetable, b. Oct. 26, 1780	1	162
Polly, d. Gurdon & Elizabeth, b. June 17, 1783	2	56
Rebecka, [d. Isack & Sarah], b. Aug. 28, 1693	L-1	65
Rebeckah, [d. Isaac & Elizabeth], b. Feb. 10, 1710	L-2	389
Rebeka, of Lyme, m. Thomas **CLARK**, Nov. 25, 1730	L-2	359
Rebeckah, of Lyme, m. Thomas **CLARK**, Nov. 25, 1730	1	48
Rebeckah, d. Andrew & Dinah, b. Aug. 31, 1756	1	7
Rhoda, d. Phinehas & Rhoda, b. July 23, 1763	1	52
Rhoda, d. Gurdon & Theody, b. May 12, 1774	2	56
Rhoda, m. John **LAY**, 3d, Feb. 28, 1788	1	107
Richard, [s. Isaac & Elizabeth], b. Sept. 18, 1721	L-2	389
Richard, s. Gurdon & Lucy, b. Oct. 27, 1788	2	11
Richard, s. Gideon & Martha, b. Nov. 30, 1748	1	128
Richard N., of Chester, m. Ann Jenette **AUSTIN**, of Lyme, Oct. 16, 1836, by Rev. Chester Colton	3	60
Ruth, [d. Isack & Sarah], b. July 31, 1687	L-1	65
Ruth, twin with Sarah, [d. Jabez & Sarah], b. Feb. 7, 1723	1	16
Samuell, s. Isa[a]ck, b. Mar. 13, 1712	L-2	144
Samuell, m. Frances **BROUNSON**, Oct. 4, 1716	L-2	181
Sam[ue]l, s. William & Sarah, b. Sept. 5, 1745	1	23
Samuel, s. Gideon & Tabitha, b. Mar. 1, 1783	1	46
Sarah, [d. Isack & Sarah], b. Feb. 24, 1674	L-1	65
Sarah, twin with Ruth, [d. Jabez & Sarah], b. Feb. 7, 1723	1	16
Sylvanus, s. Gideon & Martha, b. Oct. 9, 1755	1	128
Silvanus, s. Gurdon & Elizabeth, b. Apr. 5, 1790	2	56
Smith, s. Phinehas & Rhoda, b. Dec. 16, 1768	1	52
Smith, m. Eunice **MARVIN**, June 2, 1794	2	45
Susan M., of Lyme, m. Dudley B. **WELLS**, Nov. 10, 1846, by Rev. Stephen Alonzo Loper, of Hadlyme	3	170
Temperance, [d. Isaac & Elizabeth], b. Dec. 18, 1714	L-2	389

	Vol.	Page
WATROUS, WATEROUSE, WATTERUS, WATTERAS, WATROUSE, WATERHOUS, (cont.)		
Temp[e]rance, d. Andrew & Dinah, b. Mar. 31, 1749	1	7
Theody, d. Gurdon & Theody, b. Sept. 28, 1771	2	56
Theody, w. Gurdon, d. June 28, 1775	2	56
Thomas, s. Phinehas & Rhoda, b. July 28, 1758	1	52
Urrin, [child of Elijah], b. Jan. 7, 1805	2	42
William, of Lyme, m. Sarah **BARTLETT**, of Haddam, Nov. 9, 1744	1	23
William, s. Gurdon & Elizabeth, b. Nov. 30, 1787	2	56
William, m. Betsey **REED**, Sept. 16, 1798	2	66
Zeraiah, b. Sept. 22, 1715	1	1
Zeruiah, d. [Jabez & Sarah], b. Sept. 22, 1715	1	16
----------, s. [Gershom & Mehetable], b. Jan. 11, 1777; d. Jan. 17, 1777	1	162
WATSON*, Catharine A., of Lyme, m. James P. **TERRY**, of Somers, Aug. 16, 1842, by Rev. D.S. Brainard (*Perhaps "Matson")	3	129
WAY, Aleff, [s. George], b. Dec. 6, 1726	L-2	141
Aless, m. Samuel **PECK**, Jr., Nov. 7, 1728	L-2	234
Ame, d. Tho[ma]s & Ame, b. Mar. 14, 1763	2	2
Ame, d. Elisha & Eunice, b. Dec. 20, 1790	2	2
Daniel Merick, s. Daniel Shaw **WAY** & Molly Mack, b. Jan. 29, 1791	1	132
Daniel Shaw, s. Tho[ma]s & Ame, b. June 28, 1772	2	2
Delight, [d. Thomas], b. Aug. 9, 1736	L-7	7
Delight, d. Tho[ma]s & Ame, b. Feb. 5, 1767	2	2
Elisha, s. Thomas & Ame, b. June 13, 1757	2	2
Elisha, Lt., m. Eunice **CROCKER**, Jan. 10, 1782	2	2
Elizabeth, [d. George], b. May 31, 1702	L-2	200
Elizabeth, m. James **SMITH**, Dec. 16, 1724	L-2	175
Elizabeth, [d. Thomas], b. Jan. 18, 1733/4	L-7	7
Elizabeth, d. Elisha & Eunice, b. June 17, 1783	2	2
Elliph, [s. George], b. July 10, 1704	L-2	200
Esther, d. Elisha & Eunice, b. June 10, 1788	2	2
Eunice, [d. Thomas], b. May 18, 1729	L-7	7
Eunice, d. Tho[ma]s & Ame, b. May 1, 1759	2	2
Eunice, d. Elisha & Eunice, b. Jan. 3, 1786	2	2
Grace, d. Thomas & Ame, b. July 25, 1755	2	2
Grace, [d. Thomas & Ame], d. July 10, 1760, ae 5 y.	2	2
Hanna[h], [d. George], b. Apr. 25, 1732	L-2	141
Harriet, m. Joshua R. **WARREN**, May 12, 1816	2	111
Horace, m. Nancy **PHELPS**, b. of Lyme, Sept. 23, 1845, by Rev. Oliver Brown	3	162
Ireney, d. George, b. Apr. 4, 1723	L-2	141
Irene, m. Jonathan **ALGER**, Apr. 9, 1740	1	17
Jane, w. Thomas, d. Mar. 16, 1738/9	L-7	7
Jane*, m. Jonathan **ALGER**, Apr. 9, 1740 (*Probably Irene)	L-6	282
Jane Elizabeth, d. Thomas & Ame, b. May 27, 1754	2	2
John, [s. George], b. July 14, 1698	L-2	200
John, s. Thomas & Ame, b. Dec. 30, 1764; d. Nov. 21, 1785, ae 21 y.	2	2

	Vol.	Page
WAY, (cont.)		
John, Jr., m. Clarissa **MINOR**, b. of Lyme, Dec. 18, 1841, by Rev. Wilson Cogswell	3	120
Joseph, [s. Thomas], b. Oct. 21, 1724	L-7	7
Lois, [d. Thomas], b. Jan. 14, 1726/7	L-7	7
Lucy, m. George **TUCKER**, b. of Lyme, Oct. 15, 1849, by Rev. Oliver Brown	3	213
Lydia, [d. George], b. Jan. 5, 1725/6; d. Jan. 26, 1725/6	L-2	141
Lydia, 2d, [d. George], b. July 25, 1729	L-2	141
Lydia, m. Ezekiel **WADE**, [ ]	2	74
Martin, [s. Thomas], b. Mar. 9, 1738/9	L-7	7
Mary, m. Barack **JOHNSON**, b. of East Lyme, Oct. 14, 1841, by Rev. Oliver Brown	3	155
Mary M., m. Austin F. **PERKINS**, b. of Lyme, Nov. 26, 1833, by Rev. Frederick Wightman	3	13
Mehetabel, [d. George], b. July 10, 1707	L-2	200
Mer[r]ick, s. Thomas & Ame, b. Dec. 16, 1768; d. Oct. 2, 1789, ae 11 y. [sic]	2	2
Sarah, m. Matthew **RANSOM**, Dec. 16, 1736	L-7	41
Sarah, of New London, m. John **LORD**, Jr., of Lyme, July 1, 1764	1	112
Sarah, of New London, m. John **LORD**, Jr., of Lyme, July 1, 1764	1	113
Sarah, m. George **MILLER**, b. of [Lyme], Mar. 22, 1840, by Rev. Nathaniel Minor, of East Haddam	3	101
Thomas, [s. George], b. Mar. 18, 1700	L-2	200
Thomas, [s. Thomas], b. June 14, 1731	L-7	7
Thomas, Jr., m. Ame **MERRICK**, Sept. 1, 1753	2	2
Thomas, s. Thomas & Ame, b. June 8, 1761	2	2
Thomas, Jr., Capt., m. Polly **LEE**, Oct. 11, 1787	2	6
Thomas J., m. Mary A. **BUMP**, b. of Lyme, Feb. 22, 1835, by Rev. Frederick Wightman	3	31
William C., m. Frances S. **LESTER**, b. of [Lyme], Jan. 21, 1838, by Rev. Harvey Bushnell	3	78
WEAVER, Sarah, of Botavia, N.Y., m. Reuben **LORD**, Jr., of Lyme, Sept. 23, 1834, by Rev. Chester Colton	3	25
WEDGER, Lucy, m. Stephen **OTIS**, b. of Lyme, May 1, 1794, by David Higgins, V.D.M.	2	28
WEED, James, [s. Josiah & Marg[a]ret], b. June 15, 1733	L-7	313
John, [s. Josiah & Marg[a]ret], b. May 12, 1731	L-7	313
Josiah, d. Aug. 24, 1741	L-7	313
Nathan, [s. Josiah & Marg[a]ret], b. Jan. 25, 1739	L-7	313
Thomas, [s. Josiah & Marg[a]ret], b. June 10, 1735	L-7	313
WEEKS, Jethro, [s. Jonathan], b. Feb. 9, 1736/7	L-2	304
Jonathan, [s. Jonathan], b. May 30, 1734	L-2	304
WEGE, Mary, m. Samuel **MARVIN**, Apr. 2, 1740	1	32
WELCH, Eunice, m. Joseph **HUNTLEY**, of Lyme, Oct. 24, 1741	1	56
Martha, of Ashford, m. Simeon **TILLITSON**, of Lyme, Jan. 9, 1755	1	76
WELLS, WELLES, Alfred, of Whitestown, N.Y., m. Abigail **LEE**, of Lyme, Jan. 17, 1804	2	26
Alfred L., of New York, m. Sarah G. **SILL**, of Lyme, Apr. 13, 1835, by Rev. Chester Colton	3	33

	Vol.	Page
WELLS, WELLES, (cont.)		
Dudley B., m. Susan M. **WATERHOUSE**, of Lyme, Nov. 10, 1846, by Rev. Stephen Alonzo Loper, of Hadlyme	3	170
John B., of Auburn, N.Y., m. Roxana H. **LEE**, of East Lyme, Ct., Oct. 18, 1841, by Rev. Oliver Brown	3	156
Lucy G., of Lyme, m. David **HOGUE**, of Debuque, Iowa, Aug. 9, 1838, by Rev. Chester Colton	3	86
Samuel, of Hartford, had d. [ ], 2d w. of Daniel **ELYE**, who d. Apr. 2, 1731	L-2	295
WELSH, [see also **WELCH**], Mary, of Colchester, m. John **REED**, Jr., of Lyme, May 12, 1730	L-5	346
WEST, Alva, m. Susan **GILBERT**, Jan. 8, 1836, by Stephen L. Peck, J.P.	3	48
Helena, m. Richard M. **CHAMPLAIN**, b. of Lyme, Jan. 2, 1827, by Lothrop Rockwell, Clerk	2	204
WESTCOT, Dinah, of New London, m. Andrew **WATEROUSE**, of Lyme, Dec. 22, 1743, by Eliphalet Adams	1	7
WHALEY, Henry, of Montville, m. Amanda E. **BROCKWAY**, of Montville, May 12, 1853, by Rev. L. Williams Wheeler	3	252
WHEELER, Nathaniel, of Montville. m. Phebe **LADD**, of Lyme, Aug. 12, 1823, by Elder George W. Appleton	2	159
WHIPP, Catharine, of Lyme, m. Seth **GILLETT**, of East Windsor, Sept. 12, 1849, by Rev. D.S. Brainard	3	201
Simeon, m. Catharine M. **TUCKER**, b. of Lyme, Aug. 9, 1822, by Lothrop Rockwell, Clerk	2	150
WHIPPLE, Amos, of E. Lyme, m. Laura A. **BOGUE**, of Lyme, Nov. 30, 1854, by Rev. Alpha Miller	3	257
WHITE, Edward, m. Ruth **ROB[B]INS**, July 7, 1728	L-2	143
Stephen, of Haddam, m. Betsey **LEWIS**, of Lyme, Mar. 6, 1836, by Rev. George Carrington, of Hadlyme	3	54
WHITTLESEY, Mary A., of Saybrook, m. Oliver J. **LAY**, of Lyme, June 6, 1827	3	7
WICKES, Sally, m. Mather **ROGERS**, Feb. 29, 1800	2	85
WILCOX, WILLCOX, Edward J., of Killingworth, Ct., m. Sarah R. **LUTHER**, of Lyme, May 27, 1853, by Rev. L. Williams Wheeler	3	253
Francis, of Salem, m. Harriet **GRIFFING**, of [Lyme], Aug. 28, 1837, by Rev. Harvey Bushnell	3	74
Hazard, m. Polly **WRIGHT**, b. of Lyme, Oct. 2, 1825, by Wanton A. Weaver, J.P.	2	185
Hazard B., of Lyme, m. Elizabeth **HARVEY**, of East Haddam, Oct. 14, 1849, by Samuel D. Sill, J.P.	3	204
WILDER, John, s. Jonas & Eunice, b. Jan. 25, 1740. Recorded May 11, 1761	1	57
WILKIE, Walter H., m. Caroline **WARNER**, b. of [Lyme], May 31, 1836, by Rev. Harvey Bushnell	3	58
WILLARD, Lorinda, of Lyme, m. Silas E. **COY**, of Mereden, Sept. 15, 1833, by Elijah Willard, Elder	3	10
WILLEY, WILLY, Abel, [s. Isaac & Rose], b. Aug. 28, 1709	L-2	23
Abigail, d. [Isaac, Jr. & Deliverance], b. May 18, 1732	L-5	351
Abraham W., of East Haddam, m. Catharine S. **BROCKWAY**, of		

	Vol.	Page
WILLEY, WILLY, (cont.)		
Lyme, Oct. 27, 1841, by Rev. George Carrington, of Hadlyme	3	118
Bezella, s. [Isaac, Jr. & Deliverance], b. Sept. 10, 1734	L-5	351
Deborah, [d. Isaac & Rose], b. Aug. 28, 1715	L-2	23
Deliverance, d. [Isaac, Jr. & Deliverance], b. Jan. 8, 1729/30	L-5	351
Denas, [child of Isaac, Jr. & Deliverance], b. May 3, 1737	L-5	351
Grace, of East Haddam, m. Thomas **HARVEY**, of Lyme, July 18, 1763, by Grindall Ransom, Clerk, East Haddam	1	33
Hanna[h], [d. Isaac & Rose], b. May 11, 1704	L-2	23
Isaac, m. Rose **BEN[N]IT**, Dec. 14, 1697	L-2	23
Isaac, s. [Isaac & Rose], b. Sept. 15, 1699	L-2	23
Isaac, Jr., m. Deliverance **TALLMAN**, May 12, 1727	L-5	351
John, [s. Isaac & Rose], b. Sept. 14, 1702	L-2	23
Mirriam, [d. Isaac & Rose], b. Mar. 20, 1711	L-2	23
Nathaniel, s. [Isaac, Jr. & Deliverance], b. Feb. 12, 1727/8	L-5	351
Rachal, [d. Isaac & Rose], b. Mar. 22, 1708	L-2	23
Sarah, [d. Isaac & Rose], b. Dec. 20, 1700	L-2	23
Zachary, [s. Isaac & Rose], b. Nov. 24, 1716	L-2	23
WILLIAMS, Charles D., of Middletown, m. Betsey **REED**, of [E. Lyme], Feb. 24, 1839, at the Loomis Boarding House in E. Lyme, by Henry R. Knapp, of E. Lyme	3	92
Dorothy, m. Christian **HIGGINS**, June 3, 1751, by Daniel Russell, Stepney, Wethersfield	1	104
WILSON, WILLSON, David, [s. George & Susannah], b. Dec. 10, 1786	1	172
Diodate G., of Hebron, m. Lucina **ROGERS**, of Lyme, Mar. 14, 1832, by John S. Rogers, J.P.	2	267
Ruel, s. George & Susannah, b. Apr. 26, 1775	1	172
Susannah, [d. George & Susannah], b. Feb. 14, 1784	1	172
Susannah, m. John **THOMPSON**, [ ]	2	55
William, [s. George & Susannah], b. Feb. 15, 1780	1	172
William, of Marlboro[ugh], m. Elizabeth M. **CHADWICK**, of Lyme, Oct. 8, 1826, by Josiah Hawes	2	200
WING, Sarah H., of Lyme, m. Joseph **DIMMOCK**, of Sandwich, Mass., Mar. 28, 1849, by Rev. D.S. Brainard	3	198
WINSLOW, Milton S., of Sunderland, Mass., m. Caroline A. **MINOR**, of Lyme, Nov. 1, 1847, by Rev. William A. Smith	3	187
WOLCOTT, WOOLCOT, Emelia, of East Windsor, Ct., m. Marvin **LORD**, of Lyme, May 30, 1771, by Rev. Joseph Perry, of East Windsor	1	150
Ursala, of Windsor, m. Capt. Matthew **GRISWOLD**, of Lyme, Nov. 10, 1743, in Windsor, by Roger Wolcott, Dep. Gov.	1	4
WOOD, WOODS, Benjamin, s. Silas & Elizabeth, b. Aug. 20, 1787	1	50
Betsey, d. Silas & Elizabeth, b. July 6, 1796	1	50
Betsey, m. John **BATES**, b. of Lyme, Aug. 29, 1842, by C.E. Murdock	3	131
Caleb, m. Dorothy **BACON**, b. of Lyme, June 17, 1773, by Eleazer Watrous, J.P.	1	143
Caleb, m. Lois **CHAPMAN**, Dec. 15, 1796, by Elder Jason Lee	2	36
Caroline, d. Simeon & Elizabeth, b. Dec. 7, 1763	1	129

	Vol.	Page
WOOD, WOODS, (cont.)		
Dorothy, m. John **AMES**, Feb. 21, 1783	1	90
Eleazer, s. Simeon & Elizabeth, b. June 5, 1768	1	129
Eliza, m. William **PECK**, b. of Lyme, Dec. 29, 1833, by Josiah Hawes	3	16
Elizabeth, d. Simeon & Elizabeth, b. Sept. 23, 1761	1	129
Elizabeth, w. Silas, d. Jan. 17, 1798	1	50
Experience, m. William **HARRISON**, May 23, 1746	1	43
Fanny, d. Silas & Elizabeth, b. Jan. 17, 1798	1	50
Fanny Marvin, m. Robert B. **CHADWICK**, June 20, 1808	2	105
Hannah, d. David, Jr. & Mary, b. Mar. 12, 1760	1	39
James, m. Azubah **DOLPH**, of Saybrook, Sept. 18, 1836, by Rev. Chester Colton	3	58
John, m. Lydia **MACK**, Feb. 8, 1737	1	26
John, m. Esther **LEE**, of Lyme, Nov. 16, 1824, by Rev. Seth Lee	2	170
Lydia, d. John & Lydia, b. Mar. 4, 1741/2	1	26
Mary, m. Rich[ar]d **WAIT**, Apr. 27, 1801	1	123
Mary Ann, m. George W. **DAVISON**, b. of Lyme, Sept. 10, 1850, by Rev. W.W. Meech	3	221
Polly, d. Silas & Elizabeth, b. June 8, 1793	1	50
Polly, m. George **TAYLOR**, [ ], 18[ ]	2	106
Rachal, d. John & Lydia, b. Jan. 4, 1740/41; d. in 3d wk. of her age, 1740/41	1	26
Russell, s. Silas & Elizabeth, b. May 6, 1791	1	50
Samuel, of Ashburnham, Mass., m. Eliza Ann **LOPIRE**, of Lyme, June 10, 1834, by Rev. Frederick Wightman	3	23
Silas, s. David, Jr. & Mary, b. Jan. 15, 1758	1	39
Silas, m. Elizabeth **ROGERS**, of Lyme, Aug. 10, 1786, by Seth Ely, J.P.	1	50
Silas, m. Eliza **PECK**, b. of Lyme, Mar. 29, 1829, by Josiah Hawes	2	233
Simeon, s. John & Lydia, b. Jan. 1, 1738/9	1	26
Simeon, m. Elizabeth **TUBBS**, Aug. 12, 1760, by Rev. George Griswold. Witnesses: James Huntley, Jason Lee	1	129
Sophia Eliza, m. David **WAIT**, Apr. 20, 1806	2	83
Susannah, d. David, Jr. & Mary, b. Feb. 15, 1756	1	39
William, s. John & Lydia, b. Mar. 25, 1743	1	26
William, s. Simeon & Elizabeth, b. Mar. 22, 1766	1	129
William, s. Silas & Elizabeth, b. July 16, 1789	1	50
WOODBRIDGE, Eliza, w. Nathaniel [Shaw], d. Feb. 21, 1795	2	41
Lucretia M., d. Nath[anie]ll [Shaw] & Eliza, b. Oct. 10, 1792	2	41
Mary Shaw, of Lyme, m. Henry **PERKINS**, of New London, Jan. 2, 1810, by Rev. David Huntington	2	91
Nathaniel S., s. Nath[anie]l [Shaw] & Lois, b. Feb. 17, 1797	2	41
Nathaniel Shaw, m. Eliza **MUMFORD**, June 24, 1790	2	41
Nathaniel Shaw, m. Lois **MATHER**, May 5, 1796	2	35
Nathaniel S[haw], m. Lois **MATHER**, May 5, 1796	2	41
Nathaniel S[haw], Sr., d. June 17, 1797	2	41
Polly S., d. Nath[anie]l [Shaw] & Eliza, b. June 26, 1791	2	41
WOODSTOCK, John C., of Killingworth, m. Adaline **PILGRIM**, of Lyme, Oct. 15, 1837, by Rev. Chester Colton	3	74

	Vol.	Page
WOODWORTH, Asenthy, d. Nathan & Deborah, b. July 1, 1764	1	91
Huldah, d. Nathan & Deborah, b. May 1, 1759	1	91
Isaac, d. Dec. 4, 1758	1	87
Isaac, s. Nathan & Deborah, b. Dec. 20, 1771	1	91
Lucy, d. Nathan & Deborah, b. May 27, 1761	1	91
Nathan, m. Deborah **MACK**, b. of Lyme, June 23, 1756	1	91
Nathan, s. Nathan & Deborah, b. Apr. 18, 1766	1	91
Nathan, d. Nov. 7, 1771	1	91
Nathan, s. Nathan & Deborah, d. May 23, 1834	1	91
Ruel, s. Nathan & Deborah, b. Apr. 28, 1757	1	91
Welthy, d. Nathan & Deborah, b. Mar. 13, 1768	1	91
WOOSTER, Sylvester, m. Louisa C. **HAYDEN**, of Saybrook, June 22, 1818	2	130
Sylvester, Jr., b. [Sylvester & Louisa C.], b. June 7, 1819; d. Aug. 28, 1820	2	130
WORTHINGTON, Abigail, of Colchester, m. Benjamin **MATHER**, of Lyme, Mar. 14, 1763, by Rev. Stephen Johnson	1	73
WRIGHT, Alanson, of East Haddam, m. Emily A. **BANNING**, of Lyme, July 23, 1828, by Rev. Joseph Vaill, of Hadlyme	2	221
Alice, m. A[n]drew J. **EDWARDS**, b. of Lyme, Apr. 15, 1849, by Rev. W[illia]m Harris	3	197
Meriam, m. Joseph **ARMSTEAD**, May 6, 1778, by Ezra Selden, J.P.	1	95
Moses, of Tecumsah, Mich., m. Emeline **ROGER**, of Lyme, June 10, 1840, by Phillips Payson	3	111
Polly, m. Hazard **WILCOX**, b. of Lyme, Oct. 2, 1825, by Wanton A. Weaver, J.P.	2	185
Timothy, of Glastonbury, Ct., m. Mary E. **CLARK**, of Lyme, Apr. 5, 1849, by Rev. Joseph B. Damon	3	207
YERRINGTON, Jerusha, of Stoningtown, m. Daniel **PECK**, Dec. 25, 1764, at Presson. Witnesses: Abel Hall, Daniel Hall	1	147
YOUNG, YOUNGS, Heman, m. Clarissa C. **BROOKS**, b. of Lyme, Oct. 20, 1823, by Christopher Comstock, J.P.	2	167
John M., s. Benjamin H. & Lucy, b. May 23, 1820	2	167
John M., s. Benjamin H. & Lucy, b. May 23, 1820	3	63
Nancy M., of Lyme, m. Thomas **HALL**, of Rhode Island, Apr. 19, 1840, by Rev. Chester Colton	3	104
William, m. Hannah **ROWLAND**, b. of Lyme, Apr. 7, 1822, by Lothrop Rockwell, Clerk	2	144
NO SURNAME		
Elizabeth, m. Richard **SMITH**, Jr., Nov. 17, 1677	L-1	54
Elizabeth, m. William **ELY**, May 24, 1681	L-1	52
Esther, wid. of Thomas **LORD**, m. [ ] **EMMONS** & d. Feb. 3, 1792	1	150
Marah, m. Henery **PETTERSON**, Apr. 25, 1683	L-1	83

www.ingramcontent.com/pod-product-compliance
Lightning Source LLC
Chambersburg PA
CBHW05084323O426
43667CB00012B/2122